“十二五”普通高等教育本科国家级规划教材

动车组制动技术

王月明　主　编
王松文　主　审

中国铁道出版社有限公司

2025年·北　京

内 容 简 介

本书是“十二五”普通高等教育本科国家级规划教材，全书共12章。全面介绍了动车组制动技术，涉及制动系统组成、制动指令、制动控制、备用制动、制动系统计算分析及研究、制动系统的运用等相关知识，并具体介绍了CRH系列动车组的制动系统。

本书可作为高等学校铁道机车车辆类和轨道交通车辆类专业教材，也可供铁路高职院校机车车辆类学生和研究动车组的工程技术人员使用和参考。

本书编写后，随着新技术新规章的不断运用实施，其中内容如有与最新规章标准不符之处，请以现行规章标准为准。

图书在版编目（CIP）数据

动车组制动技术/王月明主编．—北京：中国铁道出版社，2010.3（2025.3重印）

ISBN 978-7-113-11106-9

Ⅰ.①动… Ⅱ.①王… Ⅲ.①动车-车辆制动-高等学校-教材 Ⅳ.①U266

中国版本图书馆CIP数据核字（2010）第029350号

书　　名：动车组制动技术
作　　者：王月明

责任编辑：刘红梅　**电话：**（010）51873133　**邮箱：**mm2005td@126.com
封面设计：崔丽芳
责任校对：张玉华
责任印制：高春晓

出版发行：中国铁道出版社有限公司（100054，北京市西城区右安门西街8号）
网　　址：https：//www.tdpress.com
印　　刷：北京铭成印刷有限公司
版　　次：2010年3月第1版　2025年3月第7次印刷
开　　本：787 mm×960 mm　1/16　**印张：**18.75　**插页：**4　**字数：**421千
书　　号：ISBN 978-7-113-11106-9
定　　价：55.00元

前　言

本书是“十二五”普通高等教育本科国家级规划教材，适用于高等院校铁路特色专业教学以及铁路专业技术人员使用。本书为铁道机车车辆类动车组系列教材之一。

高速动车组诞生近50年来，以其安全、快捷和舒适等特点在世界上多个国家得到了广泛的应用和快速发展。近年来，随着我国社会、经济的快速发展，我国掀起了高速铁路建设的热潮，相信不久以后我国高速铁路将成为世界高速铁路的主体。促进高速动车组技术的发展和运用，需要培养一大批具有扎实专业基础知识和技能的人才；编者在本科生动车组课程教学和各个层次的动车组技术培训中，也深切感受到急需具有专业特色、难度适中、适合本科生教学和本领域相关技术人员参考的动车组专业书籍。本书正是为了满足现实需求而编写。

动车组是由动车和拖车组成的固定编组，从技术构成来看，必然是机车车辆的基本构造原理，但从运用来看，又是新的方式，必然具有一系列的特点。作为动车组的制动系统，也是因动车组的总体构成特点而随之带有其自身特点，如编组固定，不存在机车及其单机走行，也就没有单独制动及其单独制动阀的概念；采用密接车钩，也就降低了关于纵向冲动的各种因素限制；制动系统采用电气指令，也就没有减压（量）的概念；采用微机控制，也就没有电制动的人工操纵，等等。动车组制动与传统制动机的不同，还体现在动车组制动系统不再像传统的制动产品那样在机车车辆上相对独立，而是与其他部分的联系更密切了，如与列控车载设备、与空气簧悬挂、与牵引变流器等。动车组的制动系统不光在技术构成上有其特点，在与此相关的如研究、设计制造、运用维修等各种环节上，也会因为这种关联度的加大而产生深远影响。强调这些,这对于初学者,可以突出其特点,对于具备机车车辆制动机知识及运用经验的司乘人员可以强调抓住改换机型时的主要问题,转变观念,避免混淆。在深入到每个知识点上,动车组制动系统具体到空气阀类,但从原理上却是相对简单,容易理解的。复杂的、灵活多变的东西主要隐含于制动控制软件、列车网络及整车的控制电路中。

鉴于此,编者建议读者关注:(1)动车组的特点,(2)所学动车组机型的特点,(3)列车网络的基本构成和功能,并注意动车组制动系统与其他系统的关联。

本书把传统的机车车辆制动机(阀)作为学习的基础,只是稍加提及,不做深入介绍。因此要求初学者具备初步的列车制动、列车网络、牵引传动的基本概念。

本书由西南交通大学王月明主编,铁道部动车联合办公室王松文主审。

鉴于编者水平有限,加之时间仓促,书中难免疏漏之处,恳请读者指正。

编　者

2010 年 1 月

目　　录

第一章 动车组制动概述

第一节 列车制动基本概念

一、制动的基本概念

列车制动是人为地利用制动力使列车减速、停车、阻止其运动或加速的统称。

要改变运动物体的运动状态，必须对它施加外力。对于列车，人为地使其减速或阻止其加速的外力是由列车制动装置产生的，它与列车运动方向相反，由轨道作用于车轮轮周的这种外力，叫制动力。

为了能对列车施行制动作用，需要在列车上安装一套完整的制动系统(装置)。

对传统的机车车辆运用模式而言，列车制动装置是指机车制动装置、车辆制动装置的组合，通常制动装置是指能产生制动作用的整套机构，通常包括制动机、基础制动装置、停放制动(驻车制动)装置。

制动机是制动装置中受司机直接控制的部分，通常包括，从制动软管连接器至最终产生制动力的制动缸的一整套机构。

基础制动装置是整个制动装置中用于传递、放大制动力的一整套机构。

停放制动(也叫驻车制动或停车制动)装置是使列车在停车状态下(无动力)依然能保持制动力、避免列车遛逸的制动装置。这种制动功能也可以借助于常规制动(行车制动)系统的全部、或其中一部分或某些部件)来实现。

制动装置是通过操纵司机制动控制器(简称司控器)发出的制动指令，指挥制动控制部分向基础制动的制动缸送风，使制动缸获得必需的空气压力，经基础制动装置的放大变换，最终形成列车制动力的。

制动作用的解除叫做缓解，包括分步操纵的部分解除(称部分缓解、阶段缓解)和一次操纵的彻底解除(称彻底缓解、一次缓解)。

二、制动力的产生

1. 制动力的描述

(1)制动力是由制动装置引起的与列车运行方向相反的外力，是纵向力。

(2)制动力比列车运行阻力(自然产生的)大得多。

(3)列车制动减速过程中,制动力起主要作用(尽管列车运行阻力也起作用)。

(4)与牵引力一样,制动力同样受黏着限制(非黏制动除外)。

2. 制动力的产生

制动力可以有多种方式产生,以最传统的空气制动为例,用闸瓦压紧在车轮踏面上(参见图1—1),或用闸片压紧在制动盘面上(参见图1—2),可以获得所需要的制动力。

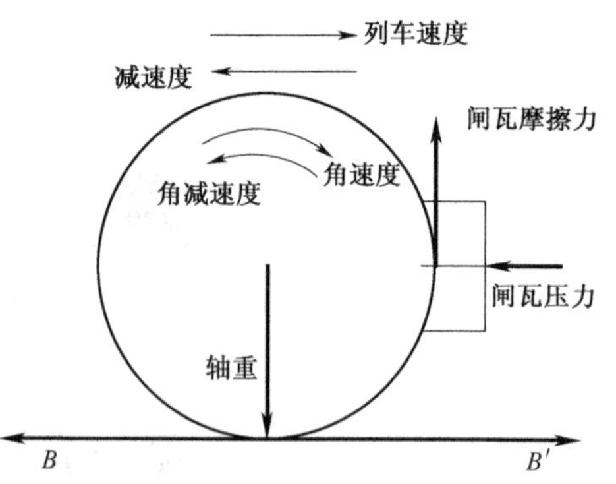

图1—1 制动力产生示意图(踏面制动)

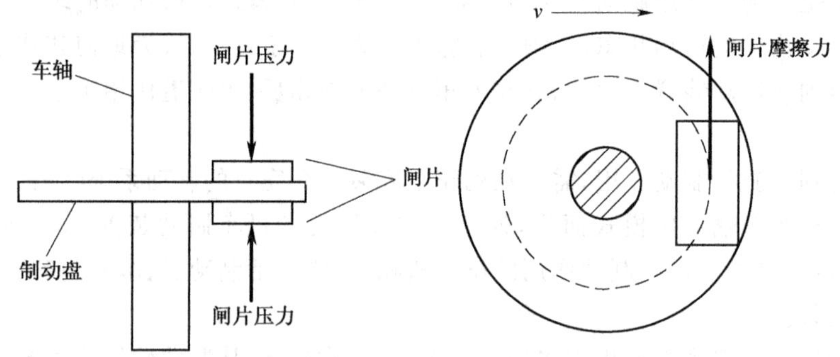

图1—2 制动力产生示意图(盘形制动)

以轮对为隔离体,闸瓦摩擦力、制动力 B 与轮对角减速度 θ 的关系如下式:

$$\sum K \cdot \varphi_K \cdot R - B \cdot R = I \cdot \theta \tag{1—1}$$

式中 K——每块闸瓦的压力,N;

φ_K——闸瓦摩擦系数;

B——由轨面反作用于车轮踏面的制动力,N;

R——车轮滚动圆半径,m;

I——轮对的转动惯量,kg·m;

θ——轮对的角减速度,rad/s^2。

图1—1中的 B' 是由车轮踏面作用于轨面的摩擦力。

在上式中,忽略轮对的转动惯量,则制动力为

$$B = \sum K \cdot \varphi_K \tag{1—2}$$

盘形制动装置的制动力 B 按式(1—2)计算

$$\sum K \cdot \varphi_K \cdot r - B \cdot R = I \cdot \theta \tag{1—3}$$

式中　r——为每块闸片所处的制动盘平均摩擦半径，m。

忽略轮对的转动惯量，则盘形制动的制动力为

$$B=\frac{r}{R}\sum K\cdot\varphi_K$$

三、制动方式

制动方式可以按制动时电动车组动能转移方式、制动力获取方式和制动源动力的不同进行分类。

1. 按电动车组动能转移方式分类

按制动时电动车组动能的转移方式不同，动车组的制动可以分为二类：一类是摩擦制动方式，即通过摩擦把动能转化为热能，然后消散于大气；二是动力制动方式，即把动能通过发电机转化为电能，然后将电能从车上转移出去。

(1)摩擦制动

电动车组常用的摩擦制动方式主要有闸瓦制动和盘形制动，在高速电动车组中，往往还要采用磁轨制动来辅助紧急制动。磁轨制动属于轨道电磁制动方式中的一种，也属于摩擦制动。

(2)动力制动

电动车组在制动时，将牵引电动机转变为发电机，将列车动能转化为电能，对这些电能的处理方式不同又可分成电阻制动和再生制动两种形式。

电阻制动是把由列车动能转化出来的电能直接消耗在随车安装的制动电阻上转变为热能，然后再通过通风设备把热散掉；再生制动是把这种电能通过牵引传动的变流器逆向变换，再返回电网。

2. 按制动力形成方式分类

按电动车组制动力的获取方式，可分为黏着制动与非黏着制动，这是按照制动力形成是否依赖于轮轨之间的黏着关系而划分的。

在传统的制动方式中，如闸瓦制动、盘形(包括油压卡钳盘式、涡流盘式)制动、电阻制动和再生制动均属于黏着制动，因为其制动力的产生都离不开轮轨间的黏着关系，即轮轨接触区域必须有黏着作用，并且制动力的大小受黏着限制。

相比而言，轨道电磁制动(磁轨制动、轨道线性涡流制动)则属于非黏着制动，因为其制动力的产生与轮轨间的黏着作用没有直接关系，只取决于制动体与钢轨之间因接触摩擦(如磁轨制动)所产生的制动力，或因电涡流作用(轨道线性涡流制动)而产生电磁力。

目前处于研究阶段的高速动车组制动方式中还有一种在高速下通过车体伸出的迎风扰流板而产生空气作用力的制动方式，也称翼板制动，就制动力的形成而言也属于非黏制动。

3. 按制动源动力分类

目前电动车组所采用的制动方式中，制动的原动力主要有压缩空气和电力。以压缩

空气为源动力的制动方式称为空气制动方式。如闸瓦制动、盘型制动等都为空气制动方式。以电为源动力的制动方式称为电气制动方式,如动力制动、轨道电磁制动等均为电气制动方式。

第二节　空气制动机原理

传统的机车车辆制动机有两种类型——空气制动机和电空制动机,电空制动机是在空气制动机基础上引入电控(电磁、电子或微机控制)部分构成的。从制动原理上,它们都可以简称空气制动(系统)。

空气制动系统的制动原动力来自压缩空气,制动力形成依赖于轮轨接触关系,属于摩擦制动。其制动指令发出和传递、制动力的产生和控制都需要压缩空气。

空气制动系统可以粗略地划分成供风系统、制动控制装置、基础制动装置三大部分。供风系统由空气压缩机及其附件(干燥装置、油水分离器、调压器、安全阀)、储风缸、管路及其附件、压力表等组成,其组成形式与具体产品的形式有关。基础制动如前面制动方式所述,或采用踏面制动、或盘形制动、或电磁制动,也取决于产品类型。制动控制装置虽有各种不同结构的阀类,但从整个控制原理上分成两类:直通式空气制动机、自动空气制动机。

一、直通式空气制动机

早期的直通式空气制动机是通过制动阀把总风缸的压缩空气直接变成经列车管(制动管)而直接进入制动缸、其压强大小反映制动力大小的压缩空气,直接在制动缸得到所需制动力,参见图 1－3(a)。这种直通式空气制动机的制动阀采用简单的结构,操纵上只有制动、保压、缓解三个位置。

图 1－3(a)所示的直通式空气制动机的特点是:列车管充气,制动缸增压,产生制动作用;列车管排气,制动缸也排气,缓解制动。对于这种最简单的直通式空气制动机,当由于某种原因使车辆从列车中分离时,列车管和制动缸处于排空状态,车辆无制动力、无法停车。

这种直通式空气制动机的优点是:整个系统构成以及制动阀的结构都较简单,对于编组较短的动车组或机车车辆来说,其制动和缓解的时间及一致性都能满足要求;但对于较长编组的列车,由于所有制动缸全部由排空状态开始经列车管充气,空气容积大,列车制动力上升时间较长;位于列车前部的车辆的制动缸制动时增压较快,缓解时排气减压也较快,而列车后部车辆的制动缸则制动时增压较慢,缓解时排气减压也较慢,这样制动作用一致性差,容易形成纵向冲动,除了工务作业轨道车采用外,干线机车已很少采用。

目前在干线及地铁电动车组中采用的直通式电空制动机如图 1－3(b)所示,制动缸的压缩空气是由微机控制下的 EP 阀转换、并经中继阀提供的,传输到制动计算机的制动操纵指令

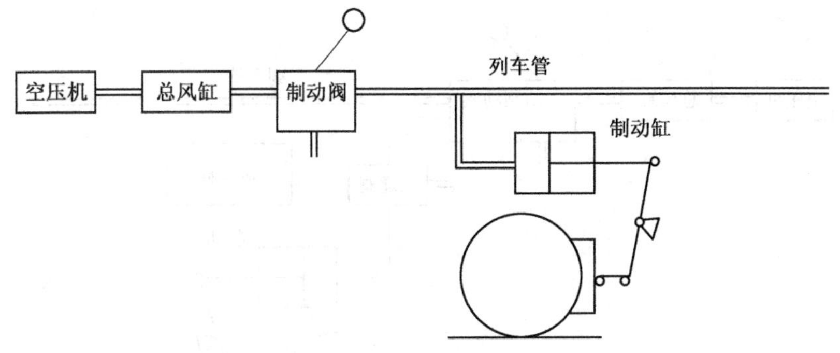

(a) 早期的直通空气制动机示意图

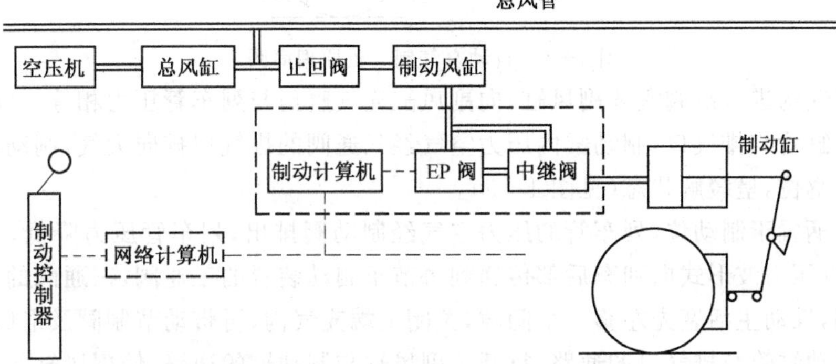

(b) 采用电气指令微机控制的直通电空制动机示意图

图 1－3　直通式空气制动机原理简图

是电气指令。

二、自动空气制动机

自动空气制动原理简图见图 1－4。

自动式空气制动机是通过制动阀改变列车管的空气压力，以此压力变化为控制信号，控制车辆制动机的三通阀(或分配阀)，使制动缸获得所需要的空气压力，再经过基础制动装置的。

三通阀是自动空气制动机最简单、最基本的控制阀。

自动式空气制动机通过三通阀的作用，列车管排气减压，制动缸充风，产生制动作用；列车管充气，制动缸排风，制动缓解。

三通阀由主活塞、滑阀、节制阀等组成，外接列车管、副风缸管、制动缸管，其结构及作用原理示于图 1－5～图 1－7。

当制动手柄置于充气位，总风缸的压力空气经制动阀进入列车管，列车管压力升高，三通阀主活塞左侧压力升高，推动主活塞带动节制阀及滑阀右移，并打开上端充气沟，列车管内的

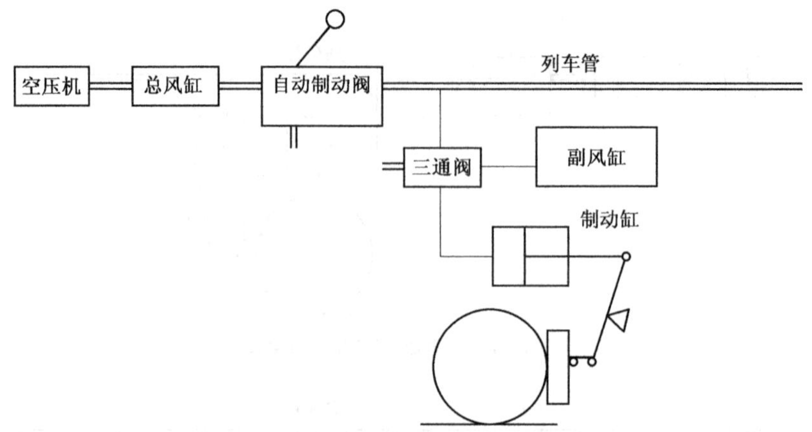

图 1－4　自动空气制动机原理简图

压力空气经充气沟进入滑阀室和副风缸，向副风缸充气直至与列车管压力相等。同时，滑阀联络槽沟通制动缸管与排气口，制动缸内压力空气经三通阀的排气口排向大气，制动缸活塞由缓解弹簧推至缓解位，呈缓解状态（见图 1－5）。

当制动手柄置于制动位，列车管的压力空气经制动阀排出，列车管压力降低，该压力变化称为减压，并以压力波形式向列车后部传递到每节车制动装置的三通阀，三通阀的主活塞右侧压力高于左侧，推动主活塞先左移一个间隙，关闭上端充气沟，再带动节制阀及滑阀移到左端，滑阀关闭了制动缸管与排气口的通路，打开了副风缸与制动缸的通路，使副风缸的压力空气进入制动缸，推出制动缸活塞，经基础制动装置的放大作用，使闸瓦以较大压力紧压在车轮踏面，产生制动作用（见图 1－6）。

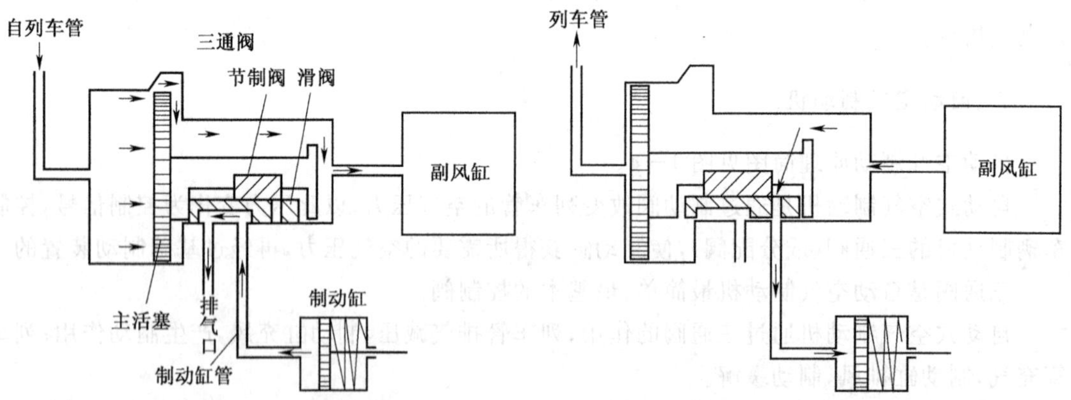

图 1－5　三通阀基本原理示意图（充气缓解位）　　图 1－6　三通阀基本原理示意图（制动位）

制动后，当制动手柄置于中立位时，制动阀的通路被全部遮断，列车管的压力空气既不能从制动阀排出，也不能由制动阀充入，列车管压力保持不变。起初，三通阀活塞仍然处于制动

位，副风缸继续向制动缸充气，使副风缸的空气压力降低，而制动缸的压力增加，直至副风缸的压力稍低于列车管的压力，形成压力差，活塞带动节制阀向右移动一个间隙的距离，而滑阀未动，节制阀遮断了副风缸与制动缸的通路，副风缸的压力不再下降，制动缸的压力也不再上升，三通阀自动形成中立位(见图 1－7)。

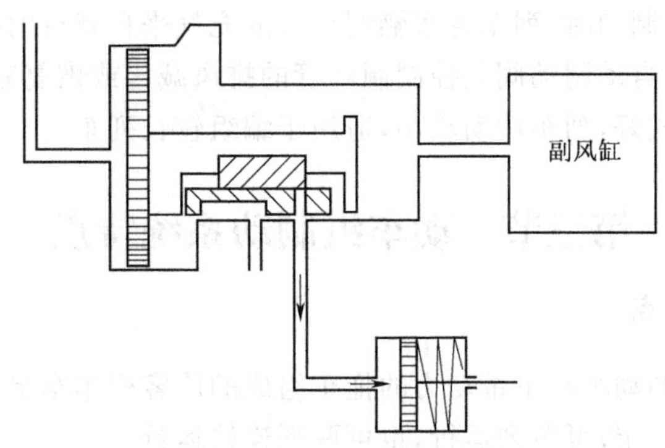

图 1－7　三通阀基本原理示意图(中立位)

若列车管再减压，三通阀则重复上述过程。因此，若需要再增加列车制动力时，司机只需将制动阀置交替于制动位和中立位，控制列车管压力阶段减压，制动缸压力则阶段上升，实现列车阶段制动。

列车管压力在一定范围内减压时，制动缸压力与列车管的减压量成正比。列车管减压量达到最大值时，制动缸压力与副风缸压力相平衡，制动缸压力也达到最大值；此时若再继续减压，制动缸压力也不会上升。

随着对制动性能要求的提高和产品技术的提高，不断地对阀的结构性能进行改进，逐渐形成性能越来越好、但结构也越来越复杂的制动控制阀——分配阀。

三、直通式空气制动机与自动式空气制动机比较

直通式、自动式空气制动机基本特征如表 1－1 所示。

表 1－1　直通式、自动式空气制动机基本特征

空气制动机类型	制动指令发出	指令载体	制动缸压力的产生	制动作用与制动管压力的关系
早期的直通式空气制动机	制动阀	制动管空气压强	制动管空气直接作用在制动缸	充气制动排气缓解
电气指令微机控制的直通式空气制动机	电空制动控制器	模拟或数字电量	制动(供给)风缸的风由 EP 阀转换、经中继阀输送	(无制动管注)
自动式空气制动机	自动制动阀	制动管减压量	副风缸的风经三通阀在制动管压力控制下的转换	减压制动充风缓解

注：备用制动系统或救援回送制动指令转换装置除外，参见以后章节。

直通式空气制动机：构造简单，对短编组列车来说操作灵活，可以用制动阀直接调节制动缸的压力。但对较长编组列车，制动时，列车前部制动缸充气早、增压快；后部制动缸充气晚、增压慢；缓解时，列车前部制动缸排气早、缓解快；后部制动缸排气晚、缓解慢；这样容易形成较大冲动。

自动式空气制动机：制动时，列车各车辆制动缸的充气来自就近的副风缸；缓解时，制动缸通过就近的三通阀排气，自动制动阀只控制制动管的排风减压或恢复充气，列车前后部制动和缓解作用一致性较直通式好，列车冲动较小，适用于编组较长列车。

第三节　动车组制动系统特点

一、动车组的基本特点

动车组是由带动力的动车与不带动力的拖车组成的旅客列车车组，具有以下特点：

(1)成组使用、编组固定；可单列运行，也可两列连挂运行。

(2)按动力方式分有内燃动车组和电动车组，动力布置形式又分为动力集中和动力分散式动车组，现代高速动车组和地铁动车组基本采用电动车组，并采用交流传动。

(3)动车组中各车之间采用密接式车钩，整体运用维修，大修前不解体。

(4)两端均可操纵，不需转向，任何一端均可控制动车。

(5)通过网络或电缆实现同步牵引、同步调速、同步制动等重联功能。

(6)能适应救援列车(机车)的自动空气制动机和 15 号自动车钩。

二、动车组制动系统的特点

由于动车组具有这样的构成和运用上的特点，其制动系统与传统机车车辆制动系统相比也就有所不同。

(1)对动力分散的动车组而言，列车制动装置是指动车制动装置、拖车制动装置的组合，它们共同形成完整的制动系统，强调系统的概念。它包括两个部分：制动控制系统和制动执行系统。制动控制系统由制动信号发生与传输装置和制动控制装置组成。制动执行系统通常称为基础制动装置，常见的有闸瓦制动与盘形制动。

(2)在制动控制上，采用电气制动与空气制动的复合制动，各自制动力的调整需要一个制动控制系统来完成；空气制动部分采用电空制动机。

(3)为提高舒适性，动车组各车减速度作用一致。

(4)为提高经济性，动车组因动力分散而具有多节动车，可以充分发挥再生制动效果。

(5)由于运行速度较高，动车组的黏着系数小，制动距离要求短，因此动车组均设置高性能电子防滑器进行防滑控制，充分利用黏着。

三、对动车组制动的总体要求

制动是列车运行的主要也是最重要的工况之一，制动系统的有效性和性能好坏直接影响列车安全等一系列重要环节。因此制动系统必须满足相应方面的基本要求。

(1)安全性要求。具有足够的制动能力，满足《铁路技术管理规程》(以下简称《技规》)规定的制动距离要求，保证动车组在规定的制动距离内停车。我国铁路《技规》规定：列车在任何条件下，必须满足紧急制动距离的要求，以 250 km/h 速度运行的列车紧急制动距离不大于 3 200 m，以 200 km/h 速度运行的列车紧急制动距离不大于 2 000 m，以 160 km/h 速度运行的列车紧急制动距离不大于 1 400 m。按照上述要求设计动车组的制动能力时，要考虑在黏着不足(如湿轨面)情况下因防滑控制引起的制动距离延长。

(2)操纵灵活，制动减速快，制动作用灵敏可靠，动车组前后车辆制动、缓解作用一致。

(3)具有动力制动能力，在正常制动过程中，应尽量充分发挥动力制动能力，以降低运行成本。

(4)应具有动力制动与摩擦制动的复合制动能力。

(5)制动系统应保证动车组在长大下坡道上运行时，其制动力不会衰减。

(6)电动车组各车辆的制动力应尽可能一致，制动系统应根据乘客量的变化，具有载荷调整能力，以减少制动时候的纵向冲动。

(7)具有紧急制动性能，遇有紧急情况时，能使电动车组在规定距离内安全停车。紧急制动作用除了可由司机操纵外，必要时还可由行车人员利用紧急制动按钮进行操纵。

(8)电动车组在运行中发生诸如列车分离、制动系统故障等危及行车安全的事故时，应能自动起紧急制动作用。

(9)轻量化要求。动车组的轻量化是一个重要指标，除了车体、转向架这些大部件，各种车载设备也应考虑轻量化设计。制动系统的供风设备、制动控制装置等分布在整个列车编组的各车上，也要满足轻量化要求。

(10)维修保养要求。制动系统的工作状态直接关系到列车运行安全，除了要满足可靠性要求，还要易于维护保养、方便维修。

第四节　动车组的黏着及非黏着制动

一、动车组的黏着利用

如前所述，现代高速动车组多采用动力分散模式，黏着利用好。这通常是指牵引工况的黏着利用，但在电制动工况，动力分散模式对于制动黏着的利用也是有利的。对于空气制动方式，不管传统的机车车辆制动系统还是动车组制动系统，由于基础制动装置本来就分布在各转向架上，在黏着问题上的主要矛盾是要考虑高速行车和不良轨面状态下黏着系数的降低。

我们已经知道，黏着系数和轮轨接触几何尺寸、接触区域状态、动轮直径、运行速度等有关，动车组高速运行时，轮轨间的接触条件恶化，黏着系数降低；另一方面，动车组动轮直径比内燃、电力机车的小，所以，动车组的黏着系数比机车的黏着系数小。

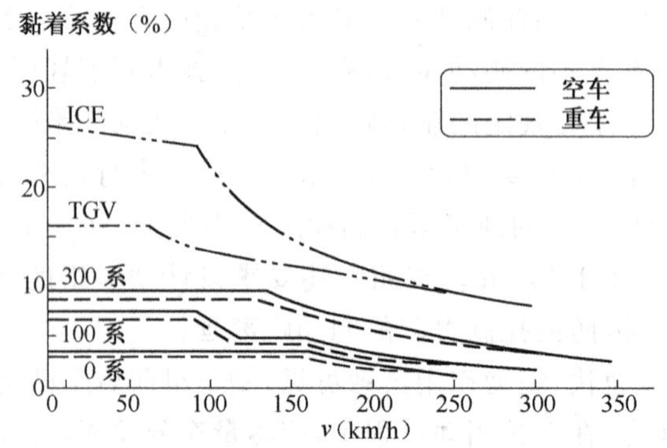

图 1－8　几种国外动车组的黏着需求情况

ICE 和 TGV 高速动车组由于采用动力集中或相对集中的牵引方式，动车轴功率大、轴重大，故黏着系数需求高于动力分散的日本新干线高速动车组（0、100、300 系）。

图 1－9 示出了在湿轨面状态下黏着系数随速度提高而下降的情况。

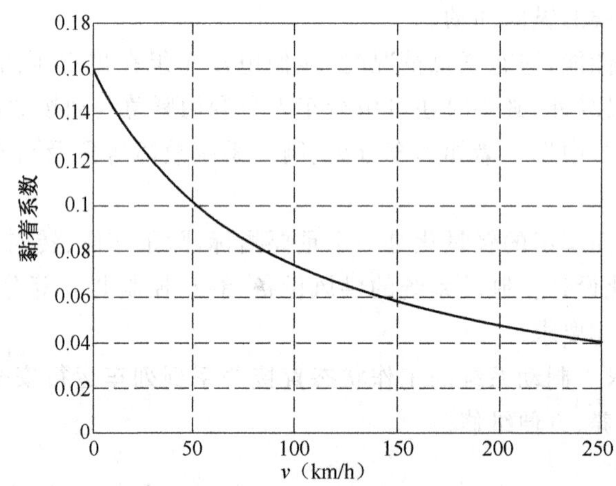

图 1－9　日本新干线动车组使用的黏着曲线（湿轨面）

$$\mu=\frac{13.6}{v+85} \tag{1-4}$$

$$\mu=\frac{27.2}{v+85} \tag{1-5}$$

我国铁路的制动黏着系数参见式（1－6）、式（1－7）。

干燥轨面（$v\leqslant 120$ km/h）

$$\mu_z = 0.0624 + \frac{45.6}{260 + v} \tag{1-6}$$

潮湿轨面($v \leqslant 120$ km/h)

$$\mu_z = 0.0405 + \frac{13.55}{120 + v} \tag{1-7}$$

值得说明的是,由于地铁隧道内轨面经常处于湿润状态,采取增黏措施(采用盘形制动的要有踏面清扫器)和防滑措施(采用防滑控制系统)是制动系统必需的。这样,动车组的最大制动减速度在轨面状态较好时在一定程度上得到保障;在轨面湿润时,靠防滑措施减低发生抱死的几率。

二、非黏着制动的意义

传统的制动方式,无论是空气制动方式的踏面制动、盘形制动,还是目前采用的电气制动方式的电阻制动、再生制动,他们都有一个共同特点,那就是制动力最终产生于轮轨接触区域。既然如此,制动力的产生除了前级的制动指令及其传输、制动力计算、制动力控制、制动控制作用的执行(实施)等一般控制系统的基本条件外,最根本也是最后一关便是轮轨接触区域必须满足黏着条件,即必须有接触压力、接触黏着系数,只要其中一个条件不满足,就不能发挥正常制动力。比如,轮对接触压力即轴重不足,或因运动中轴重减载过大,容易造成黏着力不足,制动时发生滑行甚至“抱死轮”;由于轨面湿滑、污染等原因使轮轨接触区域黏着不够,也容易发生滑行甚至“抱死轮”。

我国干线铁路客车普遍推广使用盘形制动,而地铁电动车组则仍然广泛采用踏面制动,虽然有磨耗等不利因素,但踏面制动对改善潮湿轨面的黏着状态有一定好处。但作为黏着制动,制动力取决于轮轨间的黏着系数,而黏着系数又是随列车制动初速度的增加而下降的。随着旅客列车的提速,可利用的黏着资源越来越少。尽管可以利用防滑器使制动力逼近黏着极限,然而当需要进一步提高列车运行速度时,就增大了因为制动力超过黏着的滑行概率,特别是地面线路在天气恶劣的情况下极容易产生车轮抱死而造成车轮的擦伤。

电动车组的制动能力往往先按湿轨面的黏着系数所允许的制动减速度设计,通过防滑和增黏措施,使黏着利用处于最大限度,即所谓的边缘,虽防滑过程不能避免制动距离的延长,但也能保证制动距离,在干燥正常的轨面条件下,也更能保证制动距离的要求。

随着速度提高,黏着问题变得严重。另一方面制动能力要求更大。电动车组的最高运行速度自然与其牵引功率有关,但也受其制动能力的限制。电动车组的制动能力是指制动系统使动车组在规定的制动距离内安全停车的能力。从能量的观点看,制动的实质就是将电动车组所具有的动能消耗掉或从它上面转移出去,制动系统转移动能的能力称为制动功率。

对于低速运行的地铁电动车组,由于隧道内高湿度,轮轨黏着处于边缘。

所以，在研制新型城市轨道车辆时，自然会考虑到采用非黏着制动来作为辅助紧急制动系统。

三、电磁制动简介

高速铁路及新型城市轨道车辆采用非黏着制动(例如：磁轨制动、轨道涡流制动等)来作为辅助紧急制动系统，是因为：

——只靠轮轨黏着的制动方式达不到所要求的制动减速度；

——在下雨下雪等恶劣天气下，紧急制动时，磁轨制动可以改善黏着；

——可以缓解制动盘的负荷，以防止制动盘的热裂。

电磁制动在国外高速动车组上的应用情况参见表1—2。

表1—2　各国高速列车非黏制动的应用

国别		日本			法国			德国	
型号		0系	100系	300系	TGV—S	TGV—A	TGV—N	TCE—V	ICE
编组		16M	12M4T	10M6T	2M8T	2M8T	2M10T	2M3T	2M14T
速度(km/h)		210	230	300	270	300	350	300	280
列车制动控制方式		电磁直通空—液	电气指令直通电—液	电气指令微机控制电空	自动式电空	电气指令微机控制电空	电气指令微机控制电空	电气指令微机控制电空	电气指令微机控制电空
备用制动		直通电空	直通电空	直通电空	空气制动	空气制动	空气制动	空气制动	空气制动
动车制动方式	闸瓦				√	√			
	盘形	√	√	√			√	√	√
	电阻	√	√		√	√			
	再生		√				√	√	√
	涡流				√			√	
拖车制动方式	闸瓦				√				
	盘形		√	√	√	√	√	√	√
	磁轨						√	√	
	涡流	√	√					√	

(一)磁轨制动

磁轨制动是通过将车辆转向架上的磁铁吸附在轨道上并使磁铁在轨道上滑行产生摩擦制动力的制动。磁轨制动分为电磁型磁轨制动和永磁型磁轨制动，其最大的优点是产生的制动力不受轮轨间的黏着条件限制，其主要区别在于选用磁铁的不同，前者采用的是电磁铁，后者为永久性磁铁。

1. 电磁磁轨制动

磁轨制动装置主要由励磁电路、构架、制动梁、升降风缸、电磁铁等构成(见图1—10)。励磁电

路的正、负极引出端子与提供电能的电池箱或集中供电电路相连接；电磁铁构架连接在转向架上，以传递制动力；制动梁的作用是保证两侧的电磁铁与轨道等距离，使其有相同的制动力；升降风缸用于提升或降落电磁铁，非制动时，升降风缸抬起电磁铁，距轨道 120～160 mm，制动时，升降风缸落下电磁铁，距轨道约 10 mm，此时励磁电路通电，电磁铁吸合钢轨产生摩擦力。

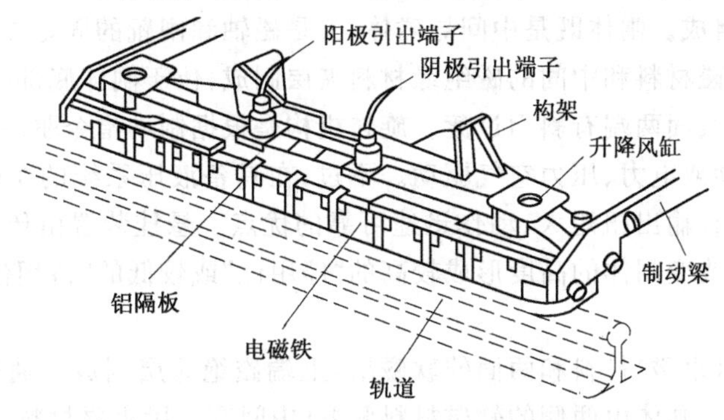

图 1－10　电磁磁轨制动装置

磁轨制动装置每侧通常装有 10 块左右的电磁铁，其间的铝隔板是起阻隔磁通作用的。电磁铁结构见图 1－11。制动时，励磁线圈通电，硬度低于钢轨的铸铁极靴与钢轨吸合并产生摩擦。极头隔板为铝材，以阻隔漏磁。

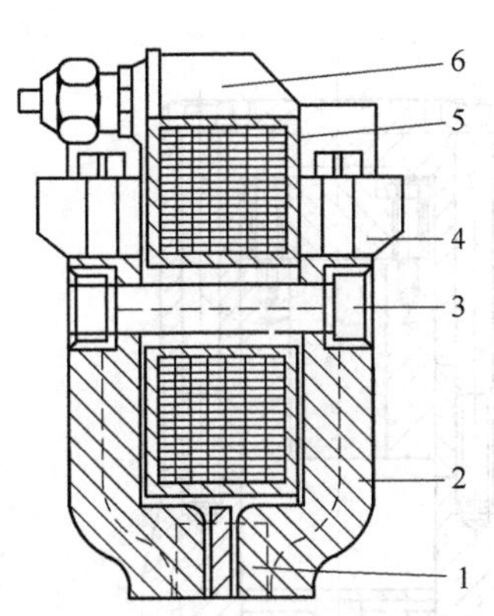

图 1－11　磁轨制动装置电磁铁

1—非导磁材料衬垫；2—磁轭；3—联结螺栓；4—连接座；5—线圈；6—电气连接件

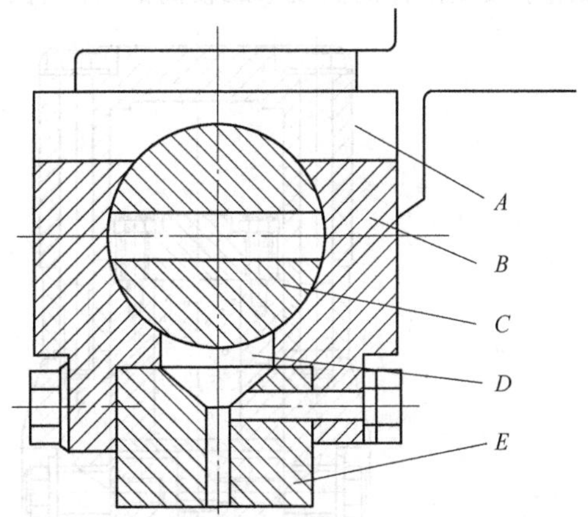

图 1－12　旋转式永磁型磁轨制动

A—连接座；B—磁轭；C—柱形永磁体；D—非导磁隔离体；E—制动靴

2. 永磁型磁轨制动

电磁型磁轨制动在制动作用时需要提供大量的电能，而永磁型磁轨制动既可实现非黏着制动，又无需为维持制动力而提供任何能量，甚至可替代手制动机作为停车时的防溜制动装置。故特别适用于安全要求较高的系统。

按照制动与缓解状态永磁体磁路的变换方式，永磁型磁轨制动可分为旋转式和移动式。

(1)旋转式

磁轴由两瓣硬磁(永磁)材料和磁绝缘夹层制成(见图 1—12)。作为磁场源两永磁体磁极呈同一径向排列，所以通过旋转磁轴即可改变磁极方向。闸体由两侧的软磁材料侧壁和上下的磁绝缘顶盖、底隔组成。闸体既是中间导磁体，又是磁轴和闸靴的固定体。

闸靴由两侧的软磁材料和中间的磁绝缘材料夹层制成，位于闸体底部与它相连，作为导磁和摩擦体。闸靴底的表面两端有斜面过渡。旋转机构是根据制动指令驱动磁轴旋转的动力机构，可以选择液压驱动或电力、压力空气驱动。不过，在具备液压系统的车辆中应首选液压驱动，因为液压驱动具有输出扭矩大、动作迅速可靠的优点。悬挂装置由传力导柱和升降气缸组成。升降气缸用于改变闸体的高度形成较高的“停用位”或较低的“待用位”。

(2)移动式

磁体由一块硬磁(永磁)材料和两面的软磁层，上端磁绝缘层制成。通过上下提升磁体以达到改变磁路的作用。闸体由两侧的软磁材料侧壁(中间有一段永磁材料，这是磁路改变的需要)，顶盖及磁绝缘底隔组成。

闸靴由两侧的软磁材料和中间的磁绝缘材料夹层制成，位于闸体底部与它相连，作为导磁和摩擦体。磁体的提升机构可选用液压驱动。悬挂装置由传力导柱和升降气缸组成。升降气缸用于改变闸体的高度形成较高的“停用位”或较低的“待用位”(见图 1—13)。

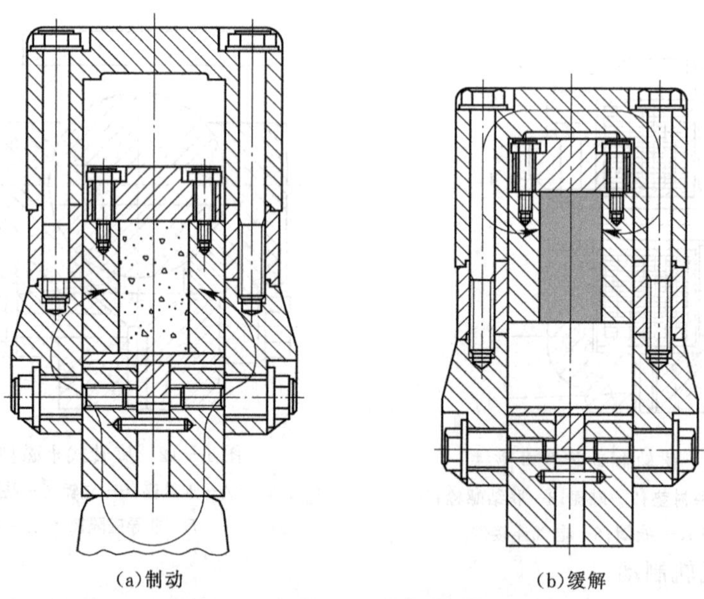
(a)制动　　(b)缓解

图 1—13　移动式永磁型磁轨制动

(3) 永磁型磁轨制动装置的工作状态

永磁型磁轨制动装置包含制动位(作用位)、缓解位(待用位)和停用位三种状态。

1)缓解位

当升降气缸注有压力空气时,闸体处于较低的待用位,闸靴底面距轨面 5～7 mm,但此时旋转式结构中磁轴处于横位(参见图 1－12),磁轴的磁极被闸体侧壁短路。竖直式处于上位[图 1－13(b)],磁体与闸体上部的软磁体形成通路。两种方式均未能在闸靴和钢轨之间形成磁性引力。

2)制动位

旋转式中,若在待用位时驱动磁轴旋转 90°,此时在闸靴两侧将形成不同的磁极,并与钢轨之间产生磁性引力,且此引力足以使闸靴吸合于钢轨之上,所以最终以摩擦的方式直接在闸靴与钢轨之间产生制动力(参见图 1－12)。而竖直式中磁体处于下位[图 1－13(a)],磁体与闸体上部的软磁体,闸靴和钢轨形成磁通路,产生吸合力。

3)停用位

停用位是把整个制动体提升至最高位(一般闸靴底面距轨面 120 mm 以上),不参与复合制动,内部磁路状态与缓解位时相同。

(4)永磁和电磁型制动的选用

选用永磁型制动机还是电磁型制动机,主要是根据车型和运营情况决定的。其根本区别在于永久性磁铁在“接通”后不需要外部继续输送能量,在紧急情况下不用蓄电池供电。具有一定的节能意义。另外,其制动力的维持也不依赖动力源。当进入制动状态后,即使撤除所有动力源,闸轨间仍能长期保持有效的吸合状态。因而可以取代手制动机作为长时间停车的防溜制动装置。正是因为此优点,现阶段国外大多采用永磁磁轨制动。很少采用电磁磁轨制动器。

永磁磁轨制动器可用于各种车型。无论是市郊列车,还是干线列车,都可以应用。它也可以在轻轨车辆上应用,其安装方式和机车上的安装一样。它特别适用于动车,为了安全起见,这些动车还必须装有可靠的与黏着系数无关的紧急制动器。对于地铁或市郊铁路来说,在大坡度的隧道区段上必须保证安全地停车,因此,最好采用磁轨制动器。

由于磁轨制动时,电磁铁与钢轨间的摩擦远远大于滚动摩擦表面,因此,其摩擦力数倍于滚动摩擦力,其制动效率也远大于闸瓦和闸盘的。电磁铁与钢轨间的磁吸力与轴重无关,因此原理上,磁轨制动力属于非黏着制动。

(5)磁轨制动的应用

磁轨制动主要作为一种辅助的制动方式,用于黏着力不够的高速旅客列车的紧急制动中。如国外的干线长途旅客列车,设计速度在 120 km/h 以下时,一般不采用磁轨制动;设计速度在 140 km/h及其以上时,应采用磁轨制动;设计速度在 200 km/h 以上时,则必须采用磁轨制动。但对于城市轨道交通,虽然处于低速范围,但因线路纵坡较大,采用磁轨制动有利于提高制动减速度,以适应地铁尤其是轻轨车辆与汽车行人共享路面时的快速停车对紧急制动减速度的要求。

磁轨制动的制动力取决于磁铁长度、磁铁对钢轨的吸引力、轨道与极靴间的摩擦系数。在速度为 250 km/h 时,每组磁轨制动体的制动力可以达到 3～ 3.5 kN。每辆车若装 4 组电磁铁,在高速下可实现 0.25 m/s^2 的制动减速度。由于磁轨制动对钢轨磨耗大,故不作为常用制动方式,只在紧急制动情况下使用。由于极靴与钢轨间摩擦阻力随速度降低而增加,故在 50 km/h以下使用时应精确控制其制动力。每块电磁铁的功耗约为 1 kW。极靴寿命的总制动距离可达 2 000 km。

磁轨制动与轮轨间黏着系数无关,故受气候影响小。使用磁轨制动还可改善轮轨黏着,这是由于施行磁轨制动时,磁铁对钢轨的打磨作用,使得轮轨间的黏着因数明显增加,这一方面促进了盘形(或闸瓦)制动,另一方面减少了制动过程中轮对的滑行和擦伤,改善了轮轨间的黏着状态。在相同情况下,采用磁轨制动的列车比不采用磁轨制动的列车可提速 40 km/h 以上。

另外,采用磁轨制动可缩短制动距离。试验表明,当初速度为 210 km/h 时,若仅用盘形制动,则制动距离为 2 500 m;而增加了磁轨制动后,制动距离可缩短 20%～25%。磁轨制动还起到安全运行的作用。当列车因操作失误闯入闭塞区间时,安装在信号灯前方轨道上的感应电磁铁带电,该感应电磁铁与列车上的电磁铁相互吸引(仅在电磁磁轨中应用),产生制动作用,阻止列车继续驶入闭塞区间。

磁轨制动的不足之处是,其制动力的产生和消失都很突然,这种制动和缓解作用的突发性使其更适合作为辅助性紧急制动装置。另一缺点是采用磁轨制动,每个转向架的质量增加,每辆车附加约 1 t 自重,因此,转向架的设计必须相应轻量化。

我国的干线快速旅客列车速度也已接近 200 km/h。高速列车的制动功率非常大,仅靠闸瓦或盘形制动,不但制动距离长,而且闸件磨耗大,热损坏现象增加。受轮轨间黏着系数的限制,使用闸瓦或盘形制动的列车,其制动极限速度为 160 km/h。由于我国货运列车基本上采用低速重载运行方式,故货车一般不采用磁轨制动,而旅客列车的速度正在逐步提高,采用磁轨制动势在必行。

随着我国城市轨道交通建设的进行,地铁和轻轨电动车组的磁轨制动也将获得广泛应用。

(二)轨道涡流制动

利用涡流制动原理可以做成两种制动装置:盘式涡流制动器、轨道涡流制动器(或称线性涡流制动器)。只有轨道涡流制动才属于非黏制动。

轨道涡流制动则是将电磁铁落至距轨面 7～10 mm 处,电磁铁与钢轨间的相对运动引起电涡流作用形成制动力。与磁轨制动一样以钢轨为作用对象,制动电磁铁的 N 极、S 极沿轨道方向交替排列。制动时钢轨感应出电流,由于钢轨感应出的电流和磁场也是交变的,所以能产生制动力,列车动能转换成钢轨内部的热能。

当电磁铁与轨道间隙为 7 mm、速度为 250 km/h 时、28 kW 的励磁功率可产生 7.2 kN 的制动力。涡流制动对电磁铁与钢轨间的气隙很敏感,气隙每变化 1 mm,制动力变化 10%,随着速度的增加,电磁铁与钢轨垂直吸引力增加。这种制动方式优点是无磨耗,制动力与轮轨黏着无关。缺点是:

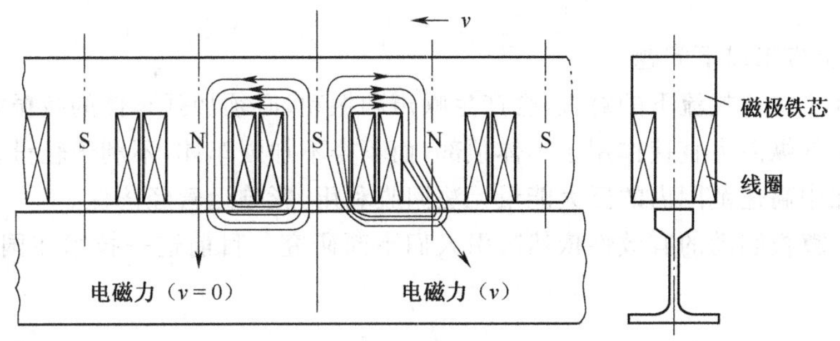

图 1－14 轨道涡流制动原理

(1)励磁消耗电能大；

(2)钢轨内部发热，影响线路稳定性；

(3)感应电磁场影响轨道电路的通信；

(4)制动时电磁力增加了轴重；

(5)低速时制动效果较差。

轮盘涡流制动与轨道涡流制动原理相当，只是把感应对象变为镶在轮轴上的感应制动转子，从而产生轮对上的制动力，散热问题是关键，在德国 ICE 和日本新干线列车上有所应用。

四、翼板制动简介

翼板制动属于空气阻力制动范畴。空气阻力本是列车运行阻力的一部分，是自然存在的。而利用空气阻力产生制动作用，虽然本质上都是利用空气阻力使列车减速，但在列车运动三大受力(牵引力、制动力、阻力)的概念中，利用人为产生而且是可控的空气阻力已经属于制动力的范畴了。

要产生显著的、可控的空气阻力，可在列车各车车体上，布置一定数量的空气阻力板(一种扰流板、翼板)，直接产生作用于车体的、与列车运动方向相反的外力。是一种不受轮轨间黏着限制的制动方式。

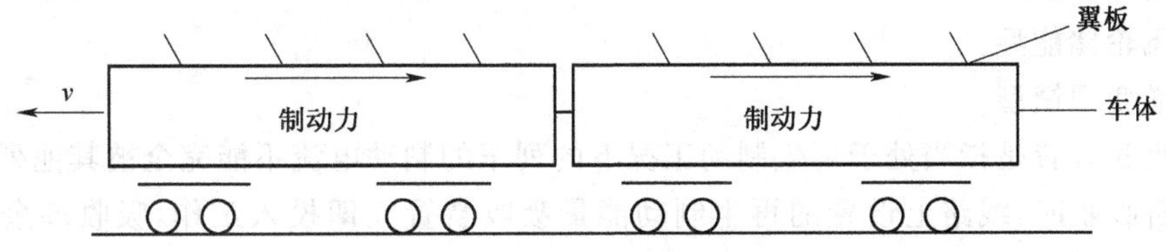

图 1－15 翼板制动原理

翼板制动在中高速范围能够产生足够大的制动力，可以成为中高速范围的主要减速手段，使列车处于无摩擦、非黏着式的制动作用下减速，在中速及以下速度范围，可以继续采用常规的制动方式。

翼板制动也带来以下问题：

(1)由于处于高速扰流下的翼板，会产生噪声和振动，必须加强车体的减振降噪设计；

(2)因强大的纵向力直接作用于车体顶部，而不得不加强车体，不利于轻量化设计；

(3)列车在中高速范围内的巨大能量无法回收利用，影响运营经济性。

尽管如此，翼板制动的有效性依然吸引人们不断研究。目前这一技术在国外已经处于试验运行阶段。

五、储能制动技术简介

在干线交通系统中，中短途及市郊铁路动车组在运行过程中，由于站间距一般较短，列车起动、制动频繁，因此要求起动加速度和制动减速度大、制动平稳并具有良好的起动和制动性能。从能量相互转换的角度看，制动过程所消耗的能量是相当可观的，根据地铁系统的运营经验，再生制动产生的反馈能量一般为牵引能量的30%甚至更多。而这些再生能量除了按一定比例(一般为20%～80%，根据列车运行密度和区间距离的不同而异)被其他相邻列车吸收利用外，剩余部分仍然将被车辆的吸收电阻以发热的方式消耗掉。

在不具备再生反馈的条件时，如果能够把这些能量暂时储存起来，可以在随后的加速或起动过程加以利用，这也是能量再生的一种形式，对减低允许能耗、节约运输成本是非常有意义的。

虽然某些电动车组在其再生制动直流回路设有电阻耗能装置，以在再生条件不具备时，短时间吸收制动能，但是受空间及重量所限，不可能设置足以完全吸收这部分动能的装置，剩余的能量只能由摩擦制动消耗或被线路上的吸收装置吸收。

为减少制动能量在制动电阻上的耗散，国外一般在车上采用储能装置或在车下(牵引变电所)设置再生制动能量吸收或储存装置。

所采用的吸收或储存制动能的方案主要包括四种方式：

——电阻耗能型

——电容储能型

——飞轮储能型

——逆变回馈型

所谓吸收装置是指当处于再生制动工况下的列车的制动电流不能完全被其他列车和本车的用电设备吸收时，线路上设置的再生制动能量吸收装置立即投入工作，吸收多余的再生电流，使列车再生电流持续稳定，以最大限度地发挥电制动性能。这种技术在地铁系统已获得实际运用，如日本多摩、冲绳、东京、大阪的轻轨和地铁线路，加拿大多伦多轻轨及意大利米兰3号线地铁等均采用了再生制动能量吸收装置。

显然在装备了储存技术后吸收装置才更有意义。

电容储能型或飞轮储能型再生制动能量吸收装置主要用逆变器将列车的再生制动能量吸收并储存到超大容量的电容器组或飞轮机电系统中。作为车下设备时，当供电区间内有列车起动或加速需要取用电流时，该装置将所储存的电能释放出去、进行再利用；作为车载设备时，在列车加速或起动时把能量补充注入到牵引传动系统中获得真正再生，不仅充分利用了列车再生制动能量，节能效果好，并且可减少列车制动电阻的容量。

这一类吸收储存装置的电气系统主要包括储能电容器组或飞轮电机、整流逆变或斩波器、快速断路器、电动隔离开关、传感器和微机控制单元等。其优点是可以作为车载设备，也可作为轨旁设备；主要缺点是目前的电容器组和转动机械飞轮装置作为储能部件时体积重量方面还有待改进，因此应用实例较少。

1. 采用储能电容的制动能量回收原理简介

首先将车辆在制动或减速过程中的动能，通过发电机（牵引电机切换成发电工作方式）转化为电能并以化学能的形式存储在储能器中；当列车需要起动或加速时，再将存储器中的化学能通过电动机转化为列车运行的动能。

储能器采用超大容量电容，由发电机/电动机执行机械能—电能之间的转化。系统还包括一个控制单元（ECU），用来控制储能电容的充放电状态，并且保证储能输出后剩余电量在规定的范围内。

超大容量电容（简称超能电容）又称为双电层电容器、法拉电容、超级电容，它主要通过极化电解质来存储能量。超能电容是一种电化学元件，但在其储能的过程并不发生化学反应，其工作的基本原理为：当向电极充电时，处于理想极化电极状态的电极表面电荷将吸引周围电解质溶液中的异性离子，使这些离子附于电极表面上形成双电荷层，构成双电层电容。由于两电荷层的距离非常小（一般 0.5 mm 以下），再加之采用特殊电极结构，使电极表面积成万倍的增加，从而产生极大的电容量。超能电容器的问世实现了电容量由微法级向法拉级的飞跃，彻底改变了人们对电容器的传统印象，目前已经在世界各国各行各业取得了广泛的应用。

相比蓄电池来说，超级电容器主要有以下几点优势：

(1)电容量大，超级电容器采用活性炭粉与活性炭纤维作为可极化电极，与电解液接触的面积大大增加，根据电容量的计算公式，两极板的表面积越大，则电容量越大。因此，一般双电层电容器容量很容易超过 1 F，它的出现使普通电容器的容量范围骤然跃升了 3～4 个数量级，目前单体超级电容器的最大电容量可达 5 000 F。

(2)充放电寿命很长，可达 500 000 次，或 90 000 h，而蓄电池的充放电寿命很难超过 1 000 次；可以提供很高的放电电流，如 2 700 F 的超级电容器额定放电电流不低于 950 A，放电峰值电流可达 1 680 A，一般蓄电池通常不能有如此高的放电电流，一些高放电电流的蓄电池在如此高的放电电流下的使用寿命将大大缩短。

(3)充电迅速，使用便捷，超级电容可以数十秒到数分钟内快速充电，而蓄电池在如此短的时间内充满电将是极危险的或是几乎不可能的。

(4)可以在很宽的温度范围内正常工作(−40 ℃～+70 ℃),而蓄电池很难在高温特别是低温环境下工作。

(5)无污染,真正免维护,超级电容器用的材料是安全和无毒的,而铅酸蓄电池、镍镉蓄电池均具有毒性。

(6)超级电容器可以任意并联使用来增加电容量,如果采取一定的均压措施以后,还可以串联使用。

(7)有超强的荷电保持能力,漏电源非常小。

(8)比脉冲功率比蓄电池高近十倍。

超级电容器组成的储能网络(矩阵)见图1－16。

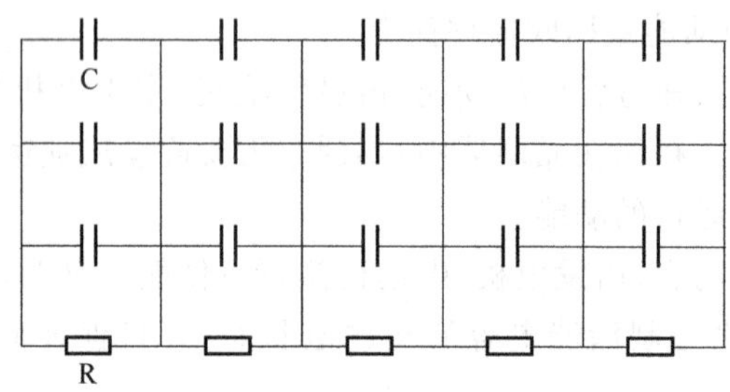

图1－16　超级电容器组成的储能网络(矩阵)

C—超级电容单体;R—均压(平衡)电阻

目前我国在城市公交电动车辆采用超级电容储能系统已获成功运用,使电车在甩掉辫子的情况下,超级电容器不仅实现了可维持车辆继续运行距离5 km的目标,实际离线运行距离超过7.9 km,最高时速42.5 km。该系统分为电容蓄能变频驱动和快速充电车站两个部分,电容公交车利用超级电容器储能,路过充电候车站时按照200 A的电流强度进行3～5 min的快速充电,在车内冷暖空调开启的条件下,可以持续行驶3～5 km,最高速度达到每小时44 km。

从目前可以采用的能量储存系统来看,超级电容优越性明显。与传统蓄电池相比,它具有充电时间短(7～9 min)的突出特点,而蓄电池充电时间需8 h。从技术的观点来看,该技术应用于铁路动车组的制动能回收也是具有很好的前景。

2. 采用飞轮的机电储能制动原理简介

(1)基本原理

飞轮储能(Flywheel Energy Storage)是具有广泛应用前景的新型机械储能方式,也被称为机械电池。它的基本原理是由电能驱动飞轮加速到高速旋转,电能转变为机械能储存,当需要电能时,飞轮驱动电动机作发电机运行,飞轮减速,将动能转换成电能。飞轮的升速和降速,实现了电能的存入和释放。

机械能包括势能和动能。势能能库早就被人们用来做蓄能发电:用电低谷(如夜晚)利用多余的电力把水抽入蓄水库,待用用电高峰时(如白天)放水发电。我们知道势能 $E_p=mgh$,

即势能与水的质量及落差 h 成正比。这种储能方式的比能很小，因此不具备优势。

如果利用机械能形式中的动能，情况就不一样了。由于 $E_k=\frac{1}{2}mv^2$，可以看出，当 m 不变，v 增至 10 倍时，E_k 将增至 100 倍。但是要以直线运动方式极大地提高速度，几乎是不可能的，因为要受到很多因素限制。如果把直线运动变成旋转运动，就能在很小的体积达到提高速度、增大储能的目的。显然在这方面有效的手段就是古老而又赋予了先进技术的飞轮。

飞轮在古老的纺机、瓦特的蒸汽机、现代的汽车和冲床上都被用来暂时存储能量，以顺利通过传动装置中的“死点”(即连杆和活塞杆成一直线、靠自身不能将平动转变为转动的两个点)并且能够使转动更加均匀、平稳。

但是，传统飞轮的作用几乎都是暂时存储、“现存现用”。而飞轮储能电池实际上是一种机—电能量转换和储存装置，且能够在一定时间内维持能量、衰减很小。它具有能量密度高、体积小、重量轻、充电快、寿命长和无任何废气污染等特点。

先进的飞轮电池其能量比镍氢电池大 2～3 倍，功率高于一般化学蓄电池和内燃机，其快速充电可在十几分钟内完成且能量储存时间长，电池的使用寿命远长于各种化学蓄电池。更重要的是，飞轮电池不会像内燃机那样产生排气污染，不存在废料的处理回收问题。目前国外已经能够做到，用 20 节直径为 230 mm、质量为 13.64 kg 的飞轮电池，快速充电15 min，使一辆汽车一次充电行驶里程达到 560 km。

(2)发展、研究及应用

飞轮最早作为不间断电源(UPS)应用时，是利用一个带有大飞轮的电动机—发电机组，在发电机上带有一个数吨重的飞轮，过重的飞轮限制了该技术的应用。要使飞轮成为高效、大容量的能库，就必须采用更加先进的技术。

随着飞轮储能所具有的储能高、功率大、效率高、寿命长、无污染等优点逐渐被各国所重视。目前飞轮储能技术得到世界各国的高度重视，成为研究热点，美国、英国、德国、日本、瑞士等国都有很多大学进行飞轮储能技术的研究。

飞轮储能技术在电力系统调峰、风力发电、汽车供能、不间断电源、卫星储能控姿、通信系统信号传输、大功率机车、电磁炮、鱼雷等方面的应用在国外已得到广泛的研究。

1994 年，美国阿贡(ANL)国家实验室用碳纤维试制一个储能飞轮：直径 38 cm，质量为 11 kg，采用超导磁悬浮轴承，飞轮线速度达 1 000 m/s。它所存储的能量可将 10 个 100 W 灯泡点亮 2～5 h。该实验室目前正在开发储能为 50 kW · h 的储能飞轮，最终目标是使其储能达 5 000 kW · h的储能飞轮。一个发电功率为 100×10^4 kW 的电厂，约需这样的储能轮 200 个。

1992 年美国飞轮系统公司(AFS)开发了一种用于汽车上的机—电电池(EMB)，每个“电池”长 18 cm，直径 23 cm，质量为 23 kg。电池的核心是一个以 20×10^4 r/m 旋转的碳纤飞轮，不难算出，飞轮边缘的速度可达 1 500 m/s。每个电池储能为 1 kW · h，它们将 12 个“电池”放在 IMPACT 轿车上，能使该车以 100 km/h 的速度行驶 480 km。机—电电池共重 273 kg，若采用铅酸电池，则共重 396 kg。机一电电池所储的能量为铅酸电池的 2.5 倍，使用寿命是铅酸电池的 8 倍，且它的“比功率”(即瞬时输出功率的能力)极高，是铅酸电池的 25 倍，是汽油发动机的 10 倍，可在 8 s 内将该车由静止加速至 100 km/h。

德国西门子公司在铁路动车上也采用飞轮储能系统回收制动能量。

我国对飞轮的研究，始于 1993 年，国内最早研究储能飞轮的实验室建于 1995 年。在理论分析及模型试验方面也已取得了一定的进展。以飞轮作储能装置，其可行性目前已无人怀疑。大规模的工业应用虽然还存在不少技术问题需要解决，但这只是时间问题。1997 年国内研制出第一套复合材料飞轮系统，转子重 8 kg，直径 23 cm，1998 年成功运转到 48 000 r/m，线速度 580 m/s，实现充放电。

1999 年国内有关单位研制出第二代飞轮，重 15 kg，直径 30 cm，于 2001 年 4 月成功运转到 70 000 r/m，线速度 650 m/s，储能量 0.5 kW·h。

目前的飞轮储能技术涉及材料、机械、电工、热工、计算机等多学科的交叉，涉及的关键技术有：

——复合材料缠绕设计和工艺

——复合材料转子结构设计和优化

——高速转动飞轮系统动力学分析

——高速转动飞轮阻尼器结构设计和参数优化

——低损耗磁轴承结构设计及控制方法

——高效永磁电动—发电机设计和关键工艺

——高频率电能转换理论分析和双向逆变技术

——储能飞轮机电系统仿真、飞轮储能装置实验

——高真空技术

(3)飞轮材料

飞轮储能大小除与飞轮的质量有关外，还与飞轮上各点的速度有关，而且是平方的关系，飞轮的动能是构成飞轮的所有质点的动能之和。因此提高飞轮的速度(转速)比增加质量更有效。但飞轮的转速受飞轮本身材料允许线速度的限制，越是远离中心的质点，速度越大。例如，钢的密度大，强度也不小，但钢质飞轮在高速转速时，外层质点速度极高，产生极大的离心力，有可能超出钢的拉伸强度而使飞轮裂成碎片。因此，飞轮的选材是个首要问题。目前的高速飞轮多采用低密度的高强复合纤维做成绕线式飞轮，能储存更多的能量，被称作超级飞轮。例如，选用碳纤维复合材料，其轮缘线速度可达 1 000 m/s，高于子弹初速。由于高强复合材料的问世，飞轮储能技术才进入实用阶段。

20 世纪 60 年代出现的纤维复合材料飞轮性能极佳，这种飞轮在发生意外而破裂时，不会发生碎片飞溅的危险。事实上，它甚至不会完全破裂，因为其外圈通过跟机体的摩擦会使整体的旋转停止下来。由于绳带纤维非常牢固，这种超级飞轮几乎是牢不可破的。尽管密度低了一些，但可以从高转速上得到了更大的补偿。

(4)国内研究的飞轮整体结构

国内清华大学研究中的储能飞轮结构特点如下：

1)飞轮转子由玻璃纤维、碳纤维采用一定的缠绕方式绕在铝合金作的骨架上。

2)电动/发电机采用永久磁铁作为转子固定在飞轮的下端，电磁铁作为定子，转子相位通过三个红外传感器测定，同时通过相位的变化得到转子的转速。

3)采用螺旋线滑动轴承，当转子转到一定的转速既形成封闭的油膜，可在很大程度上减少摩擦，降低损耗。

4)上阻尼为悬吊式阻尼器，采用永久磁铁以平衡飞轮转子的重量，以减少对下轴承的压力，从而减少摩擦损耗。

5)下阻尼为弹性鼠笼式挤压油膜、橡皮挤压油膜、弹簧挤压油膜三种。

6)通过机械泵和分子泵对真空室抽真空，进一步减少空气黏滞阻力和空气动力学引起的不稳定。

7)通过循环水系统对转子下端的滑动轴承等进行冷却，确保轴承能正常的工作运行。

8)采用电涡流传感器对下阻尼和转子的径向振动，以及转子的轴向位置进行监视；采用热偶真空计对飞轮的真空度进行监视；通过放大器对飞轮的各种声音信号放大，对飞轮的运行产生的声音进行监听，以了解飞轮的运行情况。

飞轮—电机组成的储能系统见图1—17。

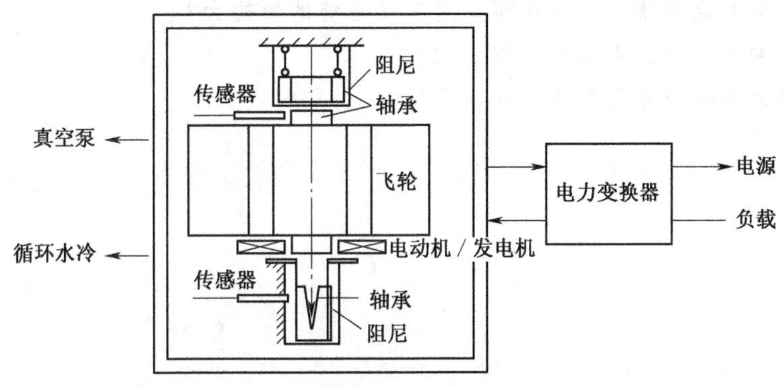

图1—17　飞轮—电机组成的储能系统

超级飞轮跟磁浮轴承技术结合起来，再把飞轮腔抽成高真空，能够达到每24 h仅消耗储能2%的效果。

飞轮储能系统是一种具有光机电一体化的高新技术产品，它能在较短时间内，储存制动过程列车的动能，并能在需要的瞬间输出强大的电能以满足车辆起步加速时的需要，大大提高了车辆的动力性能。

内燃动车组在制动能量回收和将其用于辅助传动装置中具有较大的潜力，实现制动能量回收是进一步提高内燃动车组的经济性的有效途径之一，利用具有制动能量回收功能的复合动力传动装置把回收能量并利用，可以节约29%的燃料。

复习思考题

1. 制动力对列车的作用表现在哪几个方面?
2. 列车制动力具有哪些基本特征?
3. 列车制动力的产生有什么条件?
4. 踏面制动的制动力与闸瓦摩擦力发生的位置不同，摩擦机理不同，为什么能用闸瓦摩擦力代表制动力?
5. 动车组制动方式共有哪些?
6. 黏着制动与非黏着制动有何区别?
7. 涡流盘式制动与空气盘形制动有何异同?
8. 涡流盘式制动与轨道线性涡流制动有何异同?
9. 电空制动机与空气制动机在概念上有何区别?
10. 直通式空气制动机与自动式空气制动机的基本特征有何异同?
11. 动车组的特点有哪些? 其中哪些对制动系统的影响大?
12. 动车组紧急制动距离是怎样规定的?
13. 制动黏着系数与牵引黏着系数相同吗?

第二章 动车组制动系统的组成与原理

第一节 动车组制动系统的组成

通常把机车车辆制动系统划分成供风系统、制动控制、基础制动三大部分。对于动车组制动系统，根据动车组采用电气制动与空气制动复合制动的特点，动车组制动系统由电制动与空气制动两种方式复合而成。动车组制动系统组成示意图见图 2－1。

从列车的角度，动车组采用电气指令微机控制的空电复合制动，即空气制动与电气制动复合形成列车的制动力。电气制动，简称电制动，在动车组上大都以再生制动方式存在。由于再生制动功能是通过牵引传动系统由牵引变流器控制牵引电机来实现的，且其基本构成在各个车型上是一致的，但其性能、控制、实际有效与否又与很多因素有关，故从传统的列车制动的概念及其当今制动技术的发展来看，空气制动方式一直是铁路机车车辆、包括动车组在内的最根本的制动方式。因此，从制动系统自身的角度看，空气制动部分，以其指令方式、指令传输载体、空气制动力控制方式以及基础制动装置的不同而具有较大差异，形成不同风格的制动系统；而通过“引进——消化——吸收——再创新”并具有自主知识产权的国产动车组所采用的制动系统是一种电气指令微机控制的直通式电空制动系统。

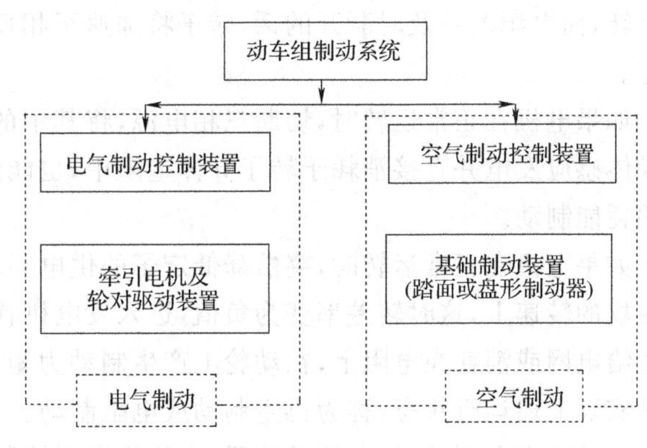

图 2－1 动车组制动系统组成示意图

空气制动部分由于采用电气指令及微机控制，被称为电空制动（即电控空气制动），其组成可以分成四大部分：制动指令及其传输装置、制动控制装置、基础制动装置、制动供风系统。其中，制动指令的传输是借用列车网络实现的，因此，制动指令传输装置不是制动系统独有的，而是与牵引等各设备的信息与控制指令的传输共享的。基础制动装置是制动系统的一部分，但位于转向架，也是转向架的组成部分。空气制动系统组成示意图见图 2－2。

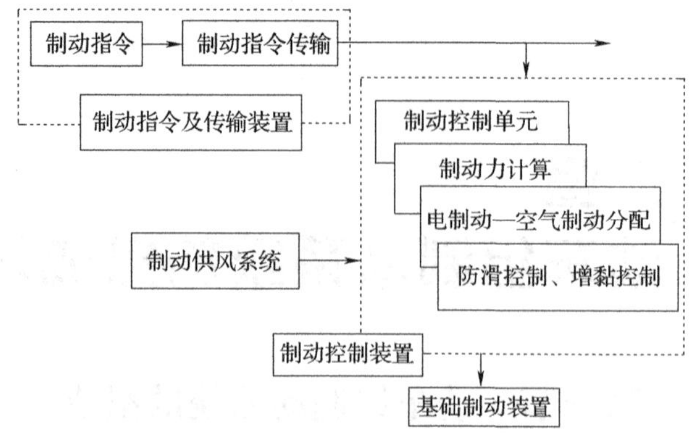

图 2—2　空气制动系统组成示意图

第二节　电制动介绍

一、电制动方式

电气制动（简称电制动）是动力制动的一种，而动力制动是指利用动力传动系统（装置）或其一部分产生制动力的制动方式。在液力传动内燃机车或动车组上，利用液力传动装置的液力变矩器涡轮反转（或利用液力制动器）产生制动力被称为液力制动；在采用电力传动的机车（包括内燃机车、电力机车）和电动车组的动车上，利用电力传动装置产生制动力的动力制动方式称为电气制动。

对于三相异步电机，转差率 s 大于 1 情况，意味着转子的转向与旋转磁场的转向相反。电机在正常运行时，倘若突然改变定子的相序即可获得这种运转状态。此时电机将急剧减速趋于停转，而电源若不及时断开的话，转子将加速至相反的方向旋转，这是通常所说的反接制动状态。

如果电机在正常运转时，切断三相电源，将其中的一相接入一个直流励磁电源，旋转的转子导体感应发电并直接消耗于转子导体电阻中，也能产生制动转矩，这种方式被称为异步电动机的耗能制动。

如果电机在正常运转时，突然降低定子的供电频率，转子的机械惯性将使之维持在高于旋转磁场的转速上，这时转差率变为负值，进入发电机状态运行。电机转轴上的机械能变成电能回馈给电网或消耗在电阻上，在动轮上产生制动力矩。在动车组下坡或高速运行需要制动时极易实现上述运行状态，称为再生制动或电阻制动。

电动车组在制动时，电传动装置，也称为牵引控制单元，接受电制动指令，将牵引电机转变为发电机，列车惯性力通过车轴驱动牵引电动机成为发电机工作，将列车动能转化为电能，对这些电能的不同处理方式分成电阻制动和再生制动两种形式。

电阻制动是把由列车动能转化出来的电能直接消耗在随车安装的制动电阻上，然后转变为热能，再通过通风设备把热散掉；再生制动是将电能通过牵引传动系统的变流器逆向变换，把三相交流电变成单相工频交流电，再返回电网，实现能量再生。所谓再生，其本质是把牵引加速过程中从接触网取得的电能，经转换和各种损耗后剩余的以列车动能所含的能量中的一部分返回接触网，可供接触网内其他列车的牵引使用。

在电制动工况，牵引控制单元(TCU——tractive control unit)充当电制动控制单元的角色。

二、电制动特性

电制动特性是指按预定控制规律实现的电制动力随列车速度变化的特性。根据电制动速度范围、制动功率、电空复合制动调节要求，电制动力可以调节成等制动功率或等制动力两种特性，参见图 2－3、图 2－4。在等制动功率特性下，在中高速范围内制动力随速度降低而增大，制动力与速度乘积等于制动功率，在低速下受最大制动电流和轮轨黏着限制，取不随速度变化的等制动力特性；在等制动力特性中，在整个速度范围内制动力保持不变，但制动力的大小受牵引电机制动功率和制动电流的限制。

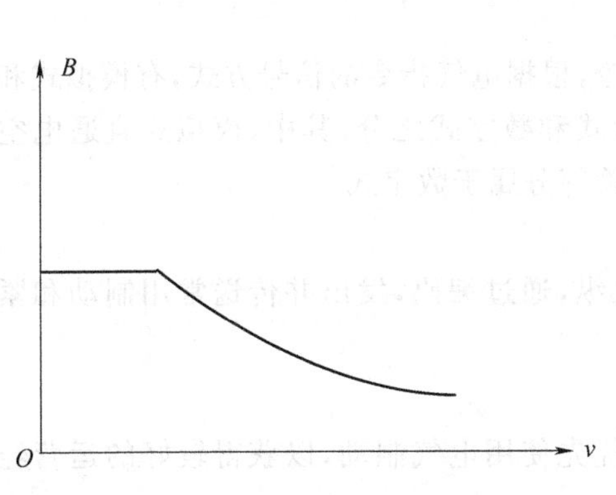

图 2－3　等制动功率特性

图 2－4　等制动力特性

列车制动工况所需要的制动力特性与牵引特性相似，一般希望在高速度下制动力要小，以充分利用轮轨黏着，随着速度的降低，希望制动力越来越大，以满足制动距离、制动平均减速度的要求。由以上两种特性可以看出，等制动功率特性可以独立使用或与具有等制动力的其他制动方式复合成所要求的制动特性；等制动力特性一般不适合独立承担制动减速的要求，而要与具有等制动功率特性的其他制动方式复合使用，才能较好地与轮轨间的黏着关系相适应。

在空电复合制动模式下，电制动力可以实时调整为所需大小，而不按预定规律调整；在等速(或称定速、恒速)模式下，电制动力根据目标速度控制指令系统给出的减速要求，实时调节制动力的大小。

三、电制动的控制

由于在动车组上电制动通常为再生制动，电制动力的控制根据制动控制单元的控制指令、电制动允许(或有效)条件、整列或单元控制模式等条件，由牵引逆变器实现。

在过电分相或高压部分故障等情况下，可以切换成电阻制动。但此时必须有辅助电源维持直流环节的初始供电，以维持牵引电机的励磁分量。

电制动力的大小控制是按上述制动力特性调节的，但从操纵上又可分为独立操纵和非独立操纵。所谓独立操纵，是像早期机车电阻制动或再生制动那样独立使用电制动，到电制动力不够时，再加上空气制动。换句话说，电制动使用与否、何时投入使用，是由司机决定的。所谓非独立操作，是在任何需要制动时，完全由制动控制单元决定复合制动模式下空气制动与电制动的时机及制动力大小的分配。在司机室控制台面上，一般不设独立操纵电制动的开关、按钮或手柄。

第三节　直通式电空制动原理

一、电空制动基本技术

动车组上的直通式电空制动机都采用电气指令，根据电气指令的信号方式，有模拟式和数字式之分；根据空气制动压力的控制方式也有模拟式和数字式之分，其中，模拟式直通电空制动机技术成熟，获得广泛应用，其制动指令及其传输部分属于数字式。

1. 制动指令及其传输

以数字或模拟电气信号方式，对司机的制动操纵，通过编码，发出并传送常用制动和紧急制动指令。

2. 电气制动与空气制动的复合调控

在动车组上，采用电气制动与空气制动复合，优先使用电气制动，以获得较好的运营经济性、减少闸瓦(闸片)的磨耗。

3. 制动控制器的制动力控制

随着微机随车控制技术的应用，动车组制动控制器都采用微机控制，但要解决好指令接收和译码、列车速度检测、车辆重量计算、制动力计算、电制动和空气制动的复合控制、防滑控制、增黏控制、故障诊断及记录、电动空气压缩机控制等具体问题，才能完成制动控制作用。

二、直通式电空制动的形式

动车组空气制动系统有两种形式，一种是电气指令微机控制直通式电空制动，作为正常工作时的空气制动系统；另一种是当正常的空气制动系统发生故障时作为备用的自动空气制动系统。有的产品上只设第一种，有的产品上设两种(当然是第一种作为正常使用、第二种作为

备用)，因此可以看出，两种形式的制动系统区别主要在于备用制动系统采用哪种方式。当产品上只设第一种时，在制动指令的形成、传输甚至控制产生故障的情况下，可以采用不同的备用措施(如针对指令的形成、传输、空气压力控制等某个环节或全部采用替代装置)，而不采用第二种完整的空气制动系统来作为备用。

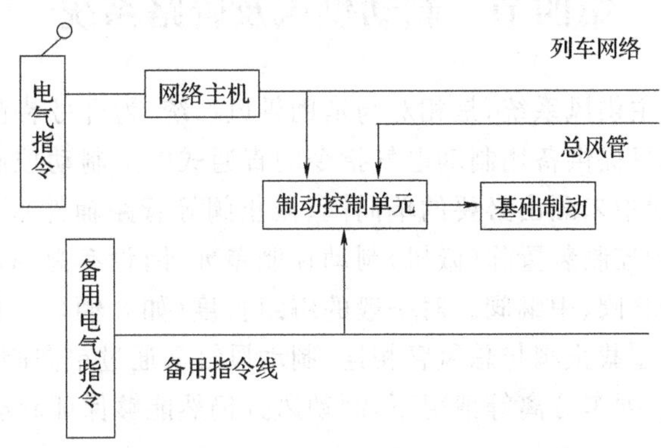

图 2—5　电气指令微机控制直通式电空制动原理框图

图 2—5 所示的制动系统属于电气指令直通式空气制动，司机制动控制器直接发出制动电气指令到列车信息控制网络，经网络主机的处理和变换后，由网络传输送到各车的制动控制单元。制动控制单元内除制动计算机外的关键控制部件是电—空转换阀(EP 阀)，在电气指令线故障、网络传输不良等情况下，由备用电气指令装置发出备用制动指令，经硬线传输，送到各制动控制单元，直接控制 EP 阀。一般把备用制动指令装置放在正常制动指令装置内部、与操纵轴同轴，所以，从外部来看，司机依然操纵原来的制动手柄。

在图 2—6 所示的制动控制系统中，正常情况下，制动系统从指令到传输、到制动控制装置，都与图 2—5 相同，属于电气指令直通式空气制动；在指令线故障、网络传输不良等情况下，

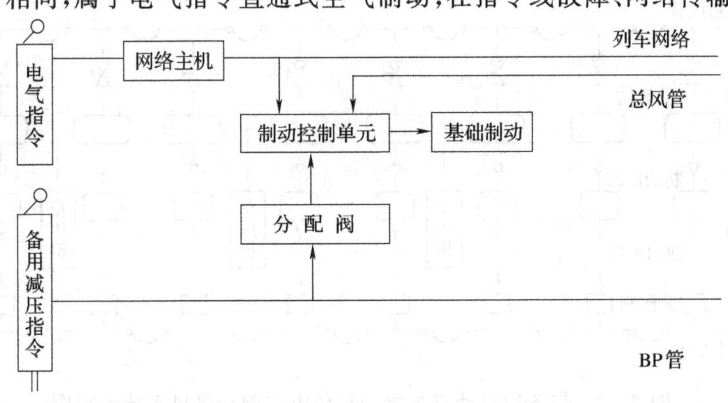

图 2—6　(备用)自动空气制动系统

通过人工切换，使系统工作于第二套制动系统。而第二套系统属于自动式空气制动机，采用空气减压指令，这样的备用系统除基础制动装置外，其指令形成及传输、制动控制部分可以独立于第一套系统单独使用。

第四节　制动供风及管路系统

制动供风系统也叫主供风系统，是相对与辅助供风系统(为升弓装置提供风源)而言的。

对于备用制动采用只提供备用制动电气指令的直通式电空制动控制系统，常采用图 2—7 所示的管路布置形式(图中未画出必要的单向阀、截止阀等管路辅件)。该系统只有一根总风管贯穿全车，各车的制动控制装置除(微机)制动控制单元外，设有总风缸一个、制动供风风缸(以下简称制动风缸)、EP 阀、中继阀。对一般的编组长度(如 8 辆)，一般配有 2～3 台空气压缩机。各总风缸分别通过截止阀与总风管相连，制动风缸又通过单向阀与总风缸相连，这样能保证在总风管严重漏风、列车分离等情况下，制动风缸仍然能够保证制动用风。

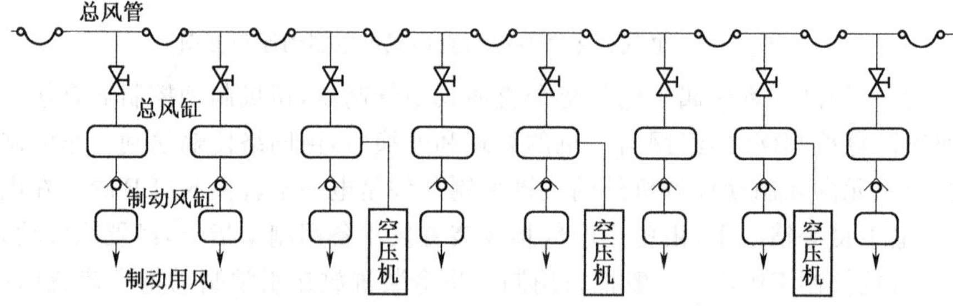

图 2—7　直通式电空制动的供风系统示意图

对于采用自动空气制动系统作为备用制动系统，其供风系统及管路示意于图 2—8。

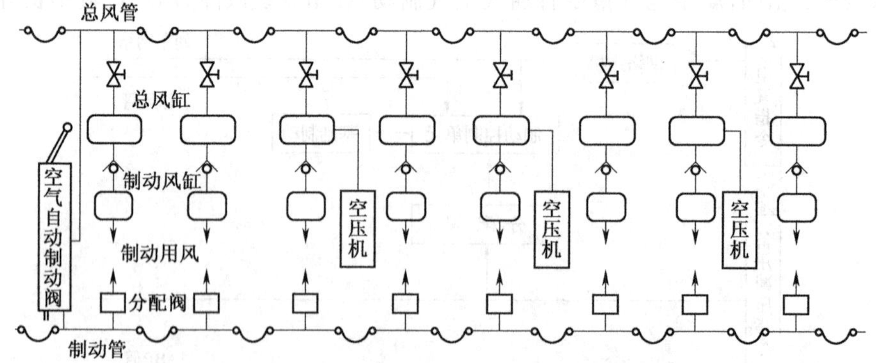

图 2—8　带备用自动空气制动机的电空制动供风系统示意图

第五节　基础制动装置介绍

动车组制动系统的基础制动装置也是转向架的组成部分之一。目前动车组的基础制动装置主要采用空气盘形制动器，在速度超过 250 km/h 的高速动车组上往往还需要磁轨制动器或轨道线性涡流制动器补充制动力，辅助紧急制动，以满足制动距离（或减速度）的要求。在地铁电动车组（低速动车组）上，基础制动装置还是以空气踏面制动为主，在较高速度的电动车组则采用空气盘形制动器。

普通空气制动盘形夹钳单元参见后续章节的实际产品介绍，这里不作介绍。

新干线列车转向架基础制动装置采用了空—液转换（简称空油变换）的液压卡钳式盘形制动装置，即列车制动管的压缩空气需要经过增压缸的转换后，向制动卡钳的小油缸输出高压油液，推动卡钳活塞上的闸片夹紧制动盘形成制动力，其原理如图 2—9 所示。

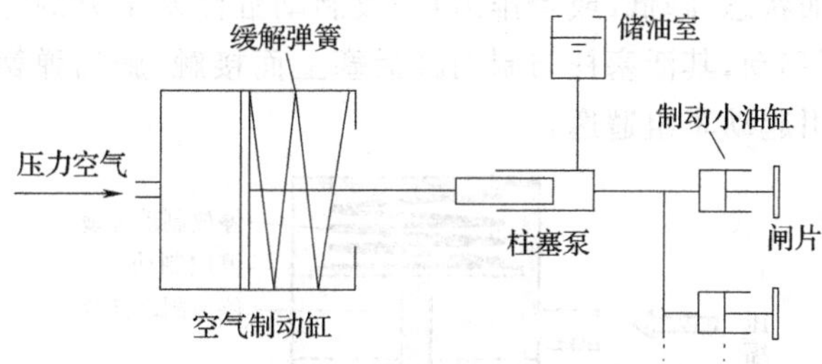

图 2—9　空—液变换原理

采用油压卡钳式盘形制动的优势是：首先，能够通过制动控制系统满足不同载重条件下制动倍率的制动力以及防滑要求；同时可以简化制动单元的结构，取消复杂的杠杆构件和空气单元制动缸，节省空间；由于油是不可压缩液体，在制动和缓解过程中，空气部分的容积变化小，压力上升快。油压卡钳式盘形制动器见图 2—10。

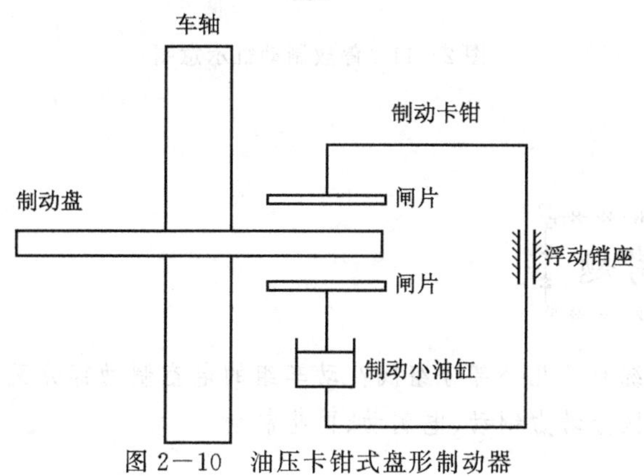

图 2—10　油压卡钳式盘形制动器

制动卡钳主要由卡钳本体、闸片和安装座构成，安装座是固定安装于构架上的，在安装座内为两个横向销轴与卡钳本体连接，允许卡钳装置相对于构架间的横向滑动，以保证在施行制动时跟随随时横向运动的轮盘，卡钳本体及安装座采用铸钢材料。

施行制动时，液压油推动卡钳内侧面的闸片，当接触制动盘并继续出闸时，由于受到反向作用力，卡钳本体在反向力的作用下连同安装在外侧的闸片向转向架纵向中心方向移动，当外侧的闸片贴靠制动盘时，产生制动夹紧力，实施制动作用。制动卡钳具有自动间隙调整功能，可以保证缓解时在闸片与制动盘磨耗的条件下仍保持设定的间隙。

烧结在钢背上的制动闸片采用粉末冶金材料，与制动盘的摩擦系数保持在 0.25 左右。闸片在制动卡钳上的安装通过垂向的燕尾槽进行水平方向的定位，上下由卡钳上的定位销进行定位，需要更换闸片时，打开卡钳底部的挡座，闸片即可沿燕尾槽退下取出。

图 2—11 为带弹簧储能式停放制动的制动缸。在停放制动缸里有储能弹簧和活塞，在停放制动处于缓解状态，以较高压力的压缩空气送入活塞下方，由此产生的活塞力压缩储能弹簧；在停放制动处于施加状态，降低（或者排出）停放制动缸活塞下方的空气压力，活塞在储能弹簧复原力作用下向下移动，其活塞杆与制动缸活塞上面接触，施加弹簧力，以防止因制动缸泄露导致制动力丧失、引起动车组遛逸。

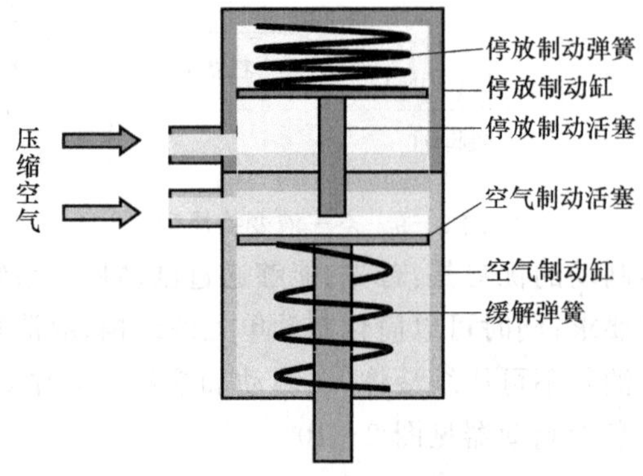

图 2—11　停放制动缸示意图

复习思考题

1. 动车组制动系统有哪几个部分组成？动车组的电空制动部分又有哪几个部分组成？
2. 怎样从概念上区分动力制动、电制动、再生制动？

3. 制动指令有哪些类型？
4. 制动指令的传输有哪些方式？
5. 动车组的直通式电空制动与机车车辆中传统的直通式空气制动有何异同？
6. 动车组上贯穿全列(整个编组)的风管在什么情况下只有一根？什么情况下有两根？
7. 动车组上采用的基础制动装置有几种类型？
8. 基础制动装置采用气压—油压变换增压后可以叫液压制动吗？

第三章 制动指令及其传输

第一节　制动操纵及制动功能设置

一般行车状态下制动系统产生制动作用的指令来自司机制动控制器。司机在行车过程中根据对列车减速效果的期望,根据操纵经验,可以选择制动控制器的手柄位置以发出制动指令,决定制动力的大小并获得所需制动效果。

在动车组制动系统中,通常把手柄位置信息作为制动指令送到列车网络,通过网络主控计算机编码形成数字指令,由网络通信形式传输到各个动车及拖车的制动控制装置,通过计算及控制,在基础制动装置中产生制动作用。也可以直接把手柄位置信息按脉冲宽度调制(PWM)形成模拟指令,经导线传输。

由此可见,司机制动控制器应设置代表不同制动能力的操纵位置,而这种位置和动作区域的划分通常是根据制动功能来定的。

根据列车运行减速、停车等制动要求,传统机车车辆制动系统的制动功能一般分为:常用制动、紧急制动,这两种制动功能都可由司机在运行中根据需要直接操纵[见图 3－1(a)]。常用制动可以使用电制动或电空制动,而紧急制动通常规定只能用空气制动,即所谓的“纯空气制动”。

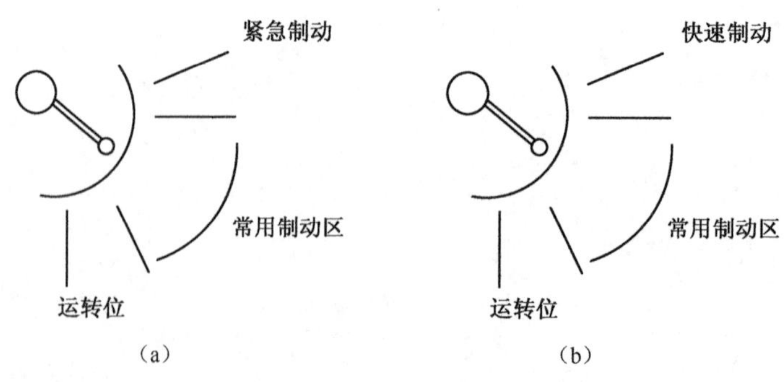

图 3－1　制动操纵功能

随着运行速度的提高,在有的动车组上,对列车运行安全性的要求使得紧急制动作为一种

安全制动方式被用于设备故障等紧急情况下、由设备启动的制动方式来使用。在这种情况下，动车组制动系统的制动功能被分为：常用制动、紧急制动（或快速制动），这两种制动功能都可由司机在运行中根据需要直接操纵。这种情况下，司机直接操纵的制动功能是常用制动、快速制动[见图 3－1(b)]，这种模式通常见于日本风格的制动产品。

第二节　电气指令模式

如前所述，动车组的电空系统采用电气指令式制动控制系统，制动指令一般是由司机制动控制器送出的，交给列车信息控制网络传输给各车的制动控制装置。除了司机制动控制器，制动指令还可能来自列车运行监控防护车载设备、司机安全装置等。制动指令经由传输系统送到制动控制装置，最终在基础制动装置产生制动力。

电制动指令按指令形成和传递方式可分为数字指令和模拟指令。

一、数字式制动指令

所谓数字式指令是指由 0 和 1 组成的 2 进制数，1 位 2 进制数可以表达 2 种信息；2 位 2 进制数可以表达 4 种信息；在用 3 位 2 进制数字组合时，可以形成 8 种不同的组合、表达 8 种信息。

在制动控制上，0 和 1 分别对应制动控制线的通断电，可以用 3 位 2 进制数字组合来代表 0 位及 7 级制动，产生 7 级制动方式（见图 3－2）。如果采用更多的制动控制线，可以得到更多级的制动。按电动车组制动控制的经验，就操作方面来说，常用有 7 级制动已经基本够了。

0	1	2	3	4	5	6	7
0	0	0	0	1	1	1	1
0	0	1	1	0	0	1	1
0	1	0	1	0	1	0	1

图 3－2　三线 7 位数字式制动指令形成原理

这种方式需要定义 3 根线的编码"位"，但抗干扰能力不强。2 个级位之间只要某根线串入干扰电平，就有可能引起高低位之间的错码。但这种方式简单，需用的导线数较少，在备用指令中可以采用（如 2 线编码、3 位制动）。

实际产品中常采用逐级依次加电的多线组合方式。如采用 7 根指令线，同样形成 7 级常用制动指令（见图 3－3）。这样，级位越高的制动指令的形成需要更多的指令线同时带电才有效，提高了抗干扰能力，同时也有利于用简单的逻辑判断进行指令线传输状态的故障诊断。

0	1	2	3	4	5	6	7
0	1	1	1	1	1	1	1
0	0	1	1	1	1	1	1
0	0	0	1	1	1	1	1
0	0	0	0	1	1	1	1
0	0	0	0	0	1	1	1
0	0	0	0	0	0	1	1
0	0	0	0	0	0	0	1

图 3—3　七线 7 位数字式制动指令形成原理

数字式指令可以用两种方法传输至列车信息控制网络(见图 3—4),一种是在司机制动控制器内部把反映司机操作位置(制动级位)的指令变换成标准电平的数字量,然后用数字通信方式把指令传送给列车网络,这种方式在司机制动控制器内部安装转换电路或计算机。

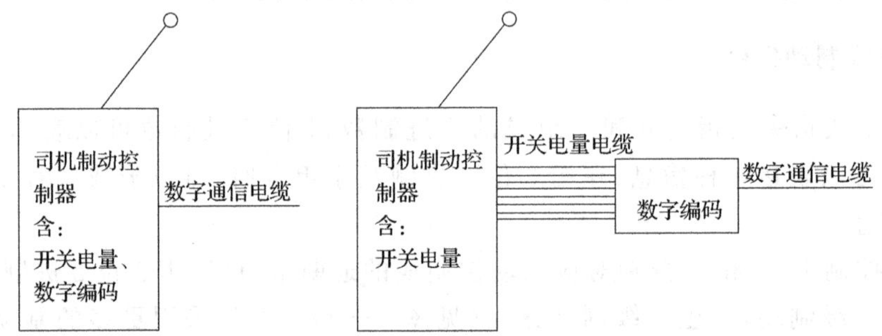

图 3—4　数字式制动指令形成方式

另一种是在司机制动控制器内先形成控制电压的开关量(见图 3—5),经多条控制线送到列车网络,由网络主机内相应的信号处理板完成标准数字量的转换。这种方式在司机制动控制器内部不需要安装转换电路或计算机,相对简化了制动控制器的结构。

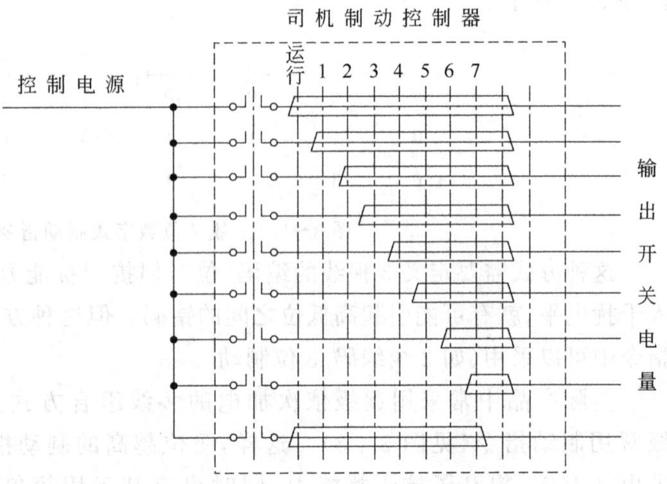

图 3—5　数字式制动指令形成原理

二、模拟式制动指令

模拟指令式是指用模拟电量反映司机制动控制器的级位信

息。模拟电量可以采用电压、电流、频率、脉冲宽度、相位等信号来传递制动指令(参见图 3－6),以这些模拟量的大小来表示制动要求的大小。

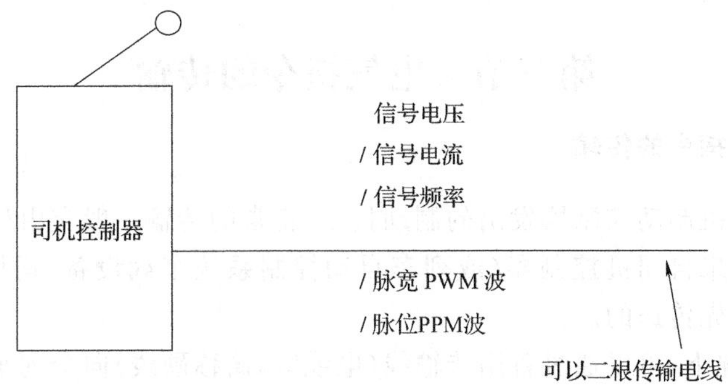

图 3－6　模拟式制动指令形成方式简图

显然,从原理上说,采用大小连续变化的模拟式指令可以实现制动的无级操纵。从操纵上讲,采用模拟式指令虽比数字式指令使司机操纵更方便,但纯粹的无级操纵不容易建立操纵者的条件反射,不方便找到合适的操作位置,因而应用不多,往往司机在制动控制器的手柄上再人为加上便于建立手感的参考定位机构,从某种程度上说也就失去了模拟式指令的特点。

采用模拟式指令对指令传递的设备性能要求较高。一旦设备性能不能满足要求,可能造成制动指令精度下降,影响制动效果。

三、制动指令的形式及内容

我们知道,在铁路诞生及运营初期,在空气制动发明并获得应用之前,列车施行制动时,司机发出制动指令,后面每节车厢有专门负责制动操纵的制动员,通过手势、声音甚至摇铃等信号,各制动员执行制动操纵。显然要做到控制均匀、一致,必须靠对制动力大小的约定、操纵方法的约定,而不是靠一次发出的制动指令就把所有要求说清楚,因此那个制动指令应该是非常简单的。

图 3－7　铁路诞生及运营初期的列车示意

现在作为动车组的制动系统,指令传输虽然依赖网络,但考虑实时性等,指令本身不应过于复杂和冗长，因后面的制动控制采用微机，因此指令本身只需反映司机制动控制器的级位即可。

第三节　电气指令的传输

一、数字式制动指令的传输

在动车组上，司机制动控制器发出的制动指令，正常的传输一般交由列车信息控制网络来完成，列车网络对于来自司机控制器（或列车自动控制系统车载设备、司机安全装置等）的牵引、制动等指令是优先传送的。

在设备故障情况下，可以通过备用传输线（电缆线，简称硬线）向全列车传送（见图 3－8）。

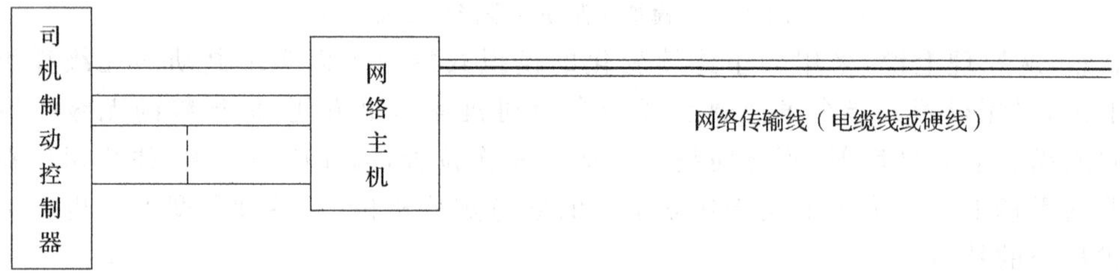

图 3－8　制动指令传输示意图

作为实际产品中的网络结构、制动控制单元（BCU）与网络的关系参见图 3－9、图 3－10。

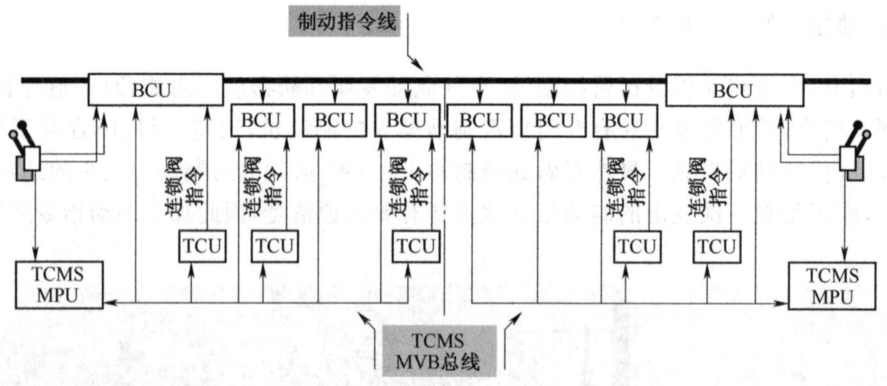

图 3－9　采用列车网络的制动指令传输图（TCN）

在图 3－9 所示的列车网络中，制动系统有一个专门的总线（制动总线），列车上每个制动控制单元（BCU）都与其接口。制动总线可在整列编组上扩展，如两组连挂成 16 辆长编组时。带司机室的控制车上的 BCU 起到制动主控制的作用（MBCU）且与 TCMS MVB 总线接口，获得来自司机制动手柄和列控系统车载设备的制动请求（电制动和空气动制动请求）。在编组中

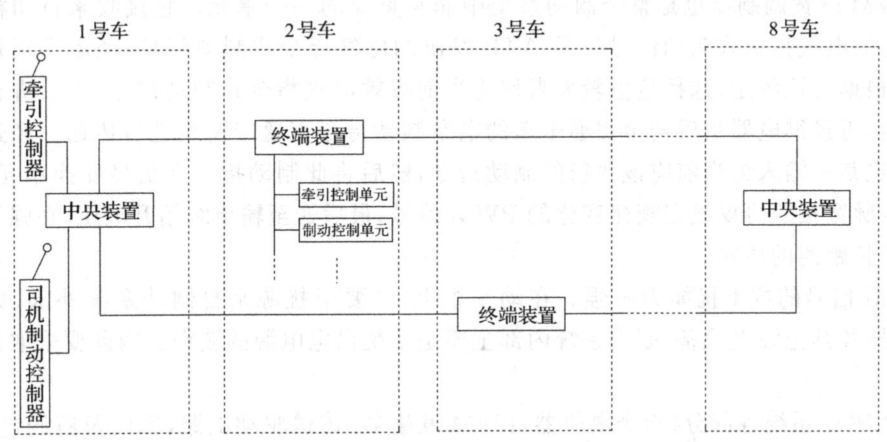

图 3－10　采用列车网络的制动指令传输图(ARCNET 网)

的主 BCU 通过司机控制台钥匙的插入进行定义。每个 BCU 控制本车的空气制动阀。在每个动车上的牵引控制单元(TCU)都有与 TCMS MVB 总线接口,每个 TCU 执行本车电制动功能并且通过硬线连接驱动空电互锁阀(参见图 10－15)。

MBCU 直接读取制动手柄位置和列控系统车载设备的制动请求并处理这些信息,设定制动所需要的电制动力和电空制动力。电空制动命令通过制动总线发送给列车编组的所有 BCU,相应地执行本车空气制动阀的控制;电制动命令通过 TCMS MVB 总线传送给牵引主控制的 MPU 进行处理并通过列车控制网络(MVB 和 WTB)传送给所有的 TCU。

在图 3－10 所示的列车网络中,司机制动控制器或列控系统车载设备发出的制动请求信号经中央装置转换成数字信号传送至每个车辆的终端装置,再经车辆内部的局部总线传送至制动控制单元,M 车的制动控制单元向牵引控制单元发出电制动请求信号,并根据返回信号控制本车的空气制动阀实施所需的空气制动力,同时还要向相关 T 车的制动控制单元发送空气制动补足参考信号。

二、模拟式制动指令的传输

模拟式制动指令由司机制动控制器的位置信息经调制或直接编码形成。

例如,某制动系统的制动指令信号为 475～525 Hz 的 24 V 的单极性 PWM 信号,由制动编码器发出。司机主控制器在不同位置时的制动指令 PWM 信号占空比如表 3－1 所示。

表 3－1　PWM 制动指令信号的占空比

级位	运转	B1	B2	B3	B4	B5	B6	B7	FB
占空比	15.0%	23.8%	32.5%	41.3%	50.0%	58.8%	67.5%	76.3%	90.0%

PWM 是 Pulse-Width Modulation 的英文缩写,作为制动信号发生装置中最重要的部件

之一，PWM 脉宽调制器也是整个制动系统中非常重要的一个单元。它接收来自司机制动控制器产生的电气指令式制动信号以及 ATP 发出的电气指令式制动信号，经逻辑判别及量值比较后，根据协议约定，选择量值较大者作为当前有效电气指令式制动信号，然后进行信号形式的变换，再经继电器箱后送至贯通全车的电空制动指令直通传输线进行传输。经过判别比较后，确定某一输入为当前应该执行的制动指令，然后将此制动指令在信号变换单元中变换，从而产生脉宽按照协议设定规律变化的 PWM 信号，最后送至输出级抬升电压，在强干扰环境下进行较长距离的传输。

PWM 信号的抗干扰能力较强。在动车组上，主要干扰源来自制动系统外部，如主变压器、变流器及其他强电设备；制动系统内部主要是系统供电电源的波动。因此要采取抗干扰措施，如：

(1)PWM 系统各部分(指令电位器，PWM 发生器，传送驱动电路，编码及解码电路)的直流工作源，均经一级或多级 DC/DC 模块供电，可有效抑制 110 V 直流供电电源中的干扰及 110 V 直流电源的波动所造成的不利影响。

(2)PWM 系统各部分电路中均在关键部分设置了尖峰干扰吸收滤除电路，以进一步抑制此类干扰。

(3)加强隔离措施，以切断有害的地电流回路。

对主要通过“交变电磁场”方式引入的干扰，通过以下措施加以抑制：

(1)屏蔽 PWM 系统各部分电路，采用接地及隔离措施，以有效抑制各类交变电磁场及静电场的干扰。

(2)对最容易受交变电磁场及静电场干扰的布线距离很长的 PWM 信号传输部分，采用以下方法。

① 采用较高的 60 V 电压传送 PWM 信号；

② 传输线采用对称性良好的双绞线，屏蔽层，整套信号传输线外部再以铝管加以屏蔽；

③ 尽量提高整个 PWM 信号的“驱动→传送→接收”环节电路的对称性，从而可增强此长距离传输系统对共模干扰的交变电磁场干扰的抑制能力。

通过增强抗干扰措施的传输才能够实用，才能有效提高制动系统的可靠性，避免制动误动作。

第四节　指令模式与制动控制模式

一、减压量指令模式

在不同的制动系统中，司机制动控制器发出的制动指令的形式、含义都是不同的。

对于自动空气制动机，当司机操作制动手柄置于常用制动区某个位置时，自动制动阀对制动管排风减压，压力降低到低于预定压力(定压)达到某个差值(减压量)时，制动控制装置的控

制阀把该减压量变换成制动缸对应的压力(参见图 3－11)。

司机把手柄置于制动区某位置,这是通过将列车制动管与自动制动阀的排风口相连,把制动管压力降低到该位置对应的压力降低量——减压量,该压力降信息在制动管中以空气压力波形式向列车后部传递,每车的三通阀(或某种分配阀)根据减压量大小输出相应的空气压力到制动缸。

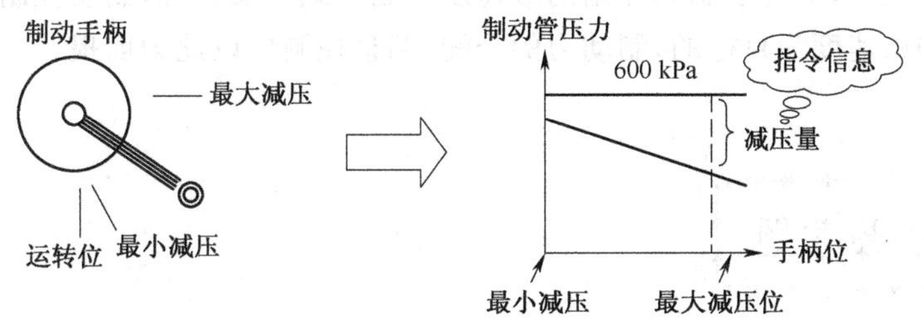

图 3－11　减压量指令方式原理示意图

因此,自动空气制动机的制动指令是制动管的减压量,信息传递形式是压力波,实际最大传播速度低于大气中的声速,在 200～300 m/s 左右。

二、减速度指令模式

对于电气指令方式,当司机操作制动手柄置于常用制动区某个位置(常用制动级位)时,实际上就把反映手柄位的信息如常用 7 位(以下记为 B7),以数字量形式经列车网络传送到各车制动控制装置,在计算机的计算和控制下,查表找出该级位,此时将与列车速度对应的列车制动减速度与车辆总重等数据一起计算出此时该车所需制动力,控制中级阀向制动缸输出相应的空气压力。

因此,采用电气指令方式的空气制动机,其制动指令的本质是制动手柄位对应的列车制动减速度,也是司机所希望的列车减速度能力和表现,指令信息形式是电气量(模拟量或数字量)。指令的具体内容因指令信息形式的不同而不同。

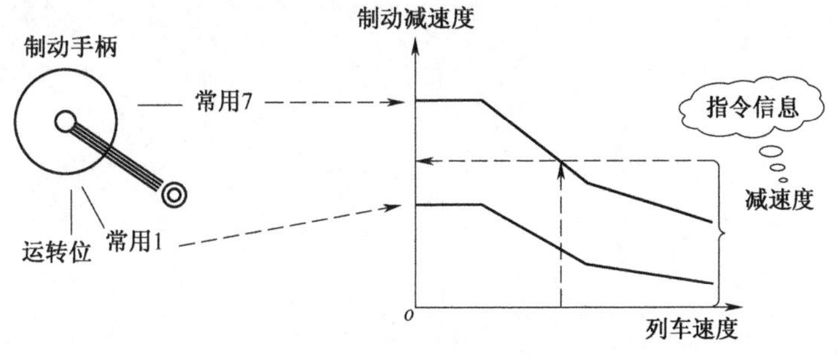

图 3－12　减速度指令方式原理示意图

模拟量表达的制动指令中，指令的具体内容就是电压（或电流、脉冲宽度等）的具体数值；而在数字量表达的制动指令中，经计算机网络传输的是经过编码形成的数字量，其具体内容对应的是指令制动级位的数字量（如 B7）以列车网络通信方式传递。

显然，不论是模拟指令还是数字指令，其传播速度大大高于空气制动波速。其中数字指令信息受网络的传输速度和通信协议的影响，比起纯粹模拟电气指令信息的传输稍有延迟。

减速度指令模式，对应了制动控制的减速度控制模式。就是说，制动控制是以动车组应达到或维持预定的减速度为目标的，制动力的分配、调整控制要以此为前提。

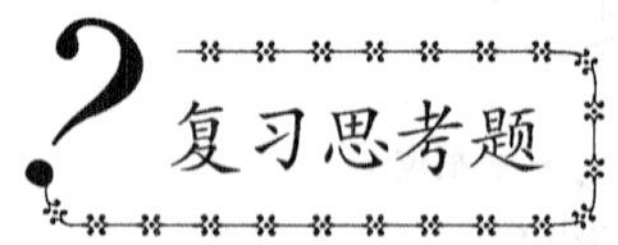

复习思考题

1. 制动系统通常要具备哪些操纵功能？
2. 模拟、数字、开关型制动指令有何区别？
3. 怎样理解制动指令的形式、内容、本质？
4. 列车信息控制网络属于制动系统吗？
5. 制动指令两大模式分别是什么？
6. 动车组采用减速度控制模式，相应地可以说机车车辆采用的是力的控制，他们有何联系与区别？

第四章 电空制动控制原理

第一节 空气制动力控制

制动控制系统与指令方式相适应。自动空气制动机以制动管减压量作为指令，那么。对应的制动控制部分只能采用能够感受空气压力差的制动阀；采用电气指令方式的制动控制系统，只能采用能够识别电气信号的控制装置，自然是离不开电子电路、电磁阀、微型计算机等。

一、制动控制的要求

1. 制动性能要求

(1)满足规定的制度距离要求

如前所述，从系统制动能力上，首先要满足紧急制动距离要求。另外从制动力控制上要满足定点停车等制动距离的要求。

(2)满足规定的减速度要求

有时具体规定了动车组的制动减速度、制动平均减速度的要求。

2. 动态性能要求

(1)满足制动力上升时间的要求

从司机制动控制器置于制动位的瞬间到制动缸的压力上升到规定值所花的时间称为制动力上升时间。从满足紧急制动距离、减小制动空走时间(距离)的角度来说，制动力上升时间要尽量短。

(2)满足制动平稳性要求

制动平稳性要求采取动车组各车的制动力同步上升、电制动与空气制动的转换或协调要平滑、制动力与车厢重量成正比(尽量减小车钩拉抻和压缩的动态力)、采用密接车钩等减小纵向冲动的措施。

在满足制动平稳性要求的前提下，制动力上升时间也不能太短，否则也会引起纵向冲动，因此对制动指令(或直接对制动力)采用限制上升斜率的平滑措施。限制的参考技术指标采用制动冲击率来控制，对于干线动车组一般控制制动减速度的变化率不大于 0.65 m/s^3；对于地铁电动车组一般控制其制动减速度的变化率不大于 0.75 m/s^3。

3. 制动精度要求

制动精度是指制动距离精度、制动减速度精度、制动调速(目标速度控制)精度。

(1)制动距离精度

是指在需要精确定点停车的场合,如动车组在车站站台停靠时,车厢门要求对准站台上停车位的标志线,以利于旅客乘降;高速动车组在停车时,要求车厢门对准站台上安全门的中心线,以保证旅客乘降时的安全。对于地铁电动车组停车时,要求车厢门对准站台上屏蔽门的中心线。

(2)制动减速度精度

动车组的制动指令和制动力的控制都是按减速度规定的,但制动系统最终给列车提供的是力——纵向减速力,如果把指令、制动力、列车质量、列车速度视为一个控制系统的各个量的话,那么完全可以做到用闭环系统实现既定的列车减速度或即时速度,并且具有很高的精度。但列车是具有很大惯性质量,与线路构成的运动系统是一个大惯性系统,直接以减速度作为控制目标的方法将使系统复杂化。

(3)速度控制精度

在目标速度控制模式(或称定速、稳速、恒速)下,列车控制系统不断地向牵引或制动系统发出指令,使列车间或处于牵引、惰行、制动工况,维持列车运行于目标速度下。因此,速度控制精度不是单纯的制动控制精度问题,但却与制动力控制的响应和精度有关。

二、制动控制系统

1. 按电气指令式类型分

电气指令式制动控制系统按其电气指令传递方式可分为数字指令式制动控制系统和模拟指令式制动控制系统。

在制动控制上,利用 3 位二进制数反映制动控制线的通断电,可以产生 7 级制动方式。利用上述数字制动指令进行制动力控制的系统,称为数字指令式制动控制系统。

利用电压电流等模拟量进行制动力控制的系统,称为模拟指令式制动控制系统。

司机操纵时,模拟指令式制动控制系统比数字指令式制动控制系统更方便,但它对指令传递的设备性能要求较高。一旦设备性能不能满足要求,可能造成制动指令精度下降,影响制动效果。

2. 按制动控制装置类型分

电气指令式制动控制系统按制动控制装置的不同可分为电磁控制制动机、气压控制型系统和电气控制型系统。

电磁控制制动机一般只适用于仅有空气制动方式的制动系统中,用电磁阀控制给制动缸施加空气压力。

气压控制型系统和电气控制型系统一般用于既有空气制动方式又有电气制动方式的制动

系统中。他们能够方便地进行电气制动与空气制动的制动力的协调，在气压控制型的系统中靠气压和阀进行协调配合；在电气控制型的系统中靠电气进行协调配合。

随着电子器件性能的提高，尤其是微机技术的应用，电气控制型系统的可靠性也在不断提高。并且由于在计算精度、充分利用动力制动等方面具有其他制动控制方式无可比拟的优点，因此目前电动车组的制动控制系统大多采用电气控制型系统。由于采用计算机，所以也叫微机控制型。

3. 直通式电空制动系统

电气指令式制动控制系统按其对空气制动控制方式的不同，可分为自动式和直通式。

自动式是在自动空气制动机的基础上增加了电气指令控制系统对列车管压力的控制，通过同时对各车辆的列车管的减压增压，使各车辆的三通阀同时作用，加快列车整体的制动及缓解速度，提高了自动空气制动机的性能。

直通式是采用电信号来传递制动和缓解指令的直通空气制动系统。司机通过电气指令控制装置对各车辆的制动信号管（缓解时无压缩空气）的压力空气进行控制，用该制动管的压力使各中继阀工作，最终获得制动缸压力。直通式具有响应快、一致性好、控制方便的优点。但也存在一个致命缺点，一旦列车分离，列车就失去了制动能力。因此，为克服这一缺点，一般都与自动制动机和作为紧急制动控制用的常带电的电路环线并用，如果发生列车非正常分离，电路环线断线失电，各车紧急制动电磁阀失电引起紧急制动停车。

由于直通式制动控制系统具有上述优点，现在的电动车组制动控制系统大多采用直通式空气制动、配以电气指令式的制动控制系统。

200 km/h 电动车组（EMU）的制动系统采用电气指令式微机控制直通式电空制动（尽管备用方式有所不同）。

制动控制系统是制动系统在司机和其他控制装置的控制下，产生、传递制动信号，并对各种制动方式进行制动率分配、协调的部分。目前的制动控制系统主要有空气制动控制系统、电空制动控制系统两大类。

以压力空气作为制动信号传递和制动力控制的介质时，该制动控制系统称为空气制动控制系统。空气制动控制系统又称为空气制动机。以电气信号来传递制动信号的制动控制系统，称为电气指令式制动控制系统。

空气制动机按其作用原理不同，可分为直通式空气制动机、自动空气制动机和直通自动制动机。

电空制动机：以压缩空气为动力源，以电气指令来操纵，可获得更好的列车前后部制动和缓解作用的一致性。

电空制动机可以有两种形式：一种以原有的自动式空气制动机为基础，加装电控装置，通过在车辆制动机加装的电磁阀，控制制动缸的压力；当电空制动出现故障时，空气制动依然有效。另一种是以直通式空气制动机为基础，电气指令控制车辆制动机，称为电气指令直通式电空制动机。

4. 微机控制型电气指令式制动控制系统原理

微机控制型制动控制系统制动指令的接收、处理和电制动与空气制动协调配合等，一般都是由微机来完成。

根据前面划分，微机控制型制动控制系统根据其制动指令传输方式的不同，可以分为数字指令式和模拟指令式。

电动车组各车辆上的制动控制装置由制动控制单元（简称 BCU，或者叫制动控制器）、EP阀、中继阀、空重调整阀、紧急制动电磁阀等组成。在 200 km/h 动车组上，载荷调整信号直接来自空气簧空气压力。空气弹簧压力通过传感器转化为与车重相应的电信号，BCU 根据制动指令及车重信号计算出所需的制动力，并向电气制动控制装置发出制动信号。电气制动控制装置控制电气制动产生作用，并将实际制动力的等值信号反馈到 BCU，BCU 进行计算，并把与计算结果相应的电信号送到 EP 阀。EP 阀将此电信号转换成相应的空气压力信号送到中继阀，中继阀进行流量放大后使制动缸获得相应的压力。

拖车常用制动时，制动控制装置的动作过程与动车的基本相同。但因为没有电制动，所以不必进行电制动与空气制动的协调，所需制动力全部通过 EP 阀转化为相应的空气压力信号，然后由中继阀使制动缸产生相应的制动力。

紧急制动时，紧急制动指令线失电，紧急制动电磁阀失电，来自紧急制动电磁阀通过向中继阀提供压力指令。中继阀根据压力指令，将总风压力（来自制动风缸）送往制动缸产生制动力。

三、制动力的控制

1. 制动力的计算

对客运动车组，最重要的是在安全的前提下保证舒适度。制动力控制的前提是列车具有统一的制动减速度。制动工况下，列车的制动力与减速度的关系表达为

$$B=m\cdot(1+\gamma)\cdot\beta-W_j \tag{4-1}$$

式中 B——动车组制动力，kN；

m——动车组当前状态下的质量，t；

γ——动车组轮对旋转惯性质量系数；

β——动车组制动减速度，m/s^2；

W_j——动车组的加算阻力（基本阻力＋附加阻力），kN。

则

$$\beta=\frac{B+W_j}{m\cdot(1+\gamma)} \tag{4-2}$$

在某一瞬时制动工况，为保证动车组编组中具有不同重量的各车的减速度一致，重量大的车制动力也相应要大，重量轻的车制动力也相应要小，以维持统一的制动减速度。

2. 制动力的控制方法

根据制动方式的不同,制动力的控制方法也不同。

对于动力制动,可以直接通过牵引变流器控制再生制动电流来得到所需的制动力;而对于空气制动,制动力是由电空制动的计算机计算并控制的,因此,在制动装置设计阶段,要采用反向计算,即根据基础制动装置产生的制动力,结合制动力实算法采用的闸瓦(闸片)的压力和摩擦系统、平均作用半径、车轮滚动圆半径、传动效率等参数,反算出制动缸空气压力。

然后,根据制动缸空气压力(简称BC压力,也即中继阀输出压力),反推出电空转换阀(EP阀)的控制电量(反应制动力大小的模拟量或数字量)。由此也就形成了因EP阀控制方式不同而对应的控制模式:即模拟式EP阀控制、开关式EP阀控制。

在实车施行制动的过程中,制动控制计算机则进行正向计算,即根据制动指令对应的制动减速度、列车当前车速和重量,计算出制动力大小,然后进行电制动和空气制动的分配。根据电制动优先原则,发出电制动请求指令,根据电制动力的反馈,决定空气制动力。

在列车运行的定速(或称恒速、稳速、巡航)模式下,制动力(一般是电制动力)要与牵引力配合,即制动工况与牵引工况的交替,来实现目标速度。

3. 控制系统模式

(1)恒制动率模式

就是说,无论空载、满员或超员,都应保证列车在某一速度下的减速度与司机制动控制器手柄的位置(角度)的对应关系不变。在此模式下,必须检测各节车辆的实际重量,调整制动缸压力。

如果把制动运行工况中的动车组视为一个闭环自动控制系统,控制目标即给定参考值是制动减速度、控制量即制动力,从理论上讲,无论列车运行于平直道还是坡道、曲线、隧道,也即无论多大的列车阻力,都能够得到所要求的列车实际减速度。但运行中的列车是一个大的惯性系统,在各种线路条件下的阻力特性必然带有很强的非线性,要获得稳定的制动减速度并非容易。系统响应特性差的时候,在低速时易形成列车的爬行(蠕动),影响精确制动停车、引起较大纵向冲动;在高速运行时,也易引起速度的振荡。

因此,恒制动率的制动控制通常做成开环控制,指根据制动减速度形成控制量即制动力。由于制动控制计算机的传感器采样、计算和控制周期很短,对设计和调试完善的制动控制系统,计算机不断地更新制动力,并不会有大的误差。

(2)空气制动延后控制

这是一种满足制动节能原则的制动控制模式。操纵制动时,总是先用电气再生制动,制动力不足时再用空气制动补充。这种情况又有两种策略:

① 空气制动延后——等磨耗控制

这是拖车空气制动与动车空气制动均匀补充的控制策略,也是一种满足动车和拖车的制动闸瓦(闸片)等磨耗原则的制动控制模式。

② 空气制动延后——拖车空气制动优先补充控制

在需要空气制动作补充时，拖车空气制动优先补充，拖车空气制动全部发挥后，若制动力仍然不足，则由动车空气制动接续补充。

4. 制动力调整与定速模式

在制动工况，制动力由司机制动控制器的操纵位置决定；在列车运行定速模式（目标速度模式），为维持列车稳定的运行速度，牵引控制单元和制动控制单元交替产生牵引力或制动力（间或转入惰行），以适应线路阻力的变化。这时的制动力控制指令由列车控制网络的控制计算机发出，经网络传输，由牵引控制单元和制动控制单元根据指令执行。

5. 制动力调整与停车位置控制

在高速铁路的车站，为防止列车风给站台上的乘客带来危险，一般要设置安全门，在地铁车站，为隔离隧道与地下车站的空调区域，要设置一道屏蔽墙，并留有屏蔽门供旅客乘降通行。因此要求动车组在进站停车时能够精确控制制动力，以实现车门与安全门或屏蔽门的精确对位。

四、制动控制单元

制动控制单元(Brake Control Unit，简写 BCU)是动车组中每节车辆的制动控制装置，通常指其中的核心控制部分，即制动控制计算机，所以也有资料或技术文件把制动控制计算机或制动控制器称为 BCU。

1. 制动控制装置的构成

制动控制装置是由制动控制器、空气制动上所需的各种阀门以及风缸组成，并将它们作为整体组件吊装在车辆地板下面。

2. 制动控制装置的作用

制动控制装置进行下述制动动作的控制：常用制动、快速制动、紧急制动、耐雪制动。

(1)常用及快速制动控制

在制动控制装置内装有制动控制器，接受光纤及硬导线所发来的常用制动或快速制动指令，结合运行速度、空气弹簧压力、再生制动力等各项因素，算出必要的空气制动力，然后输出控制电流。

从制动控制器输出的电流在 EP 阀中变换为空气压力，然后供给到中继阀，在中继阀放大后，将压力空气输出到制动缸。

(2)紧急制动控制

处于常带电的紧急制动指令线失电时，紧急电磁阀 立即发出动作把紧急制动控制风压送到中继阀，在中继阀放大后，使压力空气送到制动缸。

第二节　模拟型 EP 阀及其控制

模拟制动控制阀 EP 电空变换阀属于控制阀的一种，其作用是把制动控制器 BCU 所发来

的对应制动力的电流指令变换为空气压力，由于受电磁部的控制，其空气压力能连续且无级地变化。此压力作为控制信号控制中继阀的供风、排气的工作空气压力（此压力对应制动缸空气压力）。

EP电空变换阀由电磁铁部、供气部和排气部构成。电流通过电磁铁线圈时产生吸引力打开供气阀，而供给压力空气。同时压力空气返回到电空变换阀的膜板室，出现与电磁阀的吸引力平衡状态时会关闭供气阀，为此，只要改变流通到电磁铁线圈的电流大小，就能控制电磁阀吸引力的大小，进而可以任意设定空气压力。

一、作用原理

模拟型EP阀相当于一种专用电磁阀，组成部分见图4－1。

1. 制动位

当接受到电气指令，电磁阀励磁，柱塞动作使排气活塞上升，排气活塞在上升过程中，使供排气阀接触排气阀座而关闭排气孔后，以压力上顶供排气阀，供排气阀由供气阀脱离，从供气管路a输送来的空气流到中继阀管路b，成为中继阀的预控压力。同时，压力空气流入到膜板5上面腔室，将达到电气指令所需要的压力。膜板及排气活塞被它下压，供排气阀也同时下降，接触到排气阀座，而关闭供气通路，达到平衡位置。参见图4－2。

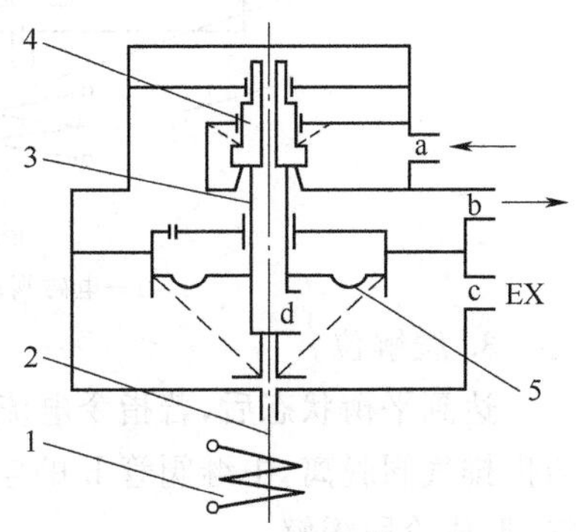

图4－1　EP阀原理图

1—电磁阀；2—柱塞；3—排气活塞；4—供排气阀；5—膜板

呈平衡状态后，若增加指令电流，电磁阀的输出力柱塞克服膜板承受的压力，上顶排气活塞，产生上述相同作用，空气流到b口通向中继阀。当中继阀管的压力达到指令电流对应的压力，就关闭供气管路，再回到平衡位置，形成阶段制动。

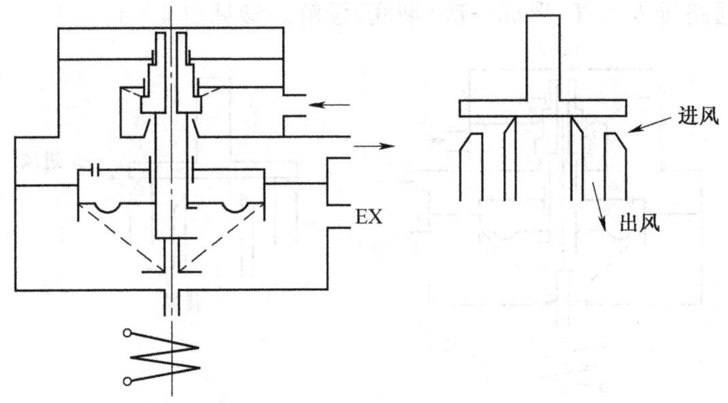

图4－2　EP阀动作示意（充气制动位）

2. 保压位

在平衡状态，输出侧平衡腔有与输出相同的空气压力。因此，电磁阀向上的压力大于膜板上方的空气压力，故供排气阀经过排气活塞被柱塞上顶，同时自动开始供气，直到平衡腔的压力到达规定值为止，形成保压位。在该位，若有泄漏，能够自动补风。参见图 4－3。

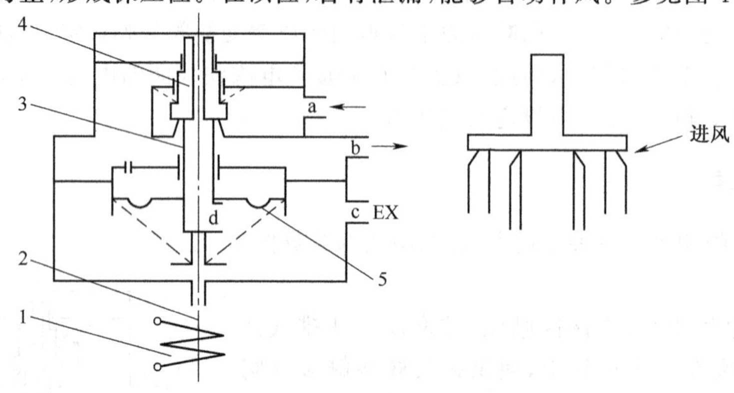

图 4－3　EP 阀动作示意(保压位)

1—电磁阀；2—柱塞；3—排气活塞；4—供排气阀；5—膜板

3. 缓解位

达到平衡状态后，若指令电流下降，电磁阀的输出力小于膜板承受的压力，下压排气活塞，与供排气阀脱离，中继阀管 b 的空气经过排气活塞内的通路 d 以及 c，经过排气管路排到大气，形成阶段缓解。

中继阀管的压力，即平衡腔的压力降低到等于指令电流对应的压力，排气活塞就开始上升，排气阀座落到供排气阀，使排气管路关闭，重新回到平衡位置。若指令电流归零，电磁阀的输出也为零，排气活塞受到膜板上方压力，下移使排气阀座脱离供排气阀，中继阀管路 b 的压力空气通过 d、c 通路排入大气，形成一次(彻底)缓解。参见图 4－4。

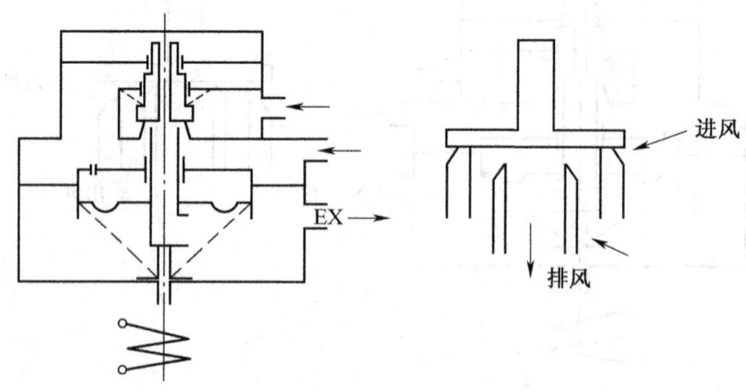

图 4－4　EP 阀动作说明(排气缓解位)

二、模拟型 EP 阀的控制

由上述可知，控制模拟 EP 阀的驱动电流，就能够控制电空制动力。模拟 EP 阀的特点是必须有驱动电流控制装置，在制动控制单元，这是由微机进行精确的电流控制的。

模拟 EP 阀的优点是，只要提供驱动电流，就能够产生与电流大小成比例的空气压力。这样，很容易形成不通过微机就能够实现的备用制动。

1. 特性滞后及其补偿

模拟 EP 阀的缺点是：

(1)模拟 EP 阀的响应、控制精度与 EP 阀的结构及性能关系很大，必须完善控制方法才能得到较好的控制精度和响应特性。

(2)存在特性滞后

由于模拟 EP 阀的结构中存在多方面的非线性因素，如移动间隙、干摩擦、膜板和弹簧弹性的非线性，电磁铁励磁电流与电磁力的非线性等，引起控制电流增大行程和减小的返回行程，同样电流对应的输出空气压力不等的现象，类似一种回差。参见图 4－5。

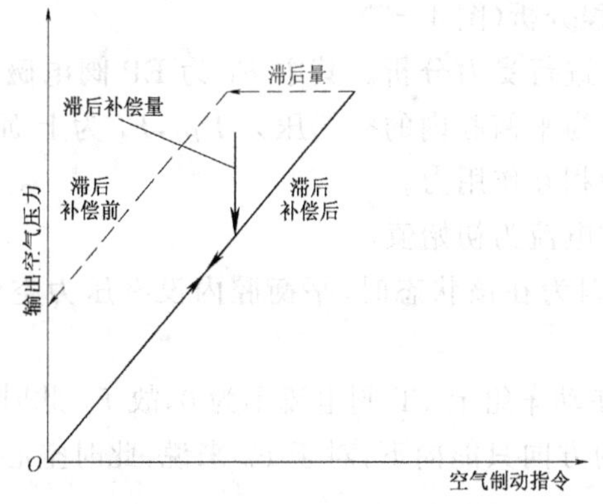

图 4－5　EP 阀的滞后及其补偿控制

滞后特性引起制动力与制动指令的不唯一性，因此必须予以消除。

可以用输出电流值补偿方法，消除电空变换阀的自身带来的滞后，通过这种补偿控制，同时也能消除后续空气压力控制阀尤其是中继阀结构特性的滞后。

对滞后特性没有经过补偿控制的模拟 EP 阀，在电制动与空气制动协调时，制动控制效果见图 4－6。

2. 缓解保证控制

制动缓解时，为了使电空变换阀准确地处于缓解位，系统对电空变换阀电磁阀励磁电流进行电流偏差控制。

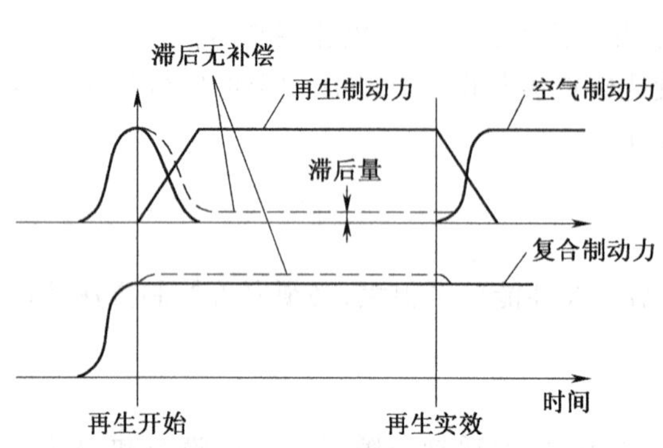

图 4－6　电空协调制动的控制

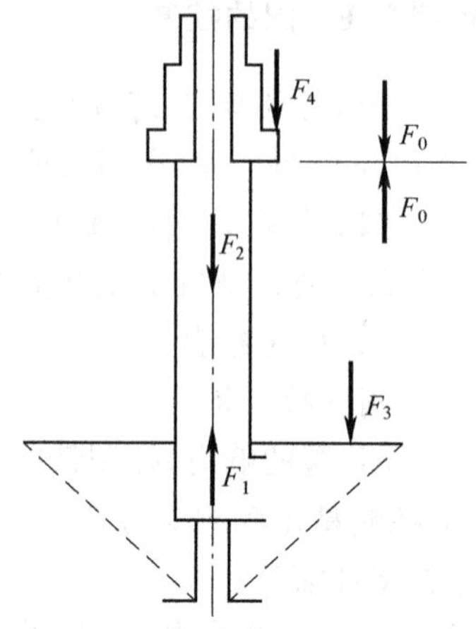

图 4－7　EP 阀受力示意图

三、模拟型 EP 阀的控制特性分析

1. EP 阀受力及工作过程分析(图 4－7)

对空心阀杆和供排气阀进行受力分析。其中 F_1 为 EP 阀电磁部分产生的电磁力，F_2 为下面弹簧产生的弹簧力，F_3 为平衡腔内的空气压力 P_{BC}，F_4 为上面弹簧产生的弹簧力，F_0 为空心阀杆与供排气阀之间的相互作用力。

(1)初始静止状态(励磁电流为初始值)

在初始状态时，$F_3=0$，因为在该状态时，平衡腔内没有压力空气。对空心阀杆进行受力分析：

根据 EP 阀电流特性，在动车组上 EP 阀电流不为 0，故 F_1 此时不为 0，而 F_2 为下面弹簧产生的弹簧力，经分析 F_2 的方向只能向下，对于 F_0 来说，此时空心阀杆与供排气阀呈密封状态，所以 F_0 此时不为 0。

综上得到空心阀杆力的关系式：

$$F_1=F_2+F_0 \tag{4-3}$$

对供排气阀进行受力分析：

经上述分析知此时 F_0 不为 0，而此时从受力平衡的角度分析，上面的弹簧 F_4 只能向下且不为 0，故得到供排气阀力的关系式：

$$F_4=F_0 \tag{4-4}$$

综合式(4－3)和式(4－4)得到空心阀杆和供排气阀整体受力关系：

$$F_1=F_2+F_4 \tag{4-5}$$

而对于 F_2，根据分析，此时下面的弹簧形变量为 0，故 $F_2=0$。又根据式(4－5)得到上面

弹簧产生的弹簧力 $F_4=F_0=1$ N。所以在初始状态，下面弹簧形变量为 0，上面弹簧形变量不为 0。

(2)开始动作状态(励磁电流开始变大)

在空心阀杆推动供排气阀开始运动时，各个力都发生了变化，F_1 由于受到励磁电流的变大开始变大，F_2 和 F_4 由于运动产生了位移均分别变大，对于 F_3 由于供排气阀开始动作，从而在平衡腔 B 中产生了空气压力，导致 F_3 开始逐渐变大，此外，由于运动，在空心阀杆和阀体之间存在干摩擦，所以摩擦力伴随着 EP 阀动作而存在。

(3)动作到力平衡状态(励磁电流保持不变)

在电磁力 F_1 的作用下，供排气阀口逐渐增大，使得 F_3 逐渐增大，当 F_3 增大到与 F_1(此时 F_1 的大小为 BCU 根据制动力的要求由相应的励磁电路产生的)成一定比例时，对空心阀杆和供排气阀整体受力分析：向上的力(F_1)，向下的力(F_2、F_3、F_4)。

此时的空心阀杆与供排气阀并不平衡。分别都受到向下的弹簧力的作用，空心阀杆由于受到 F_2 的作用而向下运动，直至弹簧的形变量为 0，即空心阀杆回到初始状态；供排气阀由于受到 F_4 的作用而回到阀体座且在初始弹簧力的作用下使阀口密封。

(4)动作结束(励磁电流开始变小)

当励磁电流开始由平衡状态变小时，F_1 相应的变小，而此时对于空心阀杆受力分析得到：向上的力(F_1)，向下的力(F_2+F_3)。

此时，$F_2=0$，F_1 逐渐变小，故在 F_3-F_1 的作用下，空心阀杆克服干摩擦的作用而开始向下运动，导致空心阀杆与供排气阀开始分离，平衡腔 B 中的压力空气经空心阀杆的中孔流到阀体外，从而压力空气的压力开始下降，对应的 F_3 开始变小，直至变到零为止。而此时 F_1 已经回到初始状态，即 $F_1=1$ N，F_2 由于产生了向下的位移而产生向上的弹簧力，空心阀杆在初始的 $F_1+(-F_2)$ 的作用下，又开始向上运动，直至空心阀杆与供排气阀之间密封。

综合上述运动分析，4 个过程结束之后，EP 阀又回到了初始状态，等待 BCU 的下一个制动指令，如此往复循环。

2. EP 阀滞后特性分析

(1)滞后特性

模拟 EP 阀的结构中存在多方面的非线性因素，引起同样电流对应的输出空气压力不等分析可知：

① 模拟型 EP 阀的响应、控制精度与 EP 阀的结构及其性能关系很大，必须完善控制方法才能得到较好的控制精度和响应特性。

② 存在特性滞后。某 EP 阀的滞后特性如图 4－8 所示。

对滞后特性没有经过补偿控制的模拟 EP 阀，在电制动与空气制动的协调时，制动控制效果如图 4－9 所示。

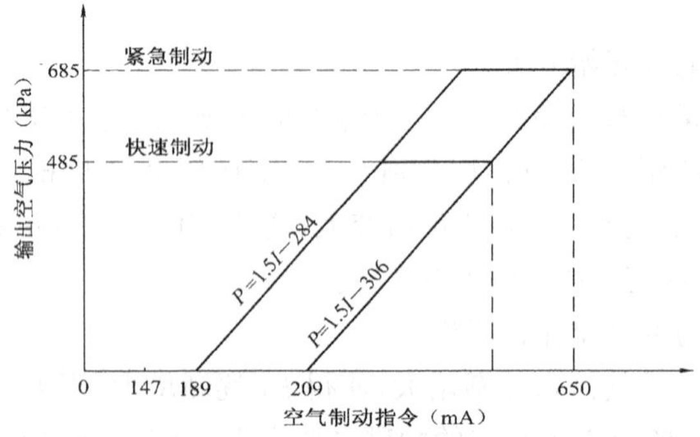

图 4－8　EP 阀滞后特性曲线

(2)引起滞后的因素

① 电磁铁励磁电流与电磁力的非线性引起滞后分析

在模拟 EP 阀中对性能影响最大的机电—机转换元件，也是要重点分析的元件。在比例电空阀的设计中，需要有一个能把电气信号转为机械信号（位移、力或力矩）的转换装置，这个装置通常简称为电—机械转换元件，它的作用是把输入信号电流成比例地转换成机械量。

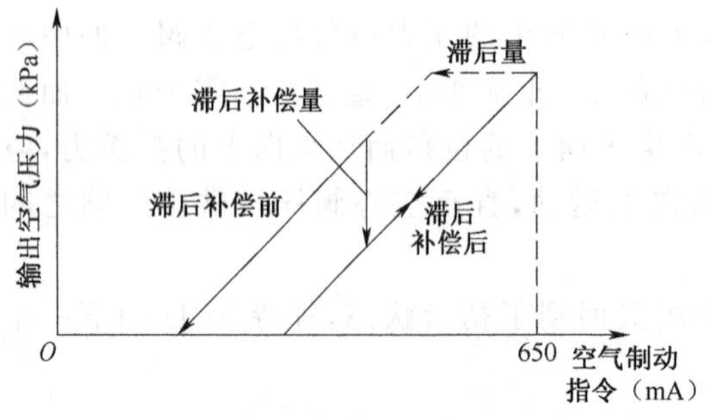

图 4－9　EP 阀滞后特性曲线

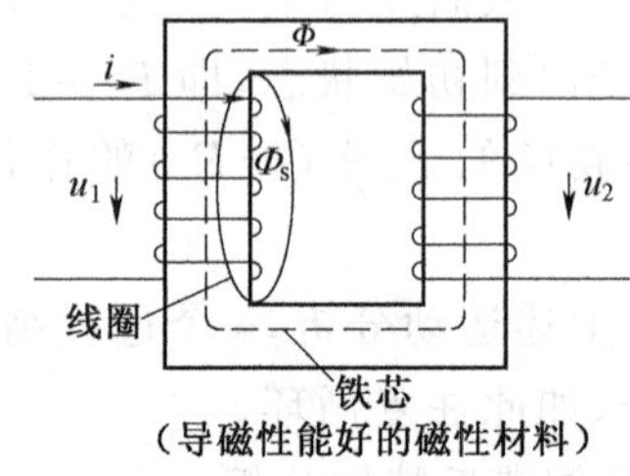

图 4－10　比例电磁铁原理示意图

在生产应用中，对作为阀的驱动装置的电—机械转换元件的最常用的是比例电磁铁，其基本原理参见图 4－10。

磁饱和性和非线性：导磁体的磁化与外加磁场的增加不是线性关系而且磁化所产生的磁感应强度不会随着外磁场的增强而无限增强。当外磁场增强到一定程度时，导磁体的全部磁畴的磁场方向都转向与外部磁场方向一致，磁化磁场的磁感应强度将趋向某一定值。如图 4－11所示。

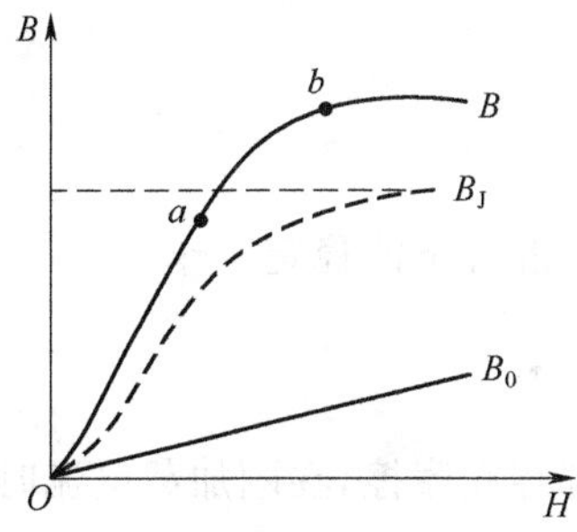

图 4－11　比例电磁铁原理示意图

B_J—磁场内导磁体的磁感应强度曲线；

B_0—气隙的磁感应强度直线；B—即 B-H 磁化曲线

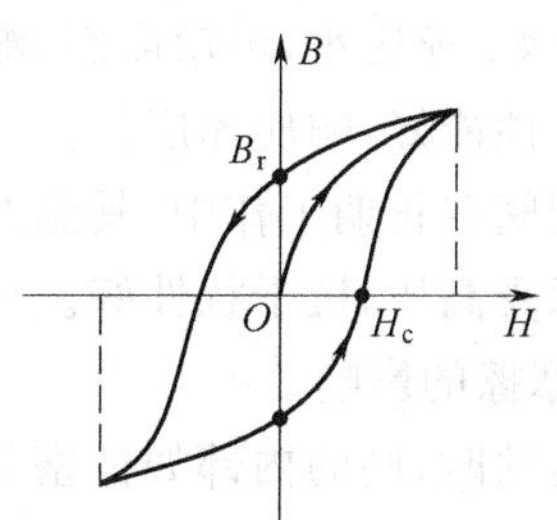

图 4－12　磁滞回线示意图

B-H 磁化曲线为非线性曲线，有如下特征：

• oa 段：磁感应强度 B 与磁场强度 H 几乎成正比地增加；

• ab 段：磁感应强度 B 的增加减缓；

• b 点以后：磁感应强度 B 逐渐达到饱和。

有导磁体存在时，B 与 H 不成正比，导磁体的磁导率 μ 不是常数，随 H 而变，磁通 Φ 与励磁电流 I 不成正比。导磁体的磁化曲线在磁路计算中很重要，可通过实验得出。

磁滞性是指导磁体中磁感应强度 B 的变化总是滞后于外磁场变化的特性。导磁体在交变磁场中反复磁化时，其 B-H 关系曲线是一条回形闭合曲线，称为磁滞回线。如图 4－12 所示。

剩余磁感应强度 B_r：当线圈中电流减小到零（$H=0$）时，导磁体中的磁感应强度。

矫顽磁力 H_c：使 $B=0$ 所需的 H 值。

电磁力的产生是在 BCU 制动指令电流的作用下通过电磁铁产生的。给电磁阀通电，形成电磁场，具有一定的磁场强度 H，在该磁场中的导磁体产生一定的磁感应强度 B，通常情况下，电磁力 F 正比于磁感应强度 B；磁场强度 H 正比于励磁电流 I。

由于导磁体的非线性、磁饱和性以及磁滞性，所得到的电磁力与电流的关系、磁场强度与磁感应强度的关系都存在着回滞和非线性。当电流从最大值减小时，电磁力并不随着电流减小到零，而是存在着一定的剩余电磁力。为了消除这个剩余电磁力，只能继续减小电流，才能使电磁力回到初始的大小。并且电磁力增大与减小过程与电流大小并不是线性关系。

另外，在励磁电流逐渐增大的过程中，磁感应强度 B 并不随着电流增大而增大，并且在电流增大到一定数值后不再随其增加。所以，电磁阀输出的电磁力与励磁电流不是线性关系。在非线性区，电流增大但电磁力没有相应增加，由此会造成柱塞运动的滞后。

为减少这种由于电磁部造成的空气压力的滞后特性，对比例电磁铁要求有如下几点：

• 具有水平吸力特性，即输出的力与电流信号大小成比例，与衔铁的位移无关。能把电流信号按比例地、连续地转换成力的输出。

• 具有足够的输出力和行程，结构紧凑，体积小。

• 线性好，死区小，灵敏度高，滞后小。

• 动态性能好，响应速度快。

• 比例阀在长期工作中，其温升不得超过要求，在允许温升下能稳定工作。

• 能承受高压，抗干扰性好。

② 干摩擦的影响

活塞运动时，阀的内部如柱塞与密封件、膜板内部等都存在摩擦，在刚加载电流时，电磁力与弹簧力合力没有增大到足够克服最大静摩擦力之前，活塞并不产生运动；当电流增大到一定数值时，才能克服较大的静摩擦力，当机构运动后，变成滑动摩擦力，较静摩擦力小，因此也会造成供排气阀运动的滞后。

③ 预紧力的影响

预紧力是复位弹簧所有的，它的目的是让列车在正常运行时，不发生非正常的制动。

图 4－13 所示的为某 EP 阀的结构。图中 a 口为通风源(如 780～880 kPa)，在未发出制动指令时，复位弹簧必须有一定的压力，使得进出风口有一定的预紧力，在非正常的情况下不会打开造成漏风导致误动作；在制动缓解时，也必须保证排风口打开的情况下，进风口关紧，否则会造成制动缓解慢，甚至不缓解。

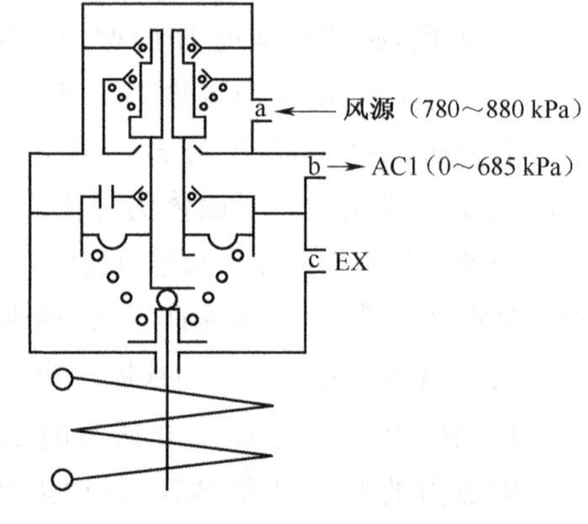

图 4－13　EP 阀结构示意图

3. EP 阀的上电初态

某模拟 EP 阀的上电初态电流控制特性如图 4－14所示。

列车在停止时，钥匙拔出，整列车是处在断电状态的，此时，紧急电磁阀失电，即将风源的压缩空气通过调压阀直接输入到中继阀(比如 450 kPa 的空气压力)，达到制动的目的。因此，当司机插上钥匙，手柄回拨到快速位时，EP 阀电流特性如图所示。电流沿着 X 轴由 0 增加到209 mA，再沿着 $P=1.5I-306$ 直线，增加到 EP 所在电流值；之后，司机再将手柄回转到运转位，电流由于 EP 阀本身的滞后特性，沿着 $P=1.5I-284$ 直线回到 189 mA，此时，制动缸的压力和阀等杆件的弹簧背压达到一个相对平衡，即无制动力的存在，但是为了防止由于机械摩擦，使制动盘和闸片无法正常分离，计算机给予 EP 阀一个相对 189 mA 更小的电流(如147 mA)，强迫制动盘与闸片分离，防止磨耗闸片和制动盘。

4. EP 阀的闭环反馈控制

模拟 EP 阀以电流控制输出空气压力。EP 阀从整体上来说是一个闭环控制，控制电流部分有自身的闭环反馈，以保证恒流控制(不随环境温度变化)；空气输出部分也有一个闭环的自反馈。

(1)电流的闭环控制

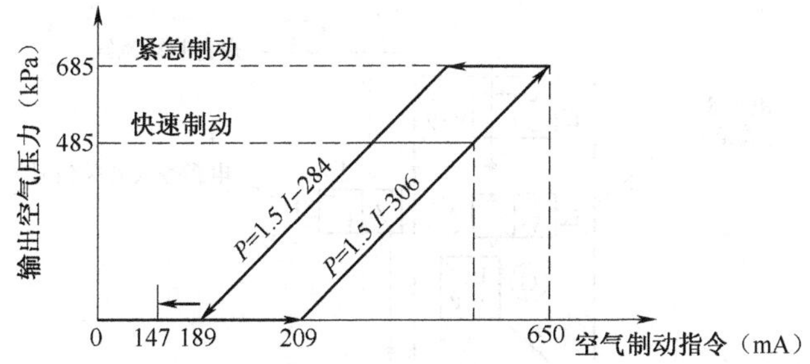

图 4－14　EP 阀上电初态电流示意图

在整个 BCU 控制模块中，有的产品采用加热电阻对控制柜进行加热，防止其温度过低，但是也不能保证阀所在的环境温度保持在同一温度，因此，EP 阀的电磁线圈在温度变化的情况下，阻值会发生变化，影响电磁线圈的电流大小进而影响电磁力，使得 EP 阀在同一个指令下的空气压力输出发生变化。

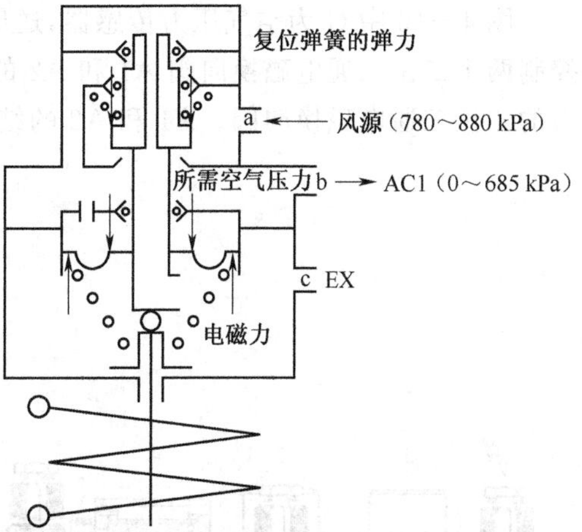

要解决这个问题，方法之一是和电磁线圈串联一个标准电阻（其阻值随温度变化较小），计算机通过传感器检测标准电阻上的电流变化，来调整控制电流的输出，即保证标准电阻在任何温度下，各级位的输出电流在不同温度下都相同，即采用在制动控制计算机输出不变时，驱动环节恒流控制。

图 4－15　EP 阀内部压力平衡过程示意图

(2)空气压力的自反馈

模拟 EP 阀的结构来看，输入多大的电流电磁线圈就能产生多大的推力，此时开启供气阀，风源 780～880 kPa 的风送入 EP 阀，由于膜板及其缩孔的作用，当压力达到或略超过所需压力时，就抵消电磁线圈的推力，此时，在复位弹簧的作用下，供气阀关闭。从这里可以看出，EP 阀的输出部分就是一个反馈回路，控制供气阀的开关。其原理如图 4－15。

E/P 两个环节自身都构成了一个闭环反馈，但是 P 到 E 的反馈还不完善，即由于种种原因输入的电流和输出的空气压力还有差距，这里就需要对工艺性、设计方法上和选择材料上进行改善。

第三节　开关型 EP 阀及其控制

一、开关型 EP 阀的组成

用通用的工业气动阀加上空气压力传感器和控制计算机，可以很方便地构成一个开关型

EP 阀,见图 4—16。

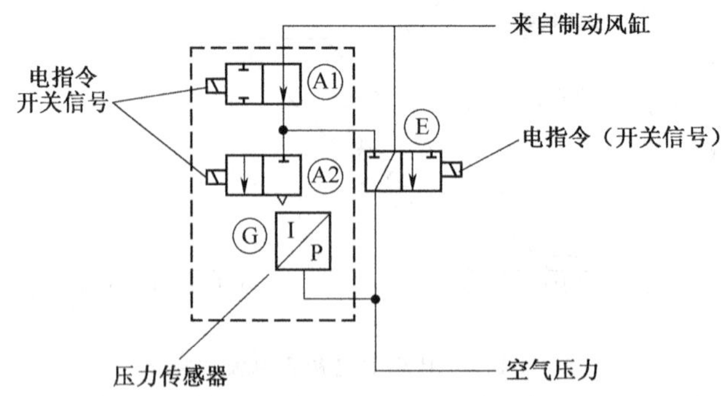

图 4—16　开关型 EP 阀原理图

图 4—16 中 G 为空气压力传感器，送出的电量到制动控制计算机，根据预定的空气压力，控制两个二位二通电磁换向阀 A1 和 A2 的开和关，控制输出压力，E 为控制紧急制动空气压力的二位三通电磁换向阀。A1 和 A2 的结构参见图4—17，E 的结构参见图 4—18。

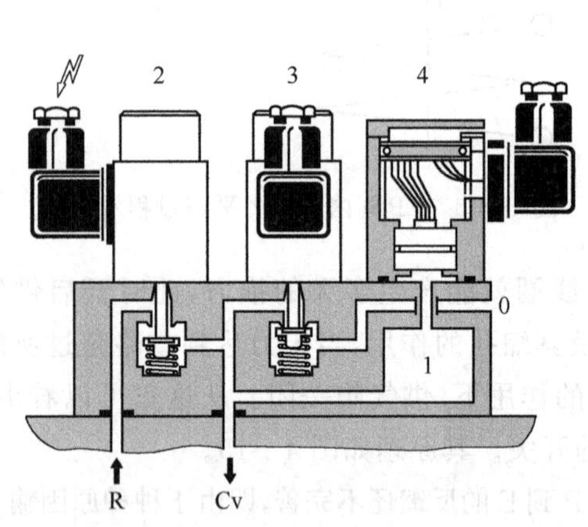

图 4—17　开关型 EP 阀示意图

1—内部缓冲腔；2—充气电磁阀；
3—排气电磁阀；4—压力传感器；
Cv—输出预控制压力；R—来自总风缸

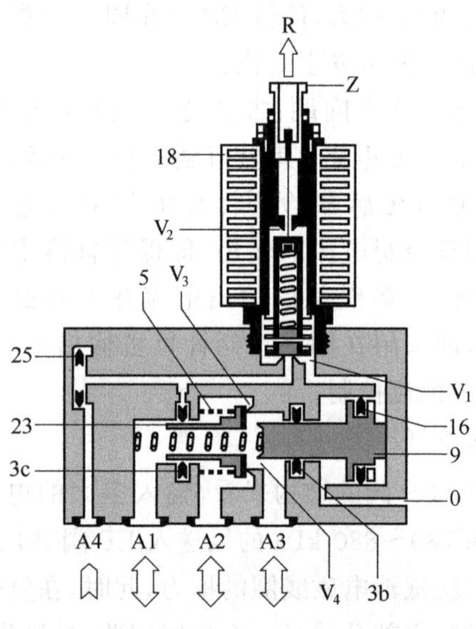

图 4—18　紧急电磁阀示意图

16、25—克诺尔 K 形环；5—压缩弹簧；
9—活塞；18—电磁阀；23—阀头；
V—阀座；R—排气口；A1—通总风缸；
A2—预控制压力 C_{V1}；
A3—预控制压力 C_{V2}；A4—控制气路

在常用制动位，紧急制动环路正常带电，E 励磁，切断制动风缸经 E 的输出空气通路；计算机给出空气压力计算值后，A1 首先由励磁变为失电，来自制动风缸的空气通过 A1 送到 E，

输出建立空气压力，同时 A2 也励磁变为失电，切断输出经 A2 的排风通路；当输出侧空气压力达到预定值时，压力传感器 G 给出相应的压力信号，计算机则控制 A1 得电励磁，停止供风，输出侧的空气压力即送到中继阀作为预控压力。EP 阀处于保压状态。

当系统接到缓解指令后，计算机控制 A2 得电励磁，输出侧空气经 A2 排风，压力降低，达到预定值时，A2 失电，EP 阀重新处于保压状态。

开关型 EP 阀可以方便地实现阶段制动、阶段缓解、自动补风保压。缺点是，输出侧空气压力的控制离不开计算机的控制，这样，构成备用制动装置时，必须利用制动控制计算机。

二、开关型 EP 阀的控制

与模拟型 EP 阀的控制不同，开关型 EP 阀要结合 A1、A2 电磁阀及压力传感器由制动计算机形成反馈控制。我们知道，总风压力较高(例如 900 kPa)，而制动控制的预压力有时很低(例如 50 kPa)，由于容积效应及空气流动惯性，建立压力过程既滞后与阀的开闭，又会出现较大波动，如果是简单的开关控制，动态响应及静态精度都不好。在实际工程应用中，较多采用带阈值的开关控制或采用基于脉宽调制(PMW)的高速开关型的比例控制。

采用带阈值的开关控制的基本原理是设定一定的开关阈值，以避免过多的振荡和冲击，基本控制动作依然是在传感器监视下，对 A1、A2 实行开关控制，提高对阈值的调整，可以在电磁阀的 2～3 次动作即能够建立预定压力。

采用 PMW 的高速开关型比例控制，是采用高速电磁阀，每次打开充气电磁阀的时间根据控制脉冲宽度决定。一般电磁阀工作频率较低(6～8 Hz)，高速电磁阀能以更高的频率工作，开关响应速度可高达 1 ms，在脉宽调制下，实现对空气压力的控制。

采用 PMW 控制的 EP 阀，可以从制动控制指令的形成开始，采用 PMW 波传递制动指令，以形成备用制动指令及直接驱动控制。

三、开关型 EP 阀的缺点

(1)EP 阀的控制是根据容积风缸压力传感器反馈的压力信号进行闭环控制，而容积风缸压力传感器反馈的压力信号又有一定的滞后。

(2)由于压力传感器型号不同，精度、温度系数等众多参数存在差异，所以传感器反馈的数值也有所差异。

(3)由于压力传感器安装的位置和摆放位置不同，例如如果安装在 PBCU 板和容积室之间的管路上，由于在充风和排风时，管道气流速度比较快，根据流体力学里的连续性定理和伯努利定理，这时测得的压力值应该比容积室压力偏低。而如果将传感器装在容积室上，这时由于气流进入容积室后对传感器引起的冲击会导致传感器返回的压力值比实际容积室的压力值偏高。

(4)数字式电空阀是闭环控制，控制精度较高，但电磁阀的开断时间的存在，实际上在系统中存在着非线性滞后环节,存在的稳态误差是不可能消除的。虽然国内各科研院所及国外都采用了一些先进的控制技术如模糊控制等,但它的控制精度最终还是会受到电磁阀开断时间的限制。

四、模拟型 EP 阀和开关型 EP 阀的比较

目前,EP 单元的充气及缓解电磁阀主要有两种形式:一种是开关形式的电磁阀,另一种是模拟式比例电磁阀。从控制上来讲,模拟式比例电磁阀容易实现,具有很好的连续性,而且控制原理简单易行。此外,能减少电磁阀的动作次数以延长使用寿命,同时,在备份制动系统时,不需备份计算机等设备。因为模拟式比例电磁阀的输出流量(或压力) 随着电流(或电压)的改变而呈线性变化,这样能够根据目标压力的大小来确定输入电流(或电压) 的大小,从而以阀的最少动作次数来达到设定的目标压力。选择模拟式比例电磁阀也为采用模糊控制提供了优化条件。

模拟型 EP 电空阀控制精度相对于开关型 EP 阀来要高些,因为模拟电磁阀自身形成动态平衡,不像开关型 EP 阀要实时检测压力,这就会造成一定的滞后和误差。但模拟型 EP 加工精度高,制造成本较高。模拟型 EP 阀所用的控制原理较简单,控制线路简单,更易于使用和维护。在某些场合,采用模拟型 EP 阀比采用开关型 EP 阀更方便,它可不需要微机等一些复杂的控制线路,使系统简化,也更容易维护和判断故障源。

第四节　中　继　阀

在制动控制单元内,计算机完成了电气控制量到空气控制量的转换后,需要一个空气通路断面较大,能够通过较大风量的输出组件,这个功能通常由一个专用的空气压力控制阀——中继阀来完成。

一、中继阀的结构原理

1. 结构

根据制动控制方式的不同,中继阀有多种形式。常用的一种是与 EP 阀配合的、具有 1:1 变换关系的比例阀。只完成流量比例放大,不具备压力放大功能。图 4－19 是这种中继阀的原理示意图。

这是一种双膜板结构,上膜板的下腔引入来自 EP 阀的常用制动预控压力,下膜板的下腔引入来自紧急电磁阀的紧急制动预控压力,两张扁平膜板的有效面积相同,具有高位优先功能。由于这样两种压力(工作压力,即高位优先压力和二次压力)的相差,供排气阀杆滑动,从而执行供气阀的开闭以及二次压力的供给或排气。

2. 作用原理

中继阀的作用原理参照图 4－19、图 4－20、图 4－21、图 4－22、图 4－23。

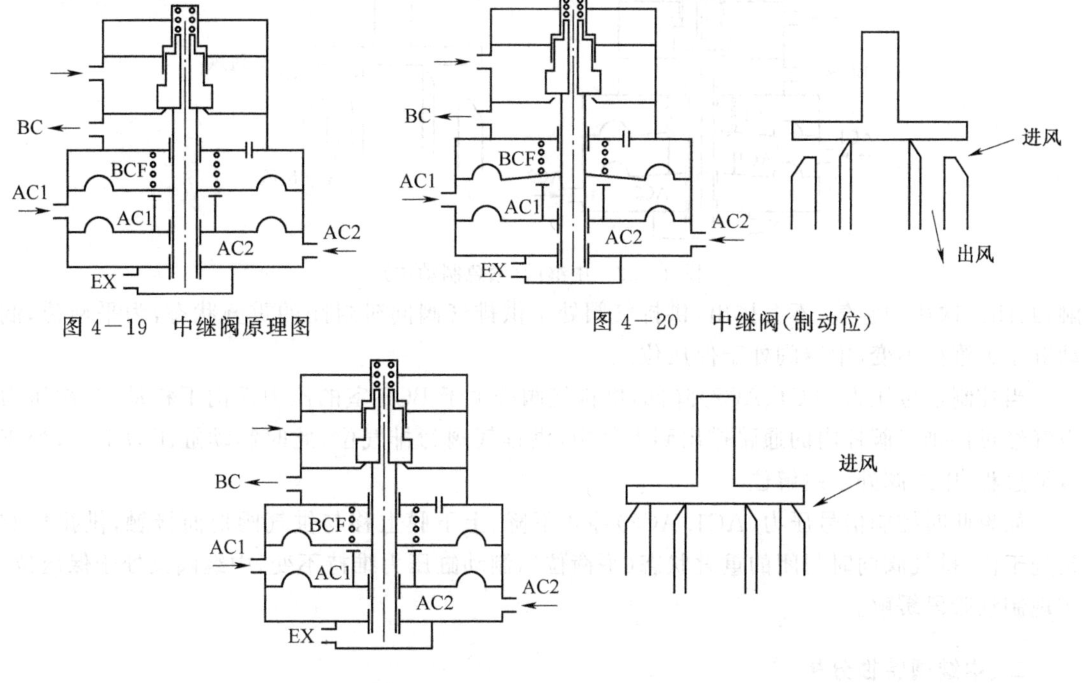

图 4－19　中继阀原理图

图 4－20　中继阀(制动位)

图 4－21　中继阀(保压位)

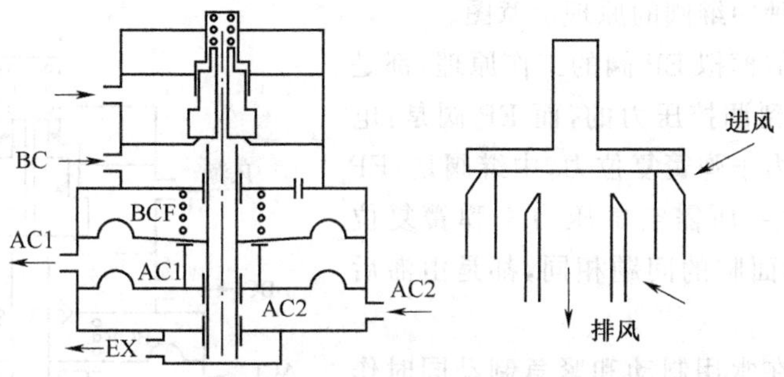

图 4－22　中继阀(缓解位)

控制信号压力(AC1、AC2)通到下膜板的上下腔，供排气阀杆上移打开供气阀。来自制动风缸的压力空气(MR)(也称为一次压力)，经供气阀和供气阀座开口部变为二次压力空气(BC)流出送往制动缸管，制动缸压力上升，供排气阀为供气位，此时制动缸压力上升，中继阀处于制动位。

制动缸压力上升时，BCF 室的压力随之上升，当下膜板的上下腔的压力 AC1 及 AC2 的压力之和等于 BCF 室的压力时，供排气阀杆被在弹簧力作用下向下移，供气阀被压住到供气阀座，而停止一次压力空气的流出，即停止向制动缸管充气；同时，供排阀杆与供气阀地面接

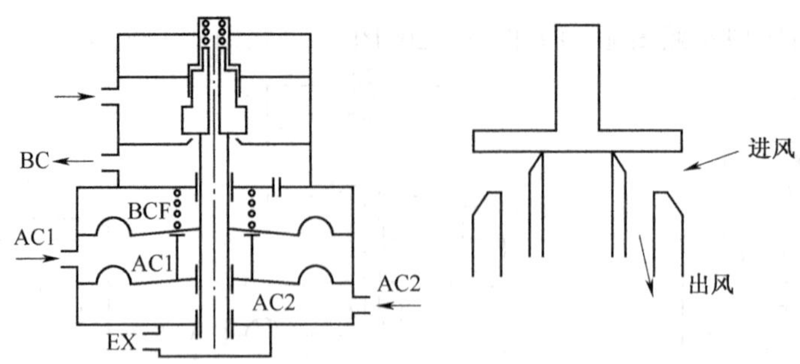

图 4—23　中继阀(紧急制动位)

触,封闭二次压力空气,不会排出,供排气阀处于供排气阀同时封闭的重叠状态,为平衡位,制动缸压力维持不变,中继阀处于保压位。

当控制信号压力(AC1、AC2)降低,供排气阀杆由于 BCF 室的压力而向下移动,二次压力空气经过供排气阀杆内的通路排出到大气中,供排气阀为排气位,此时制动缸压力下降,处于缓解过程,中继阀处于缓解位。

如果此时控制信号压力(AC1. AC2)停止下降,上下膜上移与供气阀地面接触,供排气阀又处于供、排气阀同时封闭的重叠状态(平衡位),制动缸压力维持不变,中继阀又处于保压位,实现制动阶段缓解。

二、中继阀特性分析

图 4—24 是一种中继阀的原理示意图。

其工作原理类似模拟 EP 阀的工作原理,都是根据力的平衡来达到调控压力的,而 EP 阀是:电磁力=所需空气压力+弹簧复位力,中继阀是:EP 阀送来的空气压力=所需空气压力+弹簧复位力,所以他和 EP 阀面临的问题相同,都是由滞后特性。

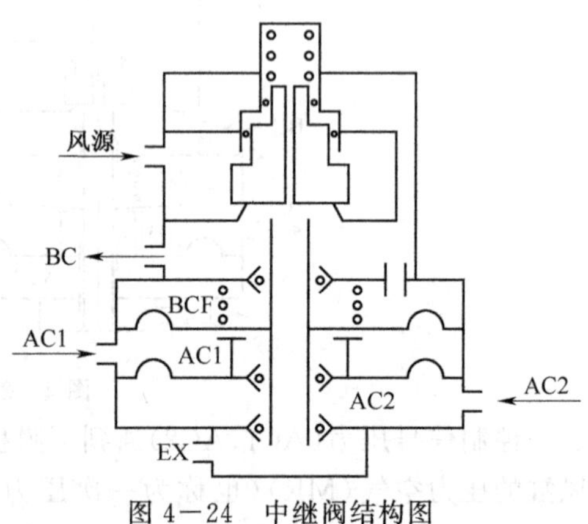

图 4—24　中继阀结构图

高位优先是指在常用制动和紧急制动同时作用时,AC1 和 AC2 同时进风,哪一个的压力高就实施什么制动(如紧急制动(AC2)的压力高,AC2 内就推动 AC1 的模板上移,推开进气阀)。因此,可以说 AC1 和 AC2 是并联的。

1. 阀控制的滞后特性

列车从司机发出制动指令到列车实施制动,这之间有一个时间的滞后,造成这一滞后特性的原因是多方面的,列车控制网络的延迟是一种,两车之间的延迟最长有 50 ms(指令的编码译码,指令由电子指令转换为气压指令(EP 阀),气压指令的传输(在 EP 阀内、中继阀内、和空气管路

内)都要造成一定的时间上的滞后)。下面对气压指令在阀和空气管路中的滞后做简单的分析。

从总风管到制动风缸要经过很多空气管路、节流阀和制动控制阀等。所以从制动管放风到制动缸空气压力的上升需要一定时间。对空气管路和风缸容积做一定的简化和假设,因为充气时间很短,在充气过程中忽略气缸与外部环境的热交换,则充气过程可以简化为绝热定容充气模型,根据流体力学的相关知识,压力上升与时间的关系计算公式如下所示:

2. 容积造成的滞后

EP 阀和中继阀的腔体都有一定的容积,来自风源的风要先充满空腔,还有中继阀到增压缸的管路,管路中的压力达到所需压力需要消耗时间,在空油转换装置中气缸内的体积充满压力也需要时间,这都是造成基础制动装置动作滞后于指令的原因。

3. 滞后原理和计算公式

假设模拟 EP 阀的容积为 10 cm³,中继阀的体积估算为 30 cm³,将 EP 阀和中继阀以及管路的总体积可以近似认为是 60 cm³。

进排气阀可以看成是一种环形口的节流孔,它对流量也有一定的影响。

假设充放气时气体与外界均无热交换。

当$\frac{P_0}{P_{mr}}\leqslant\frac{P_i}{P_{mr}}\leqslant C$(音速临界常数),取 0.528 时,

$$t_f=\frac{V_i}{k\cdot u\cdot S\cdot R\cdot C\sqrt{T_{mr}}}\left(\frac{P_i}{P_{mr}}-\frac{P_0}{P_{mr}}\right) \tag{4-6}$$

式中 P_i——气缸内空气压力,kPa;

P_0——气缸内残余压力即大气压力,101 kPa;

P_{mr}——充气源空气压力即总风压力,假设 690 kPa;

V_i——制动阀充气腔体积,60 cm³;

u——节流系数,取 1;

S——节流阀口有效面积,30π mm²;

k——定熵过程绝热指数,取 1.4;

t_f——充气时间,s;

R——气体常数,R=8.245(kPa·升/摩尔·K);

C——音速临界常数,$C=\left(\frac{2}{1+k}\right)^{\frac{1}{k-1}}\sqrt{\frac{2k}{R(k+1)}}$。

当$1\geqslant\frac{P_i}{P_{mr}}\geqslant\frac{P_0}{P_{mr}}>C$

$$t_f=\frac{2V_i}{(k-1)\cdot u\cdot S\cdot R\cdot B\sqrt{T_{mr}}}\left(\sqrt{1-\left(\frac{P_0}{P_{mr}}\right)^{\frac{k-1}{k}}}-\sqrt{1-\left(\frac{P_i}{P_{mr}}\right)^{\frac{k-1}{k}}}\right) \tag{4-7}$$

其中 B 可由$B=\sqrt{\frac{2k}{R(k-1)}}$求得。

根据以上公式可以画出曲线如图 4－25 所示。

由图可以看出，在充气初期阶段压力上升较快，开始的时候接近等熵过程，随着气缸内压力逐渐上升速度开始减慢，最后接近等温过程。

制动缸压力通常不超过 480 kPa，由图中可以得到，制动缸压力上升时间不足 2 s。在制动系统中此上升时间是一个重要的性能参数，在 NABTESCO 实际产品中，已经可以做到从司机制动手柄发出制动指令到制动缸空气压力上升到基础制动产生作用的时间不足 1.5 s。比传统的空气制动机要大大缩短，可以很大程度上减小空走距离缩短制动距离。

【例】 根据既有的公式和 EP 阀、中继阀、管路的容积，算出当压力达到 90%的压力时，所消耗的时间。

假设风源的压力是 850 kPa，所以公式就化简为：

$$t_f = 3.34 - 4.86\sqrt{1-\left(\frac{P_i}{951\ 325}\right)^{0.286}} \tag{4-8}$$

通过 MATLAB 的仿真计算，可以得出 t_f 和 P_i 的曲线图，如图 4－25 所示。

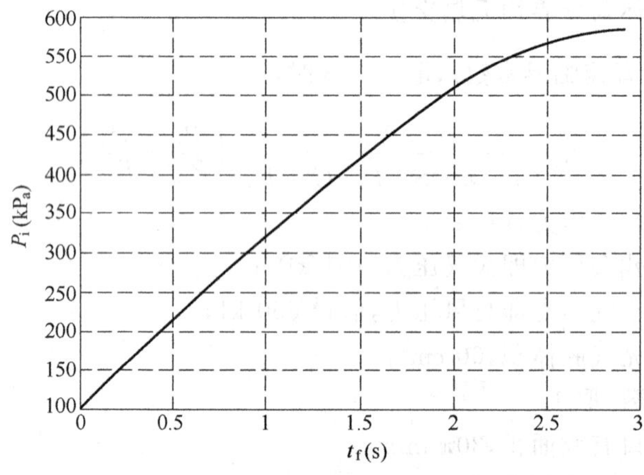

图 4－25　制动缸压力上升曲线

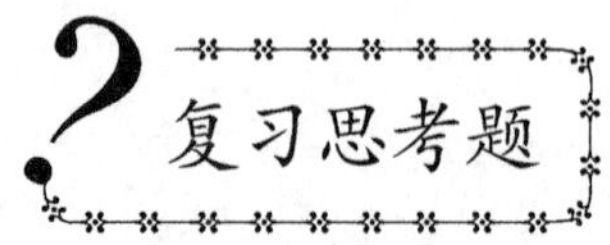

1. 可以从哪些方面对动车组的制动提出要求？
2. 为什么要限制制动减速度的变化率？
3. 为什么干线动车组对制动减速度变化率的限制比地铁列车的还要严格？
4. 为什么要对制动距离提出精确要求？

5. 怎样实现列车的恒速(稳速)控制?

6. 制动控制部分有哪些类型?

7. 动车组的制动力是根据什么计算出来的?怎样得到计算所需的各个量?

8. 动车组的电气制动指令怎样转化成空气压力的?

9. 如果把动车组的制动控制分成列车级(单元之间)和车辆级(车辆内部),那么两级分别靠什么实现制动控制的?

10. 对空气部分的投入有几种控制策略?各有什么优缺点?

11. EP阀有哪些类型?各有什么优缺点?

12. 模拟型EP阀靠什么决定输出压力大小的?

13. 处于保压位的模拟型EP阀,如果输入侧发生断管,会有什么结果?如果发生在输出侧呢?

14. 模拟型EP阀为什么存在特性滞后?如果不加以消除,会有什么影响?

15. 怎样确定模拟型EP阀的上电初态?

16. 开关型EP阀在控制上有什么特点?

17. 中继阀起什么作用?既然EP阀已经实现了从电到空气的变换,那么是否可以取消中继阀?

18. 双膜板中继阀有什么特点?

19. 从EP阀、中继阀的结构及连接来看,哪些因素对制动缸空气压力的上升时间有影响?

第五章 空电复合制动控制原理

第一节 制动力复合控制方式

一、电制动与空气制动的控制方式

对电制动和空气制动的操纵与控制，可采用人工操纵式、自动切换式和复合运算式。

人工操纵式：电制动与空气制动互相独立，不同时使用，根据需要选择，把决定权交给司机；电制动独立操纵，电制动力不足时，操作空气制动补充，是一种混合控制模式。

自动切换式：电制动与空气制动根据需要选择，比如在高速运行范围施行电制动，低速范围内实现空气制动，由制动控制设备(一般是制动控制计算机)实现自动切换。可称为联合控制模式。

复合运算式：采用计算机控制技术，计算制动力、分配制动力，在任何情况下，只要设备和外部条件允许，只要操纵制动手柄，制动控制计算机就分配和协调电制动与空气制动力，属于复合控制模式。该模式依然可以采用电制动优先。

二、复合制动设计原则

制动控制采用的设计原则，实际上也是制动系统的控制策略。

协调方式的选择是根据设计原则来定的。根据动车、拖车的空气制动部分投入的顺序和方式的不同，形成三种控制原则。

1. 节能原则

即根据制动力的需要，先把全部制动力由动车电制动承担，在电制动动力不足的情况下，先由拖车空气制动补充，拖车的制动力达到其需求的制动力时，整列或列车单元的制动力还不够的话，才使用动车的空气制动。这样，动车的电制动一直处于满足制动需求的最大状态，列车运行总能耗最低。

按节能原则设计的制动控制系统，动车的空气制动最晚投入使用，保证了电气制动的绝对优先，但这样存在两个问题：一是只能按照 1M1T 或几辆动拖车为单位，或整列车进行制动力的协调控制，控制单元内部尤其是动拖车之间的制动力与减速度要求可能不一致，有可能引起纵向冲动，影响乘坐舒适度；二是动车和拖车的闸瓦(闸片)的磨耗程度相差较大，更换周期也

相差较多，增加了维修组织的复杂性，增加了维修成本。

2. 等磨耗原则

在需要制动的时候依然采用电制动优先，但需要空气制动补充时，始终按照动车、拖车空气制动同时投入、空气制动率相同的方式控制空气制动力。这样，虽然在投入顺序上，电制动优先，但由于要兼顾动、拖车等制动率的空气制动力，又要满足动车的黏着，电制动力不能完全发挥。

3. 舒适性原则

考虑舒适原则的时候，在任何情况下，制动力都要与本节车的重量相适应，满足统一的制动减速度。这样列车减少了引起纵向冲动的因素，改善了舒适性。但这种设计也最大程度地限制了电制动的使用。

三、复合制动力的控制

1. 一般制动工况下的协调关系

对采用节能原则作为控制策略的制动系统时，几种协调关系如下。

(1)再生制动力＞M 车所需必要制动力时

① T 车：把 T 车所需制动力－[(再生制动力)－(M 车所需必要制动力)]的制动力，作为补足空气制动力输出。计算的结果即补足空气制动力即使为"0"，为了保证再生失效时补足空气制动的迅速响应，要保证制动缸有一定量的空气压力作为初始压力，这一点对于复合制动控制很重要，因为再生制动与空气制动可能经常转换。

② M 车：全部为再生制动。为了保证再生失效时补足空气制动的迅速响应，要保证增压气缸有一定量的空气压力作为初始压力，这与上述的同样重要。

(2)再生制动力≤M 车所需必要的制动力时

① T 车：全部为空气制动。

② M 车：把动车所需必要的制动力－再生制动力的制动力作为补足空气制动力输出。

2. 复合模式下电制动与空气制动切换

在动车组运行过电分相区且处于再生制动工况时，也存在一种自动切换控制的特殊情况，此时电制动与空气制动的协调关系见图 5－1。

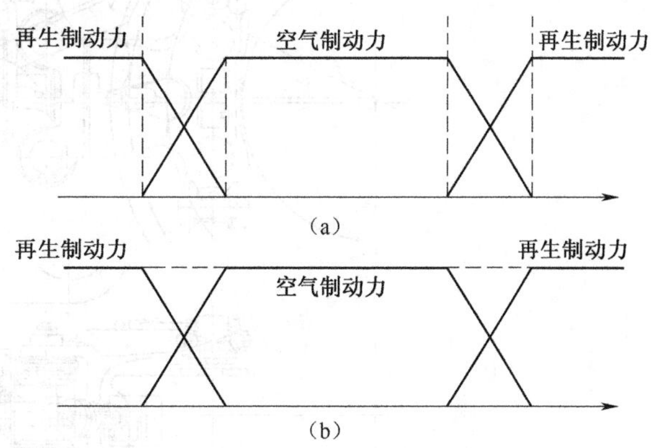

图 5－1　自动过电分相时电制动与空气制动的协调关系

(a) 制动力协调关系；(b)制动力协调效果

动车组在进站停车过程中再生制动向空气制动的转换与上述过程相同。

第二节　复合制动的黏着控制

一、制动黏着

制动力的极限受到黏着力(由黏着系数、轴重决定)的限制。鉴于动车组的制动系统本来就属于一种分散方式布置于各车,从这一点看,总的制动黏着利用率(编组总重中,可以转化成制动黏着力的重量所占比重)近乎100%。相比而言,牵引黏着利用率要低得多,但由于交流异步牵引电机的良好的自身再黏着性能,所以动轴的牵引黏着利用可以高于拖车轴(从轴、非动力轴)的制动黏着系数,且再生制动工况下,动车每制动轴的黏着仍然可以高于从轴的空气制动黏着。

如果基础制动装置采用踏面制动,则有利于黏着系数的提高;如果基础制动装置采用盘形制动,则需要采用增黏措施提高黏着系数,避免或减少制动工况滑行的发生。

再生制动与空气制动的复合关系中,要考虑动车制动在黏着范围内。

二、增黏控制

1. 踏面清扫装置

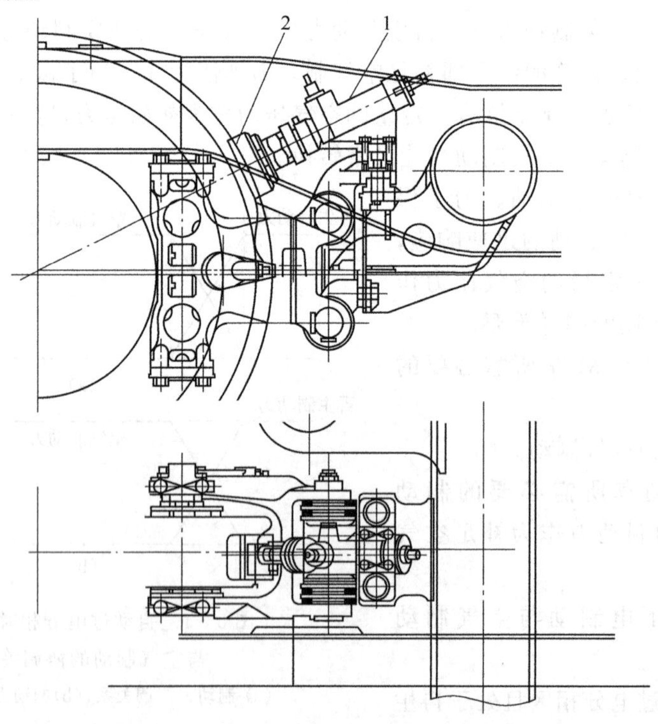

图5—2　踏面清扫装置

1—气缸;2—闸瓦

设置踏面清扫装置的主要目的是改善轮轨接触面黏着条件，清除表面附着的油污等杂质，同时可以改善车轮踏面的圆度，对车轮踏面上的微小表面损伤起到修复作用。

时速 200 km 的 CRH2 动车组转向架在每个车轮的斜上方设置了踏面清扫装置，安装在轮盘制动装置上，但并不承担任何制动功能。踏面清扫装置采用与 E2－1000 系相同的结构，主要包括气缸和闸瓦（研磨块），如图 5－2 所示。

2. 踏面清扫装置控制

踏面清扫装置为空气直动式，清扫装置的动作受控于踏面清扫控制系统的指令，踏面清扫的动作在车轮发生空转（牵引工况）、滑行（制动工况）和速度在 30 km/h 以上三种条件下施行。气缸内为活塞和间隙自动调整装置，活塞杆头部与闸瓦连接，闸瓦为树脂合成材料。闸瓦可以方便地更换，打开闸瓦托座上的锁闭装置，即能将闸瓦由内向外的方向取出。

踏面清扫装置的控制示意图见图 5－3。

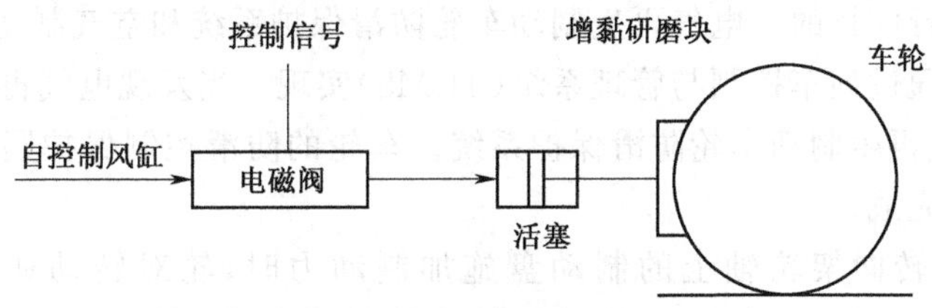

图 5－3　踏面清扫装置的控制

第三节　防滑控制

一、防滑控制的必要性

1. 防滑控制的必要性

当制动系统给转向架轮轴上的制动盘加上制动力时，摩擦力迅速增加，轮缘速度迅速减小，车速亦会减小。一旦制动力过大轮子就会被逐渐锁死（“抱死”），从而轮缘速度与车速将出现速度差，就会产生“蠕滑”，速度差的绝对值与列车速度的比值称为蠕滑率（slippage）。如果制动太快，轮子被锁死（“抱死”），蠕滑就会变为滑行（sliding）。滑动摩擦（sliding friction）下的制动力会比正常黏着（adhesion）行车时减小 1/4，不但急剧减小了制动力又增加了制动距离，不利于停车。除此之外车轮高速滑行会导致轮对的踏面和轨面互相擦伤，滑行距离越长擦伤深度越大，可能造成车轮不易恢复转动的严重后果。所以，高速列车对制动过程中可能出现的滑行必须进行有效的控制。

2. 防滑控制设备主要组成

电气再生制动车轮防滑保护系统和压缩空气制动车轮防滑保护系统，均包含有由速度传感器和极轮组成的测速装置和车轮防滑保护（WSP）控制模块。每个车轴都单独设置有防滑控制设备。

3. 防滑控制原理

制动实验表明,所有列车的最大制动力都在一个很小的速度范围内出现,蠕滑率达到2%～3%时制动力达到最大的。如果车速是100 km/h,为了达到最大的制动力,轮缘速度必须是98 km/h左右。WSP采取每轴控制原理:通过解读分别来自每个车轴的速度信号和制动力,以制动力最大时的轮缘速度为控制防滑的临界速度,相应启动或者缓解制动系统,提供最佳的制动黏着系数,保持最大的制动力。电气再生制动系统解读惯性数据,并实现每个车轮防滑的优化。空气制动系统解读每个制动缸内的压力,防滑控制模块记住第一次出现滑行时的制动风缸内的压缩空气压力值,并立刻向车辆制动控制单元(BCU)给出一个低于该值的新的气缸压力值,当轮子重新获得旋转速度时,只要还能进行稳定的制动就继续向BCU发指令,增大气缸压力值,反之亦然,实现瞬间的压力优化。这样,既可以保持尽可能大的制动力,又可以达到控制列车滑行的目的。电气再生制动车轮防滑保护系统和空气制动车轮防滑保护系统之间的联锁和分离通过列车控制与管理系统(TCMS)实现。当发现电气再生制动系统使用率较低时,将关闭电气再生制动车轮防滑保护系统。车轮的防滑控制保护则完全通过空气制动车轮防滑保护系统完成。

当制动系统给转向架轮轴上的制动盘施加制动力时,轮对转动速度迅速减小,列车速度也减小。一旦制动力过大超过轮轨接触区域的黏着力,轮周速度与车速将出现速度差,车轮与轨面间产生滑行,甚至车还在运行,车轮已停止转动,即被"抱死"。滑动摩擦下的制动力会比正常黏着时减小约四倍,不但急剧减小了制动力又延长了制动距离,危及行车安全。

车轮高速滑行会导致轮对踏面与轨面互相擦伤,滑行距离越长擦伤深度越大,可能造成车轮不易恢复转动的严重后果。所以,高速动车组对制动过程中可能出现的滑行必须进行有效地控制。

二、防滑控制设备组成原理

动车组采用由电气制动和空气制动的复合制动,因此电气再生制动车轮防滑系统和空气制动车轮防滑系统,均含有列车速度的测速装置和车轮防滑(WSP)控制模块。每个基础制动装置的制动缸处都单独设置有防滑控制设备,参见图5—4。

WSP采取轴控方式,通过分析每个车轴的速度信号,推算列车速度,称为第五轴速度,以此作为标准,凡速度低于该标准,则认为发生滑行。

三、滑行检测

1. 速度传感器

速度传感器安装在电机的非传动轴端。其主要用途有:

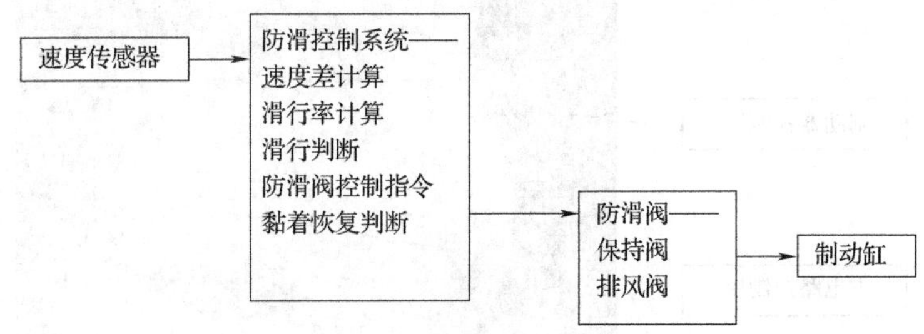

图 5—4　防滑系统组成原理

(1)各车轮直径大小不一致造成转速存在差异,此差异可以通过设定控制牵引电机的逆变器频率予以消除。逆变器频率设定依据:① 行进时按 4 台并联电机中转数最低的电机设定频率;② 再生时按 4 台并联电机中转数最高的电机设定频率。

(2)空转检测。

(3)控制制动器。

(4)运行方向检测和控制主电路。

速度传感器原理及实物见图 5—5 和图 5—6。

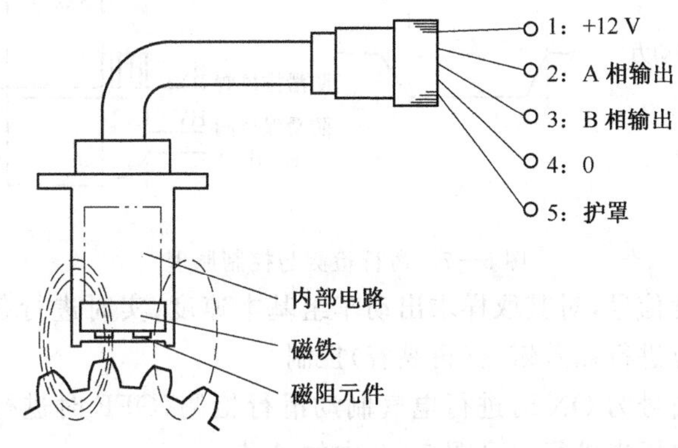

图 5—5　速度传感器原理

2. 滑行检测

(1)减速度检测

各轴的减速度超过规定值时,报检测到滑行。

(2)速度差检测

在发生标准速度规定量的速度差时,报检测到滑行。

四、滑行控制

1. 滑行控制

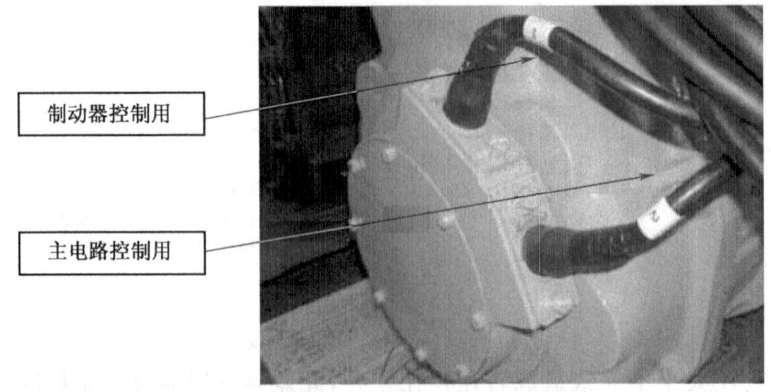

图 5—6　速度传感器实物

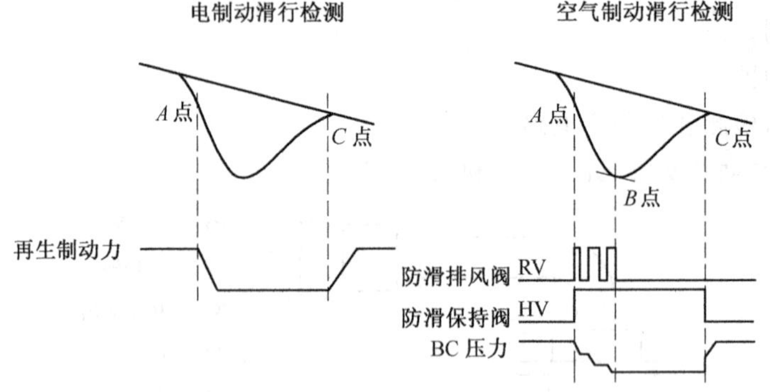

图 5—7　滑行检测与控制原理

对来自各轴的速度信号，对其取样求出动车组基本速度，实时进行各轴之间的相对比较，根据以下作用以轴单位进行黏着恢复(再黏着)控制。

在再生制动有效信号为 ON 时进行电气制动滑行检测，OFF 时进行空气制动滑行检测，根据以下的滑行检测作用来进行。见图 5—7 中的 A 点。

在进行上述检测时，如果处于电气制动工况，检测到滑行时则进行再生模式(制动力大小)选择；如果是空气时检测到滑行，则控制阀输出针对该轴制动缸压力的缓解指令，使制动缸排气(BC 压力降低)。

此外，在速度 5 km/h 以下或牵引工况停止滑行控制。

2. 回复检测(仅限空气制动滑行检测)

根据滑行轴的轴加速度判断黏着状态，进行回复检测见图 5—7 中的 B 点。

如果进行上述检测时检测到滑行，则控制阀输出对该轴的制动缸压力保压指令(保持 BC 压力)。

3. 再黏着检测

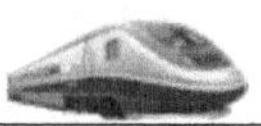

检测到滑行轴的轴速度在标准速度规定的速度差以内时即为进行黏着恢复(再黏着)点，见图 5—7 中的 C 点。

在进行上述检测时，如果处于电气制动工况，回到再生模式(制动力大小)；如果是空气时该轴返回到通常的制动状态。

五、防滑阀原理

防滑阀结构有两种形式：专用压力控制阀、工业气动阀。

1. 防滑器压力控制阀

防滑压力控制阀内含两个电磁阀，通过其电磁线圈的得电与失电，其中一个叫保持阀电磁阀，控制通向制动缸的压缩空气的通与断，另一个叫排风电磁阀，控制已经充入制动缸的压缩空气向外排风的通与断。

无滑行现象时：在没接收到滑行检测器的滑行信号时，保持阀、排气阀都为失电状态而在制动位置。将压力空气流到入口，它由密封垫片口经过排气阀面的电磁阀通到排气阀部的隔膜背压室 d，而使排气阀部的隔膜关闭，a 室的压力空气推开保持阀部的隔膜，流入到出口，为此，压力空气由入口经出口送出(参照图 5—8)。

有滑行时：

排风功能：接到排气指令的同时保持阀、排气阀均激磁，变成排气缓解位置。保持阀激磁，就遮断密封垫片口和出口，也遮断入口供给的压力空气，另一方面，排气阀激磁，穿通出口和 EX 口，就在制动气缸面的压力空气会急剧排出(参照图 5—9)。

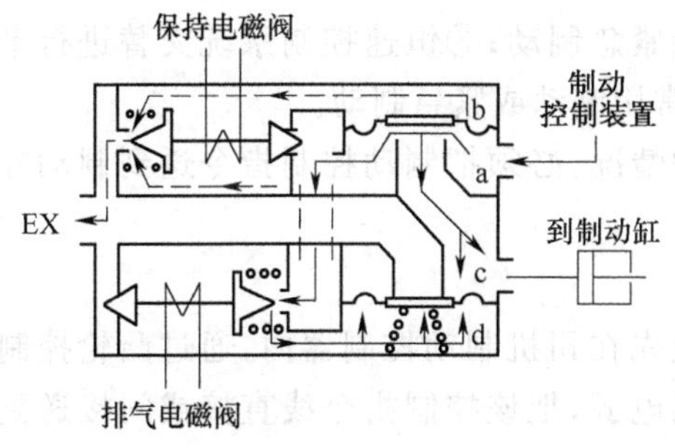

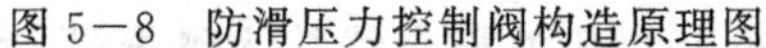
图 5—8　防滑压力控制阀构造原理图

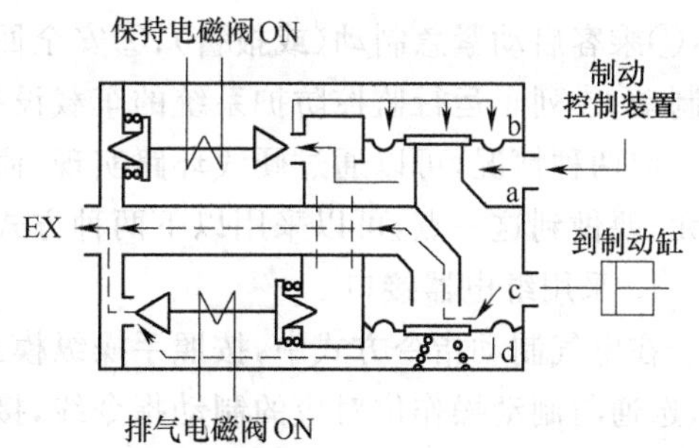

图 5—9　防滑压力控制阀功能(滑行时排风缓解位)

保压状态：由于保持指令，保持阀维持激磁状态，只有排气阀去磁，就呈出重叠位置。排气阀去磁就遮断出口和 EX 口，在制动气缸面的 BC 压力空气停止排气。一方面，保持阀还继续激磁，由入口压力空气也一直遮断，因此，存在制动气缸面的压力空气会保持一定的减压量，以便再实施制动时会快速产生制动力，且结构上不过于降低制动气缸部的压力(参照图 5—10)。

制动功能：接收供给指令后保持阀也去磁，变成制动位置。此时排气阀既为去磁，制动气缸部的压力空气关闭排气，将保持阀也去磁时，就沟通入口和出口，压力空气再从入口供给到出口，同时制动气缸的压力空气会恢复发生滑行前的压力。

2. 气动阀式防滑阀

采用通用的工业气动元件，有利于零部件维护、更换。一般采用两个二位两通高速电磁换向阀可以很方便地构成防滑控制装置。

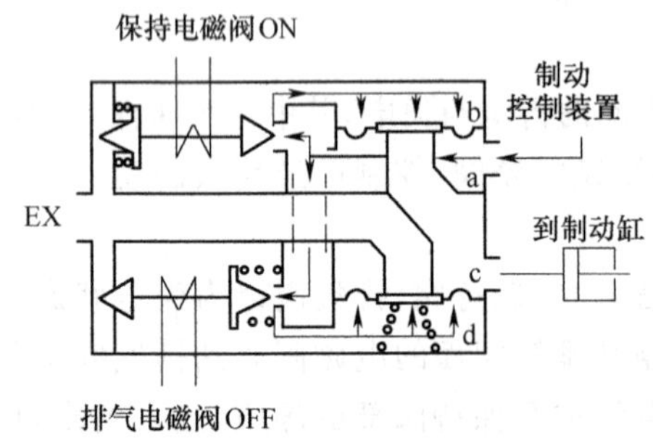

图 5－10　防滑压力控制阀功能(滑行时排风缓解位)

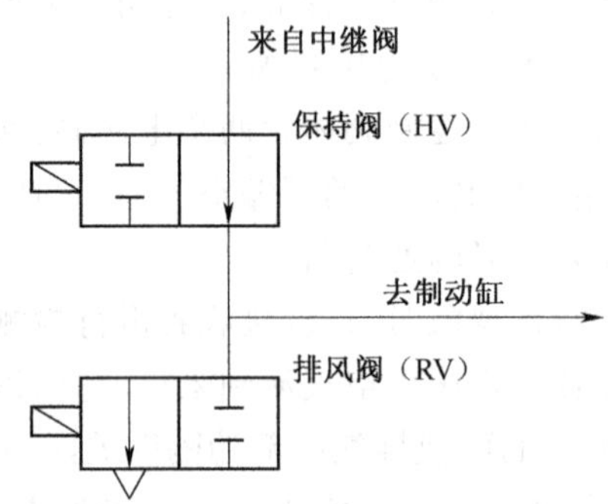

图 5－11　采用电磁换向阀的防滑压力控制阀

第四节　制动系统与列车运行监控防护车载设备接口

对采用电气指令的制动系统，制动指令除了司机操纵制动手柄发出以外，还可以有以下来源：①乘客启动紧急制动(或报警)；②安全回路启动紧急制动；③恒速控制系统交替进行牵引和制动；④列车运行监控防护系统的车载设备启动常用制动或紧急制动。

前两种情况，可以通过硬线环路实现，而后两种情况，必须把制动控制指令送到制动控制单元，要做到这一点，可以采用以下两种方式。

1. 采用继电器接口

在电气制动指令方式中，按照手操纵模式，一般先在司机制动控制器内，通过凸轮控制触点，选通与制动操作位对应的制动指令线，接通控制电源，把该控制指令线直接或间接送到网络计算机进行开关电量到标准数字化的转换。

所谓间接方式，参见图 5－12，由司机制动控制器送出的开关指令线接入继电器，由继电器的常开触点控制一条通往网络计算机的指令线，这种方式一是便于引入继电器接口，二是便于在司机制动控制器与网络计算机间的布线。

2. 数字信号接口

数字式制动控制接口，是把列车控制设备发出的制动指令直接变成数字信号送到网络计算机，然后经网络传输到每节车的制动控制单元。

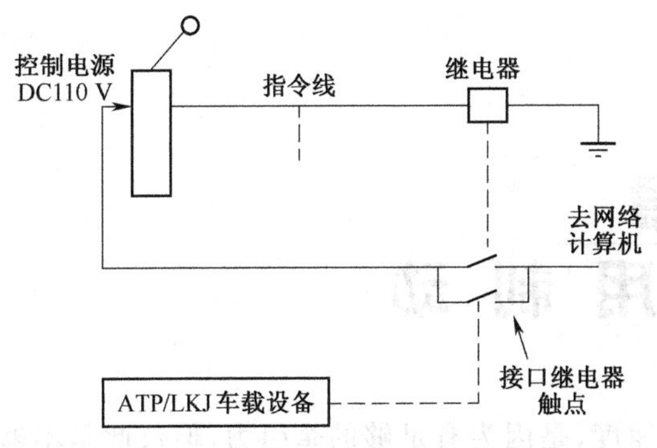

图 5－12　电气指令继电器接口示意图

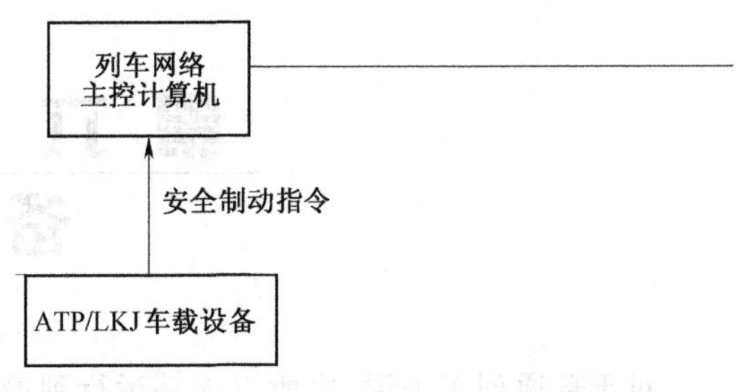

图 5－13　电气指令数字接口示意图

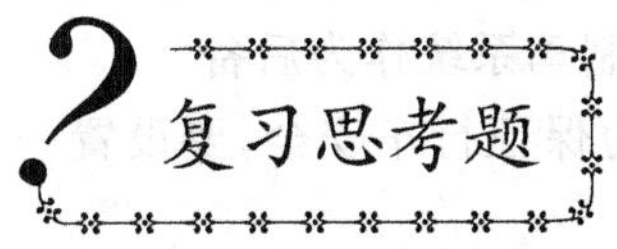

1.“电空制动”与“空电复合制动”两个术语中的“电”字各有什么含意？

2. 空电复合制动控制的“三原则”指的是什么？

3. 为了提高空电复合制动的控制质量，电制动力的下降(上升)速率怎样才能和空气制动力的上升(下降)速率相适应？

4. 增黏措施有哪些？

5. 发生滑行会产生什么后果？

6. 防滑控制采用的标准(参考)速度是怎样获得的？

7. 既然防滑控制时减小制动力是靠制动缸排风实现的，那么是否通过控制 EP 阀排风也可以实现？

8. 除了司机操纵制动手柄发出制动指令以外，还可以有哪些方式能够发出制动指令？

9. 制动系统与列车自动控制系统采用继电器接口与采用数字通信接口各有何优缺点？

第六章 备用制动

对于普通列车来说，之所以能够运行到最大速度，是因为有足够的牵引力，但仅此是不够的，至所以能以此高速度安全运行，是因为有了一个能满足要求的制动系统；对于较高速度的动车组（乃至高速动车组）而言，之所以能够运行到 200 km/h、300 km/h 的最大速度，同样是因为有一套能满足要求的制动系统，但同时还因为有一套备用制动系统作为后备。

在制动指令系统发生故障而失效，不能使用通常制动时，为保证行车安全，要设置一套备用制动装置（系统）。

第一节 备用制动方式

一、备用方式

正如正常的那一套制动系统可以采用电气制动指令，也可以采用空气制动指令两种方式一样，备用制动也可以采用以电压为控制信号的电气指令备用方式，和采用空气减压指令备用方式。根据制动系统备用的范围，可以是只备用指令及传输部分，也可以备用到制动力控制部分，甚至是备用除基础制动装置之前的一整套制动控制系统。

在图 6－1 所示的不同备用方式中，第一种，只备用电气指令及其传输。就是说，如果司机制动控制器的指令产生部分发生故障、网络传输故障时，用另外一套独立的电气指令并传输到备用系统与原系统的接入点，该接入点在制动控制计算机之前。制动指令由计算机接收，制动力的计算和 EP 阀的控制依然靠原来的制动控制计算机进行。

第二种，备用电气指令及其传输，并延伸到 EP 阀的控制。就是说，如果指令部分故障、网络传输故障、制动控制单元（计算机）故障时，用另外一套独立的电气指令并传输到备用系统与原系统的接入点，该接入点在制动控制计算机之后。制动指令由 EP 阀直接接受，制动力的大小已含在指令中，直接控制 EP 阀。

第三种，用一套独立的空气制动系统，备份除基础制动装置以外的部分，即也不依赖原来系统的指令及传输、制动控制、EP 转换，直接产生空气压力到原系统的中继阀。因此，备用制动系统是一套完整的自动空气制动机，包含分配阀。

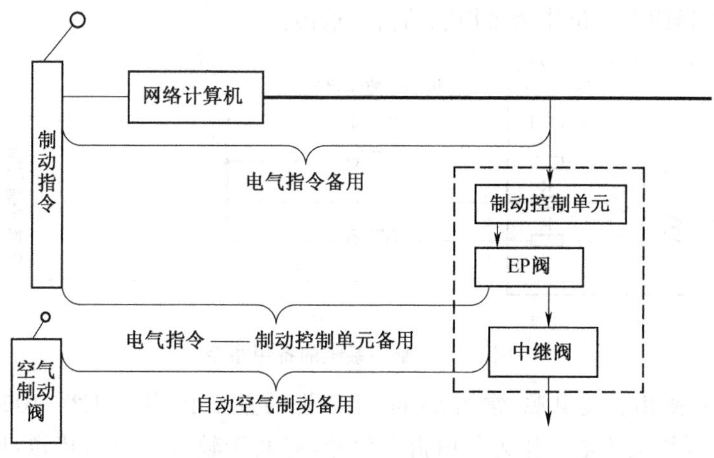

图 6－1 制动系统的备用方式(备用范围)

二、备用功能

备用制动系统的制动功能可以和原正常制动系统一样，维持动车组制动作用和制动效果不变，也可以采用部分功能备用，如只备用常用制动，或常用制动中的部分操作级位，后者动车组的操纵和制动力都和原系统不同，应加以注意。由于制动功能降级使用，在列车实际运行中，必须降速运行，一般通过规程规定，动车组要到前方站等待，备用动车组投入运用后入段。

在动车组上，发生故障投入备用制动时，必然是严重故障发生并启动紧急制动，因此，需要停车后，根据故障应急处理条例，排除或修理故障部位，无法排除故障的设备，则采取切除、隔离措施，然后通过人工转换，投入备用制动装置(系统)。

第二节 备用制动装置

一、备用电气指令

原指令发生装置，多为直流控制电源经过司机制动控制器，形成开关信号，即靠直流电压的有(一般 DC60～110 V)和无(0)表示制动级位。值得强调的是，既然是备用系统，应当高度重视备用系统本身的可靠性。

根据日本新干线动车组的运营和维修经验，对于一个成熟的动车组产品及其制动系统，发生投入备用制动的情况是很少的，在备用模式下，应采用最简单但要高度可靠的方式实现有限的制动功能，而不必追求高功能、高性能，电气指令采用可以直接传输到每节车辆的信号方式。这样的系统简单可靠。

图 6－2 是新干线 E2－1000 动车组上采用的备用指令形式及其产生电路原理图。图中所示的制动备用指令电路，只能形成四级制动，经司机制动控制器的联动转轴，根据司机制动

操纵级位，可以选择四个级位作为备用制动指令输出。

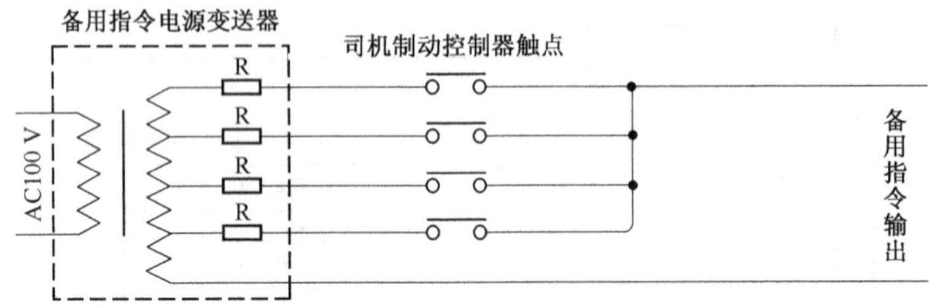

图 6－2　制动系统的备用指令

一般电气指令采用直流电源，常用 DC60 V 以上的直流电，如在 E2－1000 动车组上采用的是 DC100 V。采用交流电源作为备用指令信号，有利于较长距离的传送，同时也便于改变电压适应 EP 阀的驱动控制调整。

图 6－3 为根据传送来的备用电气指令信号，车辆制动控制装置内部的接收、变换而形成的 EP 阀驱动信号，它直接反映了制动力的大小。

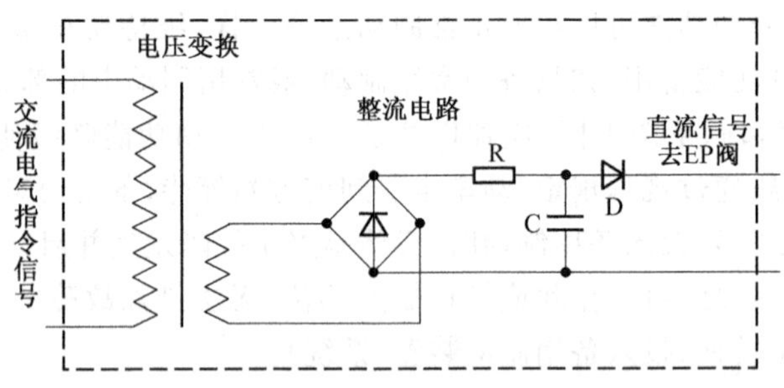

图 6－3　制动系统的备用指令变换电路

二、EP 阀的驱动

在备用模式下，EP 阀可以被直接驱动，参见图 6－4。来自制动备用指令电路的直流驱动信号，直接加在 EP 阀的电磁线圈上。为补偿因温度变化引起驱动电流变化，从而导致制动力控制精度下降，在 EP 阀的电磁线圈驱动回路里接有电流反馈电阻，对电流取样，由控制电路补偿温度变化引起电磁线圈电阻变化。也可以直接使用负温度系数电阻进行补偿。

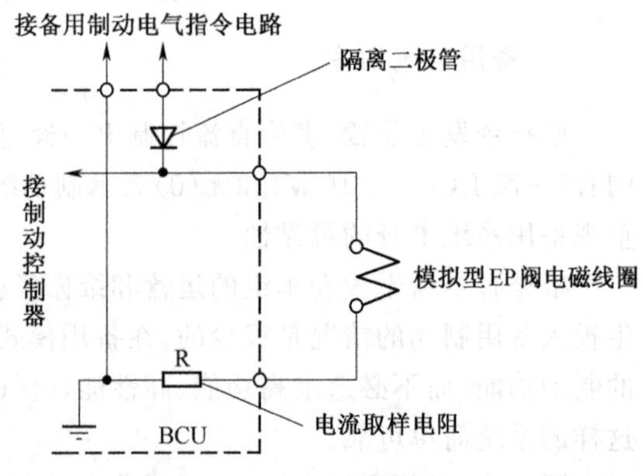

图 6－4　备用指令驱动 EP 阀示意图

复习思考题

1. 不同备用制动方式的备用范围有什么不同？
2. 采用模拟型EP阀和采用开关型EP阀对备用制动的备用范围有什么影响？
3. 新干线E2—1000动车组上采用的备用指令为什么采用交流传输？
4. 备用制动装置的制动功能一定要和正常制动系统的一样吗？

第七章 CRH1 型动车组制动系统

CRH1 型动车组，是由青岛四方一庞巴迪（BST）铁路运输设备有限公司和瑞典庞巴迪运输有限公司合作引进 EMU 技术，专为中国市场开发的采用先进技术的、现代化的电动车组，适用于我国电气化铁路的既有线和客运专线，采用的是以 200 km/h 运行的动力分散型交流传动方式。

该 EMU 以 5M3T 共 8 辆车构成一个编组，编组示意图见图 7－1。另外，根据需要配备了可同时使 2 个编组动车组重联运行的相关设备。

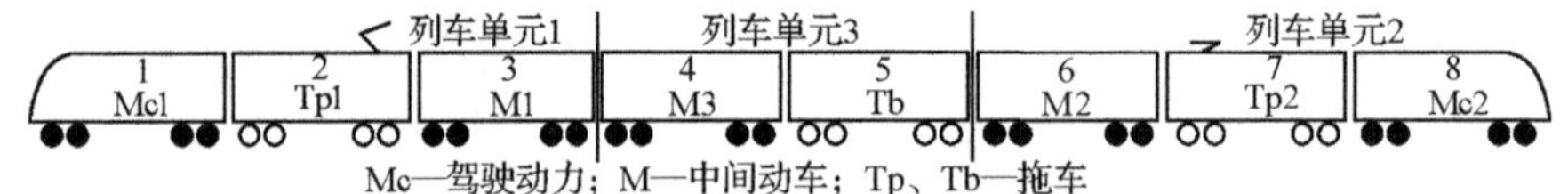

图 7－1　CRH1 动车组编组示意图

图 7－1 中，Mc1 和 Mc2 为带司机室的动车，Tp1 和 Tp2 为带受电弓的拖车，M1、M2 和 M3 为动车，Tb 为带酒吧区的拖车。

所有动车和拖车都是四轴车，一个列车组有 20 根动轴和 12 根从动轴。

第一节　制动系统组成

CRH1 动车组采用电气指令式制动系统，动车组各车辆的制动控制装置采用微机控制，制动力则由动车的电制动（再生制动）及各车的空气制动（动车轮盘式盘形制动、拖车轴盘式盘形制动）构成。根据制动功能的不同，又可分为常用制动、紧急制动、停放制动、保持制动、防冰制动。司机主控制器的常用制动分为 1～7 级，7 级过后的即为紧急制动，其他制动功能都不能通过司机主控制器施加。

制动系统通过列车信息与控制网络把每车的制动设备——制动模块（制动控制单元）联系在一起，形成一个整体，如图 7－2 所示。每车的制动设备集中于制动模块中，悬挂于车体下方。T 车制动模块中含有制动控制器（制动控制计算机 BC）、空气制动控制板（BP），M 车制动模块中除了 BC、BP 外，还有停放制动控制板（PBP），就是说 CRH1 的停放制动缸放在 M 车上。BP、PBP 之所以叫控制板，是因为把空气制动的控制阀集中安装于一块共同的底板上，与

国产制动机的制动屏柜(或阀类模块)相似。Mc控制车还有救援回送控制板(TP)。

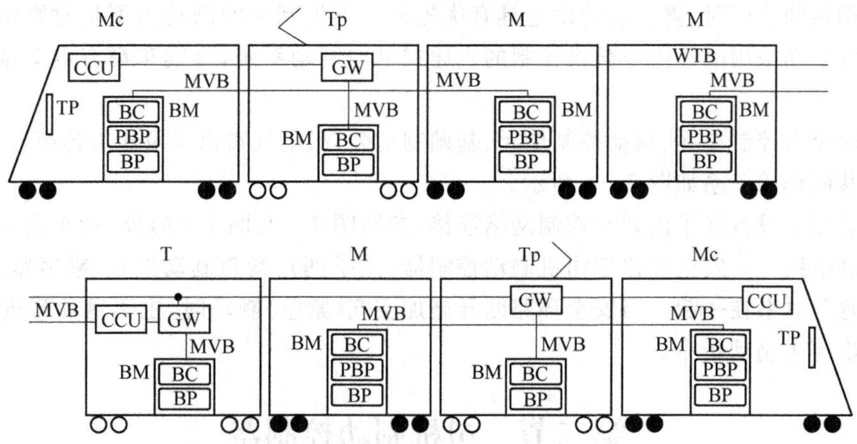

图7－2　制动系统部件

M、Mc—动车；Tp、Tb—拖车；CCU—中央控制单元；MVB—多车总线；GW—网关；BM—制动模块；BC—制动计算机；BP—制动控制板；PBP—停放制动控制板；TP—回送控制板；黑色轮—动轮(带停放制动)；白色轮—从轮(无停放制动)

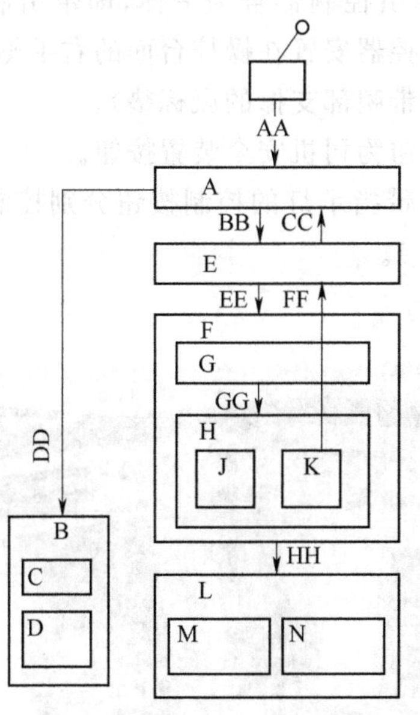

A—车辆控制单元(VCU)；B—牵引设备；C—动车变流器模块(MCM)；D—牵引电机(动力制动)；E—本地列车控制单元；F—制动控制；G—制动计算机(BC)；H—电空制动控制设备；J—防滑器(WSP)；K—空气悬挂系统；L—制动设备；M—压缩空气制动；N—压缩空气制动＋弹簧制动；AA—制动命令；BB、DD、EE—制动参考信号；CC—测量信号；FF—重量测定信号；GG—制动控制信号；HH—气动信号

图7－3　制动时多个系统共同作用

常用制动采用空电复合制动，紧急制动可由多种方式控制施加。主控制手柄施加的紧急制动也采用空电复合制动。

动车转向架采用再生制动和空气盘形制动。拖车转向架仅用空气盘形制动。当再生制动和空气制动共同使用时，再生制动永远具有优先权。再生制动的制动力不足时则由空气制动补充。空气制动采用电气指令微机控制的直通式电空制动系统，每辆车都有本车制动计算机(BC)。

制动时牵引控制单元、制动控制单元、基础制动装置、空气簧供风及压力传感器、列车网络等多系统共同作用关系如图 7－3 所示。

各制动相关设备除了由列车控制网络连接(参照图 7－2、图 7－3)外，动车组还设置了安全制动控制电路——安全环路把司机制动控制器(主手柄)、紧急制动按钮、乘客紧急制动、司机安全装置等联系在一起。当安全环路断开施加空气(紧急)制动时，主车辆计算机(VCU)同时也会输出再生制动指令。

第二节　司机制动控制器

一、司机室制动相关设备

以下列出司机室与制动有关的部分。图 7－4 是司机室控制台右侧控制面板。

由图中可以看出，CRH1 动车组的制动控制器与牵引控制器合为一体，即牵引制动控制器，或称主控制器、主手柄，制动操纵指令由此发出。主控器安置在操控台面的右手侧，靠近控制器的位置为司机提供了一个软质绝缘材料的手垫(似带腕部支撑的鼠标垫)。

控制台面右侧设有紧急制动按钮，其右侧的红色按钮为司机安全装置按钮。

图 7－5 是司机室控制台左侧控制面板。其左上角带指示灯的控制按钮分别控制制动试验、停放制动控制、保持制动控制，参见图 7－6 及表 7－1。

图 7－4　司机室控制台右侧面板

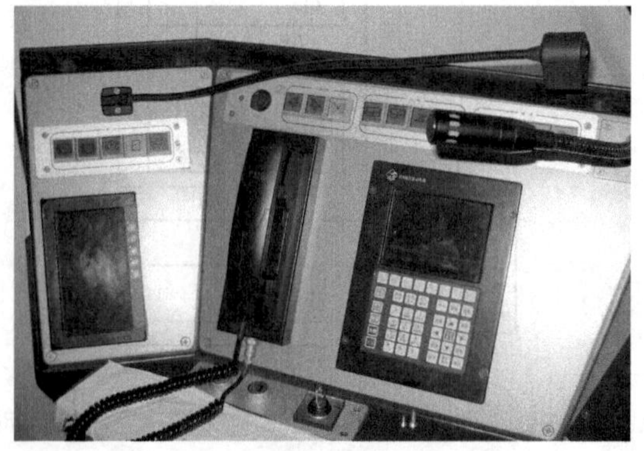

图 7－5　司机室控制台左侧面板

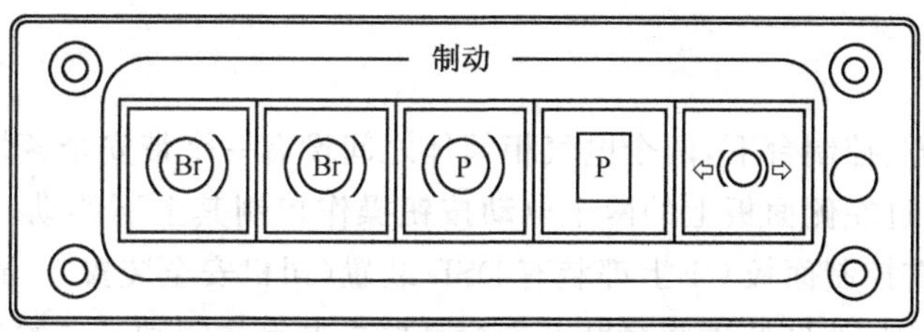

图 7－6　司机室控制台左侧面板上方制动按钮

表 7－1　司机室控制台左右侧面板上方制动相关按钮及指示灯含义

按钮及其指示灯	含　义
“制动试验”按钮亮(绿)	表明“制动试验开始”或“制动缓解”
指示灯亮(红)	表明“制动试验未通过”或“制动施加”
按钮亮(绿)	表明“停放制动启动”
指示灯亮(黄)	表明“停放模式有效”
按钮亮(绿)	表明“保持制动启动”

二、司机制动控制器

司机制动控制器与牵引控制器合为主控控制手柄，是列车操作的主要控制器。是一个可进行 16 个挡位操作的操控杆。司机通过主控制器控制列车在不同牵引模式下的速度，常用制动和紧急制动。

司机主控制手柄制动为复合制动，电制动优先，不足时再补充空气制动。

主控制手柄共有 8 个制动级位，1～7 级常用制动和 8 级紧急制动，1～8 级之间能实现阶段制动和阶段缓解。

按处于空挡位的操控杆顶部的锁定按钮时，操控杆就到了“向前驱动”位。自此位向前移是加速，向后移是减速。将操控杆从 0 位向后拉到 7 位可实施常用制动，向后拉过 7 位即启动紧急制动。

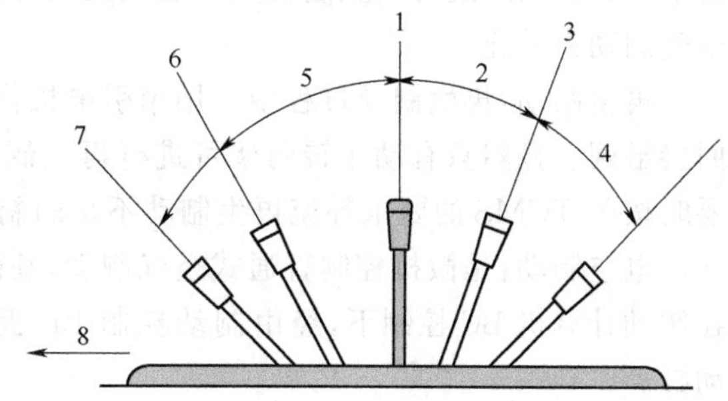

图 7－7　司机主控制手柄

1—空挡(“0”)；2—速度递减三步幅，弹回到“向前驱动”位；3—向前驱动位；4—速度递增三步幅，弹回到“向前驱动”位；5—制动 7 步幅；6—常用全制动；7—紧急制动；8—朝司机方向

司机主控制手柄在牵引区有两种指令模式(通过控制台上的按钮选择)：①自动模式：自动速度控制模式，通过增加或减小速度给定值，进行恒速控制；②手动模式：通过增加或减小电机功率来改变加速度或减速度，进行恒加速度或减速度控制。

三、脚 踏 板

在司机座椅前方、控制台下，两个电气柜箱体之间设有一个带安全警惕装置的脚踏板。脚踏高度可调，即可通过左侧面板上的两个电动按钮操作控制其上下移动。脚踏板上装有加热器。在脚踏板上和右控制面板 C1 上都装有 DSD 装置（司机安全装置）。司机通过踩踏脚踏板确认他在司机室，否则 DSD 装置将会断开安全环路引发安全制动——紧急制动。

DSD 设备包含司机操控台右控制面板 C1 上的按钮（参见图 7－4）和脚踏板的一个踏板。由 TC CCU 进行监测和控制。

第三节 制 动 功 能

一、常用制动

1. 概述

常用制动是列车制动调速、进站制动的常用制动功能。采用两种不同的制动方式，电气再生制动和直通电空制动通过制动控制计算机复合控制施加制动力。

常用制动可以通过下列方式施加：

- 司机主控手柄置常用制动区（手柄底部的制动三角区、1～7 级常用制动级位）
- 自动速度（恒速）控制系统
- ATP 系统（ATC 系统的 ATP 子系统）
- 救援列车（机车）、回送车

主车辆控制单元（VCU）根据制动指令信号（级位）和车重的测量信号进行总制动力需求要求计算。然后进行再生制动力和空气制动力之间的协调分配。如果再生制动力不够，则由空气制动力补充。

再生制动：再生制动过程中采用牵引电机作为发电机工作，制动能量可通过牵引变流器返回接触网。显然只有动车转向架可进行再生制动。在再生制动的同时，制动控制 BP 板在需要时按照 TCMS 的要求补充再生制动不足的制动力。

电空制动：是微机控制直通式空气制动，基础制动装置采用空气盘形制动单元。压缩空气在制动计算机 BC 控制下，经由制动控制 BP 板上的 EP 阀及中继阀来输出到转向架上的制动缸。

2. 制动指令

主车辆控制单元持续监控来自主控手柄、自动速度控制系统和 ATC 系统的制动指令信号。当动车组被回送时应设置成回送模式，这意味着车辆控制单元只监控来自回送控制板（TP）内制动管压力传感器信号。主车辆控制单元再通过本地从属控制单元将信号分配和传输，同时平衡列车载重的制动参考信号并传送至制动计算机以控制本车的空制动。

3. 制动参考信号

主车辆控制单元(VCU)将收到的本车载重信号及单元内其他车辆载重信号合起来进行制动力计算,得到对应制动减速度的单元制动力。这种根据单元列车载重信号计算出的并经过分配的制动力,作为制动参考信号发给单元内各车制动模块内的制动控制计算机,因此,制动参考信号实质上是初级的复合制动信号。

在制动参考信号传输到动车的牵引变流器模块(MCM)和制动计算机之前,还要由车辆控制单元对制动力信号进行限制,根据制动冲击率限制(一般<0.65 m/s^3),把原本上升较快的制动力信号平滑成逐渐上升的制动力信号。

4. 复合制动

复合制动包括车辆间的复合制动、再生制动及空气制动的复合,是由主车辆控制单元控制的。复合制动控制的优先顺序为:①动车的再生制动;②拖车和动车的空气制动。

主车辆控制单元优先采用再生制动。如果采用再生制动力不足,计算机会采用空气制动补充。复合制动控制过程中,车辆控制单元会调节空气制动参考信号,以在动车和拖车之间平均分配制动力。不需要空气制动时,制动闸片以预备状态保持贴近制动盘盘面。

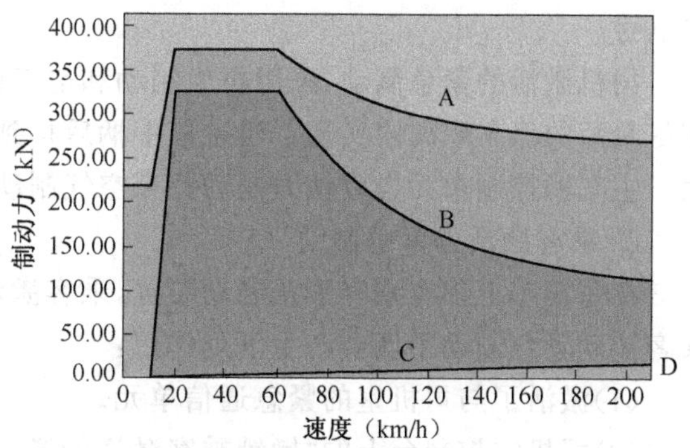

图 7－8　定员情况下 200 km/h 初速施加最大常用制动的制动力

在定员情况下,从 200 km/h 初速施加最大常用制动的制动力如图 7－8 所示。图中,A 区域为 T 车的空气制动力,B 区域为 M 车空气制动力,C 区域为电制动力,D 区域为列车基本运行阻力。

二、紧急制动

紧急制动由贯穿整个列车的电气安全环路失电启动(或称激活),不受制动计算机的控制。下列任何一种情况都可断开安全环路、启动 BP 中的紧急制动阀、施加紧急制动:

- 司机钥匙未插入
- 司机按下控制台上的紧急停车按钮
- 司机主控手柄置紧急制动位
- 总风压力低于规定值
- 司机安全装置(DSD)启动其安全继电器
- 列车自动控制系统(ATC)启动其安全继电器

• 主车辆控制单元(主 VCU)启动其安全继电器

• 控制电源蓄电池电压过低

• 列车发生非正常分离

• 在救援、回送时制动管路压力低于设定的压力

运行中有两种方式启动紧急制动:司机启动紧急制动和乘客激活紧急制动。

1. 司机启动的紧急制动

司机启动的紧急制动包括两种情况:

(1)拉动司机主控制器手柄到底端(在常用 7 级制动之后、相当于第 8 位);

(2)按动司机室控制台上的紧急停车按钮。按动紧急停车按钮后,将会断开主断路器、降受电弓。

司机激活的紧急制动,采用再生制动和空气制动的复合制动。必须利用尽量大的黏着力在尽量短的停车距离内实现。当主控手柄后移到位时,继电器打开安全环路并施加全空气制动。主车辆控制单元也以动力制动补充空气制动。黏着系数需求约为 0.15。

2. 乘客激活的紧急制动

在每辆车上都有乘客紧急制动装置,乘客激活的紧急制动是单独操作的并可由司机撤销。乘客拉动紧急制动手柄会产生下列作用:

(1)激活了与司机室的紧急通信单元。

(2)司机室控制台上的"撤销乘客激活的紧急制动"的按钮开始闪烁,并有报警信号鸣响4 s。

(3)自动切除(中断)牵引、施加常用制动。

如果司机在 10 s 内按下"撤销乘客紧急制动"按钮并保持 3 s,则缓解紧急制动,并恢复牵引。

如果在撤销乘客紧急制动、列车停车后,则将维持紧急制动,要进行紧急制动复位,必须将主控手柄置紧急制动位后才能缓解。

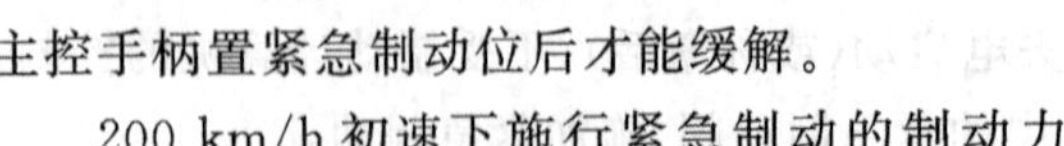

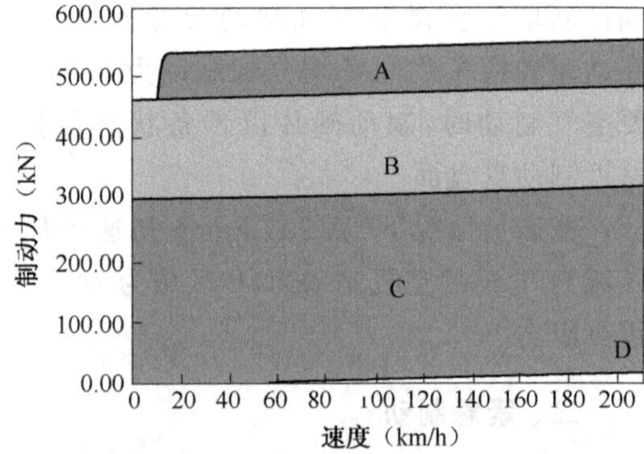

图 7—9　200 km/h 初速下紧急制动的制动力

200 km/h 初速下施行紧急制动的制动力如图 7—9 所示。图中,A 区域为 T 车的空气制动力,B 区域为 M 车空气制动力,C 区域为电制动力,D 区域为列车基本运行阻力。

3. 安全回路断开

如果安全环路打开,紧急制动激活,不管制动控制计算机是否在工作,都会切断至紧急制动阀的供电,施加全空气制动,同时车辆控制单元施加 M 车的再生制动。

三、保持制动

保持制动采用与常用制动相同的空气制动。只要列车处于静止状态,保持制动会自动施加,用于列车在坡道上停车时及起动时不溜车。保持制动可由司机操控台上的按钮进行暂时抑制(解除)。当主控手柄置于0位,列车速度低于设计规定速度值(一般设定在5 km/h)和停车状态时,自动输出制动力。长时间按保持制动按钮可缓解保持制动。

四、停放制动

停放制动是纯气动控制的制动,可在列车在30‰斜坡上长时间停放时防止列车溜车。每辆动车的5号、6号、7号制动单元中含有弹簧储能式停放制动缸。它是由司机操作台上的按钮来控制、通过压缩弹簧的伸张力来施加的。

如果制动缸压力降至低于380 kPa,自动施加停放制动。由于停放制动缸和制动缸之间没有止回阀,停放制动缸内弹簧的背压也开始下降。压力下降时弹簧伸长,这样,在制动缸压力降至0时则停放制动完全施加。

位于Mc/M转向架内的停放制动压力开关由牵引安全环路进行监控,如果施加了停放制动,或停放制动未缓解,则无法牵引。如果压力开关出现故障,误报停放制动施加(未缓解),可采用位于车厢K4区的超越开关忽略故障继续运行。

五、防冰制动

在寒冷的冬季,防冰制动通过施加一定大小的空气制动力将制动闸片压向制动盘,通过摩擦生热很快加热闸片和制动盘,以防止制动盘和制动闸片受冰雪影响。

防冰制动启动后,每车施加共15 kN空气制动力,并保持30 s,从前到后一辆接一辆依次顺序进行。在此期间,IDU会显示相应的信息。防冰制动通常是在环境温度低于5 ℃,通过司机操纵。因15 kN的空气制动力将对列车产生明显的减速作用,因此应在牵引位、速度大于60 km/h时施加。

六、恒速控制

CRH1动车组的制动操纵除手动模式外还有自动控制模式,主要是对速度的设定及恒速控制。

恒速控制需要不断改变牵引力、制动力。在CRH1动车组的恒速控制中,制动力来自牵引控制单元控制牵引电机工作于再生制动工况。

七、整车制动性能

CRH1动车组的整车制动性能基本数据如下:

最大制动冲击率限制	≤0.65 m/s³
常用制动 200 km/h→0 平均减速度	0.80 m/s²
ATC 常用全制动 200 km/h→0 平均减速度	0.80 m/s²
紧急制动 200 km/h→0 平均减速度	0.93 m/s²
停放制动(全列不溜车停放坡度)	30‰
保持制动(全列停车、起动不后溜)	30‰
最大质量	约 529 000 kg
制动力上升时间(至 95%制动缸压力)	约 2 s
最大制动黏着系数	0.12
紧急制动停车距离(200 km/h)	小于 2 000 m
紧急制动计算停车距离(200 km/h)	1 696 m(带一个故障车大约为 1 900 m)

八、空电复合制动控制关系

空气制动与电气再生制动之间的复合控制及其联锁关系，均由列车信息控制系统(TCMS)的计算机通过牵引控制单元(TCU)控制再生制动和车辆制动控制单元(BCU)来完成。如图 7—10 所示，当司机通过控制台上的主控制器发出制动指令时，制动电气指令信号首先传输到列车信息控制系统的计算机 VCU，计算机根据列车速度、减速度及轮轨黏着状态，确定再生制动与电空制动两者之间的制动力分配关系、联锁关系。当列车减速至约 7～10 km/h 以下时(图 7—11 中 *B* 点)，牵引电机的再生制动力减小，在约 2 km/h 时(图 7—11 中 *A* 点)减到零。为了在此低速下得到制动力，随着速度的减小，VCU 计算机将控制车辆制动控制单元(BCU)投入并逐步增加电空制动力，以保证列车所需的总制动力，最后由电空制动完全取代电制动。

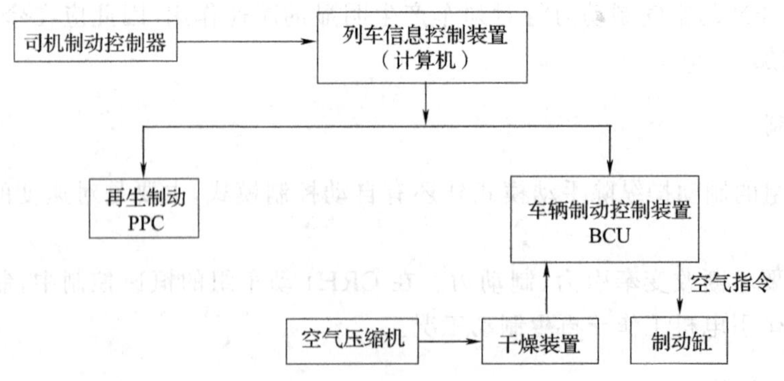

图 7—10　空电复合制动的连锁关系示意图

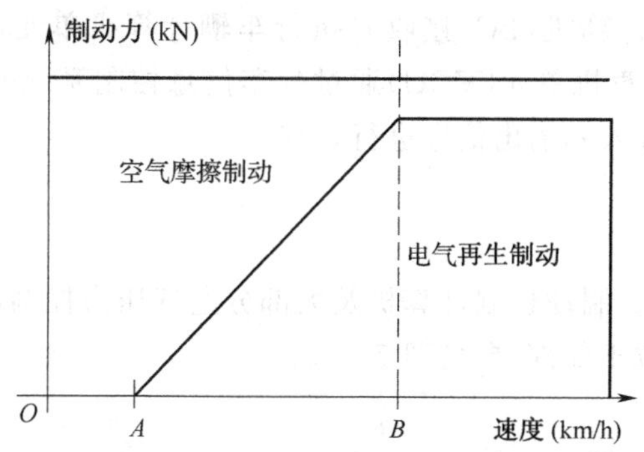

图 7—11 空电复合制动力的配备关系示意图

九、安全环路

1. 电空制动安全环的组成形式见图 7—12。

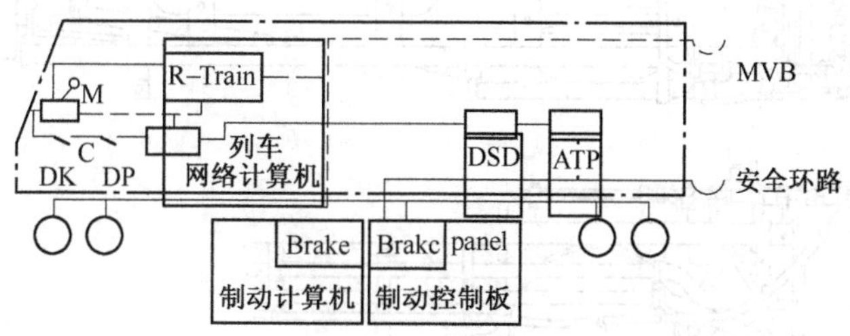

图 7—12 电空制动安全环的组成形式

电空制动安全环由 DSD—司机安全装置、ATP、DK—司机钥匙、DP—司机按钮、MC—主控制器、列车信息控制网络计算机 VCU、制动计算机和制动控制板组成。

2. 安全环路的控制方式

电空制动安全环的作用就是保证列车在遇到紧急情况时实施安全制动。在这种情况下，司机安全装置(DSD)、司机钥匙(DK)、司机紧急制动按钮(DP)和列车自动防护 ATP、主控手柄 MC 和信息控制网络计算机 VCU 都可以打开安全环，实现安全制动。

第四节 制动控制装置

CRH1 动车组采用的是由电气再生制动和直通式电空制动两部分组成的复合制动系统。制动控制设备主要包括：司机室制动控制器、列车信息控制系统车辆控制计算机(VCU)、电气再生制动控制单元(即牵引控制单元 TCU)和直通式电空制动控制模块(或称制动控制单元 BCU)，核心是车辆制动控制模块中的制动计算机(BC)。

列车信息控制系统中的车辆计算机单元(VCU)控制动车组上所有的制动功能及设备，车

辆制动控制模块中的制动计算机(BC)接收并执行车辆计算机单元(VCU)给予的制动指令。制动计算机(BC)和车辆计算机单元(VCU)通过列车信息控制系统的数据总线(WTB、MVB)进行通信,制动计算机对输入和输出信号进行处理。

一、制动控制模块

制动设备是模块化的。制动控制计算机及大部分空气压力控制部件安装在制动控制模块内的各个底板上,封闭后位于前部,参见图7—13。

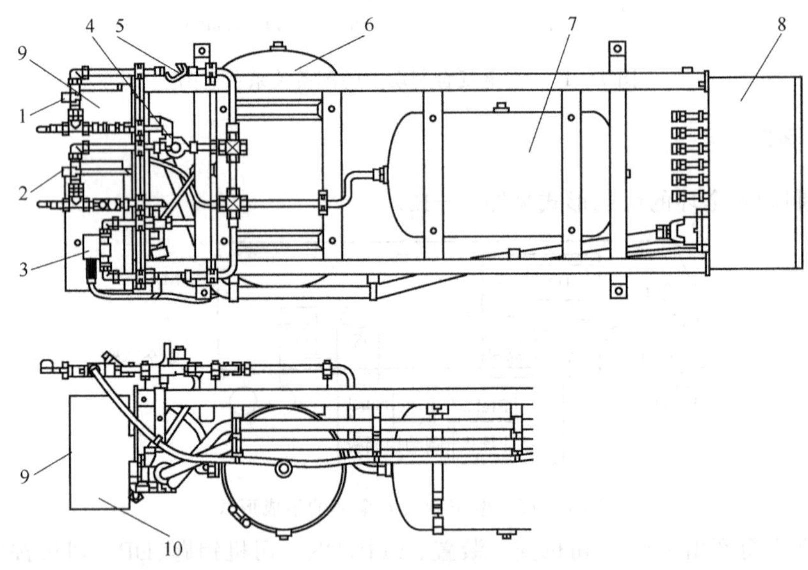

图7—13 动车制动模块

1、2—球形塞门(切断转向架A、B的空气簧的供风);3—制动遮断阀(切断);4、5—溢流阀(调节转向架A、B的空气簧的供风压力);6—制动风缸(75 L);7—总风缸(75 L);8—制动控制箱(含制动计算机);9—停放制动控制板[位于制动控制板后面(限于动车制动模块];10—制动控制板

二、制动控制计算机(BC)

制动控制计算机主要功能:

(1)根据来自VCU的输入信号,对制动进行控制和监控;

(2)从VCU接收制动力参考指令等相关信号;

(3)将来自空气簧供风系统的车辆重量数据发送至VCU;

(4)计算所需的制动力;

(5)将电控信号发送至制动控制板BP,实施空气制动;

(6)监控来自 WSP 速度传感器的信号,并进行防滑控制计算;

(7)将电控信号发送至防滑阀;

(8)将制动控制模块的诊断信号/处理信息发送到 VCU。

三、空气制动控制板(BP)

制动控制板(BP)的功能主要是把接收到的制动参考电信号转化成为空气压力信号,并经中继阀放大,传送给空气制动缸,施加空气制动。通过 BP 板可以实现 1～7 级的常用制动和紧急全空气制动。面板布置参见图 7－14。

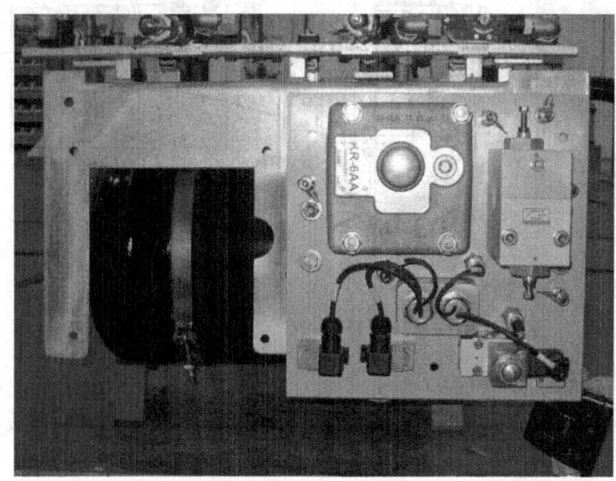

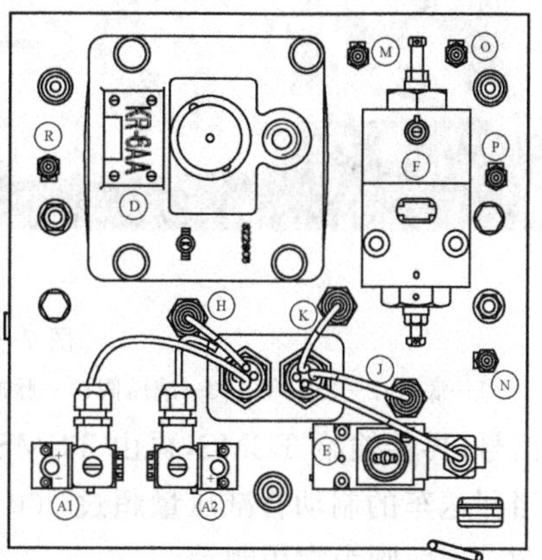

图 7－14　制动控制板(BP)面板

四、停放制动控制板(PBP)

停放制动控制板的主要作用是控制列车的停放制动。当接收到 TCMS 传送来的施加停放制动的电信号后,则打开停放制动回路的脉冲电磁阀输出口通排风口,向大气排风,停放制动施加。当接收到缓解停放制动的电信号时,则沟通脉冲电磁阀输出口与总风管的连接,充风缓解。停放制动控制板(PBP)、空气制动控制板(BP)和停放制动缸管之间有一个双向止回阀连接,保证了在停车情况下,停放制动力不会和制动缸的制动力产生叠加,以防损坏闸片或盘面。

五、回送控制板(TP)

回送控制板的作用主要是在动车组回送或因故障无法牵引,由其他机车和列车来对其牵引时,根据回送机车的风压变化来控制被回送动车组制动的。回送控制板的作用条件首先是要被回送动车组司机室的回送按钮置回送位,TCMS 只通过监控回送控制板的风压变化来控制制动力,其次,需要要保证蓄电池有正常的电压。回送控制板将来自回送车的空气信号转化

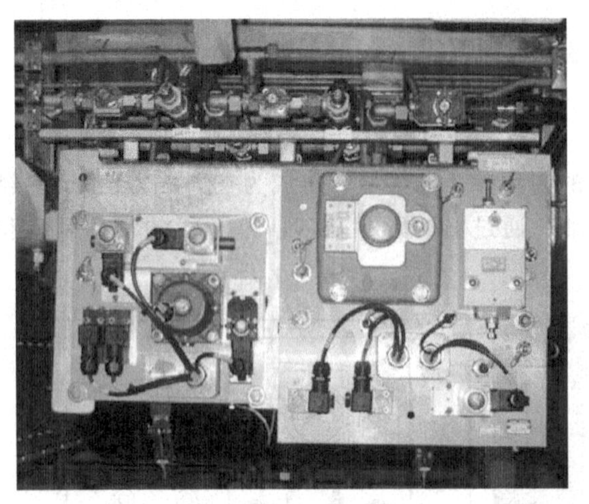

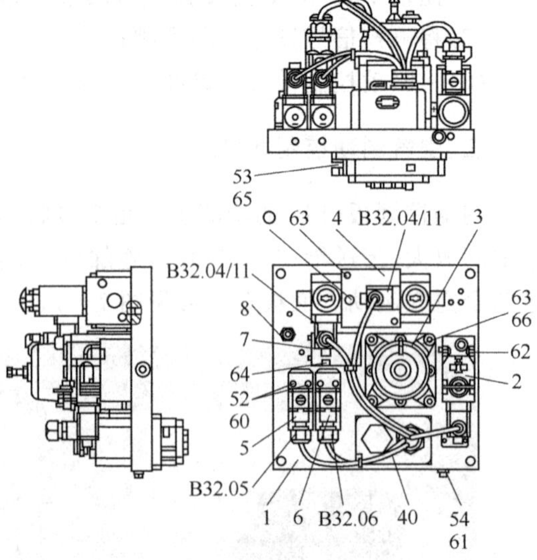

图 7—15　停放制动控制板

1—底板;2—3/2 塞门;3—减压阀;4—脉冲阀;5—压力开关;6—压力开关;7—双向止回阀;8—测风口

为电信号,再传输给 TCMS,再由 TCMS 来分配制动。

当回送车的制动管减压量超过 200 kPa 时,本故障动车组启动紧急制动;制动管减压量低于 200 kPa 则为常用制动。

第五节　制动控制风路及控制原理

每节车制动控制模块(单元)中的制动控制板(BP)能够向基础制动装置提供具有载重调整功能的制动缸压力,作用在两个转向架上(M 车每轴 2 盘、T 车每轴 3 盘)。

制动控制系统的风路原理图参见书末插页中的图 7—16、图 7—17。

一、常用制动

1. 制动控制风路

制动控制风路见图 7—18,图中各部分说明如下:

A1—制动电磁阀:失电时,将整个压力空气传输到紧急制动阀(E)上。得电时,中断到紧急制动阀(E)的供风。A1 与 A2 缓解电磁阀、G 压力传感器及制动控制计算机联合工作组成开关型 EP 阀,根据制动计算机要求的制动力给定相应的空气预控压力。

A2—缓解电磁阀:失电时,关闭排风口。得电时,排出来自紧急制动阀(E)的空气压力。

C—至制动缸的压力输出(先通过防滑阀)。

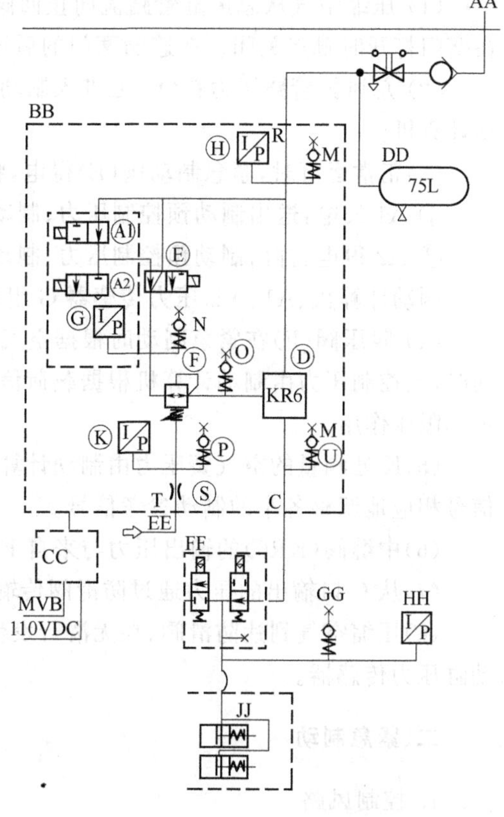

图 7－18 常用制动紧急制动控制风路

D—中继阀（KR6 型）：作为继动器工作，受控于来自 A 的空气预控压力，并以更大流量将输入的预控压力输出到 C 口。

E—紧急制动电磁阀：随安全环路断开而失电，将来自 R 的空气压力传输给限压阀（F）。

F—限压阀：根据车重信号（空气簧压力），限制到 KR6 型中继阀（D）的预控压力。

G—压力传感器：将空气预控压力信号发送至制动计算机。

H—压力传感器：将输入压力信号（总风缸管）发送至制动计算机。

K—压力传感器：将载重压力信号发送至制动计算机。

M—测风口：用于人工测量来自总风缸管的输入压力。

N—测风口：用于人工测量预控压力。

O—测风口：用于人工测量 KR6 型中继阀（D）的控制压力。

P—测风口：用于人工测量载重信号（空气簧）压力。

R—来自总风缸管的输入压力。

S—限制堵：过滤来自载重测量管路输入压力中的主要变化。

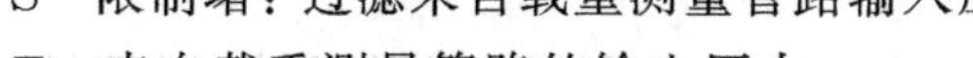

T—来自载重测量管路的输入压力。

U—测风口：用于人工测量 KR6 型中继阀（D）的输出压力。

AA—由总风缸管供风。

BB—制动控制板 U8. Y1. 7（即 BP 板）。

CC—制动控制计算机（即 BC）。

DD—制动风缸。

EE—来自空气簧平均阀的压力信号。

FF—防滑阀。

GG—制动缸测风口。

HH—制动缸压力传感器。

JJ—制动缸。

2. 控制原理

(1) 压缩空气从总风缸管路流向止回阀，然后继续流向遮断塞门。塞门带有辅助电触点，在塞门打开时触点关闭。在遮断塞门的后还有一个 75 L 的制动风缸。

(2) 总风缸管路压力在(R)处进入制动控制板。该压力由压力传感器 H 测量并发送至制动计算机。

(3)正常运行时，紧急制动阀(E)得电，将预控制压力从(A1/A2)连接到限压阀(F)。

① A1 失电：送出制动预控制压力、制动施加。

② A2 得电：排出制动预控制压力、制动缓解。

制动计算机、A1、A2、压力传感器 G 组成开关型 EP 阀，进行制动或缓解预压力控制。

(4) 限压阀(F)在紧急制动时根据空气簧压力 T 限制到中继阀(D)的预控制压力，常用制动时，预控制压力由制动计算机根据载荷信号给出，且低于紧急制动时的预控制压力，限压阀不起限压作用。

(5)K 处测量的空气簧压力由制动计算机发送至 TCMS。本车所在的单元处送出的载重信号相应地调整各车的制动参考信号。

(6)中继阀(KR6)的输出压力与来自 F 的预控制压力成正比。

(7)从 C 口输出的压力通过防滑阀传输到制动缸。

(8)压缩空气到达防滑阀，在无滑行发生时防滑阀让压缩空气通过。防滑器阀的后面是制动缸压力传感器。

二、紧急制动

1. 控制风路

参见图 7－16。

2. 控制原理

(1) 总风从 R 口进入制动控制板。总风压力由传感器 H 测量并发送至制动计算机。

(2) 紧急制动时，紧急电磁阀(E)失电，将总风压力送至限压阀(F)。

(3) 限压阀(F)根据来自 T 口的空气簧压力信号对紧急阀输出压力进行限压。

(4) 经 F 限压后的空气压力输入到中继阀(D)的控制口。

(5) KNORR－KR6 型中继阀输出压力与来自 F 的输入压力成正比。

(6) 中继阀经 C 口输出压力通过防滑阀传送至制动缸。

三、停放制动

1. 作用

列车停放时防止无风溜逸。

操作：当主风缸风压大于 380 kPa 时，在主控司机室按下“停放制动”按钮，灯亮即制动施加，再次按下亮着灯的“停放制动”按钮，灯灭，制动缓解。

当主风缸风压低于 380 kPa 时，停放制动自动施加。启动司机室时如主风缸风压大于 380 kPa，则已施加的停放制动会自动缓解。

2. 控制风路(图 7—19)

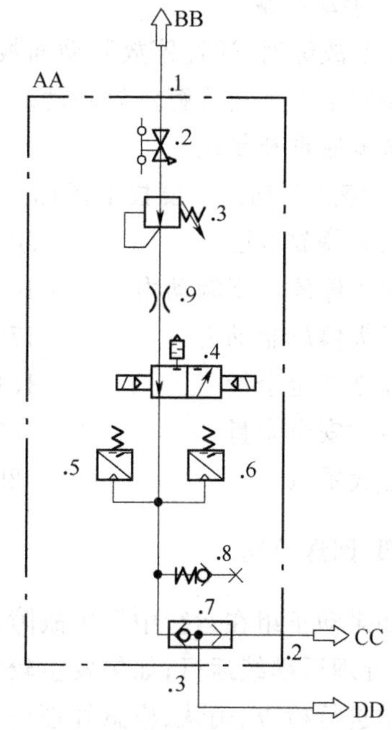

图 7—19　停放制动控制风路

图中符号含义说明如下：

.2—截断塞门。用于切除停放制动控制板连接。

.3—减压阀。将输出压力减少至设定值，即 600 kPa。

.4—脉冲阀。由车辆计算机预设控制，该阀有两个位置：施加或缓解停放制动。

.5，.6—压力开关。将停放制动控制压力信号发送至制动计算机，开关 .5 探测到 80 kPa 表示“施加了停放制动”；开关 .6 探测到 480 kPa 表示“缓解了停放制动”。

.7—双止回阀。防止停放制动弹簧力与停车时紧急制动力叠加，以保护制动盘和闸片。

.8—测风口：用于人工测量停放制动控制压力。

.9—限流阀：用于保护脉冲阀。

AA—停放制动控制板 U8. Y1. 2。

BB—由总风管供风。

CC—向防滑阀供风。

DD—向停放制动缸供风。

3. 控制原理。

(1) 总风由 1 口进入停放制动控制板。

(2) 通过截断塞门(. 2)后，空气压力由减压阀(. 3)稳定在 600 kPa。

(3) 脉冲阀(. 4)将根据车辆计算机(VCU)传送的停放制动控制指令而处在“施加”或“缓解”位。该指令通过按下司机室的停放制动按钮发出。

(4) 两个压力开关(. 5 和 . 6)探测停放制动控制压力并发送到制动计算机，由此获知停放制动的状态。该控制压力可由测风口(. 8)人工测量检验。

(5) 压力开关(. 5)的触点和牵引安全环路相连，如果停放制动施加或未缓解，则牵引无效。

(6) 双向止回阀(. 7)防止过高压力施加在制动闸片上；在停车过程中，如果停放制动缸的弹簧力与制动缸的空气压力同时将闸片压向制动盘，则过大的压力，会损坏闸片制动盘。

4. 手动缓解

出现故障时，通过停放制动面板上的截断塞门，可以关闭停放制动系统。使用专用工具可以在转向架上手动缓解停放制动。一旦向停放制动缸施加压缩空气压力，停放制动弹簧将在手动缓解后重新复位。

5. 停放制动的主要技术指标

最大停放坡度	30‰
最大停放坡度制动力	147 kN
最大停放制动力	170 kN
溜坡安全余量	1.16
滑动安全余量	1.39
最大重量	529 178 kg

四、回送控制

如果动车组在运行中发生故障，按照途中故障应急处理办法进行临时处理。如果故障较轻，则处理后继续运行；如果发生较重故障，通过应急处理，如果能够走行、维持运行至前方站，在车站进行检查、确认、应急处理后，或可继续运行，或等待备用动车组替换，故障动车组入段维修。如果发生严重故障，导致区间停车，经检查、确认、处理后仍无法运行的，则要等待区间救援，由救援列车、机车或其他动车组牵引故障动车组驶离区间。如要远距离牵引至动车段或大修工厂，则需要按照回送要求办理有关运输手续。无论被救援或回送，被牵引的动车组应具备制动能力。这种制动能力是通过回送控制板(TP)来实现的。

1. 控制风路(图 7—20)

图中符号含义如下：

.01/1—压力传感器：将输入的制动管压力信号发送至计算机。

.01/2—压力传感器：作用同 .01/1。

.02—气控阀：由操纵阀 .08 控制其得风或失风。失风则打开排风口以降低制动管压力，可实现被救援回送动车组的紧急制动。

.04—电磁阀：通过 TCMS 控制打开或关闭制动管与总风管之间的通路。

.05/1—压力开关：将其触点的开关信号发送至 TCMS。开关 .05/1 探测到 400 kPa 表示“制动管压力低”，即紧急制动。

.05/2—压力开关：作用同 .05/1。

.06—减压阀：在回送另一列动车组时，将制动管的输出压力减少至 600 kPa。

.08—操纵阀：由 TCMS 计算机控制，在紧急停车回路打开时失电。失电后，它控制 .02 阀来启动紧急制动。

.11—过滤器：去除从回送动车组或机车到压力传感器和开关的空气中的杂质。

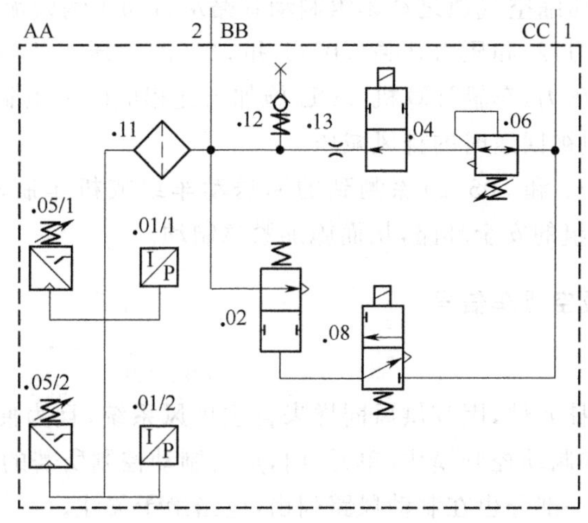

图7—20 回送控制板控制风路

.12—测风口：用于人工测量制动管的进、出压力。

.13—限流阀。

AA—回送控制板C.K2。

BB—连制动管（自动车钩处）。

CC—由总风管供风。

2. 控制原理

回送控制板有两个功能：①在回送另一列动车组时，给回送控制板的制动管充风或减压。在动车组回送动车组时，回送车对被回送车的制动控制，仅能控制紧急制动施加，常用制动无法施加。只有在机车回送动车组时，才能施加常用制动。②被回送车能很快识别回送机车制动管的压力，以按照回送机车的要求施加制动。如果被回送动车组的总风管正常且蓄电池电压正常，可进行回送。

(1)在动车组回送时制动管的增压充风

压缩空气从总风管通过1号口流向减压阀(.06)。减压阀设置压力为600 kPa并带有止回阀。压缩空气继续流动至电磁阀(.04)，此阀得电关闭、失电打开，压缩空气继续流经限流阀(.13)直至测风口(.12)，压缩空气经输出口2流向制动管，控制被回送的动车组通过其自己的TP板缓解制动。在充风过程中，压缩空气也供给操纵阀(.08)，只要其得电，该阀即保持打开状态，从而将压力供给气控阀(.02)，以保持制动管压力。

(2)在动车组回送时制动管的减压排风

制动管在压力正常的情况下，如果安全环路断开，操纵阀(.08)失电、阀打开。制动管通过气控阀(.02)排风减压。

(3)机车回送时的功能

回送列车的制动管压缩空气通过动车组制动管路从自动车钩处流至被回送车的TP板的压力传感器(.01/1和.01/2)和压力开关(.05/1和.05/2)。压力传感器(.01/1和.01/2)读取回送机车上制动管的压力，车辆计算机VCU施加与此相应的常用制动信号。

(4)制动管在动车组被回送时的排风减压

如果压力开关(.05/1和.05/2)探测到的回送动车组或机车制动管压力降至低于400 kPa，则打开被回送动车组的安全环路，从而施加紧急制动。

五、空气弹簧供风及空重车信号

1. 供风风路

空气簧属于二系悬挂元件，因其供风同样来自主供风系统，且为便于途中检查、应急处理操纵，截止阀等通常放在制动控制模块(单元)内，加之制动控制所需的空气簧压力信号取自空气簧供风风路，因此，这一部分也在制动风路列出，应当给予关注。

空气簧供风风路参见图7－21。

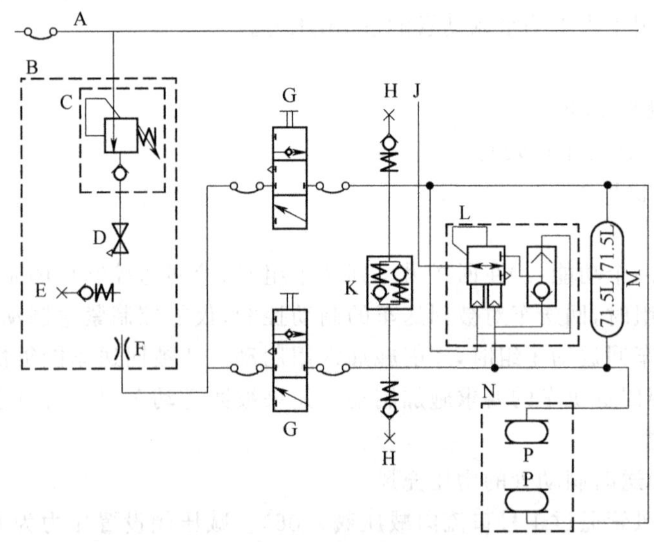

图7－21　空气簧供风风路

A—主风缸管路；B—制动模块U8. Y1；C—溢流阀，670 kPa；D—空气簧截断塞门；E、H—测风口；F—限流阀，通径2.5 mm；G—高度调整阀；J—至制动控制板的载荷信号；K—差压阀；L—平均阀；M—空气簧辅助风缸；N—转向架；P—空气弹簧

2. 风路原理

(1) 溢流阀，每个转向架(A、B)各一个，由总风管供风。压力一旦超过670 kPa，阀打开以供风；小于该压力时保持关闭。

(2) 空气簧的供风可通过截断塞门关断。测风口可用于人工测量气压。

(3) 经过限流阀后，供风离开制动模块向外分路连接到位于转向架处(转向架 A 的 U3 和转向架 B 的 U11)的高度调整阀。高度调整阀通过感应每个转向架处的车体地板高度控制向空气簧的供风。如果一个空气簧处高度太低，高度调整阀打开进行补风。

(4) 连接两个分路的是差压阀，防止在任一空气弹簧膜断裂时车辆倾斜。如果出现这种情况，差压阀将空气从空气簧中排出，车体将由紧急弹簧支撑。

(5) 平均阀(也叫中压阀)将两路空气簧压力的平均值发送至制动控制板作为重量测量信号使用。每车只有一个平均阀，即每车只有一个转向架采用平均阀。

(6) 两个 71.5 L 的风缸用于空气簧中供风的保压。

(7) 两个转向架的风路(平均阀除外)相同。

3. 载重测量信号

利用载重测量信号可调整制动力，这样即使动车组载重不同也可在平直道上有相同的制动距离。空气制动和电制动的载重测量都是由 TCMS 进行的。每车重量由本单元内从属车辆控制单元进行计算。平均阀根据来自转向架空气悬挂的压力信号来给出平均值，然后将载重信号发送至主车辆计算机。载重信号如果低于空重量或超过定员重量，则计算机作限幅处理。在所有的制动模式下载重测量都是有效的。

六、防滑控制

防滑系统(WSP)控制每个车轴上的防滑阀，以防止在制动过程中空气制动力过大或黏着不足而抱死车轮，造成滑行。动车组通过 WSP 防滑探头监控速度信号，当滑行率、速度差、减速度等参数超过设定值时，减小该轴的制动力，并进行再黏着(黏着恢复)控制，防止制动距离的延长及车轮的擦伤等。防滑系统(WSP)及防滑阀的工作原理在各车型上是相同的。尤其是防滑阀，都是在发生(判断为)滑行时，一个电磁阀切断中继阀的来风、一个电磁阀按预定控制规律排出制动缸已有的风，并通过速度检测决定排风终止、供风恢复的时机。防滑阀风路连接示意图见图 7－22。

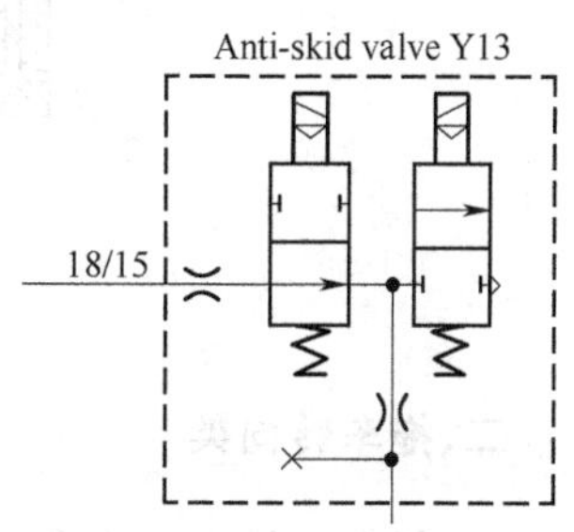

图 7－22　防滑阀风路连接示意图

第六节　基础制动装置介绍

一、动力转向架

动力转向架有三种盘形空气制动单元，一种没有停放制动缸，一种带有停放制动和一种带有停放制动并包括应急缓解装置，见图 7－23。制动盘为轮盘式的，制动单元装在转向架构架的缓冲梁上。动车转向架制动盘见图 7－24。

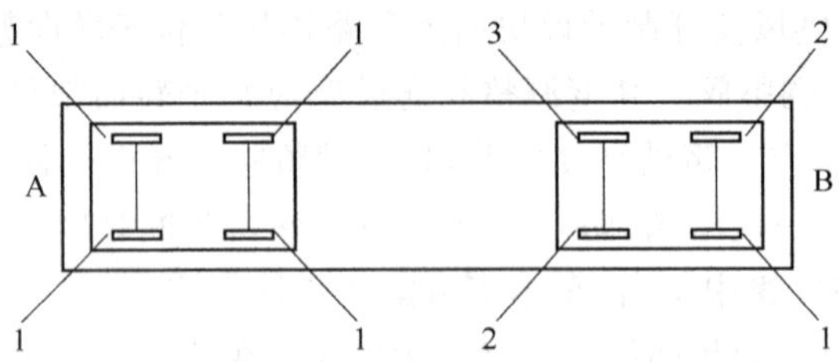

图 7－23　动车转向架制动单元

1—不带停放制动的制动单元；2—带有停放制动的制动单元；3—带有停放制动和应急缓解装置的制动单元；A—车的 A 位端；B—车的 B 位端

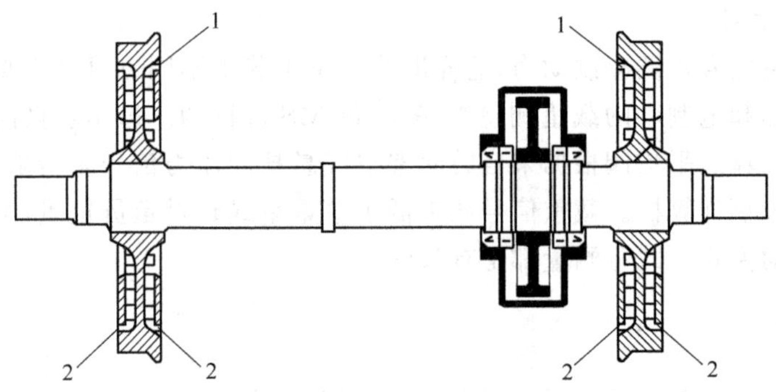

图 7－24　动车转向架制动盘

1—车轮；2—制动盘

二、拖车转向架

(1)每个车轴有 3 个盘形制动单元，制动盘是轴盘式的，每个车轴有三个盘(图 7－25)，制动单元装在转向架构架的横梁上。

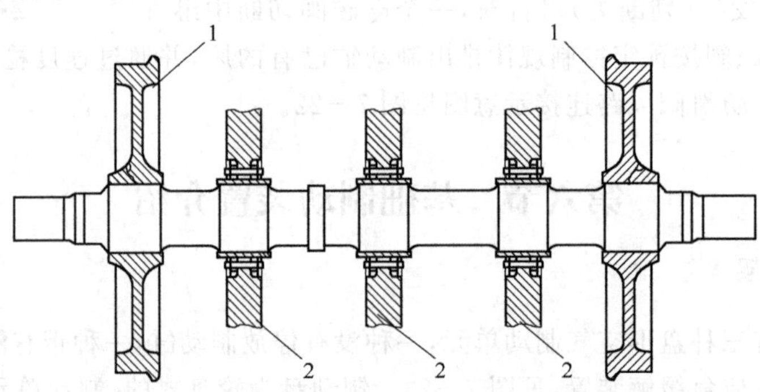

图 7－25　拖车转向架制动盘

1—车轮；2—制动盘

(2)每个拖车轴根据制动要求配备 3 个制动盘,制动盘的直径是 640 mm,通过轮毂固定到车轴,并分为两部分,以便能更换制动盘,而无需拆卸相关件。其安装图见图 7—26。

(3)拖车转向架制动单元没有停放制动缸。

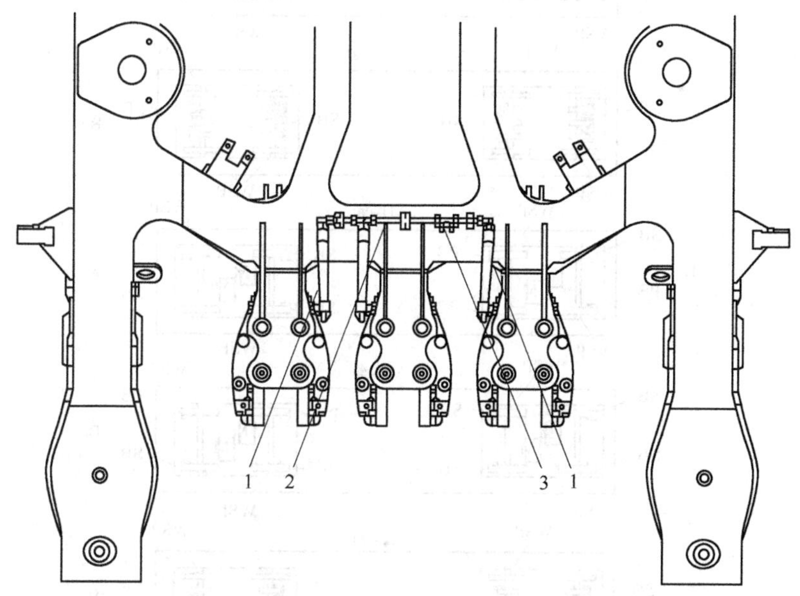

图 7—26　盘形制动单元的安装

1—常用制动压缩空气软管;2—车体软管连接(常用制动);3—自车体的软管连接(常用制动)

三、停放制动缸

在设计阶段,应确定带停放制动功能的制动缸的数量,以符合停放制动性能的要求。

动车组中各车转向架制动设备的位置如图 7—27 所示。不带停放制动的制动单元如图 7—28所示。带停放制动的制动单元如图 7—29 所示。

四、盘形制动单元

带停放制动缸的盘形制动单元由制动盘、制动夹钳、制动缸和停放制动缸构成。空气制动就是通过制动夹钳上可更换的闸片与制动盘之间的摩擦力实现的。制动盘是环型的,采用铸钢制造,又可分为轮盘和轴盘两种,动车上都采用轮盘,拖车上都采用轴盘,每个动车轴有 2 组轮盘,每个拖车轴有 3 组轴盘。轴盘制动夹钳如 7—30 所示,轮盘制动夹钳如图 7—31 所示。

当施加制动、压缩空气进入制动缸,活塞杆通过偏心轮推动杠杆使制动闸片压向制动盘,机械式闸片间隙自动调整装置自动工作。当制动缓解、压缩空气从制动缸内排出,回位弹簧拉回活塞杆,制动闸片离开制动盘。

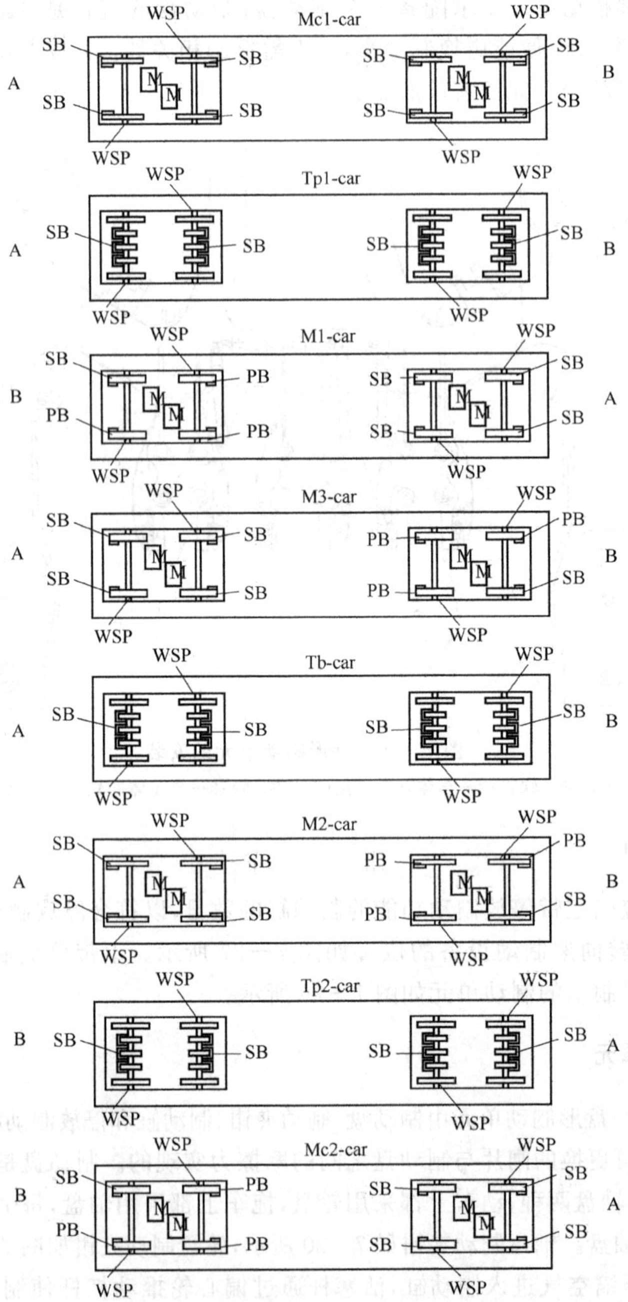

图 7—27　转向架基础制动装置布置

PB—停放制动(包括一般行车制动)；SB—行车制动；WSP—速度传感器向防滑功能提供速度输入；M—牵引电机

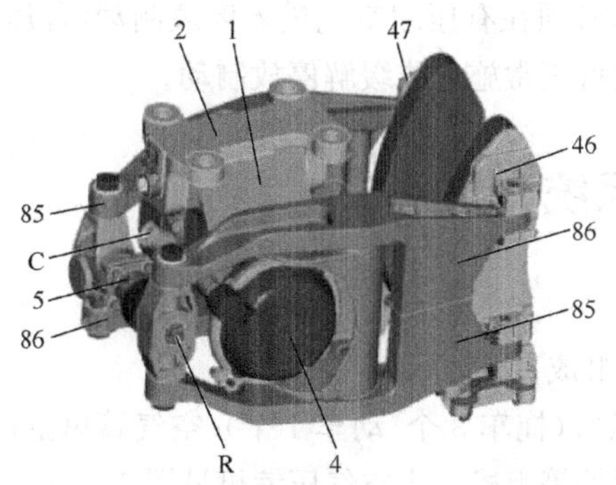

图 7－28　不带停放制动的制动单元

1—护盖；2—制动单元座；4—制动缸；5—间隙自动调整机构；46、47—制动闸片托架；85、86—上下半控制臂；C—压缩空气进风口；R—间隙自动调整机构的重设螺钉

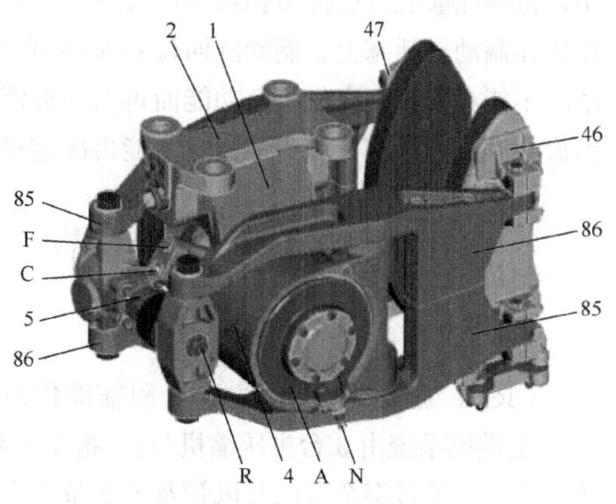

图 7－29　带停放制动的制动单元

1—护盖；2—制动单元座；4—制动缸(与停放制动缸一体)；5—间隙自动调整机构；46、47—制动闸片托架；85、86—上下半控制臂；A—停放制动缸，与护盖(1)相连；C—制动缸的进气口；F—停放制动缸的进气口；N—停放制动的紧急缓解机构；R—间隙自动调整机构的重设螺钉

图 7－30　轴盘制动夹钳

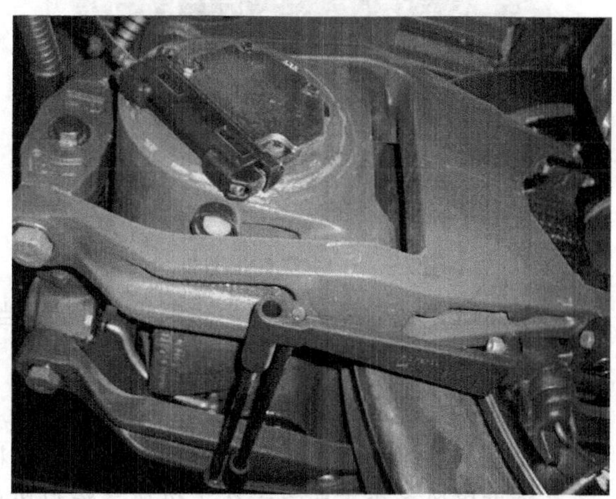

图 7－31　轮盘制动夹钳(带停放制动)

制动单元带有一个储能弹簧的停放制动缸(背压缸)。停放制动力来自预压弹簧，在制动缸压力降低到一定程度时弹簧力释放、制动缸压力最低时停放制动可得到最大制动力。弹簧力的释放受制动缸压力的控制。制动单元带有间隙自动调整装置，可持续保持制动闸片和制动盘之间的间隙。停放制动缸充气压缩弹簧则缓解停放制动；停放制动缸排气、弹簧伸出则施加停放制动。

为使在无压缩空气状态缓解停放制动，停放制动缸内置机械快速缓解机构进行应急缓解。使用该机构能够脱开已伸出弹簧与停放制动缸活塞杆之间的连接，这样停放制动缸活塞杆不再有力作用在制动缸活塞上。制动缸回位弹簧将制动闸片从制动盘上拉开。在应急缓解状态下，停放制动缸不能在未恢复充气缓解功能而再次施加停放制动，必须在有压缩空气进入停放制动（背压）缸，停放制动缸的活塞杆和压缩弹簧才能再次连接，这样就可正常施加或缓解停放制动。

第七节　供风系统介绍

一、概　　述

CRH1 型供风系统由主供风和辅助供风两部分组成。

主供风系统由 3 台主压缩机（每个拖车 1 台）、总风缸（拖车 3 个、动车 1 个）、空气簧风缸（每辆车 4 个）、一条贯穿全车的总风管及若干条支管、管路附件等组成。主空气压缩机见图 7－32。

辅助供风系统由 2 台辅助压缩机（Tp1、Tp2 各 1 台）、辅助风缸（Tp1、Tp2 各 1 个）及管路附件等组成。辅助空气压缩机见图 7－33。

图 7－32　主空气压缩机

图 7－33　辅助空气压缩机

TCMS 系统对总风缸压力进行即时监控，当总风压力低于 850 kPa 主压缩机启动 1 台，低于 800 kPa 时启动 2 台，低于 700 kPa 时启动 3 台并向司机发出报警。当总风缸压力低于 600 kPa时，启动紧急制动。

主供风系统主要负责制动系统、空气簧、车门、卫生及水系统以及高压设备等的供风。

辅助供风系统主要负责在主供风系统总风压力不足时为升弓装置的控制风路供风。

供风模块见图 7－34。

二、主空气压缩机

1. 主空气压缩机

主空气压缩机采用 Knorr-Bremse VV120－W 型三缸机，见图 7－35。主压缩机供风量

920 L/min,工作压力 0～1 000 kPa;由交流电机驱动,电机供电电源是 AC400V /50 Hz。

图 7－34 供风模块

2. 主压缩机工作原理简介

(1)压缩机为两级压缩式:低压级采用两个压缩气缸,高压级采用一个压缩气缸。空气先由一个干式空气过滤器进行过滤,然后被吸入低压气缸,在被预压缩之后,通过一个冷热气自动调节机将冷却的空气送至高压气缸进一步压缩到最终水平。高压阶段二次冷却下来的气流再次冷却压缩空气。

(2)电动压缩机按压力控制进行“启/停”循环间歇工作。当压力低于 850 kPa,压缩机开始工作。当压力高于 1 000 kPa,压缩机停止工作。列车刚上电时,三台压缩机同时启动以在尽可能最短的时间内达到总风规定压力范围。如果压力低于 800 kPa,第二台压缩机启动;如果压力进一步降到 700 kPa,第三台压缩机也启动。

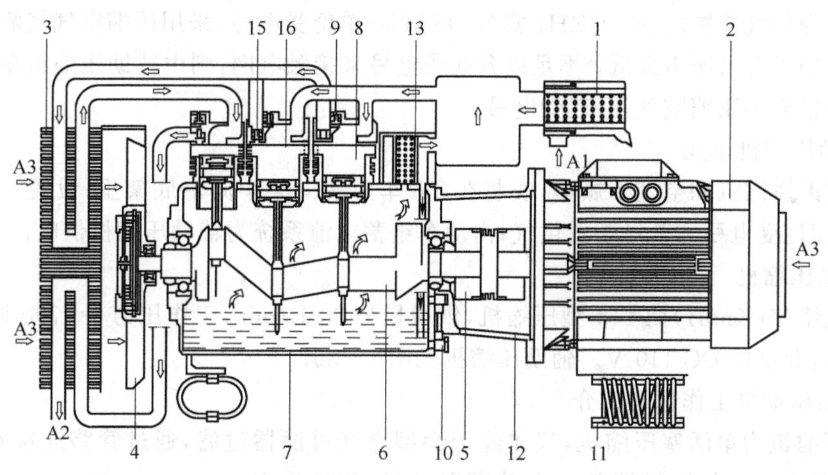

图 7－35 Knorr－Bremse VV120－W 型空气压缩机

(3)如果压力降低到 700 kPa 以下,一个低压报警信号就会发送到司机室。压力低于 600 kPa时,将启动紧急制动(在回送状态下不适用)。

(4)空气在压缩机中经过压缩和冷却后经过软管到达空气干燥装置。压缩空气也可以通过外部风源提供,但通过空气干燥装置进入,使压缩空气的质量能够始终得到保证,不受气源的影响。

(5)空气干燥装置将压缩空气中的水排出,因此列车的风路系统中不会产生冷凝水。空气干燥装置采用带电加热(以满足低温要求)的双塔空气干燥器。主风气流在一个干燥塔内干燥,而在另外一个干燥塔内干燥剂再生,由一个空气干燥单元的周期计数控制器进行转换。

(6)出口处微孔网状油过滤器能将干燥的压缩空气中的油悬浮微粒和固体杂质滤除。

3. VV120主压缩机的特点

(1)采用 2 级压缩 W 形 3 缸布置,轴向尺寸较小,有利于各缸的最佳冷却。

(2)电动压缩机组采用自承重法兰安装,不需要附加框架;压缩机和电机组装时不用严格对中,重量低,安装空间小。

(3)噪声低[仅为 64 dB(A) / 4.6 m 、76 dB(A) / 1.0 m]。

(4)采用封闭式飞溅润滑,不需要油泵、油过滤器或油分离器;不需要油管连接;无曲轴箱通风;无油漏泄、无油污染;润滑油消耗极低;两次换油之间不需重加油(每年仅一次)。

(5)冷却器风扇采用温控,对各种运行条件适应性强,结冰或卡住都不会损坏风扇。

(6)电机和压缩机通过扭转刚性气囊相连,无旋转振动,不需维护。

(7)弹簧环隔离体用于压缩机组安装,不需维护,在整个压缩机速度范围内无谐振。

(8)压缩机传动装置耗电量很低,空载扭矩低,即启动电流低,甚至在低温下也能正常启动。

三、辅助压缩机单元

1. 辅助压缩机单元功能

受电弓为耗气装置之一。CRH1 安装 DSA250 单臂受电弓,采用压缩空气气囊驱动升弓,自重降弓。如果总风压力太低,不足以升起受电弓来接触电网,则由辅助压缩机单元,给受电弓的升弓装置提供压缩空气,升起受电弓。

2. 辅助压缩机单元

包括辅助压缩机和空气干燥器,安装在 Tp 车两转向架中间的底架里;设置一个 25 L 的风缸,足以满足受电弓的升弓装置供气;由动车组蓄电池系统为辅助压缩机供电。

3. 辅助压缩机

采用克诺尔(Knorr)LP115 型压缩机,供风量为 70 L/min,工作压力 0~700 kPa,由直流电机驱动,电源电压 DC 110 V。辅助压缩机见图 7—36。

4. 辅助压缩机工作原理简介

辅助压缩机为单活塞压缩机,气体经干燥型空气过滤器过滤,通过管路连接到空气干燥器,由气缸吸入。空气干燥器是一个单塔干燥器,可净化空气。压缩机停止工作时,被压缩的干燥空气通过空气干燥器,干燥塔再生。当压力开关显示压力超过设定值时,电动压缩机将停止工作,以保护单元部件。风路中设置有安全阀。

图 7—36　辅助压缩机

5. 受电弓升弓控制风路

图 7—37 为辅助压缩机向受电弓供风风路示意图。

图 7—38 为受电弓气囊驱动装置压缩空气原理图,其中的压力表(4)安装在司机室滑板监视部分的面板上,空气从司机室内的电磁阀(14)经空气滤清器(1)进入减压阀(3),减压阀的作用是

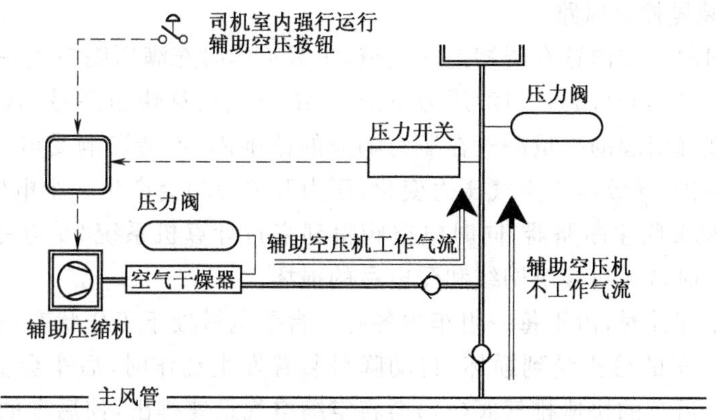

图 7－37　辅助压缩机向受电弓供风风路示意图

调节工作压力，调节精度为±0.02 bar(1 bar=10^5 Pa)，这种精度非常重要，因为压力变化 0.1 bar (1 bar=10^5 Pa)会直接导致接触压力变化 10 N。压力表(4)仅用于粗略观察，调整节流阀(2)可以控制升弓速度，高速节流阀(5)可以控制降弓速度。安全阀(6)在减压阀失效时起作用。

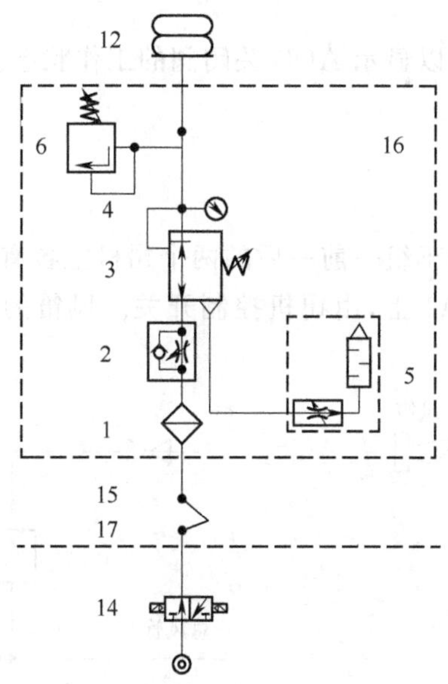

图 7－38　受电弓气囊驱动装置风路图

1—滤清器；2—单向节流阀(升弓)；3—减压阀；4—压力表；5—消音节流阀；6—安全阀；12—气囊驱动装置；14—电磁阀；15—绝缘管；16—启动控制箱；17—车顶

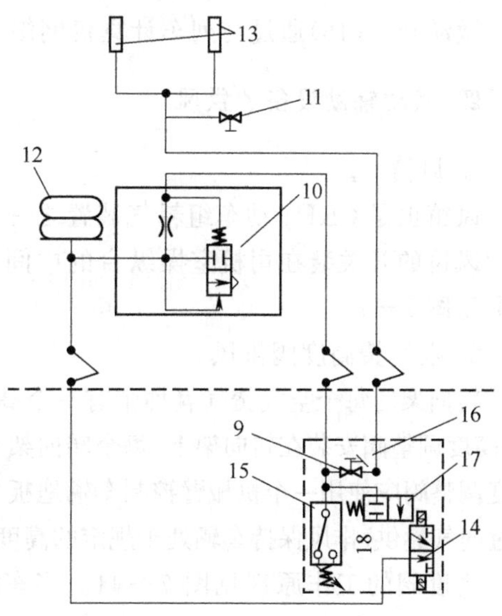

图 7－39　自动降弓装置原理图

9—关闭阀(自动降弓)；10—快速降弓阀；11—试验阀(自动降弓)；12—升弓装置；13—碳滑板；14—电磁阀；15—压力开关；16—微动开关；17—快速排气阀；18—滑板监测装置

6. 自动降弓装置控制风路

受电弓滑板(13)下方内置有压缩空气气道,正常工作时充满压缩空气,一旦压缩空气从滑板漏出将导致受电弓的升弓装置(12)压力下降,空缩空气会从快速降弓阀(10)中排出。如果滑板碳条上细小裂缝引起的少量漏气在压力响应的范围内,不会影响受电弓的使用。如果由于滑板碳条受到冲击,导致压缩空气压力变化,压力开关(15)会产生一个电信号并传输给 TCMS 计算机,计算机关闭主断路器,同时电空阀得到来自计算机系统“受电弓降下”的信号,这避免了受电弓降下时电弧对接触网线和受电弓的损坏。

当两列动车组连挂时,由于每一组车中各有一台受电弓处于工作状态,全列共有两台受电弓同时工作。当前车的弓头受到损坏,自动降弓装置发生动作时,后车会从前车的压力开关(15)得到电信号。后车的快速排气阀(17)会将空缩空气迅速排出,使后车的受电弓快速降下,从而避免后车受电弓的损坏和对接触网线的伤害。

在正常升弓条件下,压力开关有延时功能,压力开关和自动降弓装置启动主断路器需设定时间延迟(约 20～30 s)。

如果快速降弓阀(10)和滑板(13)间的气管断裂,自动降弓装置可以通过 ADD 关闭阀(9)而停止使用(重新连接后,注意清理渗水)。

微动开关(16)通过与列车计算机网络系统连接可以显示 ADD 关闭阀的工作状态。

四、气动辅助设备的供风

1. 风笛

风笛也是 CRH1 动车组耗气装置之一。CRH1 动车组一前一后的两个司机室各有一个风笛。风笛的开关装在司机室操纵台的中间控制面板 A1 上,由司机控制开关。风笛的供风风路图见图 7－40。

2. 空气簧高度阀供风

转向架的每个空气簧气囊均带有一个高度调整阀,高度调整阀安装在转向架上,每个转向架有两个。高度调整阀应使用一个机械臂控制车辆地板的高度,通过向气囊供、排风保持车辆处于规定的高度。

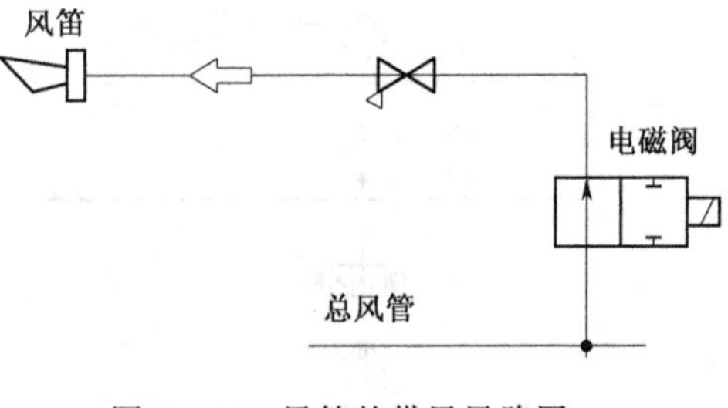

图 7－40　风笛的供风风路图

高度阀的工作原理见图 7－41。当车体内重量增加时,高度阀打开,让压缩空气进入空气弹簧。空气弹簧体积增加,直到高度阀处于平衡。

当重量降低时,高度阀打开,并且排出空气直到达到平衡。

高度阀调节空气波纹管中的空气体积,以使转向架和车体之间的保持相同距离,而与负载无关。

负载压力传感器位于制动板上。

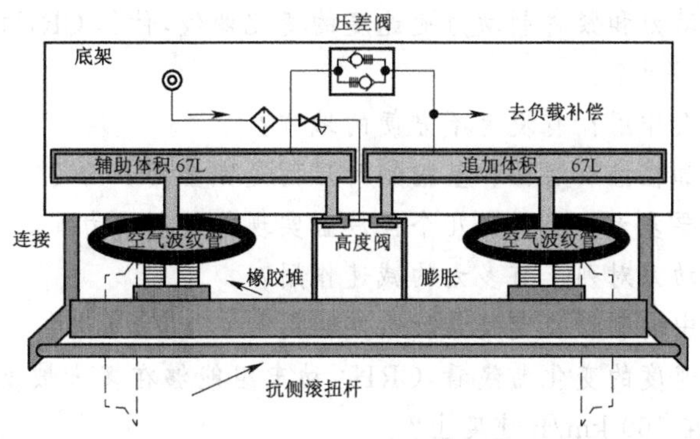

图 7－41 高度阀的工作原理

3. 空气簧差压阀

只要压力差保持在 250 kPa 以下，差压阀可以防止空气在两个二系弹簧悬挂装置的空气弹簧之间流动，两个止回阀（5）隔离或者接通空气弹簧的压缩空气管路 。A 通向转向架的一侧，B 通向另一侧[见图 7－42(a)]，差压阀关闭。只要空气循环管路之间的压力差低于 250 kPa，两个弹簧(4)就关闭阀门。

当空气管路之间的压力差等于或大于 250 kPa，阀门打开，接通两个空气管路，见图7－42(b)，止回阀打开。

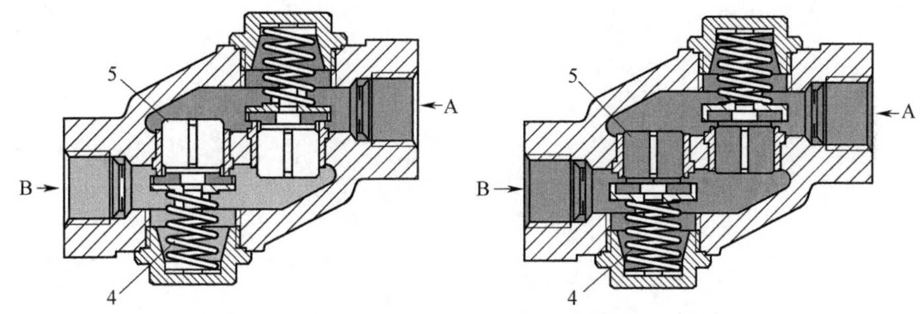

图 7－42 差压阀工作原理

(a)关闭；(b)开启

4—弹簧；5—止回阀；A—压缩空气管路；B—压缩空气管路

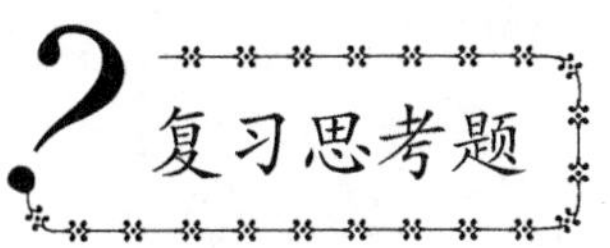

1. 从制动系统与列车信息控制网络的关系看，CRH1 动车组的空电复合制动控制是以什么为单位进行的？

2. 什么是制动参考信号？其本质是什么？

3. 从最大常用制动力和紧急制动力随速度的变化曲线，估算 CRH1 动车组的制动黏着需求(高速、低速范围)是多大？

4. 保持制动有什么作用？有没有不方便的地方？

5. 停放制动的施加在控制层面和基础制动层面是完全同步的吗？

6. 停放制动力需要多大？全列有几个停放缸实现停放制动力？

7. 防冰制动的制动力对列车有多大的减速作用？

8. 恒速控制功能中的制动减速是靠什么实现的？

9. 从电制动力随速度的变化曲线看，CRH1 动车组能够在多大坡度的下坡道上靠电制动力能够使动车组稳定在 160 km/h 速度上？

10. CRH1制动控制装置使用的 EP 阀属于哪种类型？

11. CRH1的紧急制动预控制压力是由哪些因素决定的？是怎样调整控制的？

12. 空气弹簧供风风路中的平均阀有什么作用？

13. CRH1的主空气压缩机启停工作是由谁控制的？控制规律是怎样的？

第八章 CRH2 型动车组制动系统

第一节 系统组成及特点

一、制动系统组成

CRH2 型 200 km/h 动车组(简称 CRH2A 型动车组)的编组情况参见图 8—1。

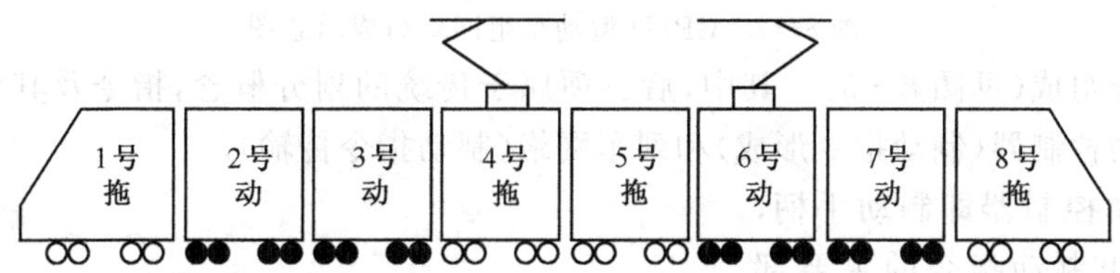

图 8—1 CRH2 型 200 km/h 动车组的编组

CRH2 型动车组采用电气制动和空气制动并用的制动系统,称为电气指令微机控制的空电复合制动,即对空气制动与电制动进行复合控制。在 CRH2 型动车组上电制动即为再生制动,而空气制动部分采用电气指令微机控制的直通式电空制动系统。

列车编组中 T 车采用纯空气制动方式。M 车、T 车基础制动装置均采用带气压——油压变换的增压气缸和油压卡钳式盘形制动装置。为减轻闸瓦的磨损,空气制动采用延迟投入的控制方式。M 车除了空气制动方式,有再生制动控制装置(实际上是处于再生制动工况的牵引传动系统)。

制动控制采用以 1M1T 的基本制动力控制单元,在单元内再生制动优先,实行延迟充气控制。系统对再生制动和空气制动进行协调控制,当制动控制器检测到所产生的再生制动力不足时,靠空电复合控制以空气制动进行补充。

各车的制动设备通过网络传输系统与司机控制器联系在一起,参见图 8—2。

图 8—2 中,网络监控的各车设备包括牵引控制单元(TCU,也称 CI)、制动控制单元(BCU)、车门(包括门机、门控)、空调装置等。制动是通过网络实现控制、状态信息及故障诊断信息监控的重要设备之一。

CRH2 型动车组的制动系统由制动指令及传输系统、制动控制单元、基础制动装置、供风

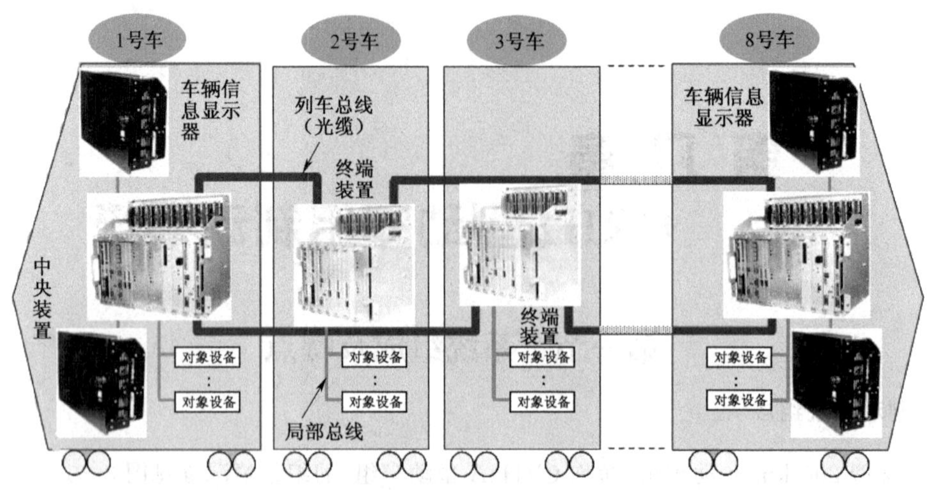

图 8－2　CRH2 型动车组网络组成示意图

系统四大部分组成(见图 8－3)。其中,后三项属于传统的划分概念,指令及其传输部分实际包括司机制动控制器(制动指令形成)和列车网络(制动指令传输)。

司机制动控制器即制动手柄,是运行中发出制动指令的主要部件。正常情况下制动指令是由列车网络传输的。

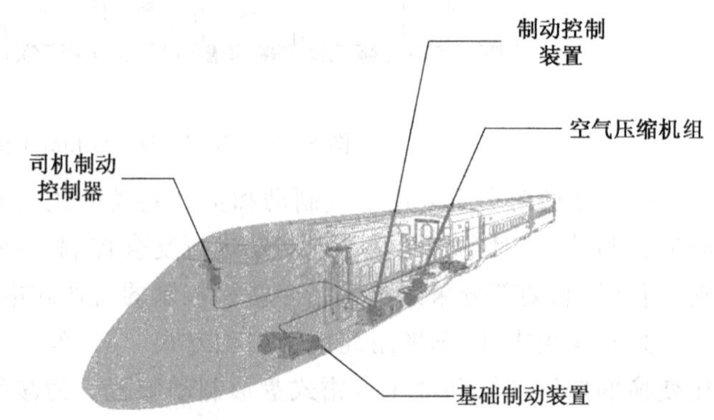

图 8－3　制动系统列车布置图

每车的制动设备集中于制动控制装置内,通过制动计算机接收制动指令、计算分配制动力,向基础制动缸输送压力空气。

基础制动装置是空气制动系统的执行部分,在制动控制装置的控制下产生闸片压向制动盘面所需的制动缸空气压力。CRH2 型动车组采用油压卡钳式盘形制动,因此制动缸与通常的夹钳式空气盘形制动单元的制动缸不同。

CRH2 型动车组的主供风系统采用 3 套电动空压机组,分别位于 3、5、7 号车,作为悬挂设备吊装在地板下方。

二、制动系统原理

制动系统及其工作原理参见图 8－4 和图 8－5。动车组的制动指令是由司机制动控制器发出的,经列车信息监控网络传送到每辆车的制动控制装置,由制动控制装置的制动控制单元

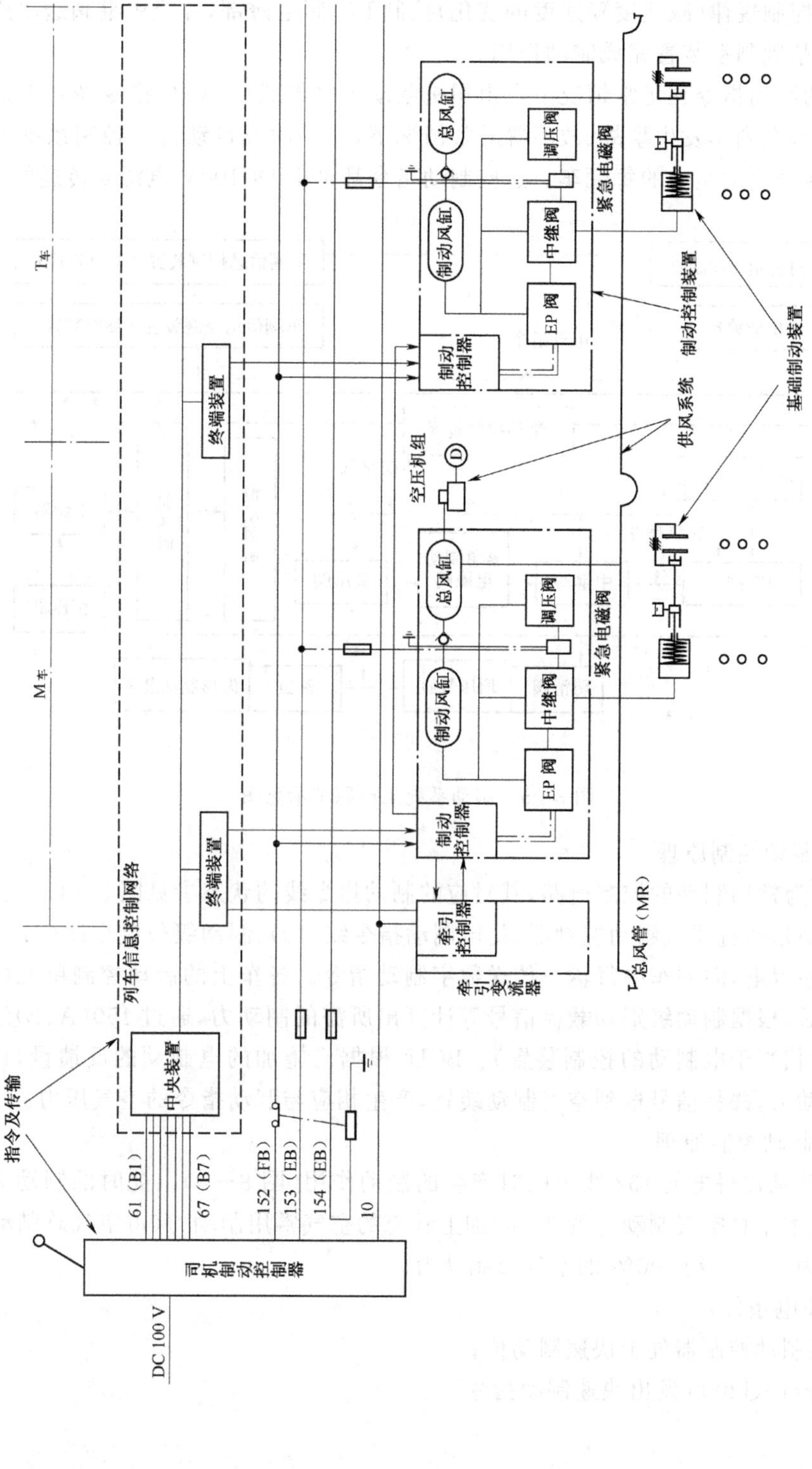

图 8-4 制动系统组成框图

运算，按制动控制规律(减速度随速度的变化)控制 EP 阀电磁部，并经中继阀送出压缩空气到增压气缸，由基础制动装置完成制动作用。

动车组的制动指令在正常情况下是由司机制动控制器或由 ATC 指令经列车信息控制系统传送而来的，在列车发生事故、故障等异常情况下，由手动或自动监测控制系统通过列车控制线将指令传送到编组中的每辆车。这些制动指令都是由 DC100V 电源来传递的。

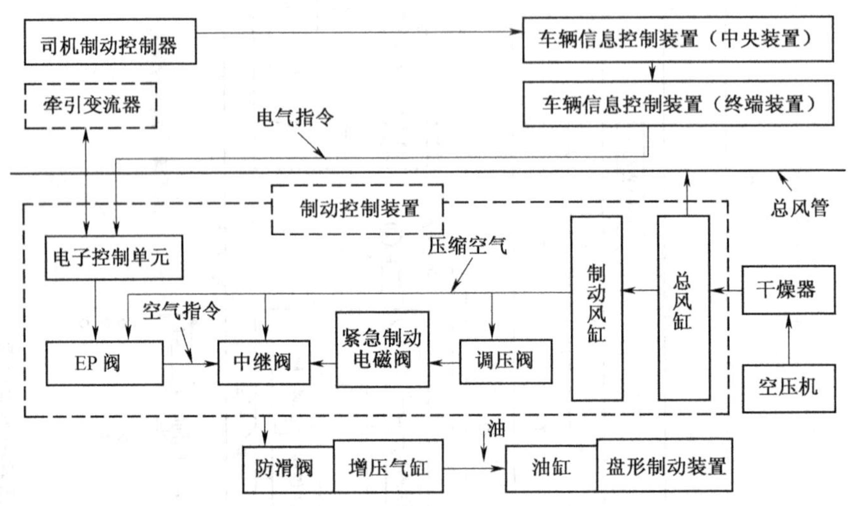

图 8—5　制动系统工作原理示意图

1. 常用制动控制原理

图 8—6 为常用制动的控制电路，其对应的制动指令线的状态参见图 8—4。

常用制动是通过司机制动控制器，使电制动指令线(10)、制动级位指令线(61～67)共计 8 根指令线顺序得电，向列车中每辆车传送数字制动指令。各车上的制动控制单元(BCU)接收到制动指令后，根据制动级别和载荷信号等计算出所需的制动力，通过 150(A、B)线送给牵引变流器(此时相当于电制动的控制装置)。BCU 根据已施加的电制动的反馈量，计算出所需要的空气制动力，并将信号送到空气制动装置，产生相应与制动指令的空气压力。

2. 快速制动控制原理

快速制动是常得电的 152 线失电时产生的制动作用(图 8—4)。此时的制动力是全部的电制动力(占本车总空气制动力的 70%)加上补充的空气常用制动力(占空气总制动的 30%)，当电制动力为 0 时为约 100% 的空气总制动力。

152 线失电条件：

(1)司机制动控制器处于快速制动位；

(2)ATP/LKJ2000 发出快速制动指令；

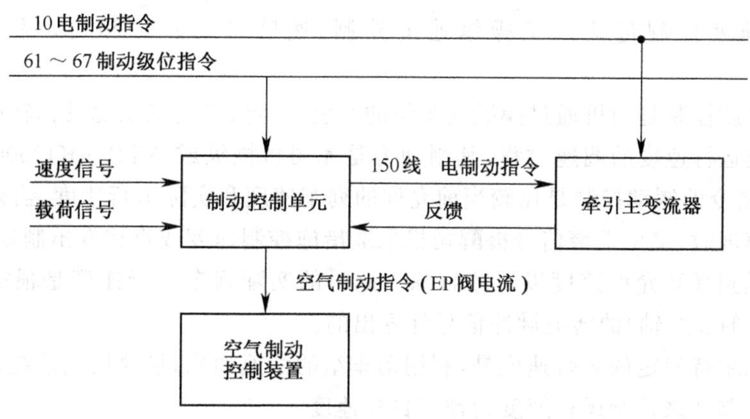

图 8－6　动车组常用制动控制原理

(3)紧急制动继电器失电。

3. 紧急制动控制原理

紧急制动控制电路是从头车制动控制器到尾车的 153 线和返回 154 线来实现的。它在列车分离、某车发生设备故障时,产生独立于常用制动和快速制动的紧急制动作用。

产生紧急制动作用的条件:

(1)司机制动控制器在钥匙取出位;

(2)总风缸空气压力低于 600 kPa 时;

(3)列车分离;

(4)车辆设备故障。

(5)车厢紧急制动按钮按下时。

4. 电制动控制原理

列车电制动控制是靠 10 线在司机制动控制器置于 B1～B7 级快速制动位,或 ATP 发出制动指令时得电,但在低速时电制动力下降,如果列车中间各车的电制动转换不一致的话,列车有可能发生因各车辆制动力不同而造成纵向冲动,所以在列车速度降低到 5 km/h 左右时,同时将电制动转换为空气制动。

5. 辅助制动控制原理

辅助制动在常用制动系统发生故障时,控制电路对全车的 EP 阀直接发出指令,控制增压缸的空气压力,产生空气制动作用。

6. ATP 制动控制原理

ATP 制动指令有常用制动和快速制动两种,通过比较允许速度和列车速度来决定制动指令的级别,当列车超过允许速度时产生制动作用。

7. 速度控制

动车组的速度控制包括人工操纵速度控制、速度自动防护和自动稳速控制三个方面。

人工操纵速度控制是司机通过操纵动车组的牵引、惰行、制动三工况及其转换来控制列车纵向力达到预定运行速度的调速过程，其制动力是靠司机操纵或ATP/LKJ2000防护指令来控制的。ATP指令的制动控制是比较当前允许的列车速度和实际运行速度，当列车实际运行速度超过允许速度时，发出报警信号提醒司机采取措施控制速度或直接发出制动控制指令，直到列车速度降低到最高允许速度以下才解除。此时的实际列车运行速度是根据头车的两个ATC轴(一号车的2、3轴)的转速脉冲信号计算出的。

当需要自动维持稳定的运行速度是，利用动车组的稳速功能，稳速控制系统根据速度变化自动实施牵引或制动来控制运行速度为预定目标速度。

速度的控制最终是靠制动力的控制实现的。

三、制动系统特点

CRH_2型动车组采用电气指令式微机控制直通式电空制动，制动力由各车的电气指令式电空制动和动车的再生制动组成。其主要特点为：

(1)具有适应黏着变化规律的速度－黏着控制模式；

(2)具有根据载荷自动调整制动力的能力；

(3)具有防滑保护控制；

(4)以1M1T为单元进行制动力的协调配合，充分利用动车再生制动力，减少拖车空气制动力的使用，仅在再生制动力不足时才由空气制动力补充；

(5)具有与车载ATP/LKJ2000的接口，施行安全制动；

(6)具有故障诊断和相关信息保存功能。

为使制动力适应黏着力的变化，常用和快速制动功能都采用了速度—黏着力控制模式；紧急制动功能也考虑了制动力与黏着力的关系。

第二节　制动功能

一、司机制动控制器

司机制动控制器的结构参照图8－7和图8－8，与同类产品结构相似，采用手柄转动凸轮轴，由凸轮轴上的凸轮盘按预定角度接通或断开电气触点(或直接采用微动开关)实现控制指令线的得、失电。把多根制动指令线传输到列车网络，正常时经由网络传输制动指令；传输故障时，通过司机制动控制器内部的辅助制动指令线传输。

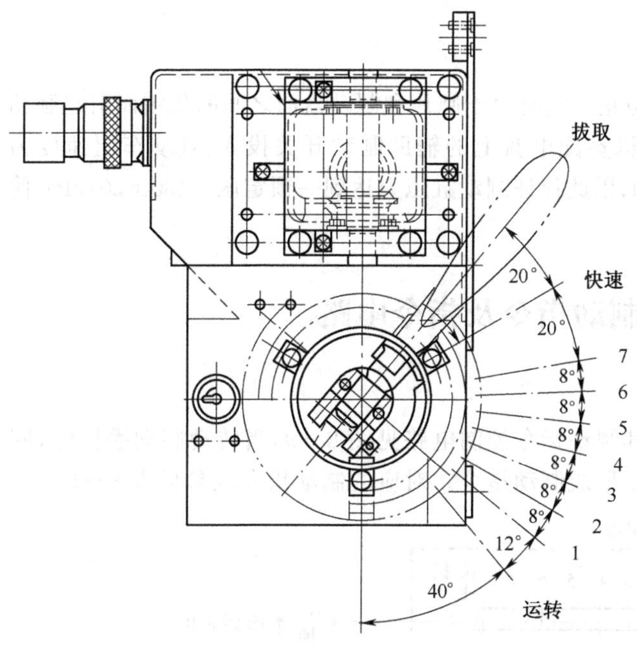

图 8—7　司机制动控制器级位示意图

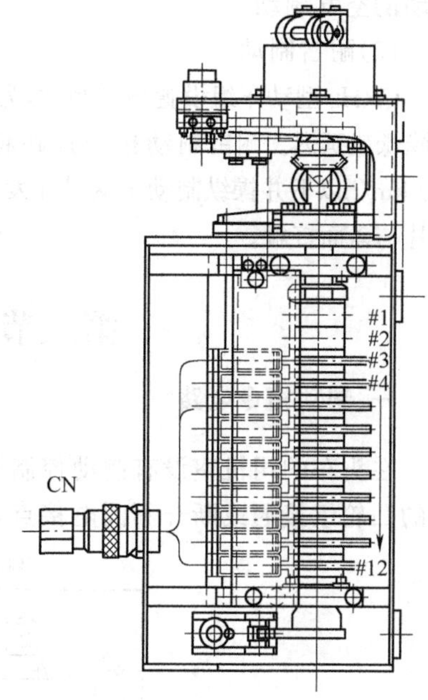

图 8—8　司机制动控制器

二、制动功能

(1)手动操作

① 常用制动

设 1～7 级，以 1M1T 为单元对动车再生制动力和空气制动力(包括动车和拖车的)进行协调控制，拖车空气制动延迟投入。

② 快速制动

采用与常用制动相同的混合制动模式，并具有最大常用制动力 1.5 倍的制动力。

③ 紧急制动

设计成按安全回路失电而启动的制动模式，下列任何一种原因均可引起紧急制动指令的产生：总风压力下降到规定值以下；列车分离；检测到制动力不足；操作紧急制动按钮，使紧急电磁阀失电；换端操纵，手柄置于取钥匙位。

以上的紧急制动使各车按不同速度范围分段产生纯空气制动作用。

(2)辅助制动

CRH2 型动车组设置一套辅助制动装置作为备用，在制动装置异常、制动指令线路断线时使用电气指令式的辅助制动(需将司机室配电盘上的辅助制动开关投入，注意限速 60 km/h 运行)。仍然通过操纵司机制动控制器，施加制动，产生相当于 3 级、5 级、7 级常用制动及快速制动的空气制动。

(3)耐雪制动

CRH2 型动车组设置耐雪制动,为了防止下雪时由于闸片和制动盘面之间的积雪而引起制动力降低或延迟。耐雪制动指令是在将司机室配电盘上的辅助制动开关投入、且动车组速度为110 km/h以下并操纵制动手柄时才发出的,以此保证制动缸压力达到一预定压力(60±20)kPa,使闸片与盘面接触。

第三节　制动指令及指令电路

一、制动指令电路

在头车的司机室设有制动控制器,其制动指令控制电路见图 8—9,当转动制动手柄时,同轴的凸轮组接通或断开不同电接点,从而形成制动指令。对应的制动指令线参见表 8—1。

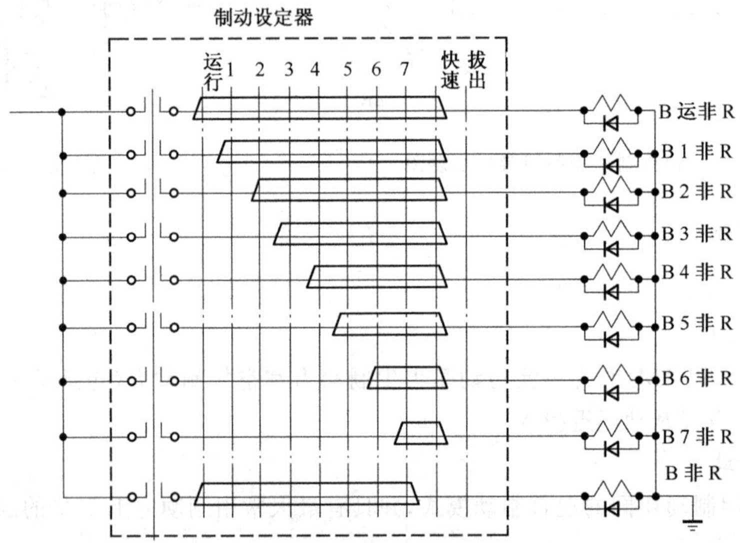

图 8—9　制动控制器的制动指令控制电路(一)

表 8—1　常用制动指令——数字输出对应表

制动指令	数字输出(指令线状态)							
	X61 线	X62 线	X63 线	X64 线	X65 线	X66 线	X67 线	152 线
运转	×	×	×	×	×	×	×	○
1N	○	×	×	×	×	×	×	○
2N	○	○	×	×	×	×	×	○
3N	○	○	○	×	×	×	×	○
4N	○	○	○	○	×	×	×	○
5N	○	○	○	○	○	×	×	○
6N	○	○	○	○	○	○	×	○

续上表

制动指令	数字输出(指令线状态)							
	X61 线	X62 线	X63 线	X64 线	X65 线	X66 线	X67 线	152 线
7N	○	○	○	○	○	○	○	○
快速	○	○	○	○	○	○	○	×
取出	×	×	×	×	×	×	×	×
ATC 常用	○	×	×	×	×	○	○	○
ATC 快速	○	×	×	×	×	○	○	×

注:○—得电(DC100V);×—失电(无电压)。

如果发生传输不良时,备有指令 A、B(M417 线、M418 线),按其组合状态判断 3、5、7N 中的某种等级就发出制动指令。

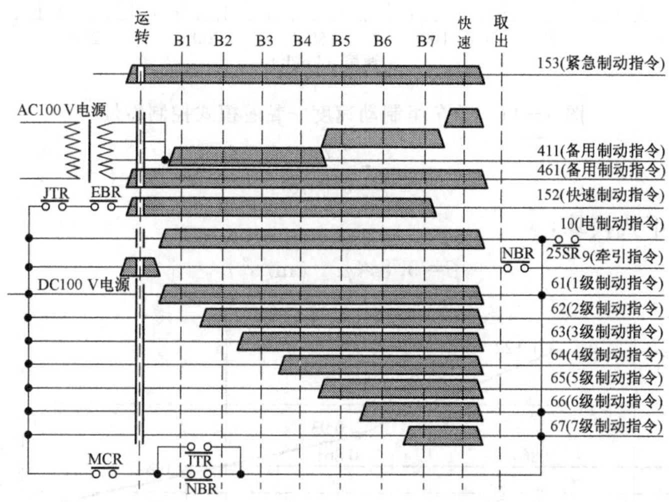

图 8－10 制动控制器的制动指令控制电路(二)

二、制动控制规律——减速度

为减少滑行的发生,专门采用能实现与黏着曲线相适应的制动力控制方式,即所谓速度—黏着模式控制方法。

图 8－11 表示该速度—黏着模式控制的制动力控制规律以及日本新干线黏着限制曲线,分为干燥轨面(DRY)和湿滑轨面(WET)两种典型轨面状态。

黏着系数的计算公式:

湿轨面:

$$\mu=\frac{13.6}{v+85} \tag{8-1}$$

干轨面:

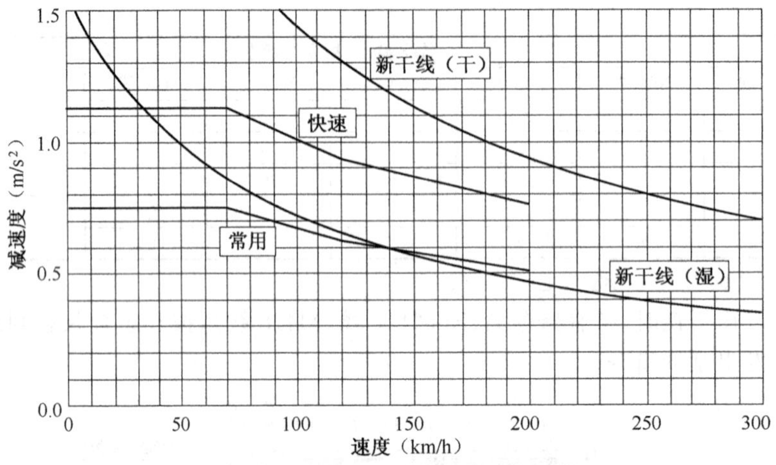

图 8－11　动车组制动速度—黏着模式控制特性

$$\mu=\frac{27.2}{v+85} \tag{8-2}$$

制动减速度按下式换算：

$$\beta=9.8\times\mu \quad (m/s^2) \tag{8-3}$$

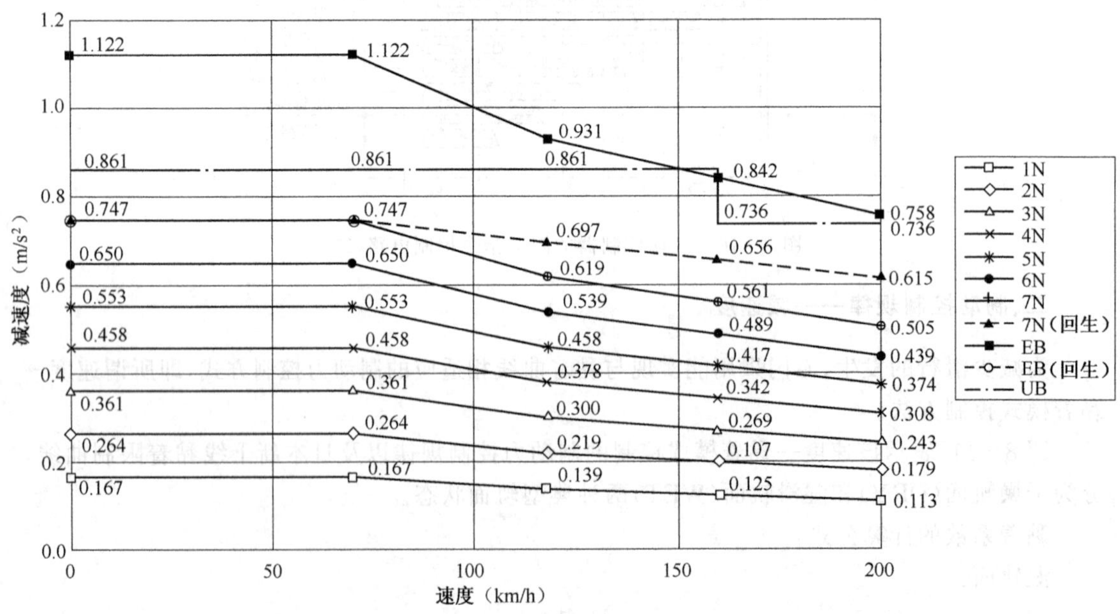

图 8－12　CRH2 动车组各级制动指令对应的减速度

应预先充分考虑到黏着系数的变化，采用较低的计算黏着系数。而实际黏着系数则受气

候、轨面的状态的影响会有大幅度地降低。在这样低黏着的条件下制动，轮轨之间很容易产生滑行，甚至出现车轮被抱死的状态，因车轮踏面固定点接触轨面滑行而严重磨损车轮踏面，同时引起制动距离的增大，带来安全问题，还会使乘坐舒适性下降。因此，对轮轨间产生的相对滑行状态，应尽快地检测到，同时减小制动力以使轮轨间尽快重新恢复黏着，防止制动距离的延长。为了满足这一点，动车组采用滑行快速检测和黏着迅速恢复的控制方法。

第四节 制动控制装置

一、制动控制装置的构成

1. 制动控制装置的构成

制动控制装置包括两大类部件：制动控制器（制动控制计算机）、空气制动阀（EP 电—空转换阀、调压阀、紧急电磁阀、中继阀）以及风缸等附件。制动控制装置作为整体组件吊装在车辆地板下面（参见图 8－13）。

制动控制装置针对常用制动、快速制动、紧急制动、耐雪制动的制动指令，进行相应的制动动作的控制。

图 8－13 制动控制装置

2. 制动控制装置的作用

（1）常用及快速制动控制

在制动控制装置内装有制动控制器，接受光纤及硬导线所发来的常用制动或快速制动指令，结合运行速度、空气弹簧压力、再生制动力等各项因素，算出必要的空气制动力，然后输出控制电流。

从制动控制器输出的电流在 EP 阀变换为空气压力，然后供给到中继阀 FD-1 的上模板下腔，在中继阀放大后，将压力空气输出到增压气缸。

（2）紧急制动控制

处于常带电的紧急制动指令线失电时，紧急电磁阀 VM14-2H 立即发出动作而把调压阀 Bll 的压力送到中继阀 FD-1 下膜板下腔，在中继阀 FD-1 放大后，使压力空气送到增压气缸。

二、制动系统气路及控制原理

1. 制动供风

空气制动系统如图 8－14 所示。压缩空气存储系统见图 8－15 所示。空气压缩机输出空气压力 800～900 kPa，经该车的总风缸和总风管送到编组中其他车的总风缸。装有空气压缩机车辆的总风缸处设有安全阀，设定值为 950 kPa。

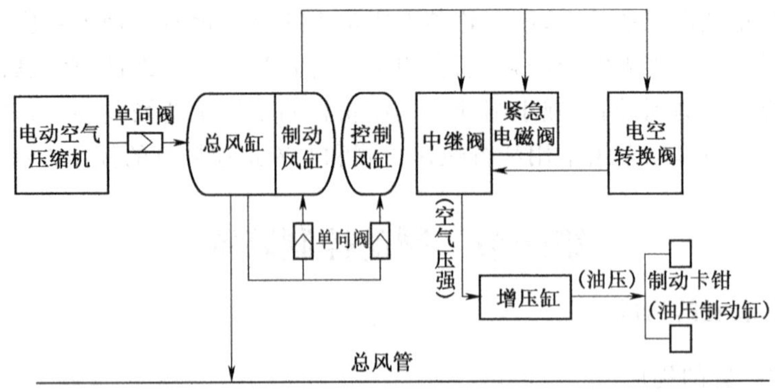

图 8－14　空气制动系统原理简图

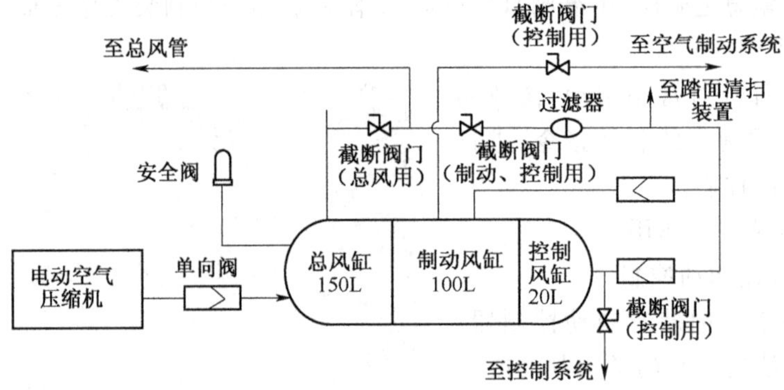

图 8－15　总风及制动供风系统

2. 制动缸空气压力控制

根据制动指令、载荷信号计算出的制动力，减去电制动的反馈信号后，得到实际需要的空气制动力，将此制动力转换为 EP 阀的电流，由 EP 阀转换产生与其电流成比例的空气压力，将此压力作为中继阀的控制压力，通过中继阀产生制动(增压)缸的空气压力(参见图 8－16)。

3. 基础制动控制系统

中继阀产生的空气压力经转向架的制动软管送往增压气缸的输入侧，输出侧产生比空气压力高且与空气压力成比例的油压，送到盘形制动装置的油压制动卡钳(油压制动缸)，产生制动作用(参见图 8－17)。

4. 增黏控制(踏面清扫器控制)

为保证轮轨间的黏着力，利用踏面清扫器的闸瓦(增黏研磨块)压在车轮踏面上，产生磨削作用，从而维持踏面具有适当的粗糙度，保持轮轨间好的黏着状态。增黏控制系统如图 8－18 所示。800～900 kPa 的总风压力空气经调压器变为 500 kPa 的固定压力，在接收到增黏动作

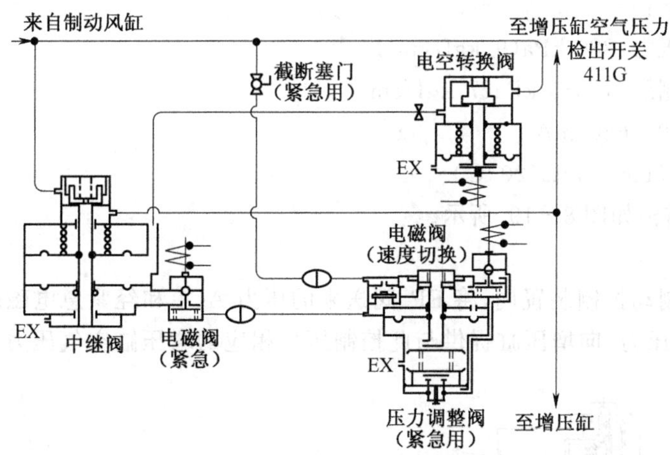

图 8—16　制动缸的空气压力控制系统

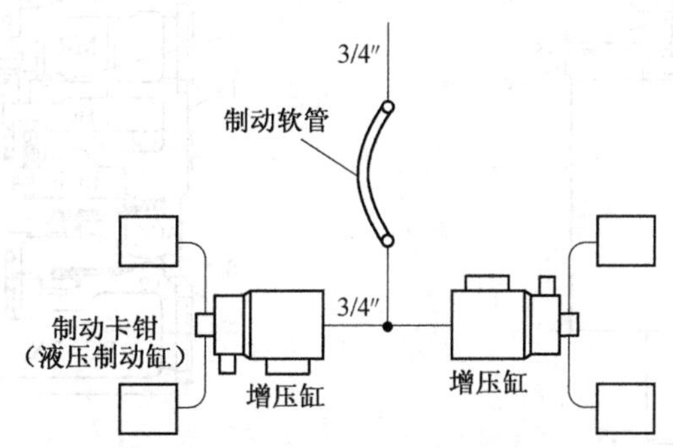

图 8—17　基础制动控制系统

指令(滑行或空转时)后，电磁阀动作，活塞推出，增黏研磨块以 500 N 的压力压向车轮踏面。

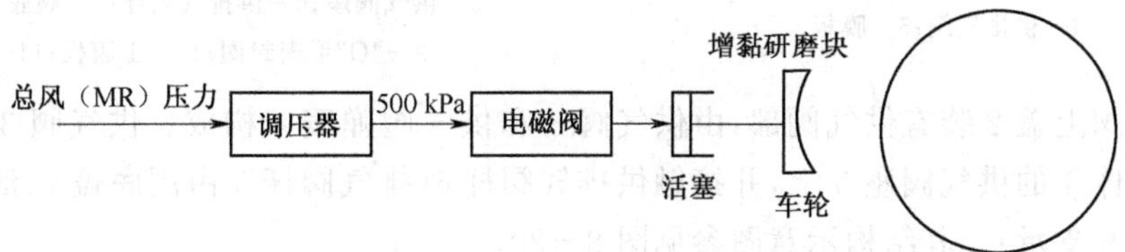

图 8—18　增黏控制系统

三、制动控制阀

1. EP 阀

技术参数如下：

- 最高使用压力：880 kPa(9 kgf/cm^2)
- 最高输出侧压力：685 kPa(7 kgf/cm^2)
- 输入电流：0～650 mA
- 线圈：26.6(1±4%)Ω(20 ℃)

EP 阀制动结构如图 8－19 所示。

2. 中继阀

中继阀设在制动控制装置内，将 EP 阀送来的压力 AC1 和经紧急电磁阀来的紧急制动压力 AC2 作为控制压力，向增压缸提供与此控制压力相应的增压缸空气压力。

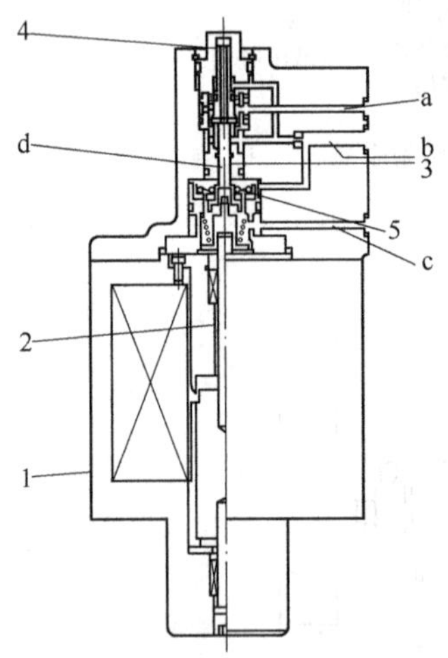

图 8－19　EP 阀制动结构

1—电磁阀；2—柱塞；3—排气活塞；4—供排气阀；5—膜板

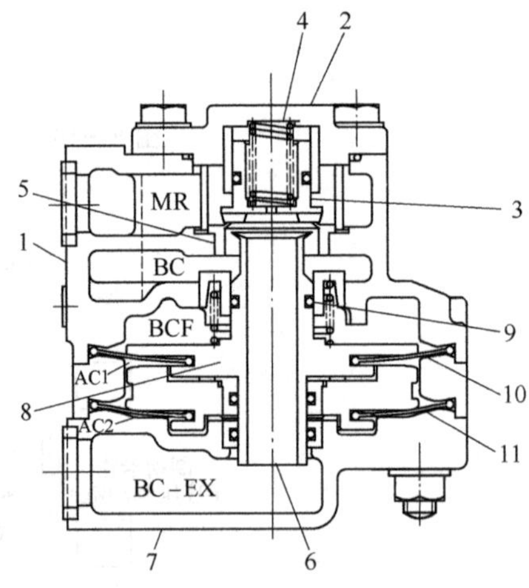

图 8－20　中继阀结构示意图

1—阀中间体；2—阀上盖；3—供气阀；4—供气阀弹簧；5—供气阀座；6—供排气阀杆；7—阀底盖；8—活塞；9—"O"形密封圈；10—上膜板；11—下膜板

阀 1 的阀上盖 2 装有供气阀部，由供气阀 3 和供气阀弹簧 4 构成。供气阀 3 由供气阀弹簧 4 压在阀体 1 的供气阀座 5 上，并接触供排气阀杆 6(排气阀杆 6 由阀底盖 7、活塞 8 的 3 个 O 形密封圈 9 支承)。其结构示意图参见图 8－20。

在上膜板 10 的上面作用有制动缸管来的工作压力和从供气阀(经节流口)来的二次压力，上膜板 10 的下面和下膜板 11 的上面(即 BCF 室)作用有来自电空变换阀(EP 阀)的控制信号压力 AC1，下膜板 11 的下面作用有来自调压阀(B11)及紧急制动电磁阀(VM12－2H)控制信号压力 AC2。

两张扁平膜板的有效面积相同，具有高位优先功能。由于这样两种压力(工作压力，即高位优先压力和二次压力)差，供排气阀杆滑动，从而执行供气阀的开闭以及二次压力的供给或

排气。

3. B11 调压阀

(1)概述

B11 调压阀是为一种附带电磁阀的调压阀,它可按需根据电气指令转换两种不同的定压输出。它使用扁平膜板,以便于维修保养,且阀体、弹簧箱均采用铝合金,实现阀体的轻量化。

(2)结构

在阀体上盖的低压调节螺丝作为限位销。阀箱内部组装有供气阀和供气阀弹簧,压到供气阀座上。活塞是装配扁平膜板的状态用以阀体及弹簧箱来保护,它经弹簧托,被调压弹簧从下面顶上在弹簧箱上拧进高压调整螺丝。另外,弹簧箱下面设有通风口(见图 8－21)。

阀体上插上止回阀,用上盖来压住它。止回阀上用挡圈装备有止回阀弹簧、止回阀及阀座,而在上面设有拔取用的螺丝。

在阀体上装配有 VM32 形电磁阀,它的电气连接使用连接器,以便容易装卸。

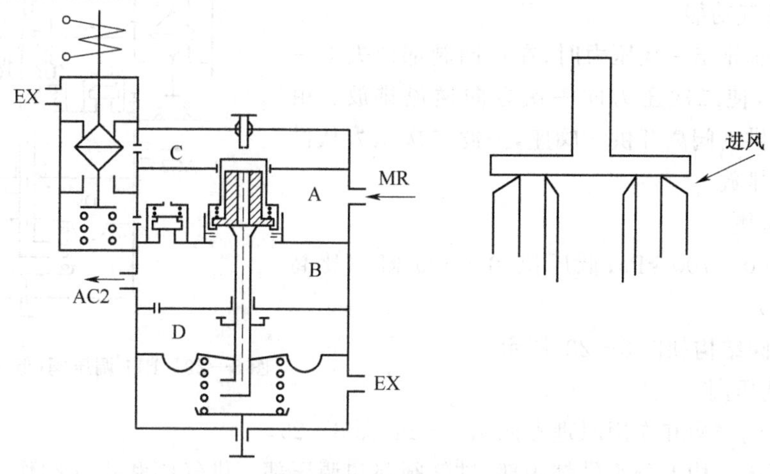

图 8－21　B11 调压阀(高压输出定压位)

(3)功能

① 高压输出功能

电磁阀处于消磁状态,在 C 室有一次面压力空气。

VM32 电磁阀去磁后,该电磁阀呈出供气状态,一次面的压力空气经过电磁阀从 A 到封闭的 C 室,故阀箱被压下到最下面的位置。在这种状态下进行通常的调压动作,将一次压力空气从 A 室输出到 B 室的同时,经过反馈节流口从 B 流入 D 室,D 室压力空气动作活塞的力量与其下部的调压弹簧的压力平衡,就成为平衡状态。

二次面压力空气升压时,D 室压力也随其上升,活塞会下降,空气从 B 室流向 EX。二次面的压力通过调压弹簧能经常保持设定的压力,即定压。

② 低压输出功能

B11 调压阀(低压输出定压位)见图 8－22。

电磁阀处于励磁状态,在 C 室无一次面压力空气。

VM32 电磁阀励磁后,该电磁阀呈出排气状态,C 室的压力空气经过电磁阀排到大气中,故阀箱被阀箱弹簧顶向上,直到碰到低压调整螺丝为止(在此位置达到低压时的平衡状态)。另一方面,因为阀箱向上移位,供气阀接触到供气阀座的状态一起上升,脱离活塞的供排阀座二次压力空气由 B 室通向 EX,故 D 室压力空气经过反馈节流口跟随二次面的压力开始下降,此时,给活塞的压力低于调压弹簧的压力,活塞便往上移动,其中一直排出二次压力空气,将到达前述的平衡位置为止。

活塞的供排阀座落到供气阀的同时,停止二次面压力空气的排放,将 D 室压力空气动作到活塞的压力与压弹簧的压力平衡,就成为定压,而保持二次面的定压。

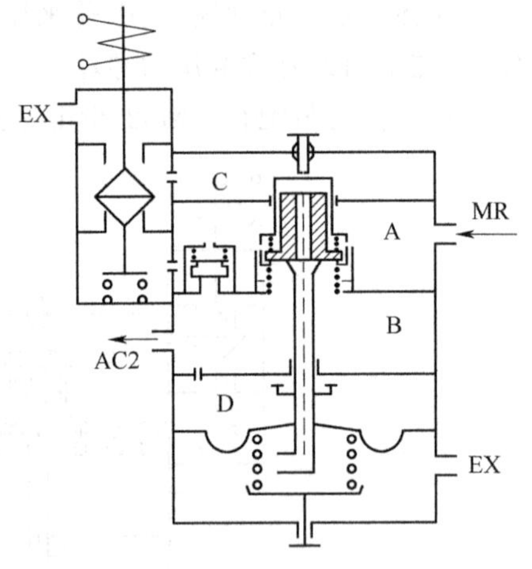

图 8－22　B11 调压阀(低压输出定压位)

③ 逆流排气功能

在定压状态排出一次压力时,在止回阀部位失去一次压力的背压,使二次压力向一次方向逆流排放。由此,活塞上升,供气阀离开供气阀座,因此二次压力从供气阀部也逆流排放。

(4)调压范围

高压位:300～700 kPa;低压位:0～500 kPa(比高压降低的压力)。

B11 调压阀结构如图 8－23 所示。

4. B10 调压阀

B10 调压阀结构和作用原理参照图 8－24、图 8－25。

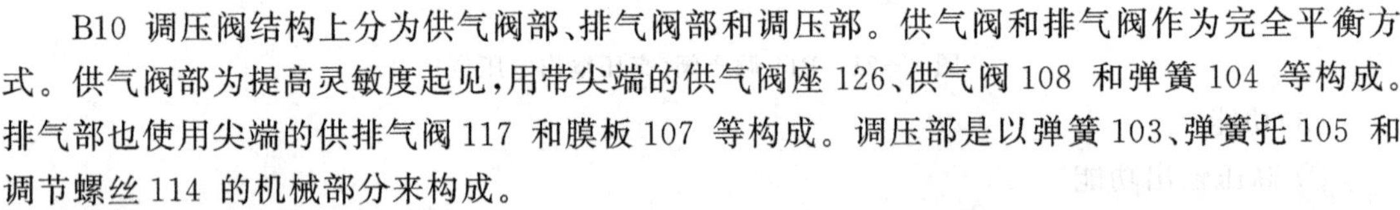
B10 调压阀结构上分为供气阀部、排气阀部和调压部。供气阀和排气阀作为完全平衡方式。供气阀部为提高灵敏度起见,用带尖端的供气阀座 126、供气阀 108 和弹簧 104 等构成。排气部也使用尖端的供排气阀 117 和膜板 107 等构成。调压部是以弹簧 103、弹簧托 105 和调节螺丝 114 的机械部分来构成。

在未供气时,调整用弹簧 103 顶上供排气阀杆(117)使供气阀 108 放开,向供气阀周围供气的同时,空气经过供排气阀杆 117 与供气阀座 126 的间隙,供给到二次面和膜板 107 上面。然后继续供气,空气压力达到与调整弹簧 103 的弹簧力平衡状态为止。正好与弹簧 103 平衡时,供排气阀部成为平衡位置,二次压力就为调压压力。如果有何原因降低二次方面的压力时,供排气阀杆 117 顶上供气阀 108,补充供气将到达平衡压力为止。

相反二次面的空气压力过于升高时,膜板上部的压力升高,以其膜板的压力压缩弹簧而使它降低,压力空气就经过供排气阀杆中间的通路排放到大气中,从而调整过升压力。

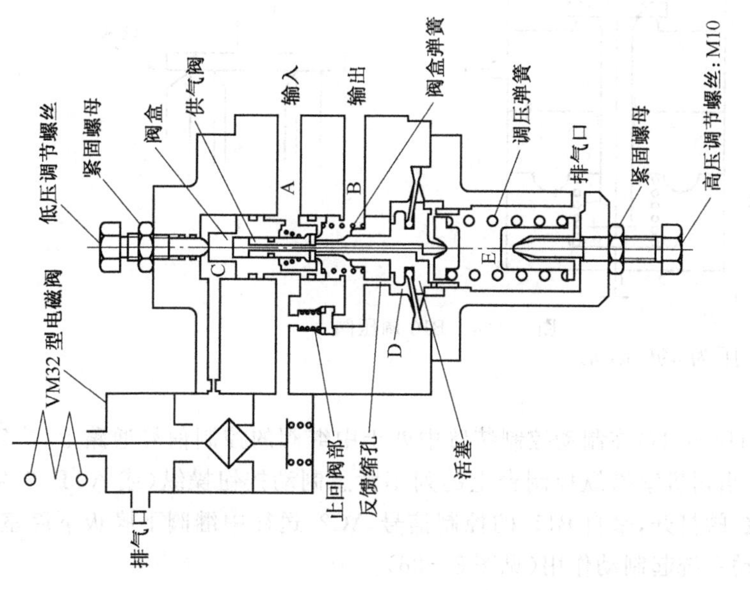

(b) 低压输出位(保压)

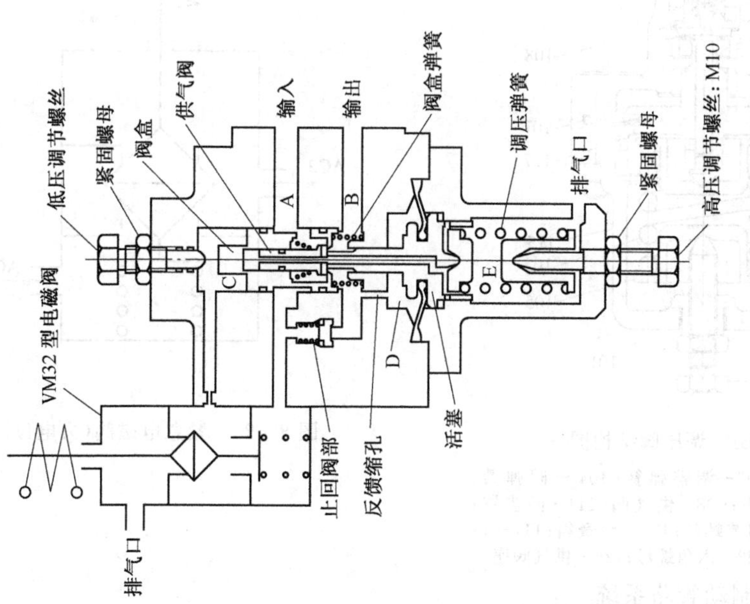

(a) 高压输出位(保压)

图 8-23 B11 调压阀结构

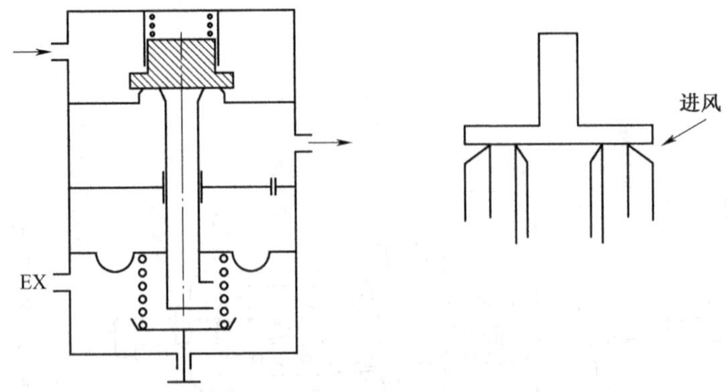

图 8－24　B10 调压阀

B10 调压阀的定压为 490 kPa。

5. 紧急电磁阀

紧急电磁阀(VM14－2H)在制动控制装置中处于中继阀的控制信号通路上，决定紧急制动信号通路的通断。当司机室操纵控制台上的列车紧急制动按钮操纵(或 ATP 发生控制作用)后，电磁线圈失磁，阀打开，来自 B11 的控制信号 AC2 送往中继阀下膜板下腔室，使中继阀输出压力增大，制动系统起制动作用(见图 8－26)。

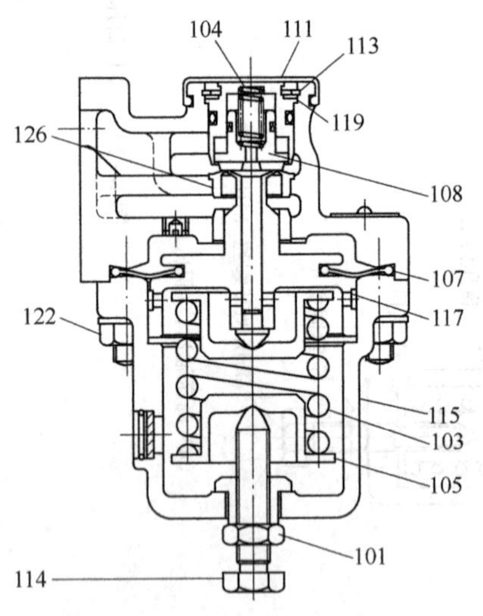

图 8－25　B10 调压阀结构图

101—固定螺母；103—调整弹簧；104－阀弹簧；105—弹簧托；107—膜板；108—供气阀；111—防尘罩；113—C 形挡圈；114—调节螺丝；115—弹簧箱；117—供排气阀棒；119—阀导；122—六角螺母；126—供气阀座

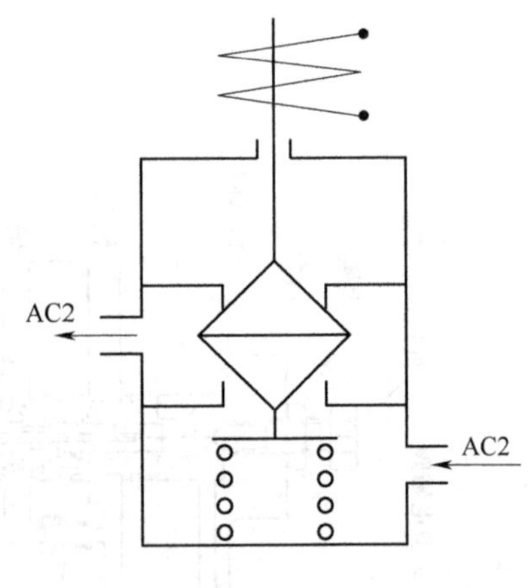

图 8－26　紧急电磁阀(失电位)

6. 整车的空气制动管路系统

整车的空气制动管路系统见图 8－27、图 8－28。

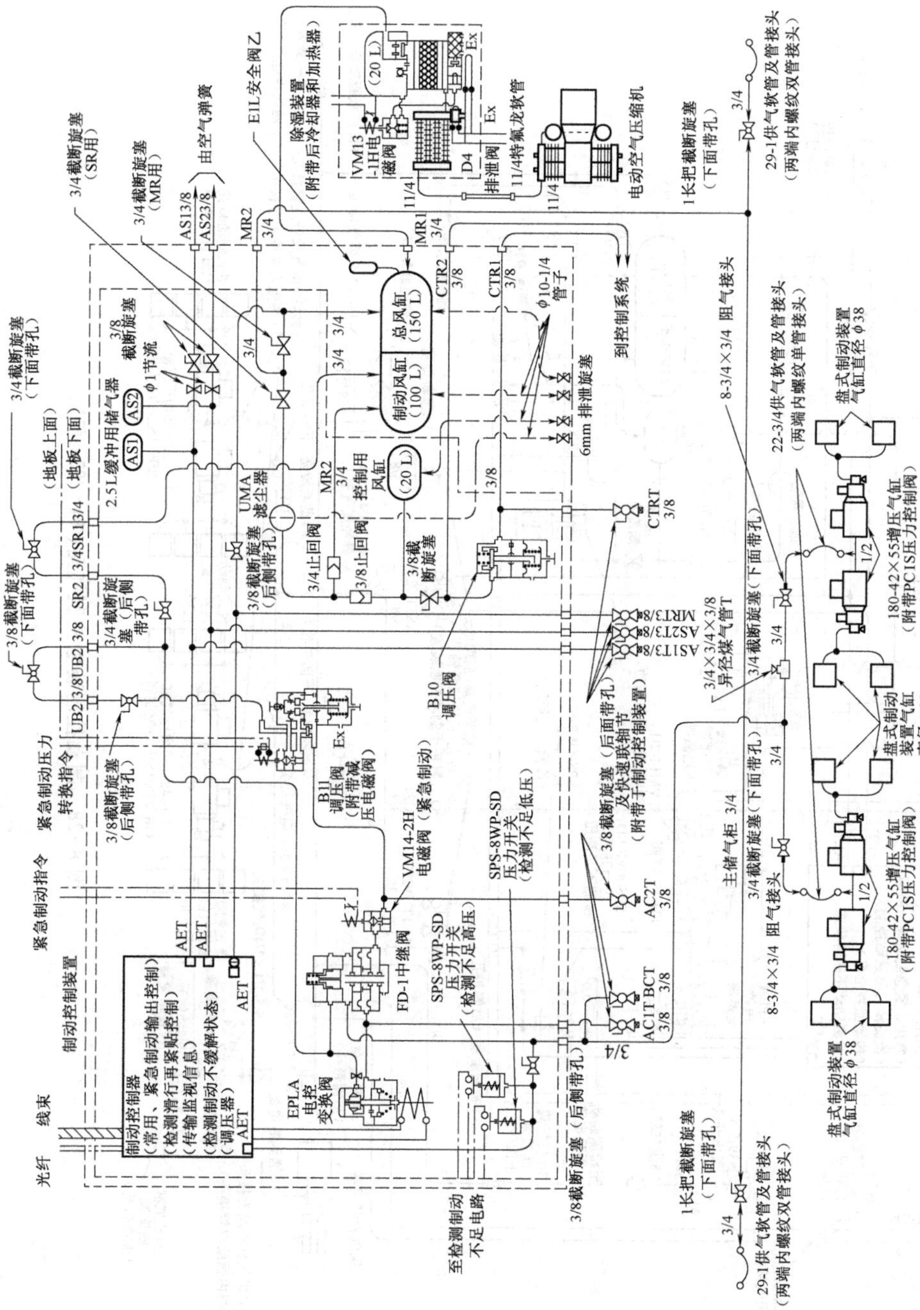

图 8-27　制动控制装置控制气路(带空气压缩机车)

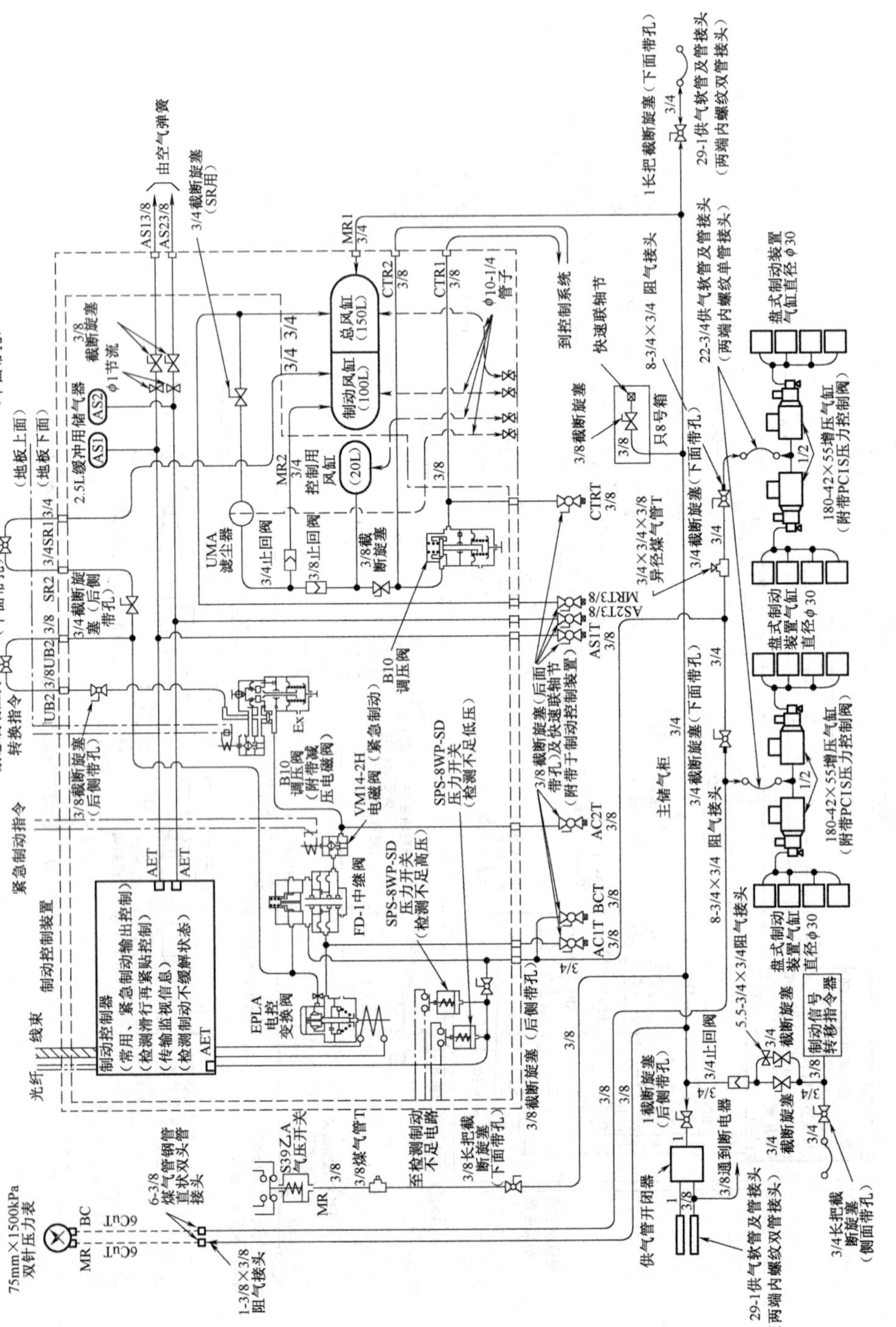

图 8-28　制动控制装置控制气路(T1c、T2c 车)

四、制动控制器

制动控制器即制动控制计算机，在 CHR2 型 200 km/h EMU 动车组上有三种类型的 CBCD100，101，102 制动控制器，是在制动控制中担负着中枢作用的重要部件。

1. 概要

制动控制器装在各节车辆地板下悬挂的制动控制装置内，以 1M－1T 为单元的方式在车辆制动时控制制动力(参见图 8－29)。

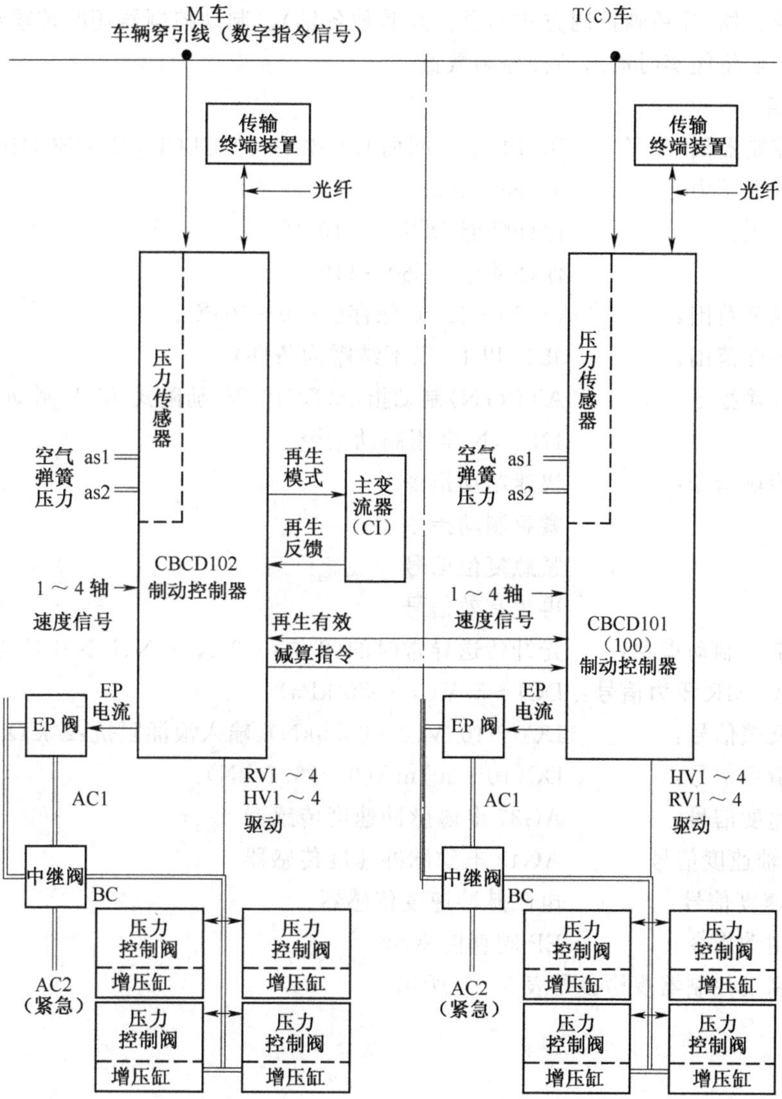

图 8－29　制动控制流程图

另外，与信息传送终端之间也进行信息传送，并把各种控制数据实时地输出。

制动控制器由32 位单片微处理器，采用数字运算处理方式，将司机室所发来的制动指令，经过中央处理装置和传输终端通过光纤维接受后，根据各车辆的载荷信号和速度信息运算出所要的制动力，从而对电气制动及空气制动的分配进行控制。另外，采用部分担负 T 车制动力的延迟充气控制方式，与再生制动协调控制。

此外，还具有滑行控制功能。对于空气制动的滑行，使用滑行控制阀来控制各轴的动作。对电气制动的滑行，采用减小电气制动力模式而进行滑行轴的再黏着控制(再生制动模式采用每个牵引变流器 CI 单独控制方式不会涉及其他各轴)。制动控制器还跟传输终端之间互相进行信息的传输将能实时输出各种控制数据。

2. 规格

制动控制器因 Tc 车、T 车、M 车不同而有 CBCD100、CBCD101、CBCD102 三种型号。

输入空气压力：	0～980 kPa
电源电压：	保证性能 DC70～110 V
	保证动作 DC60～110 V
环境温度范围：	(－25～40)℃保存(－30～50)℃
环境湿度范围：	95% 以下(以不结露为条件)
网络传输指令：	ATP(7N)制动指令(DC100V 励磁式 ATP 制动)
	1N—7N 常用制动指令
硬线传输指令：	快速制动指令
	紧急制动指令
	紧急复位信号
	再生有效信号
备用常用制动指令：	光纤传送异常时的(2 位：0、3 N、5 N、7 N)DC24V
AS、BC、MR 压力信号：	DC1～5 V(0～980 kPa)
再生反馈信号：	DC0～10 V(0～63.5kN)，输入浪涌阻抗：2 kΩ
减法指令信号：	DC(10～30)mA(0～16.7 kN)
T 轴速度信号：	AG37 电磁脉冲速度传感器
ATC 轴速度信号：	AG43 电磁脉冲速度传感器
M 轴速度信号：	电磁脉冲速度传感器
辅助制动指令：	EP 阀直接驱动

以上制动控制器规格参见表 8－2 所示。

表 8—2　制动控制器规格

型　号		Tc 车用： T 车用： M 车用：	CBCD100 CBCD101 CBCD102
方式		由 32 位微处理器进行数字演算处理	
控制单元		1M－1T(c)	
空气弹簧压力检测方式		由半导体压力传感器每 1 辆检测 2 点	
输入空气压力		0～980 kPa	
电源电压	性能保证	DC 70～110 V	
	动作保证	DC 60～110 V	
环境温度范围	性能保证	(－25～40)℃	
	动作保证	(－25～40)℃	
	保　存	(－30～50)℃	
		95% 以下(以不结露为条件)	
噪　声		无规定	
振　动		JIS E4031 2 种 B	
消耗电力		W(产品完成后填入)	
重　量		kg(产品完成后填入)	

型　号						Tc 车用： T 车用： M 车用：	CBCD100 CBCD101 CBCD102
输入	信　号	点数	Tc	T	M		
	光传送 (SDR 受信)	1	○	○	○	车辆情报控制装置间的传送 常用控制指令的受信 (SDR 的内容参照传送端末 I/F 规格书)	
	ATC(7N)制动指令	1	○	○	○	DC 100 V　励磁式 ATC 制动	
	快速制动指令	1	○	○	○	DC 100 V　消磁式快速制动	
	紧急制动指令	1	○	○	○	DC 100 V　消磁式紧急制动	
	紧急复位	1	○	○	○	DC 100 V　励磁式紧急复位	
	再生有效信号	1	○	○	○	DC 100 V　励磁式有效	
	PR	1	○	×	×	DC 100 V　励磁式 PR	
	压缩机控制条件	1	×	△	△	DC 100 V(仅限压缩机车)　励磁式压缩机车	
	指令 A	1	○	○	○	DC 24 V　光传送异常时的备用常用指令(2 位：0、3 N、5 N、7 N)	
	指令 B	1	○	○	○		
	AS 压力信号	2	○	○	○	DC 1～5 V(0～980 kPa)	
	BC 压力信号	1	○	○	○		
	MR 压力信号	1	○	○	○		
	再生反馈信号	1	×	×	○	DC 0～10 V(0～63.5 kN) 输入浪涌阻抗：2 kΩ	
	减法指令信号	1	○	○	×	DC10～30 mA(0～16.7 kN)	
	速度信号	4	○	○	○	T 轴 ATC 轴 M 轴	：AG37 速度发电机 ：AG43 速度发电机 ：速度传感器
	补助制动模型指令	1	○	×	×	EP 阀直接驱动	

续上表

型号			Tc车用：CBCD100 T车用：CBCD101 M车用：CBCD102			
出力	电空变换阀　控制电流	1	○	○	○	EP阀控制 Max. DC700 mA输出 负荷：EPLA电空变换阀中继阀
	压力控制阀　驱动输出	4	○	○	○	RV/HV的ON/OFF控制(轴控制) DC24V(DC100V_PWM控制)输出 负荷：PC1S滑行防止阀
	再生模式信号	1	×	×	○	DC 0～20 V(0～65.3 kN) 负荷浪涌阻抗：2 kΩ
	减法指令信号	1	×	×	○	DC 10～30 mA(0～16.7 kN)
	压缩机同步信号	1	×	△	△	DC 100 V(仅限压缩机)　起动时ON
	5 km/h信号	1	○	×	×	DC 100 V　5 km/h以上OFF
	30 km/h信号	1	○	○	○	DC 100 V　30 km/h以上OFF
	70 km/h信号	1	○	×	×	DC 100 V　70 km/h以上ON
	160 km/h信号	1	○	×	×	DC 100 V　160 km/h以上ON
	SKVR	1	○	○	○	DC 100 V　滑行检测时ON
	SKVRR	1	○	×	×	DC 100 V　ATC轴滑行检测时ON
	CBCD控制电源有无	1	○	○	○	开关电压DC 24 V　有控制电源时，关
	CBCD异常信号	1	○	○	○	开关电压DC 24 V　异常时，开
	制动不缓解	1	○	○	○	开关电压DC 24 V　不缓解检测时，关
	固定1	1	○	○	○	开关电压DC 24 V　1,2轴固定时，关
	固定2	1	○	○	○	开关电压DC 24 V　3,4轴固定时，关
	光传送 (SD送信)	1	○	○	○	车辆情报控制装置间的传送 制动控制情报、故障情报等送信 (SD的内容参照传送端末I/F规格书)

3. 结构

制动控制器置于制动控制装置内、直接安装在气路模块底板上。根据气路底板上的压力模块引入各种空气压力、再由压力传感器进行空电变换。

制动控制器内部印刷电路板根据不同的机能共有六块。这些印刷电路板经由制动控制器前面的连接器(CN1、CN2、CN3)与安装侧连接起来。

另外，如图8－30所示，在制动控制器前面配有各种开关类的组件以及LED显示器。根据这些开关的切换，来进行设定控制内容、并在LED显示器上显示出控制信息，可以进行动作状况的确认等。

图中，SW1～5、7、8：旋转开关；SW6、9：双稳开关；SW10、11：4极滑动开关。

本机器接上电源后，LED5闪烁，表示微处理器正常动作。SW1＝"0"、SW2＝"0"为(通常

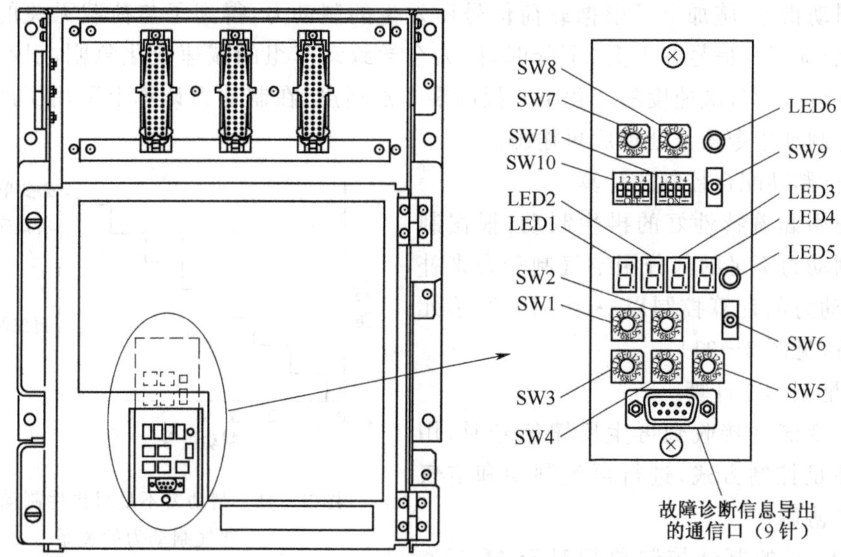

图 8－30　各种开关、LED显示器配置图

位置)设定状态,制动控制器处于故障检测状态时,在LED2～4上“Err”及“故障编码”双稳输出。

4. 制动控制功能和作用

从司机室控制台通过列车信息控制系统的中央装置、终端装置,经由光纤传送和接受制动指令,以1M1T单元制动力控制模式,再加上空重车载荷调整信号的电空制动控制,用32位微处理器数字运算方式进行制动力控制。

(1)制动指令输入

常用制动指令是经光纤传送来的。此外,ATC制动指令及紧急制动指令是经由车辆的穿引硬线按开关信号传送的。

(2)空重车调整计算

空气簧(AS)压力经过半导体式压力传感器进行空电变换得到空重车载荷信号。制动力控制所采用的空重车载荷信息是把每车空气簧压力按前后2点进行比较、再进行空车信号的预设保证和重车信号的限幅器处理后使用的。

① 空车保证:AS压力为空车压力的70%以下时、控制用空重车载荷信号以相当于重车的100%的压力作为AS压力、限制空气簧或压力传感器故障情况下制动力的过分降低。

② 重车限幅:AS压力在计划定员压力的120%以上时、控制用空重车调整值以相当于计划的定员的100%的压力作为AS压力、限制空气簧或压力传感器故障情况下制动力的过分增大。

(3)制动力运算

根据制动指令，施加上了根据载荷信号所发生的制动力，得到了与荷载无关的固定减速度。另外，制动指令信号在上升、下降时，因为会导致动车组的减速变化急剧，引起列车的冲击，为了降低冲击率（减速度的变化率），提高乘车舒适度，在制动力计算上采用了降低制动冲击的功能把制动指令信号处理后再输出。

（4）电空制动配合控制的计算

优先使用黏着特性好的再生制动，根据制动指令对制动力不足的部分用空气制动力来补充，电空制动力的计算控制以一个 M－T 单元为单位进行（见图 8－31）。

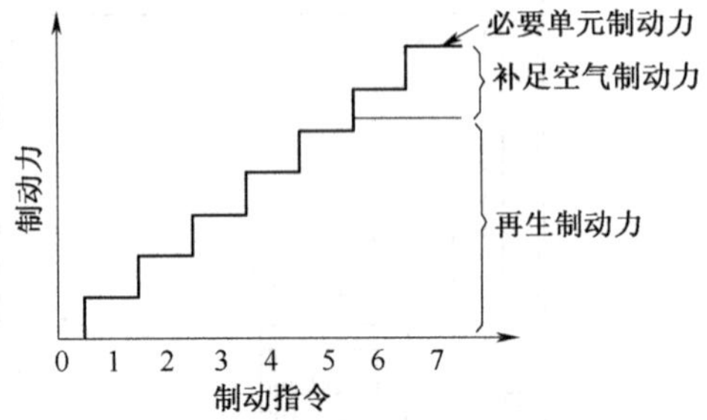
必要单元制动力
补足空气制动力
再生制动力
制动力
0 1 2 3 4 5 6 7
制动指令

图 8－31　制动力不足时再生制动力和空气制动力的关系

（5）补足制动力计算

在从主变流器接收到再生反馈信号时，用 T 车优先补足控制方式，进行再生制动和空气制动的电空协调。

另外，M 车的制动控制器相对于 M 车本身，先对 T 车的制动力进行估算，并发出 M 车的制动模式。再把大于本车所需制动力的再生制动力部分作为减算指令送到 T 车的制动控制器，使 T 车的制动控制器算出 T 车应产生的制动力。

T 车：输出补足空气制动力。计算的结果即补足空气制动力即使为“0”，为了保证再生失效时补足空气制动的迅速响应，也要保证增压气缸有一定量的空气压力作为初始压力。

M 车：全部为再生制动。为了保证再生失效时补足空气制动的迅速响应，也要保证增压气缸有一定量的空气压力作为初始压力。

（6）空气制动控制

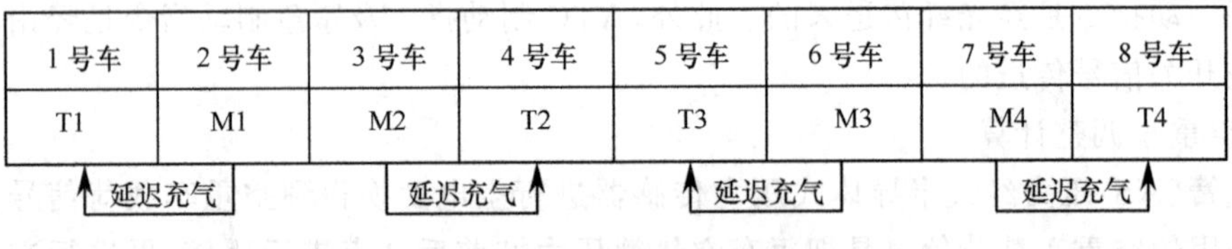
1 号车
2 号车
3 号车
4 号车
5 号车
6 号车
7 号车
8 号车
T1
M1
M2
T2
T3
M3
M4
T4
延迟充气
延迟充气
延迟充气
延迟充气

图 8－32　1M1T 复合控制空气制动延迟补充关系

（7）耐雪制动控制

下雪时为了防止由于闸片和制动盘面之间的积雪而引起制动力降低，耐雪制动指令发出、且动车组速度为 110 km/h 以下时，可保证制动中 BC 压力不低于某一预定量。耐雪制动时制动缸压力可以用制动控制器面板上的旋转开关进行设定。

（8）调压器的控制（如图 8－33）

装有空气压缩机的中间车制动控制器有 MR 压力接入口，以检测压力并进行调压器控制。

调压器的接通压力和切断压力可以用数字开关进行设定。

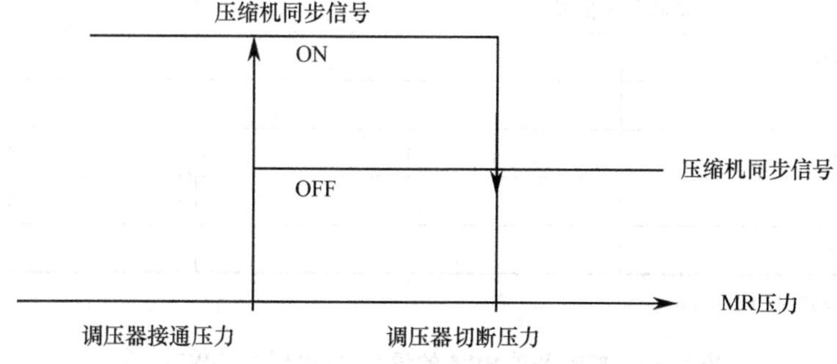

图 8－33　调压器的控制

(9)速度信号输出

保安装置、关门、踏面清扫控制用 5 km/h、30 km/h、70 km/h、160 km/h 信号输出。

(10)与传送端末装置的通信机能

制动控制器与信息传送终端装置之间采用光纤进行双向通信，具有以下功能：

① 从终端装置接受常用制动等指令信号，应答制动控制等的信息(状态数据)。

② 从终端装置接受空挡指令以及车上检查模式用的模拟速度信号，以试验在控制模拟速度及各速度范围的制动特性。

③ 把制动控制器内部的时钟与终端装置送来的日、时信息进行核对。

(11)监视机能

制动控制器在检测故障时，对故障检测时间点对应的(－5.0～＋2.0)s(取样周期 100 ms)时间段的内部控制状态进行储存。可以储存的最大故障件数为 5 件，从最初的第 1 件故障到第 5 件故障的显示数据在清除操作之前被一直保存着。

第 6 件以后用循序渐进方式，从旧的显示数据起顺序更新。但最老的数据(第 1 件)不更新。

显示数据的清除，可以用制动控制器前面板上的开关进行操作。

(12)有关设定

① 旋转开关、滑动开关的设定如表 8－3、表 8－4 所示。

表 8－3　旋转开关 SW3、4 的设定位(出厂时：SW3＝8，SW4＝6)

旋转开关位置		车轮直径(mm)
SW3	SW4	
7	9	790
8	0	800
8	1	810
8	2	820

续上表

旋转开关位置		车轮直径(mm)
SW3	SW4	
8	3	830
8	4	840
8	5	850
8	6	860

注:在上述以外设定时为 820 mm。

表 8－4 旋转开关 SW5 的设定位(出厂时:SW5＝9)

SW5 位置	耐雪 EP 电流(mA)[BC 压力(kPa)参考值]	SW5 位置	耐雪 EP 电流(mA)[BC 压力(kPa)参考值]
0	203(20)	8	227(56)
1	206(25)	9	230(61)
2	209(29)	A	233(65)
3	212(34)	B	236(70)
4	215(38)	C	239(74)
5	218(43)	D	252(79)
6	221(47)	E	245(83)
7	224(52)	F	248(88)

注:设定值为下降侧电流值(下降调整)。

用制动控制器前面的 SW3～SW5、SW10、SW11(参考图 8－30),可以设定如以下所示的控制内容。

滑动开关 SW10、SW11 的设定见图 8－34。

② 滑动开关设定的详细说明

• 模拟空车:SW10－1 置于 ON 时,用相当于计划空车的 AS 压力进行制动控制。通常必须置于 OFF。

• 模拟定员:SW10－2 置于 ON 时,用相当于计划定员的 AS 压力进行制动控制。通常必须置于 OFF。

• 故障检测有无:切换到 SW10－3,设定故障检测有无。通常必须置于"故障检测有"。

• 滞后检测有无:切换到 SW10－4,设定滞后补正有无。通常必须置于"滞后补正有"。

• 模拟输出:检查时使用的测试开关 SW11－1。通常必须置于 OFF。

③ LED 显示器的表示内容(表 8－5)

根据制动控制器前面的显示器(参照图 8－30 中的 LED1～LED4),可以确认控制状况、

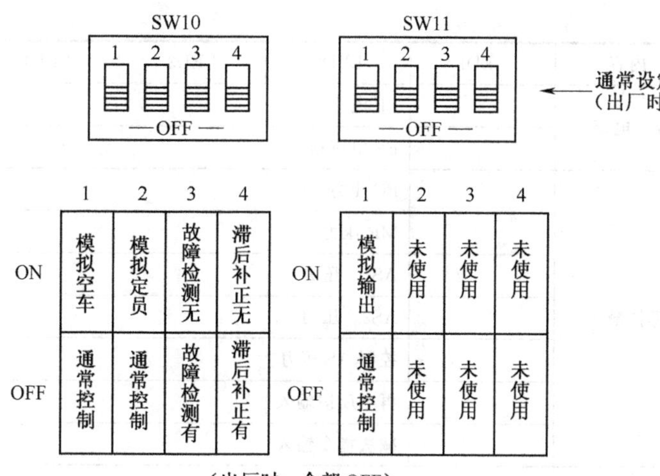

图 8－34 滑动开关 SW10、11 的设定

故障状况等。

显示器的表示内容使用旋转开关 SW1、SW2 进行切换操作。

表 8—5 显示器显示内容

SW1	SW2	内容	LED1	LED2	LED3	LED4	备 注
0	0	—	—	—	—	—	通常位置故障检测时表示“Err”及“故障编码”
	1	数字输入	紧急:U	动力运行:P	耐雪:S	常用:0～7 快速:E	
	2		指令A・B※1		空挡	控制速度	1表示活动
	3		再生有效	紧急复位	压缩机切换	PR	
	4		辅助制动模型		ATC		
	8	数字输出	5 km/h	5 km/h FB	30 km/h	30 km/h FB	
	9		70 km/h	70 km/h FB	160 km/h	160 km/h FB	
	A		调压器	调压器 FB	SKVK	SKVRFB	
	B		SKVRR	SKVRRFB			
	D		不缓解	CBCD 故障	电源有无		
	E		固定 1	固定 2			
	F		车程设定※2				

续上表

SW1	SW2	内容	LED1	LED2	LED3	LED4	备　注
1	0	EP 电流		EP 电流 FB			○○○mA
	1			EP 电流指令			○○○mA
	2	模拟输入		BC 压力			○○○ kPa
	3			MR 压力			○○○ kPa
	4			AS1　压力			○○○ kPa
	5			AS2　压力			○○○ kPa
	6			控制 AS 压力			○○○ kPa
	7			再生反馈输入			○○.○V
	8			减法指令输入			○○.○mA
	A	模拟输出		再生模式输出			○○.○V
	B			减法指令输出			○○.○mA
2	1	速度输入		1 轴速度			○○○ km/h
	2			2 轴速度			○○○ km/h
	3			3 轴速度			○○○ km/h
	4			4 轴速度			○○○ km/h
	5			标准轴速度			○○○ km/h
	6		1 轴输入频率				○○○○Hz
	7		2 轴输入频率				○○○○Hz
	8		3 轴输入频率				○○○○Hz
	9		4 轴输入频率				○○○○Hz
	A		1 轴	2 轴	3 轴	4 轴	速度认识标志
3	0	数字输出不一致	RV1	RV2	RV3	RV4	1 表示不一致
	1		HV1	HV2	HV3	HV4	
	2		5 km/h	30 km/h	70 km/h	160 km/h	
	3		调压器		SKVR	SKVRR	
	4	故障检测	AS1	AS2	BC	MR	1 表示故障检测
	5		1 轴断线	2 轴断线	3 轴断线	4 轴断线	
	6		1 轴固定	2 轴固定	3 轴固定	4 轴固定	
	7		不缓解	内部通信异常	传送异常		

续上表

SW1	SW2	内容	LED1	LED2	LED3	LED4	备　注
4	0	压力控制阀测试开始	RV1:1 HV1:2	RV2:1 HV2:2	RV3:1 HV3:2	RV4:1 HV4:2	SW6=上 开始※3
	1	压力控制阀输出	RV1	RV2	RV3	RV4	
	2		HV1	HV2	HV3	HV4	
	3	压力控制阀FB	RV1	RV2	RV3	RV4	
	4		HV1	HV2	HV3	HV4	
	5	滑行检测	1 轴	2 轴	3 轴	4 轴	
5	0	RV1 动作次数					×10 次
	1	HV1 动作次数					×10 次
	2	RV2 动作次数					×10 次
	3	HV2 动作次数					×10 次
	4	RV3 动作次数					×10 次
	5	HV3 动作次数					×10 次
	6	RV4 动作次数					×10 次
	7	HV4 动作次数					×10 次
	8	动作次数清除					SW6=上 清除※4
9	9	故障存储清除					SW6=下 清除※5
A	0	设定值	ROM Ver.				○.○○
	1		ROM 总数值				Hex.
	2		车轮直径设定值			○○○mm	
	3		耐雪制动 EP 电流　设定值			○○○mA	
	4		调压器“开”　设定值			○○○ kPa	
	5		调压器“关”　设定值			○○○ kPa	
	A	时刻数据	年		月		10 进制
	B		日		时		10 进制
	C		分		秒		10 进制

④ 故障检测项目和内容

CBCD100,101,102 制动控制器故障检测项目和内容如表 8－6、表 8－7 所示。

故障检测时,LED 显示器的故障(或数字输出不一致)项目表示为“1”(正常时表示为“0”)。

表 8—6　故障检测项目和内容

No.	故障项目	故障内容	控制状态(故障检测后的状态)	回复条件
1	AS 压力传感器异常	AS 压力传感器的输入值异常	用定员×1.2 的 AS 压力控制 CBCD 异常信号输出	状态回复
2	BC 压力传感器异常	BC 压力传感器的输入值异常	不缓解检测控制停止 CBCD 异常信号输出	状态回复
3	MR 压力传感器异常	MR 压力传感器的输入值异常	调压器控制停止 CBCD 异常信号输出	状态回复
4	断线检测	速度输入信号线断线	把该轴从滑行控制对象去除	状态回复
5	固定检测	制动中车轮固定	把该轴的滑行控制停止 输出该台车的固定信号	紧急复位 ON
6	不缓解检测	制动缓解状态,BC 压力不缓解	不缓解信号输出	状态回复
7	内部通信异常	制动控制器内部进行的通信状态异常	不能调时钟 传送端末装置状态数据应答不可	状态回复
8	传送异常	与传送端末装置的光纤传送状态异常	用钢线控制指令(指令 A、B)控制常用制动控制	状态回复
9	数字输出不一致(RV,HV)	滑行防止阀输出回路异常	该转向架的滑行控制停止 CBCD 异常信号输出	电源 ON 复位
10	数字输出不一致(速度检测信号)	速度检测信号输出回路异常	速度检测信号控制不可	电源 ON 复位
11	数字输出不一致(调压器)	空气压缩机同步信号输出回路异常	调压器控制不可	电源 ON 复位
12	数字输出不一致(SKVR,SKVRR)	SKVR，SKVRR 输出回路异常	SKVR,SKVRR 信号控制不可	电源 ON 复位

表 8—7　故障编号一览表

故障编号	故障项目	故障编号	故障项目
11H	AS1 压力传感器异常	22H	数字输出不一致(HV,RV OFF 不一致)
12H	AS2 压力传感器异常	23H	数字输出不一致(HV,RV ON 不一致)
10H	BC 压力传感器异常	40H	数字输出不一致(5 km/h 信号)
30H	MR 压力传感器异常	14H	数字输出不一致(30 km/h 信号)
21H	断线检测	41H	数字输出不一致(70 km/h 信号)
20H	固定检测	42H	数字输出不一致(160 km/h 信号)
13H	不缓解检测	31H	数字输出不一致(调压器)
17H	内部通信异常	15H	数字输出不一致(SKVR)
16H	传送异常	43H	数字输出不一致(SKVRR)

(13)空档控制

在检修、制动试验等情况下，为了能方便地对制动性能进行确认，在输入空档指令的同时，

通过对监视器传送数据中的速度条件进行设定，向制动控制器输入等价速度信号，可以对各速度范围的制动特性进行确认。

五、防滑控制

防滑器由速度传感器、滑行检测单元及防滑电磁阀组成。它通过各车轴或牵引电机中安装的速度传感器，对速度进行检测，在滑移率、速度差、减速度等参数超过设定值时，立即减小该轴的制动力，进行再黏着控制，防止制动距离的延长及车轮踏面的擦伤。

1. 滑行控制功能

对来自各轴的速度信号，对其取样求出动车组基本速度，实时进行各轴之间的相对比较，根据以下作用以轴为单位进行黏着恢复(再黏着)控制。此外，在速度 5 km/h 以下或牵引工况停止滑行控制。

(1)滑行检测

由滑行检测单元对速度传感器送来的脉冲频率信号进行计算比较，并根据事先规定的逻辑控制来判断是否发生了滑行。此外，还可根据车轮的转动速度计算出列车速度，如果同一车辆的 4 根轴同时发生滑行，则采用以一定减速度变化的假想第五轴速度——基准轴速度。

根据减速度或速度差检测标准判断车轮发生滑行时，组装在增压缸内的防滑电磁阀励磁，通过短暂排气将增压缸压力降低。增压缸空气压力降低后，在轮轨间黏着力的作用下车轮转速上升，当与基准轴的转速差降到设定值以内时，滑行检测单元就会判断为已经恢复了黏着，防滑电磁阀使液压制动缸压力再次上升。

滑行的压力控制是在检测到滑行后，为迅速降低液压制动缸压力，将防滑电磁阀励磁，使液压制动缸内的油经防滑余压逆止阀返回油箱，致使液压制动缸的液压降到 500 kPa。

在再生制动有效信号为 ON 时进行电气制动滑行检测，OFF 时进行空气制动滑行检测，根据以下的滑行检测作用来进行。

① 减速度检测。各轴的减速度超过规定值时，报检测到滑行。

② 速度差检测。在发生标准速度规定量的速度差时，报检测到滑行。

在进行上述检测时，如果处于电气制动工况，检测到滑行时则进行再生模式(制动力大小)选择；如果是空气时检测到滑行，则控制阀输出针对该轴制动缸压力的缓解指令，使制动缸排气(BC 压力降低)。

(2)回复检测(仅限空气制动滑行检测)

根据滑行轴的轴加速度判断黏着状态，进行回复检测。如果进行上述检测时检测到滑行，则控制阀输出对该轴的制动缸压力保压指令(保持 BC 压力)。

(3)再黏着检测

检测到滑行轴的轴速度在标准速度规定的速度差以内时即为进行黏着恢复(再黏着)点。在进行上述检测时，如果处于电气制动工况，回到再生模式(制动力大小)；如果是空气时该轴返回到通常(此时应有)的制动状态。

(4)滑行控制

① 滑行再黏着控制

滑行后的再黏着控制方法,是M车系列使用装备在牵引电机的速度传感器(PG传感器),T车系列利用装备在各车车轴轴端的速度传感器所发出的信号,算出各轴每20 ms的速度,检测出滑行状态。确定滑行后,再生制动控制单元采取减小再生制动力大小的方法,空气制动控制单元则采用降低BC(制动缸)压力的方法来进行再黏着的控制。

② 再生制动的滑行再黏着控制

再生控制模式是在对于从制动到惯性滑行(即无动力滑行状态,此时车辆本身无牵引、无制动,又称为惰行状态),或者从制动到惯性滑行再变为动力运转状态后1.5 s之内符合条件时就减小再生制动力的大小。在条件不成立的情况下再恢复制动力。模式控制滑行时每0.6 s进行一次延迟计算;恢复到正常状态后每2 s对车辆的运行状态进行一次延迟计算来判别控制制动力的大小。

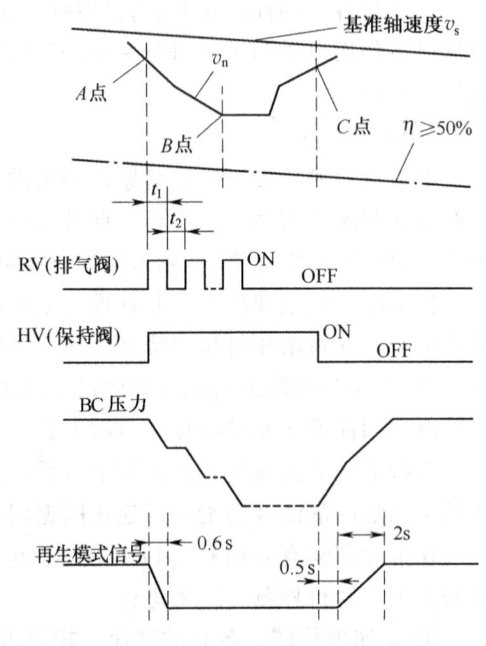

图8—35 滑行再黏着控制原理图

③ 空气制动的滑行再黏着控制

空气制动的滑行检测和再生制动滑行检测一样(再生制动滑行中再生制动有效信号在断开的情况下也进行空气制动的滑行控制)。互相比较每辆车四个轴速,根据图8—35所示的控制原理图进行制动力大小的控制。根据表8—8对RV(排气阀)和HV(保持阀)进行ON/OFF操作,从而间接对BC进行排气、保压、充气控制,使压力值减小、不变或增加。

表8—8 滑行控制阀和BC压力的关系

控制阀	排气	保持	供给
RV(排气阀)	ON	OFF	OFF
HV(保持阀)	ON	ON	OFF

根据滑行的程度控制表8—9上所示的RV(排气阀)的工作时间,使BC压力保持接近黏着状态从而使得闸片更近一步地压紧制动盘面,尽力控制滑行率,以防止制动距离的延长。

表 8－9　滑行控制阀的控制时间

检测方式	t_1(s)	t_2(s)
β 方式	0.060×m	0.15
Δv 方式	0.060×m	0.15

注：① m 是按不同控制方式确定的控制时间的倍数，参见表 8－10；
② t_1 是排气阀打开的时间，s；
③ t_2 是排气阀关闭的时间，s。

当符合 A 点条件时，防滑阀立即动作，RV 排气阀及 HV 保持阀均打开，此时制动缸以阶梯方式排出 BC 压力。将 BC 压力降低，缓解因制动力过大而产生的滑行并使状态趋于稳定。然后其速度降低到满足 B 点的条件时，停止 BC 压的排气呈保压状态，此时列车的速度仍在降低。当符合 C 点的条件时，就重新升高 BC 压力恢复到相当于未发生滑行本车应有的正常状态。

表 8－10　BC 压力控制排气次数(n)和控制时间倍数(m)的关系

检测方式	n	1	2	3	4	5
β 方式	m	1	1	3	5	100
Δv 方式	m	1	1	3	5	100

按空气制动滑行控制方式进行滑行检测的情况下，BC 压力的排气如图 8－35 所示，表 8－9以及表 8－10 分别显示了排气阀动作时间与其动作次数的关系。

当防滑器检测到滑行时，排气阀第 1 次排气，此时由表 8－10 知，$n=1$，$m=1$；又由表 8－9，故 $t_1=0.060$ s[以下简记为排气 $t_1=0.060$ s($n=1$，$m=1$)]，排气阀排气 0.060 s 后关闭。若此时检测到滑行继续，则排气阀在关闭 $t_2=0.15$ s 后进行第 2 次排气 $t_1=0.060$ s($n=2$，$m=1$)。滑行仍在继续的情况下，$t_2=0.15$ s 后第 3 次排气 $t_1=0.060\times3=0.180$ s($n=3$，$m=3$)。如果第 4 次排气 $t_1=0.060\times5=0.300$s 后滑行仍在进行，则第 5 次排气 $t_1=6$ 秒($n=5$，$m=100$)变为全排气(即将制动缸中的气全部排光)。从排气阀第一次排气开始，直到防滑器检测到滑行轴对应车速处于 B 状态时，开始保压。

④ ATC 轴的滑行检测

由于 Tc 车的 2、3 轴是 ATC 轴，检测后要把制动置于 OFF 或置于未满标准速度5 km/h 的缓解(RV，HV——ON 常通)。

⑤ 踏面清扫控制输出(SKVR)

此外，在 A 点～C 点之间输出 SKVRR。

在 1～4 轴里即使只有 1 根轴滑行，也要输出 SKVR。

⑥ 压力控制阀自检

防滑控制方法是，制动控制装置接收到制动指令后，制动风缸的压缩空气就会通过中继阀产生与制动指令相应的空气压力送到增压缸，增压缸输入空气压力后产生放大到一定倍数的液压。这时若车轮和钢轨之间的黏着力比基础制动装置和牵引电机产生的制动力小，在轮轨

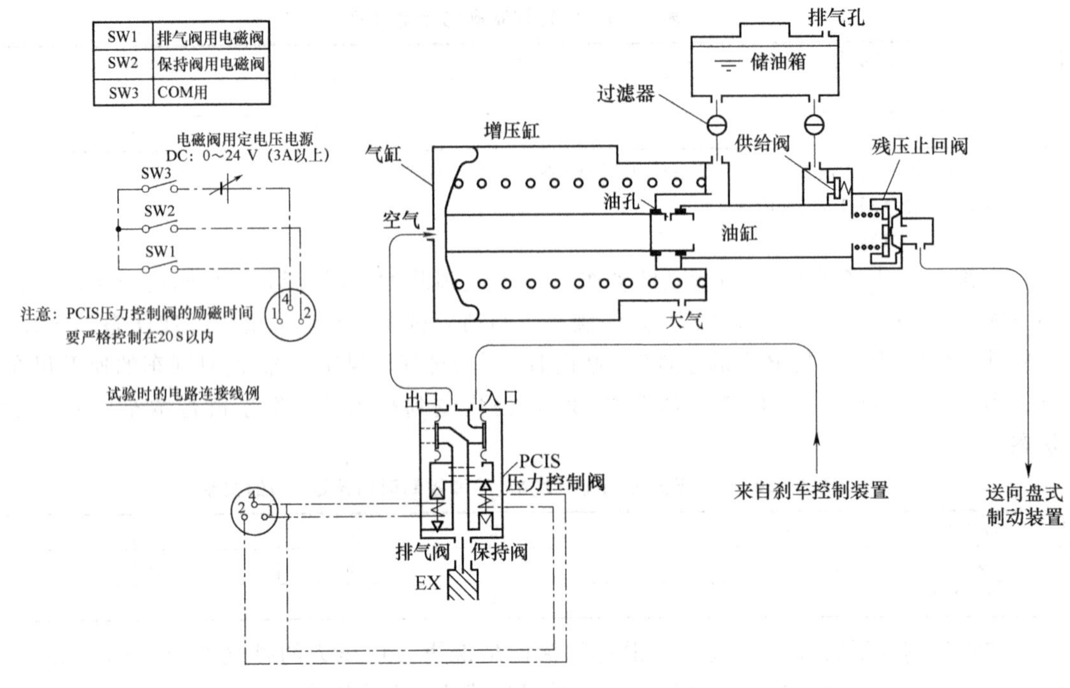

图 8－36　防滑器结构原理图

之间就会产生滑行，使车轮的转速迅速降低。

速度传感器的输出信号是防滑控制中速度计算的基础，所以其精度是非常重要的。CRH 2动车的速度传感器安装在牵引电机的轴端，拖车的速度传感器安装在车轴端部（前盖上）。考虑到维修的方便，采用了无磨耗的非接触式速度传感器。在牵引电机轴端安装感应盘时，依靠牵引电机轴的转动产生感应电压。因为牵引电机轴通过大小齿轮与车轮相连，所以感应出的脉冲频率与车轮转动速度（列车速度）成比例。在齿轮箱和车轴端部安装速度传感器时，工作原理与前者完全相同。而感应齿盘的齿数则根据车种的不同而异。

滑行检测单元对速度传感器送来的转动脉冲信号进行计算、分析和判断。如果判断滑行的大小（车轮的速度差或减速度）超过规定值，就使防滑电磁阀动作，降低油压减小基础制动和牵引电动机产生的制动力至黏着力以下，使车轮恢复转动。

2. 防滑阀

防滑电磁阀由起转换阀作用的阀体和电磁阀构成，它安装在增压缸上。为防止无制动指令时气体从连接接头等处进入液压系统，系统保持有 50～100 kPa 的左右的增加缸空气压力，在此压力下液压制动缸及基础制动装置不会动作。当增压缸空气压力上升，如果从滑行检测器发出的防滑控制指令使电磁阀励磁，在防滑电磁阀切断增压缸与中继阀之间通路的同时，构成液压制动缸与滑行余压调整部的通路，使液压制动缸的油返回油箱，把控制液压降低到约

500 kPa，在此压力下闸片刚好接触到制动盘，使制动呈缓解状态。

① 无滑行现象时：保持阀、排风阀都处于 OFF 状态而形成正常制动位置。参见图 8—37。

②有滑行时：

(a)排气功能：保持阀、排气阀均励磁，变成排气缓解位置。参照图 8—38。

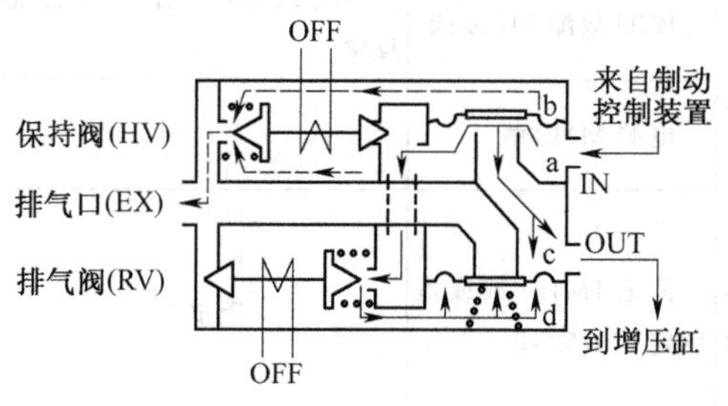

图 8—37　防滑阀通常制动充气位

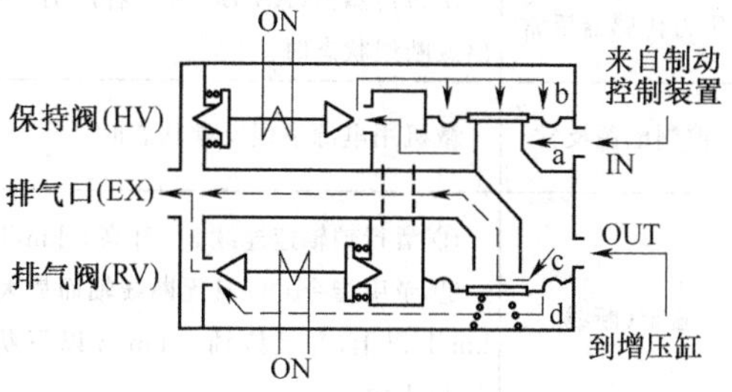

图 8—38　防滑阀滑行时排气位

(b)保持状态：保持阀维持励磁状态，只有排气阀失磁。参照图 8—39。

(c)制动功能：接收供给指令后保持阀也去磁，变成制动位置。同时制动气缸的压力空气会恢复至未发生滑行时本车应有的压力。

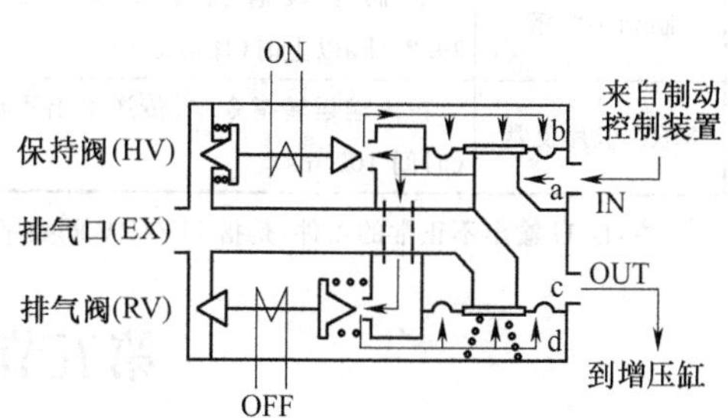

图 8—39　防滑阀排气后保持位

六、BCU 的故障诊断及信息

BCU 的输出、输入信息及内部信息用 7 段发光二极管来表示。故障内容及故障状态见表 8—11 及表 8—12。

表 8—11　BCU 的故障内容

表示	内　容	表示	内　容
AS1	AS 压力 1 传感器故障	SLD	产生滑行
AS2	AS 压力 2 传感器故障	F	产生固定状态
BC1	BC 压力 1 传感器故障	U	MR 卡片反常
HR	MR 压力传感器故障	C	断　线
E	数字输出・输入不一致	N	制动不缓解

表 8－12　BCU 的输出故障状态

项　目	探测条件	硬线输出（包括触点输出）	传输输出
数字输出不一致	当防滑阀的输出和回报不一致时	BCU 故障 M414 线	数字数据输出不一致
压力传感器反常	压力传感器（AS、BC、MR 各压力）不停的输出或断线状态时	BCU 故障 M414 线	AS、BC、MR 各压力传感器反常
控制电源反常	微机用电源呈现反常状态时	电源 M413 线	—
固定（断线）	① 滑行轴轴速连续 5 s 升高 5 km/h 状态时 ② 牵引指令 ON 且无断线轴而最大轴速 10 km/h 以上，并且该轴 3 km/h 以下状态连续 2 s以上时	固定 1M151 线或是固定 2M152 线	固定 1～4
制动不缓解	在制动缓解指令中 BC 压力还残剩 39.2 kPa以上时（探测 5 s）	制动不缓解 M419 线	BC 不缓解
MRC 卡片反常	在传输运转指令中，传送呈出不正常状态时（时间 100 ms）	—	MRC 卡片不正常

注：BCU 输出不正常的条件，是指 HV/RV 阀数字输出不一致及压力传感器不正常。“—”表示无输出。

第五节　安 全 制 动

安全制动是在确保通常的制动情况时列车能正常制动（如常用制动传输不良时常用制动的控制、紧急制动动作后的复位等）及车辆出现紧急情况（如车内火灾等）需要紧急制动等情况下保证行车安全的一套制动控制系统。

一、电空制动安全线（环）控制

1. 常用制动指令

如前所述，常用制动指令是用司机制动控制器加压 61～67 线，经过车辆信息控制装置传输到各车辆的 BCU。其中 61～66 线只做传输，67 线兼作硬贯穿线和传输。为了在制动 7N 下，准确地实行 ATP 制动动作，给 67 线特意这样安排的。考虑常用制动指令发生传输不良的情况，常用制动安全环路控制系统备有指令 A、B，以备万一。如果发生传输不良时，按其组合状态判断 3・5・7N 中的某个等级就发出制动指令。

2. 快速制动指令

如第四节快速制动中所述，快速制动指令使用 152 线。当司机制动控制器设定在快速位置，152 线就变为失电状态，立即发出快速制动动作。除此以外，EBR（ATC 所发的快速制动

指令),JTR(即 MR 压力过于降低、列车分离、检测出制动力不够、紧急电磁阀断开、司机制动控制器置于拔取位、列车乘务员操作开关)等时,也使得 152 线失电状态。

3. 紧急制动的电路

紧急制动的电路设有由头车到尾车的常带电硬贯穿线(153 线)和返回(154 线)。发生紧急状态时 153 线和 154 线变为失电状态的同时,使紧急制动动作,还能使快速制动也动作。

4. 探测制动力不足电路

探测制动力不足电路是制动控制装置发生故障时的探测电路,在列车自动控制(ATC)的子系统 ATP 制动和快速制动以及手动制动,经过 UBTR 的延时空气制动或再生制动均不能动作,BC 压力开关或 UBCDR 不动做时,就判断发生制动故障,立即释放 UBTR,UV 也去磁,紧急制动动作。

同时释放 UVR 开放 154 线,会释放 JTR 而全部车辆的快速制动立即动作。另外,在各车辆设有 UVRS(紧急制动短路开关),以便于缓解某一辆车的紧急制动而移动列车,此时,短路 UNR 恢复 154 线的引线作用,使 JTR 动作即可。

5. 紧急制动动作后的复位(制动缓解)

发出紧急制动后要缓解使得制动复位时,应检查故障诊断系统的信息显示,查明引起紧急制动的原因,或根据应急故障处理手册,对故障进行处理后,将制动手柄转换为快速位置,而按下 UBRS(紧急复位开关)进行复位。

一经按下 UBRS,各车的 UBRSR 立即动作激磁 UBTR,UV 和 UVR 也激磁而自保且 154 引线导通,使得 T1c 控制车(头车)的 JTR 动作。JTR 开始动作后,将司机制动控制器从快速位置退到运转位置,JTR 保持激磁的状态使紧急制动电路得电,且因激磁紧急电磁阀使之变为缓解状态。

6. 旅客报警控制

CRH2 在各旅客车厢中设有紧急制动报警开关,当车内出现紧急情况需要停车时,旅客可以通过触动开关通知司机和乘务员,司机或乘务员通过他们判断并操作紧急制动。

7. 紧急按钮控制

在司机室及乘务员室设置紧急制动操纵开关。当遇紧急情况需紧急制动时,操作紧急制动开关,断 154 线,JTR 失电,导致 152 线断电,产生快速制动。

二、与 ATP 控制的接口

(1)ATP 车载设备与动车组的制动接口均采用继电器接口。

(2)ATP 制动接口包括快速制动、三级(1 级、4 级、7 级)的常用制动和缓解。

(3)ATP 发出的制动指令通过列车信息控制系统的网络传送线及硬线输入到 BCU 中,从收信控制部输出 B1N · B4N · B7N · EB。

LKJ2000 车载设备与动车组的制动接口与 ATP 基本一致。

第六节 辅助制动

一、概　论

辅助制动装置是为在制动指令系统发生故障，如制动控制器不良、制动指令线断线、救援时等，不能使用通常制动而设置的，即通常所称的备用制动。

正如制动指令采用电气指令方式一样，辅助制动也采用以电压为控制信号的电气指令方式。通过操作司机室配电盘开关投入工作，制动力保持一定，与速度无关，这和常用、快速制动是不同的。

因为制动控制单元(BCU)还对电动空气压缩机、开闭车门速度等进行控制，在投入辅助制动时，制动控制装置的电源不能切断。

二、构　成

辅助制动装置，投入 NFB(SBN1)的同时，由头车制动指令系统用辅助制动模式发生器(SBT)传输来的辅助制动模式的电压信号，按司机室控制台司机制动控制器的等级给制动控制线加载控制电压。

辅助制动装置预先调整为使各车用的辅助制动模式发生器(ASBT)，按照制动控制线的电压，得到按各车辆控制的制动力，且预先设定能发生相当于所需 BC 压力的 EP 阀电流。

在辅助制动模式发生器各有头车指令用辅助制动模式发生器(SBT)及各车组件用辅助制动模式发生器(ASBT)两种。基本结构见图 8－40。对 200 km/h CRH2A 来说，只限于两个头车才有辅助制动功能。

三、头车指令用辅助制动模式发生器(SBT)及组件用辅助制动模式发生器(ASBT)的功能

1. 头车指令装置(SBT)

该指令装置设置在司机室控制台内，由变压器和电阻组成。使电源(AC 100 V)升压，用司机制动控制器来选择变压器次级的抽头，选定适合于制动等级的制动模式电压而传输到各车辆(制动控制线 411 线、461 线)。电阻器的作用是转换等级时，能对变压器次换接抽头时的短路电流起限流作用。

2. 中间车组件指令装置(ASBT)

从功能原理上来说，如有必要，每节中间车都可以设置辅助制动功能，只需一个中间车组件，它安装在分电箱内，由变压器和整流器等组成。在这里进行从司机室控制台传输来的制动模式电压的降压、整流处理，且使各中间车制动控制装置内的 EP 阀电磁部励磁，而使它产生 BC 控制压力。

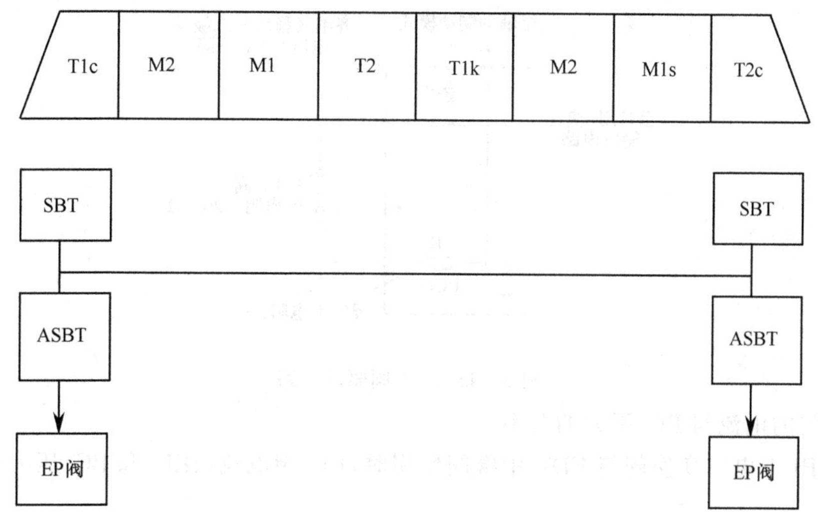

图 8—40　辅助制动装置基本结构图

四、输入输出特性

标准的输入输出特性见表 8—13、表 8—14。

表 8—13　输入输出特性

输入电压(V)	制动级位指令	输出电压(V)
AC100 V	快速制动(1.12 m/s^2左右)	AC200±10
	制动 7 级(0.747 m/s^2左右)	AC154±10
	制动 5 级(0.533 m/s^2左右)	AC130±10
	制动 3 级(0.319 m/s^2左右)	AC105±10

表 8—14　输入输出特性

制动级位指令	输入电压(V)	变压器次边电压(V)	输出电压(V)	输出电流(mA)
快速	AC200	AC25.00	DC20.81±0.89	640
7 级	AC154	AC19.25	DC15.80±0.82	480
5 级	AC130	AC16.25	DC13.18±0.78	394
3 级	AC105	AC13.13	DC10.49±0.76	315

五、EP 阀驱动电路

图 8—41 表示了日本新干线铁路车辆用 EP 阀驱动电路示意图。

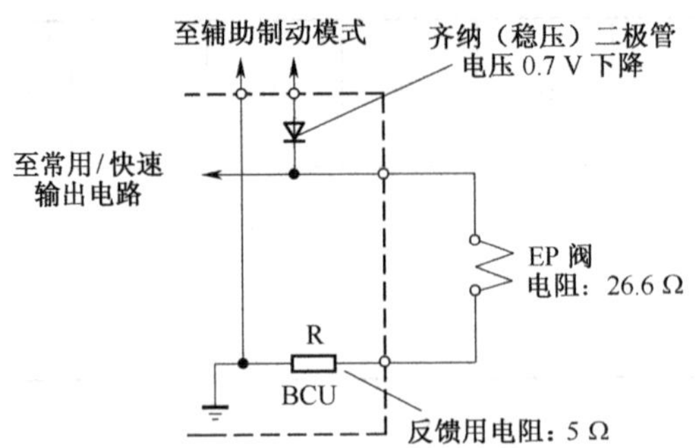

图 8—41　EP 阀驱动电路

1. EP 阀的电流与 BC 压力的关系

配合 EPLA 电空变换阀与 FD1 中继阀使用时，EP 阀电流（IEP）和 BC 压力（PBC）的变换公式如下

$$P_{BC}=0.01\,528I_{EP}-3.1\,261=0.1\,528\,\frac{V-V_0}{R}\times 1\,000-3.1\,261(\text{kg/cm}^2) \qquad (8-4)$$

式中　V——辅助制动模式发生器（各车用）的输出电压；

V_0——BCU 内的齐纳（稳压）二极管的电压降（0.7 V）；

R——阀与反馈电阻的合成电阻，反馈电阻是 5 Ω。

2. 辅助制动 BC 压力公差

辅助制动不同于常用制动及快速制动，它没有电流控制环节，故随着 EP 阀的温度上升，线圈电阻有变化，BC 压力随 EP 阀电流变化。为此，新干线 400 系以后 BC 压力的公差采用 BC 压力±18%，或 0.4 kgf/cm^2（1 kgf/cm^2＝9.806 65 Pa）之中数值较大者。

第七节　供 风 系 统

CRH2 动车组有两套供风系统，一套为主供风系统，包括制动系统供风、空气簧供风，还有车门、卫生系统、风笛等供风；另一套为辅助供风系统，为在升弓前因总风缸压力不足而向升弓装置供风系统。

一、主空气压缩机

1. 主空气压缩机的构成

电动空气压缩机由空气压缩机、电动机、联轴节、用专用吊具起吊电动空气压缩机以及除湿装置的吊环等构成。

电动空气压缩机组成及零部件规格如表 8—15 所示。

表 8－15　电动空气压缩机组成及零部件规格

<table>
<tr><th>项　目</th><th colspan="4">规　　格</th></tr>
<tr><td rowspan="10">空气压缩机部</td><td colspan="2">形　式</td><td colspan="2">往复型单动 2 级压缩</td></tr>
<tr><td colspan="2">气缸排列状态</td><td colspan="2">水平对面 4 筒</td></tr>
<tr><td colspan="2" rowspan="2">气缸直径×行程×数量</td><td>高压级</td><td>62 mm×65 m×2 筒</td></tr>
<tr><td>低压级</td><td>110 mm×65×2 筒</td></tr>
<tr><td colspan="2">旋转速度</td><td colspan="2"></td></tr>
<tr><td colspan="2">变位容积</td><td colspan="2">1 754　L/min</td></tr>
<tr><td colspan="2">排出压力</td><td colspan="2">Max.　880 kPa</td></tr>
<tr><td colspan="2">容积效率</td><td colspan="2">70%以上</td></tr>
<tr><td colspan="2">润滑方式</td><td colspan="2">齿轮泵强迫润滑方式</td></tr>
<tr><td colspan="2">冷却方式</td><td colspan="2">自然空冷</td></tr>
<tr><td rowspan="7">电动机部</td><td colspan="2">形式</td><td colspan="2">三相交流、鼠笼式、4 级</td></tr>
<tr><td colspan="2">通风冷却方式</td><td colspan="2">全封闭自冷方式</td></tr>
<tr><td rowspan="4">额定</td><td>额定工作时间</td><td colspan="2">30 min</td></tr>
<tr><td>额定转速</td><td colspan="2"></td></tr>
<tr><td>输出功率</td><td colspan="2">12 kW</td></tr>
<tr><td>额定电压</td><td colspan="2">AC 400 V(50 Hz)</td></tr>
<tr><td colspan="2">缘绝等级</td><td colspan="2">F 级</td></tr>
<tr><td>联轴节</td><td colspan="2">形式</td><td colspan="2">橡胶弹性联轴节、直接连接</td></tr>
</table>

2. 主空气压缩机结构

主要包括：主体、联轴节、机体、曲柄箱、气缸、曲柄轴、活塞、连杆、油压泵、供油口及其他、阀部、中间冷却器、吸气滤尘器及消声器、润滑装置、润滑油。

主空气压缩机外形见图 8－42。主空气压缩机的构造见图 8－43。

图 8－42　主空气压缩机外形图

二、辅助空气压缩机

CRH2 所用的 ACMF2 及 ACMF2A 辅助空气压缩机装置是在动车组运行准备时，即总风压力不足、受电弓上升时，对真空断路器(VCB)的压力空气进行供给的空气源。辅助空气压缩机及其关联部件(如受电弓)等组成单元。ACMF2A 及 ACMF2 辅助空气压缩机原理图见图 8－44 及图 8－45。

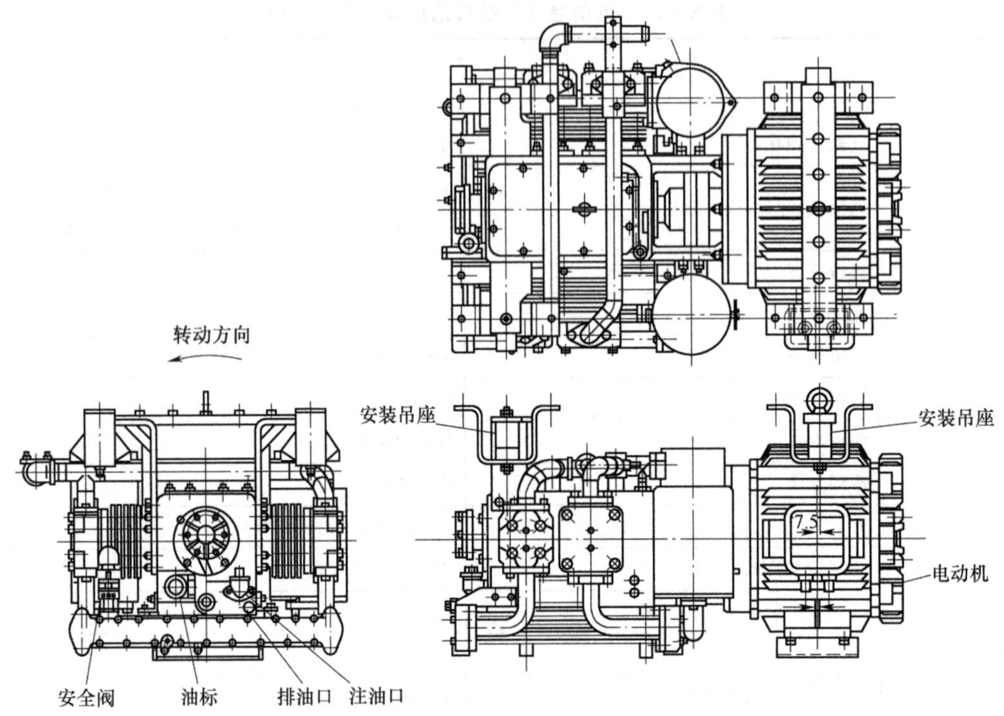

图 8－43　主空气压缩机的构造图

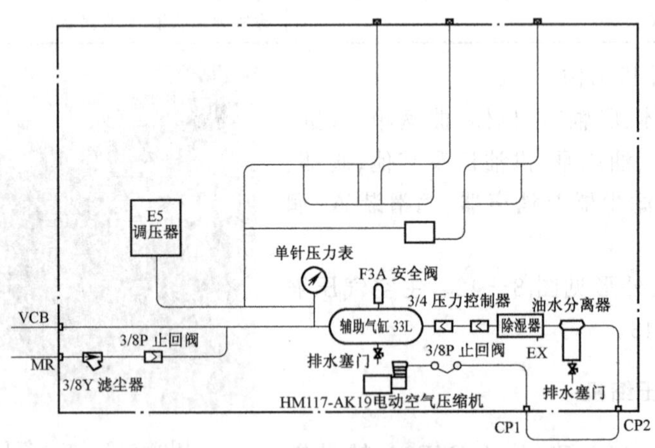

图 8－44　ACMF2A 辅助空气压缩机原理图(2 号车用)

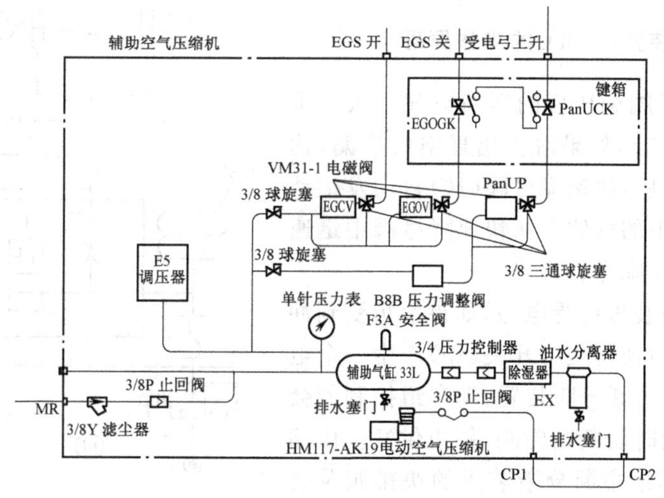

图 8－45　ACMF2 辅助空气压缩机原理图(4、6 号车用)

三、升弓装置气路原理

升弓装置的气动原理图如图 8－46 所示。

升弓装置动作,电磁阀(14)打开,压缩空气通过空气过滤器(1)和单向节流阀(2)进入精密调压阀(3)。精密调压阀用于调节受电弓接触压力,输出压力恒定的压缩空气。在工作过程中,为保证输出压力稳定,精密调压阀上的溢流孔和主排气孔始终有压缩空气间歇性排出。经精密调压阀输出的压缩空气压力恒定,精度偏差为±0.002 MPa,因为气压每变化 0.01 MPa(约 0.1 kgf/cm^2)会使接触压力变化 10N。从调压阀输出的恒压空气继续向上传送,依次经过压力表(4)、单向节流阀(5)、安全阀(6)、绝缘管(15),最后到达升弓装置(12),从而完成升弓动作。

注:单向节流阀(2)用于调节升弓时间,单向节流阀(5)用于调节降弓时间。如果精密调压阀发生故障,安全阀会起到保护气路的作用。

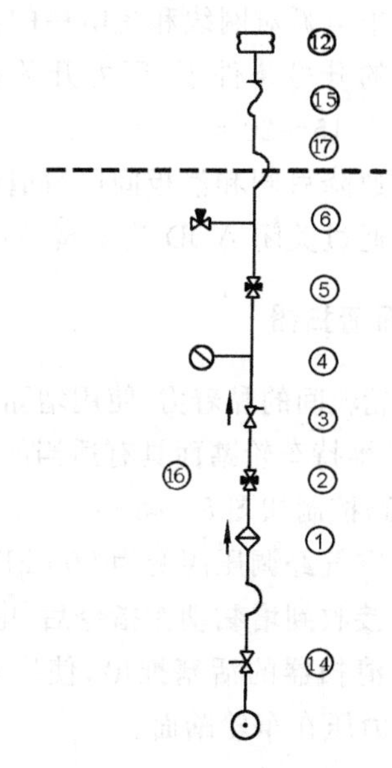

图 8－46　气动原理图

1—空气过滤器;2—单向节流阀(升弓);3—精密调压阀(0.01～0.8 MPa);4—压力表;5—单向节流阀(降弓);6—安全阀;12—升弓装置;14—电磁阀;15—绝缘管;16—气囊驱动式受电弓阀板;17—车顶界面

四、自动降弓装置(ADD)的工作原理

经过精密调压阀调压后的压缩空气进入到带有风道的碳滑板(13),如果滑板出现空气泄漏,达到一定的压力差值后,快速降弓阀(10)自动发生动作,升弓装置(12)中的气体会从快速降弓阀中迅速排出,从而实现自动降弓。

装有主断分断装置的受电弓,如果滑板受到冲击泄露时,压差同时使得压力开关(15)产生一个电信号传输给动车组主断分断装置,动车组控制器会切断主断路器。同时切断电磁阀,停止供气。压缩空气会快速从动车组主断分断装置的快排阀及受电弓的快速降弓阀排出,迅速降弓。这样可避免在下降的过程中电弧对网线和受电弓的损坏。

在正常的升弓条件下,压力开关有延时功能,延时设置约为 15～20 s。

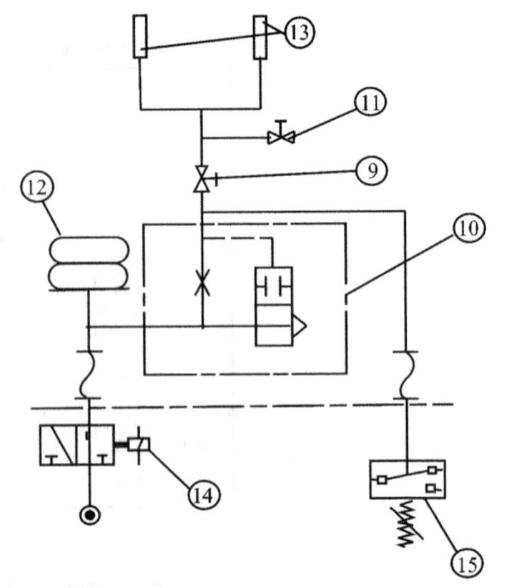

图 8－47　自动降弓装置(ADD)原理图

9—ADD 关闭阀;10—快速降弓阀;11—ADD 试验阀;12—升弓装置;13—滑板;14—电磁阀;15—压力开关

如果快速降弓阀和滑板间的气管断裂,自动降弓装置可以通过关闭 ADD 关闭阀(9)停止使用。管道重新连接后应清理渗水。

五、踏面清扫器

为确保轮轨间的黏着力,使用增黏装置压在车轮踏面上,以维持车轮踏面具有适当的粗糙度。踏面清扫器气路控制如图 8－48 所示。800～900 kPa 的总风压力空气经调压阀变为 500 kPa 的固定压力空气。在接收到增黏动作指令后,电磁阀动作,使控制踏面清扫器的活塞推出,使增黏摩擦块以 500 N 的压力压在车轮踏面。

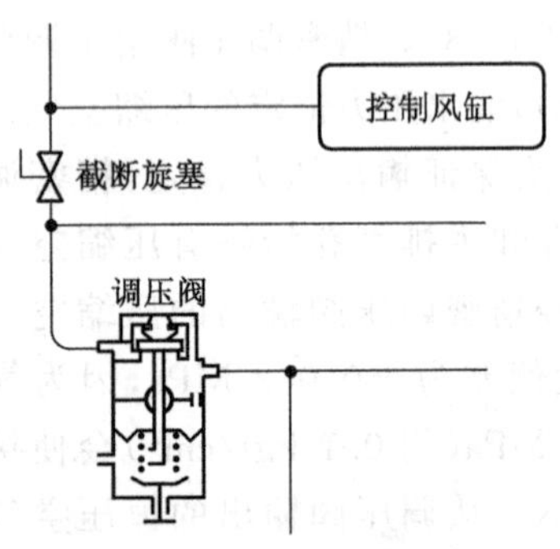

图 8－48　踏面清扫器控制气路

第八节　基础制动装置简介

一、增 压 缸

1. 基本构成

CRH2 动车组的基础制动装置采用增压缸推动的油压卡钳式盘形制动装置。

增压缸是一种空气—油转换装置,将制动控制单元中继阀送来的压缩空气压力放大若干

图 8－49 基础制动装置

倍(理论上约 18 倍)转换成油压后，提供给油压制动缸以实现对制动盘的夹紧。结构原理如图 8－50。

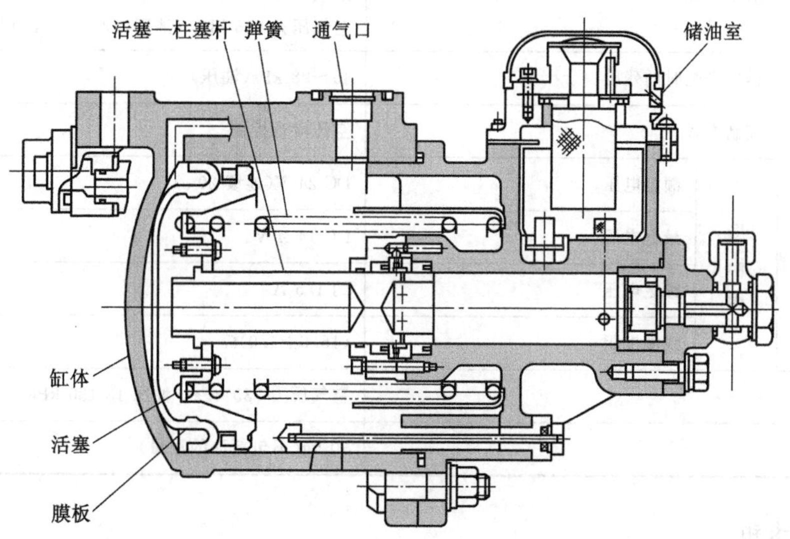

图 8－50 增压气缸结构原理图

制动时，压力空气经过防滑阀后进入增压缸的气缸，推动气缸活塞，其活塞杆作为油泵的柱塞把油压出，打开止回阀、经制动小油缸推动闸片压到制动盘面、油压逐步上升达到平衡气缸内的气压(约 18 倍)。

缓解时，因中继阀排风，增压气缸活塞后退，同时油缸内的活塞杆也在回位弹簧的作用下退回，闸片离开制动盘面、油缸内的压力急剧下降。当油压制动缸内的压力与弹簧的张力相互平衡时,油液停止回流,止回阀关闭,油压制动缸内可保持约 49～98 kPa 的残余压力,以防止从密封垫圈及油管接头等处间隙渗入空气。

2. 主要性能参数

增压缸型号是 180-42×55 型,其中"180-42×55"分别表示气缸直径、油缸直径和行程,增压比为 18.367。性能参数见表 8－16。

表 8－16 增压缸的主要参数

<table>
<tr><th>部 位</th><th colspan="2">项 目</th><th>详 细 规 格</th></tr>
<tr><td rowspan="6">增压气缸</td><td colspan="2">气缸直径</td><td>φ180 mm</td></tr>
<tr><td colspan="2">油缸直径</td><td>φ42 mm</td></tr>
<tr><td colspan="2">增压比例</td><td>18.367</td></tr>
<tr><td colspan="2">行 程</td><td>55 mm</td></tr>
<tr><td colspan="2">增压特性</td><td>空气压力 98 kPa→油压(1 372±294)kPa
空气压力 294 kPa→油压(4 998±294)kPa
空气压力 686 kPa→油压(12 250±490)kPa</td></tr>
<tr><td colspan="2">排气松弛时的残压</td><td>49～98 kPa(油压)</td></tr>
<tr><td rowspan="5">PCIS
压力控制阀
(防滑阀)</td><td colspan="2">控制方式</td><td>空压滑行控制</td></tr>
<tr><td rowspan="4">电磁阀</td><td>额定电压</td><td>DC 24 V(连续 20 s)</td></tr>
<tr><td>最低电压</td><td>DC 14.4 V</td></tr>
<tr><td>额定电压</td><td>约 1.5 A</td></tr>
<tr><td>线圈电阻</td><td>(15.6±1.0)Ω</td></tr>
<tr><td colspan="3">最大工作压力</td><td>空气压力 735 kPa→油压 13 130 kPa</td></tr>
<tr><td colspan="3">重 量</td><td>30 kg(不包括油的重量)</td></tr>
</table>

二、制动卡钳

卡钳制动时,由增压缸输出的高压油通过管路输送到转向架的各个制动卡钳的制动油缸内,推出制动闸片,油缸侧的闸片首先碰上制动盘的表面,然后卡钳本体因反作用力而使支持栓销发生横向滑动,致使非油缸侧闸片也压上制动盘的表面,形成两侧闸片共同夹住制动盘,产生制动夹紧力,实施制动作用。

卡钳制动装置结构见图 8－51。

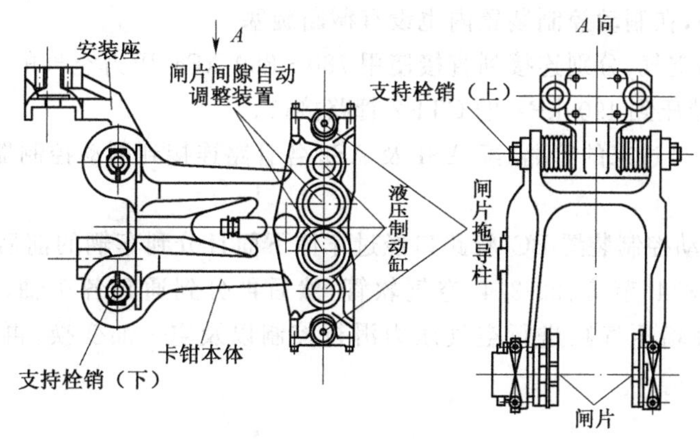

图 8—51　卡钳制动装置结构

第九节　制动系统的连接和动作说明

一、制动空气系统的连接和动作

1. 空气源装置系统及 MR 管路

在 M1 车、T1k 车、M1s 车均装有电动空气压缩机及干燥装置。有压缩机车辆的制动控制装置装有 EIL 安全阀。压缩机连接的管路，从制动控制装置 MR1 管路口连接到 150 L 主风缸，经过 3/4 截断旋塞，再经过 MR2 管路口连接于主风缸管（MR 管）。对无压缩机的车辆，其制动控制装置是由 MR 管路经过 MR1 管路，向主风缸（150 L）供给空气。

因制动控制器具有调压功能，在 BCU 中配置 MR 压力传感器。风缸和 MR 传感器在制动控制装置内连接。主风缸管（MR 管）向全部车辆引出支管。除了附带空气管开闭器的 Tc 车系以外各车两端均设有 1 只断气旋塞（侧面带孔），各车辆间用空气软管连接。在偶数号车辆设有 3/8 快速接头和 3/8 截断旋塞而连接 MR 管，以便跟外部空气源连接，按需供给空气。

2. 制动控制装置内部布管

在制动控制装置内部，主风缸存储的空气经过 3/4 截断旋塞、滤尘器、止回阀，连接到 100 L制动供气风缸（简称制动风缸）以及 20 L 控制用风缸。

制动风缸里的空气为制动用，连接到 FDI 中继阀和常用—快速制动用的 EP 阀、紧急用的 B11 调压阀。

SR 为截断空气制动（常用·快速和紧急）的旋塞，为方便从车辆地板进行操作，管路由供气风缸经 SR1 管路口连接到地板上的 SR 旋塞，然后回到 SR2 管路口。除地板上的旋塞以外，制动控制装置内也设有截断用旋塞。

此外只限于截断紧急制动用的 UB 旋塞也从 SR2 管路分支，经 UB1 管路口连接到地板上的 UB 旋塞，然后回到 UB2 管路口，以便能由车辆地板上进行操作。与 SR 旋塞同样，除了地板上的旋塞以外，在制动控制装置内也设有截断旋塞。

控制用风缸的空气，分别连接到直接使用780～880 kPa 压力空气的CTR1管路接口，以及经B10 调压阀减压到490 kPa 的CTR2管路接口。

由空气弹簧连接过来的管路，经AS1及AS2各管路连接到制动控制器的压力传感器。

3. BC 管路

BC 管路从制动控制装置BC 管路口经过车体下面且分到车辆的前后转向架，再经过3/4断气旋塞、8-3/4×3/4 节流、22-3/4 空气软管，然后再分到通到各车轴，最后连接到180-42×55增压气缸。在增压气缸进行空气压力滑行控制以及空—油变换，再连接到各盘式制动装置。

4. 其他

在Tc 车的司机室控制台上装有100×1 000 kPa 双针压力表，因此，管路从MR 管及头车转向架BC 管连接到压力表。另外，由MR 管经过3/8 截断旋塞(后面带孔)，连接到MR检压用S39乙A 气压开关(MRPS)。

二、制动器电气系统的连接及动作

1. 常用制动指令

常用制动指令，是用司机室控制台司机制动控制器给61～67 线加压，经过车辆信息控制装置传输到各车辆的制动控制器。其中61～66 线只做传输，67 线兼硬贯穿线和传输，是为了在制动7 N下，准确地施行ATC制动动作，给67 线特意安排的。考虑发生传输不良，备有指令A、B(M417线、M418线)，以备万一。如果发生传输不良时，按其组合状态判断3·5·7 N中的某种等级就发出制动指令。

2. 快速制动指令

快速制动指令使用152 线。在司机制动控制器设定快速位置，152 线就变为失电状态，立即发出快速制动动作。除此以外，EBR(ATP 所发的快速制动指令)，JTR(即MR 压力过低、列车分离、检测出制动力不足、紧急电磁阀失电、拔下司机制动控制器钥匙、列车乘务员操作紧急制动开关)等时，也使得152 线失电。

3. 紧急制动电路

设有由头车到尾车的常带电引线(153 线和154 线)，发生紧急状态时变为失电状态的同时，使紧急制动动作，快速制动也动作。紧急制动动作的条件：① MR 压力过低时；② 列车分离时；③ 探测出制动力不足时；④ 紧急电磁阀失电时；⑤ 拔出司机制动控制器钥匙时。

4. 制动力不足检测电路

制动力不足检测电路是制动器发生故障时的探测电路，在ATC 制动和紧急制动以及手动制动，而在70 km/h以上就发出7 N以上指令，70 km/h以下就发出5 N指令时，或经过UBTR 的延时后空气制动或再生制动均还不能动作，BC 压力开关或UBCDR 不动作时，就

判断发生制动故障，立即释放 UBTR，UV 也去磁紧急制动发出制动动作。

同时释放 UVR 开放 154 线，会释放 JTR 则全车辆的快速制动立即动作。另外，在各车辆设有 UVRS（紧急制动短路开关），以便缓解某一辆车的紧急制动而移动列车，此时，短路开关恢复 154 线的作用，使 JTR 动作。

5. 紧急制动的缓解

发出紧急制动后要缓解制动使其复位时，应检查紧急制动的原因，或按应急措施处理后，将制动手柄转换为快速位置，按下 UBRS（紧急复位开关）。

一旦按下 UBRS，各车的 UBRSR 立即动作激磁 UBTR，UV·UVR 也激磁而自保且 154 线导通，使得头车的 JTR 动作。JTR 开始动作后，将司机制动控制器从快速位置退到运转位置，JTR 保持激磁的状态，紧急制动电路得电，紧急电磁阀励磁、变为缓解状态。

表 8—17　制动系统调整值一览表

No.	零件名称	对象								调整值 单位：kPa	备注
		1 T1c	2 M2	3 M1	4 T2	5 T1k	6 M2	7 M1s	8 T2c		
1	E5 调压器		○		○		○			接：(640±10)kPa [(6.5±0.1)kgf/cm²] 关：(780±10)kPa [(8.0±0.1)kgf/cm²]	辅助空气压缩机用（装备在辅助空气压缩机内）
2	F3A 安全阀		○		○		○			喷吹：950^{+0}_{-20} kPa ($9.7^{+0}_{-0.2}$ kgf/cm²) 停吹：880 kPa 以上 (9.0 kgf/cm² 以上)	辅助空气压缩机用（装备在辅助空气压缩机内）
3	E1L 安全阀（乙）			○		○		○		喷吹：950^{+0}_{-20} kPa ($9.7^{+0}_{-0.2}$ kgf/cm²) 停吹：880 kPa 以上 (9.0 kgf/cm² 以上)	主风缸用（装备在制动控制装置内）
4	E1L 安全阀（甲）			○		○		○		喷吹：(390±20)kPa [(4.0±0.2)kgf/cm²] 停吹：340 kPa 以上 (3.5 kgf/cm² 以上)	空气压缩机中间冷却机用（装备在电动空气压缩机内）
5	B10 调压阀	○	○	○	○	○	○	○	○	(490±10)kPa [(5.0±0.1)kgf/cm²]	控制压力用
6	S39 乙 A 气压开关	○							○	接：710 kPa 以下 (7.2 kgf/cm² 以下) 关：(590±10)kPa [(6.0±0.1)kgf/cm²]	探测 MR 不足用
7	SPS—8WP—SD 压力开关	○	○	○	○	○	○	○	○	（未定）	探测 BC 压力不足（高速）用内装在制动控制装置
8	SPS—8WP—SD 压力开关	○	○	○	○	○	○	○	○	（未定）	探测 BC 压力不足（低速）用内装在制动控制装置

续上表

No.	零件名称	对象								调整值 单位:kPa		备注
		1 T1c	2 M2	3 M1	4 T2	5 T1k	6 M2	7 M1s	8 T2c			
9	L1A 调压阀	○	○	○	○	○	○	○	○	490±10 kPa (5.0±0.1 kgf/cm^2)		脚踏面清扫装置用
10	B11 调压值	○	○	○	○	○	○	○	○	高压	(未定)	紧急制动用 内装在制动控制装置
										低压	(未定)	
11	制动控制器	○	○	○	○	○	○	○	○	(未定)		
12	制动控制装置	○	○	○	○	○	○	○	○	(未定)		

第十节　CRH2 300 km/h 动车组制动系统简介

时速 300 km 速度级动车组(简称 CRH2C)是以 CRH2 型时速 200 km 动车组为基础,通过速度提升和优化设计、自主研发的国产动车组,由 6 辆动车 2 辆拖车,共 8 辆车构成编组,最高运行速度 300 km/h,可在新建 300 km/h 速度级客运专线上运营,并能在新建 200 km/h 速度级客运专线上以 200 km/h 速度正常运行。

编组配置如图 8－52 所示。两列动车组可连挂运行。

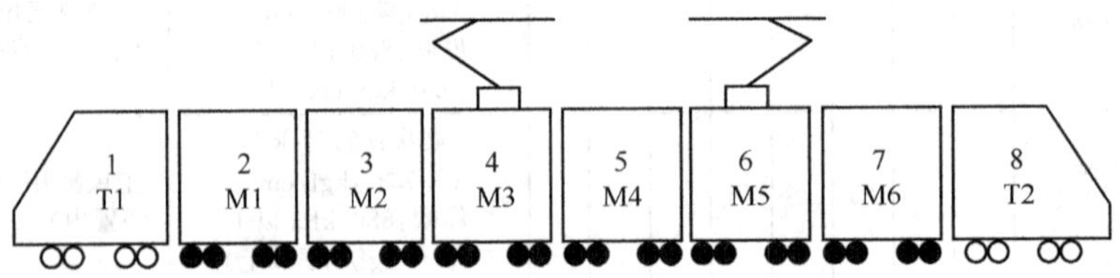

图 8－52　CRH2 型 300 km/h 动车组的编组

一、制动系统概述

1. 制动距离

在平直道上的快速制动时的制动距离满足如下要求:

制动初速度为 300 km/h 时:≤3 800m;

制动初速度为 200 km/h 时:≤2 000m。

2. 制动方式

制动方式为电气再生制动和电气指令直通式空气制动复合并用,进行符合速度－黏着关系的制动力控制,并具有滑行检测和载重调节功能。

3. 控制方式

手动控制及 ATP 自动控制;ATP 制动的空走时间(制动响应时间)须在 3.5 s 以下(其中

空气响应时间为 1.5 s，控制响应时间为 2 s)

4. 制动功能

(1)常用制动：电气指令、阶段控制(阶段制动、阶段缓解)。

(2)快速制动：常带电方式(由指令线断路启动紧急制动动作)。

(3)紧急制动：常带电方式(由环形电路断路启动快速制动动作)。

(4)辅助制动：制动控制装置不良时使用，只对两头车起作用。

(5)耐雪制动：防止下雪天雪块嵌入制动盘和闸片间的轻接触制动动作。

5. 制动减速度模式曲线

制动减速度模式曲线参见图 8－53。

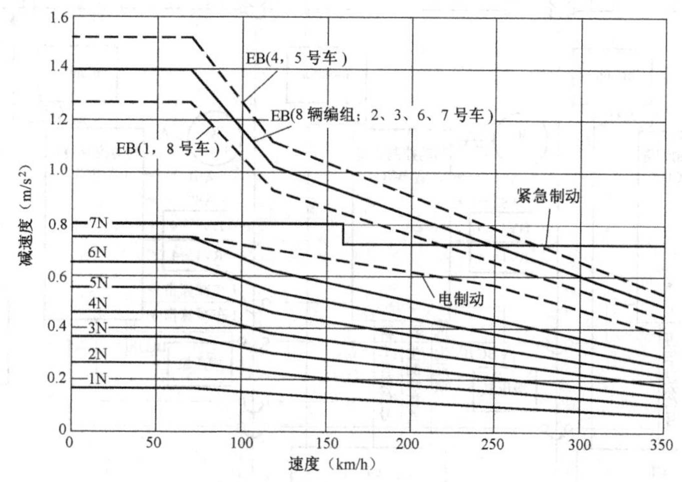

图 8－53　时速 300 km 动车组速度—黏着模式控制图

(1)常用制动 7N

①70 km/h：0.747m/s^2；

②118 km/h：0.619m/s^2；

③200 km/h：0.505m/s^2；

④275 km/h：0.400m/s^2；

⑤300 km/h：0.365m/s^2。

(2)紧急制动

①70 km/h：1.395m/s^2；

②118 km/h：1.024m/s^2；

③200 km/h：0.834m/s^2；

④275 km/h：0.660m/s^2；

⑤300 km/h：0.602m/s^2。

二、制动控制的特点

1. 制动控制单位

本列车将两个 2M1T 及两个单独的 M 车(4 或 5 号车)作为控制单位进行延迟控制。

在手动制动操作时及 ATP 指令动作时,快速制动具有相当于最大常用制动(7N 制动)1.87 倍(0～70 km/h)、1.65～1.87 倍(70～118 km/h)、1.65 倍(118～300 km/h)的制动力。

2M1T 制动控制的基本结构以 M5－M6－T2c 车为例,如图 8－54 所示。

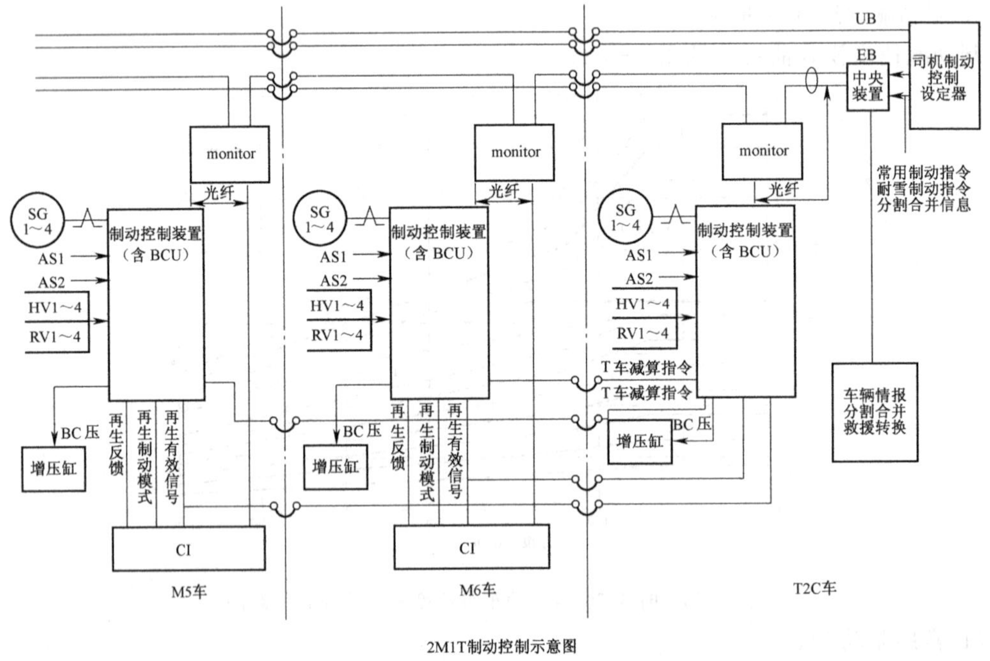

图 8－54 制动控制方框图

2. 制动控制流程

制动控制功能参见图 8－55。

M 车(2M1T 中的 M 车;在 4 号和 5 号 M 车 BCU 无空气制动减法指令输出)BCU 控制框图如图 8－55 所示;T 车(以 T1 车为例)BCU 控制框图如图 8－56 所示。

“延迟控制”是以 2M1T 单元(1～3 车、6～8 车)为单位分别进行控制的,2M1T 在制动力控制方面实际上是每个 M 车对 T 车 1/2 的制动力进行延迟控制,具体见图 8－57。

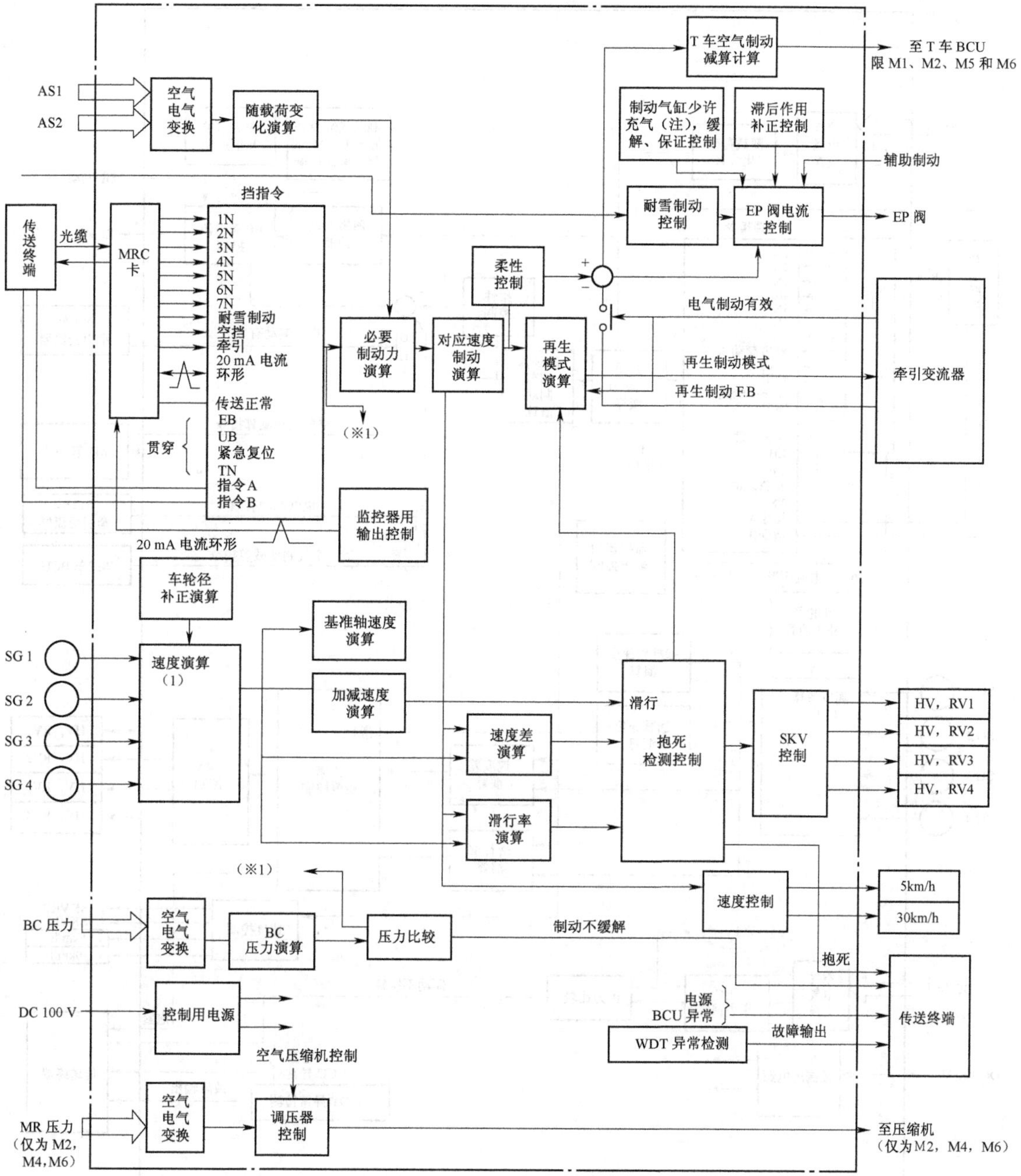

T车空气制动减算计算
至T车BCU 限M1、M2、M5和M6
AS1
AS2
空气电气变换
随载荷变化演算
制动气缸少许充气（注），缓解、保证控制
滞后作用补正控制
辅助制动
挡指令
耐雪制动控制
EP阀电流控制
EP阀
传送终端
光缆
MRC卡
1N
2N
3N
4N
5N
6N
7N
耐雪制动
空挡
牵引
20 mA 电流环形
传送正常
EB
UB
紧急复位
TN
指令A
指令B
贯穿
柔性控制
+
−
电气制动有效
必要制动力演算
对应速度制动演算
再生模式演算
再生制动模式
再生制动F.B
牵引变流器
（※1）
监控器用输出控制
20 mA 电流环形
车轮径补正演算
基准轴速度演算
SG 1
SG 2
SG 3
SG 4
速度演算（1）
加减速度演算
滑行
速度差演算
抱死检测控制
SKV控制
HV，RV1
HV，RV2
HV，RV3
HV，RV4
滑行率演算
（※1）
速度控制
5km/h
30km/h
BC压力
空气电气变换
BC压力演算
压力比较
制动不缓解
抱死
电源 BCU异常
传送终端
DC 100 V
控制用电源
WDT异常检测
故障输出
空气压缩机控制
MR压力（仅为M2，M4，M6）
空气电气变换
调压器控制
至压缩机（仅为M2，M4，M6）

图8—55 M车BCU控制框图

注※1：——电气制动与空气制动同时施加时，在电气制动作用即将失效或减少时，在空气制动缸中充入少量空气压力，以提高反应速度、缩短空气制动力上升时间。

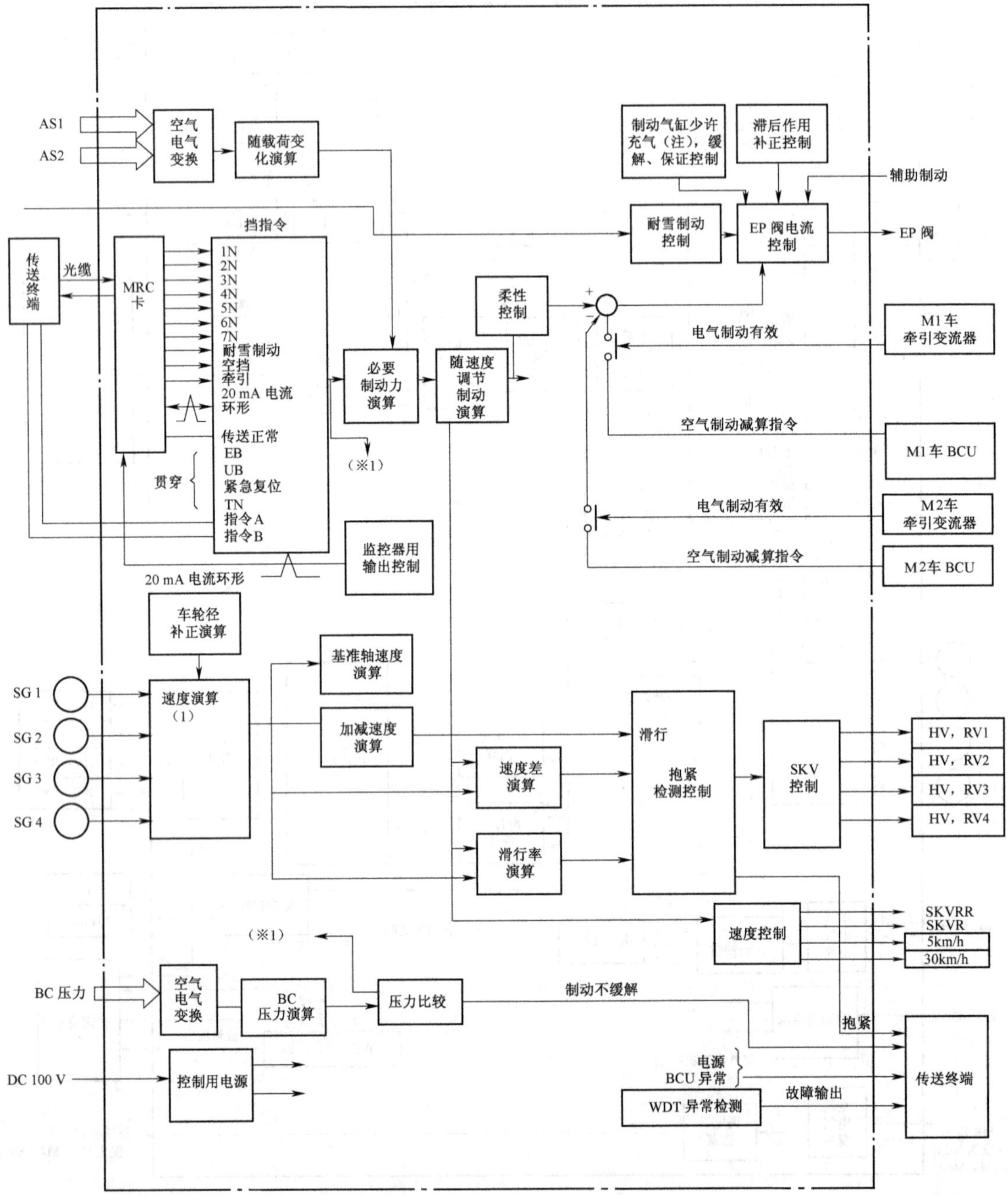

图 8—56　T 车 BCU 控制框图

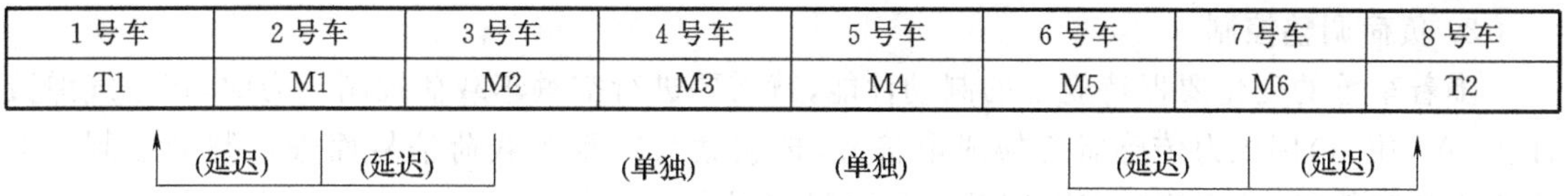

1号车	2号车	3号车	4号车	5号车	6号车	7号车	8号车
T1	M1	M2	M3	M4	M5	M6	T2

(延迟) (延迟) (单独) (单独) (延迟) (延迟)

图 8－57 延迟控制示意图

为达到较高的再生率，采用“T 车优先延迟控制”的控制策略。

如果 M 车的再生制动力不足(对于制动单元内)，要先由 T 车补足其所缺的等量的空气制动力，T 车的空气制动力在达到本车所需的制动力时，以后的再生不足部分用 M 车的空气制动力来补足，在再生制动力全部失效的状态下，M、T 均由空气制动起作用。

图 8－58 表示了 M、T 车的制动力分配图。各再生点、制动力控制状态见表 8－18。

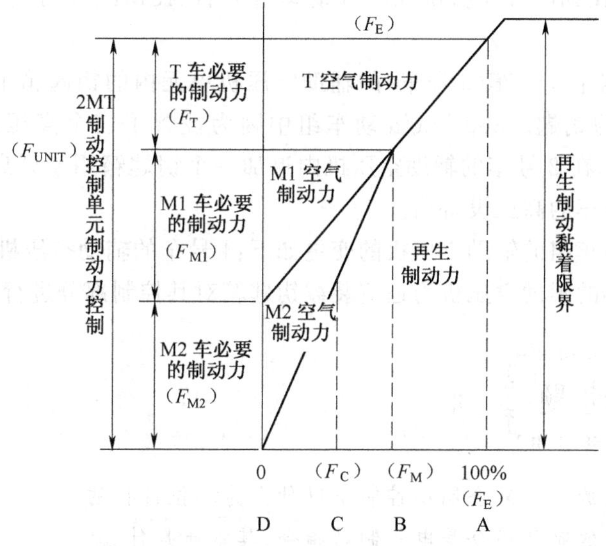

图 8－58 M、T 车的制动力分配图

表 8－18 制动力控制状态

再生点	再生制动力	空气制动力		T 空气制动力
		M1 车	M2 车	
A	FE	0	0	0
B	FM	0	0	FT
C	FC	(FM－FC)/2	(FM－FC)/2	FT
D	0	FM1	FM2	FT

3. 负荷调整控制

随着车重的变化要保持规定的制动性能，就需要进行空重车载荷控制。为此，将空气弹簧压力(AS 压力)用压力传感器变换成电信号，把它做为空重车载荷信号而进行制动控制。考虑产生故障等时，要实施空车限制及重车限制控制。

空车限幅：空车时在 70%以下的情况下，判断传感器系统故障实施重车时的 100%的 AS 压力。

重车限幅：达到满车时的 120%以上的情况下，判断传感器系统故障实施满车时的 100%的 AS 压力。

4. 辅助空气压缩机装置

辅助空气压缩机采用 ACMF2 及 ACMF2A。300 km/h 动车组 ACMF2A 不同于 200 km/h动车组的 ACMF2A，但 300 km/h 动车组上的 ACMF2A 可用于 200 km/h 动车组上，反之不可以。

200 km/h 动车组中 4 号车(6 号车)的辅助空压机单元内的钥匙箱中装有开启 2 号车(6 号车)的高压设备箱的钥匙。300 km/h 动车组中因为设置了三个高压设备箱(2、4 和 6 号车)，为了控制其开启，在 2 号车的辅助空压机内追加一个钥匙箱用于开启 2 号车的高压设备箱，4 号车的开启 4 号车的高压设备箱。

与此对应，300 动车组的辅助空压机的变更如下：4 号车的辅助空压机启用原先为 VCB 预留的空气接口；2 号车的辅助空压机为适应装载钥匙箱对其控制部分进行变更。

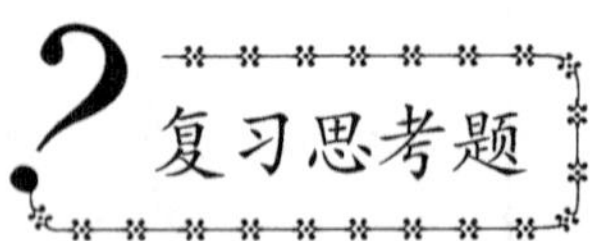

1. CRH2 动车组的空电复合制动控制是以什么为单位进行的？
2. CRH2 动车组的制动指令是电气制动指令，其本质是什么？
3. 耐雪制动有什么作用？
4. 辅助(备用)制动装置的制动力为什么只在头、尾车上实施？
5. 辅助制动电气指令为何采用交流 100 V 传输？
6. 定速控制功能中的制动减速是靠什么实现的？
7. 从电制动力随速度的变化曲线看，CRH2 动车组能够在多大坡度的下坡道上靠电制动力能够使动车组稳定在 160 km/h 速度上？
8. CRH2 制动控制装置使用的 EP 阀属于哪种类型？
9. CRH2 的紧急制动预控制压力是由哪些因素决定的？怎样调整控制的？
10. 空气弹簧工作压力是怎样转换成载重信号的？
11. 为什么采用双膜板中继阀？

12. 制动力计算中对车重载荷的限幅处理采用什么方法?
13. CRH2 的制动控制系统采用什么防滑控制规律?
14. 防滑控制需要采集什么信号?
15. 再生制动防滑措施与空气制动防滑措施是否相同?
16. 根据速度传感器计算车速时,怎样考虑车轮滚动园圆因磨耗带来的直径变化?
17. CRH2 的主空气压缩机启停工作是由谁控制的?
18. 增压缸的理论增压比与实际增压比之间有什么关系?
19. CRH2C 动车组的空电复合制动控制是以什么为单位进行的?
20. CRH2C 动车组的制动力计算中对车重载荷的限幅处理方法与 CRH2 的相同吗?

第九章
CRH3 型动车组制动系统

第一节　制动系统组成

CRH3 型动车组采用电气指令微机控制的空电复合制动系统，由制动指令及其传输、制动控制、基础制动、供风四大部分(参见图 9－1)。系统采用再生制动优先的控制策略。空气制动部分为电气指令微机控制直通式(也称直接作用式)电空制动。备用制动采用自动式(也称间接作用、带分配阀的从属的)空气制动机。

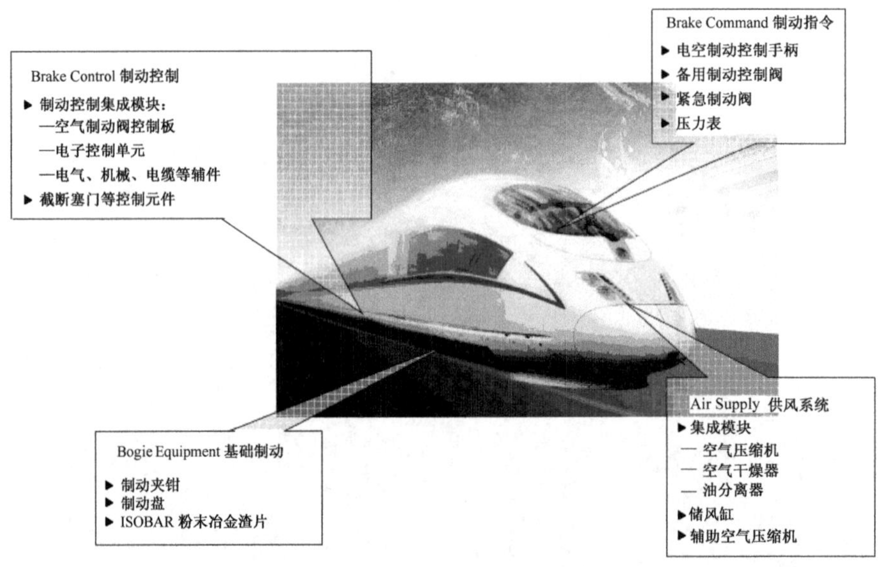

图 9－1　CRH3 型动车组制动系统组成简略图

动车组中与空气制动的相关部分包括：压缩空气供给系统、直通式电空制动系统、自动式空气制动备用系统和基础制动装置等部分。

制动系统在编组中各车制动设备的配置情况参见图 9－2。

空气制动组成及其关键设备示意于图 9－3。

空气制动由制动控制单元(BCU)、电制动由牵引控制单元(TCU)共同在列车信息控制网

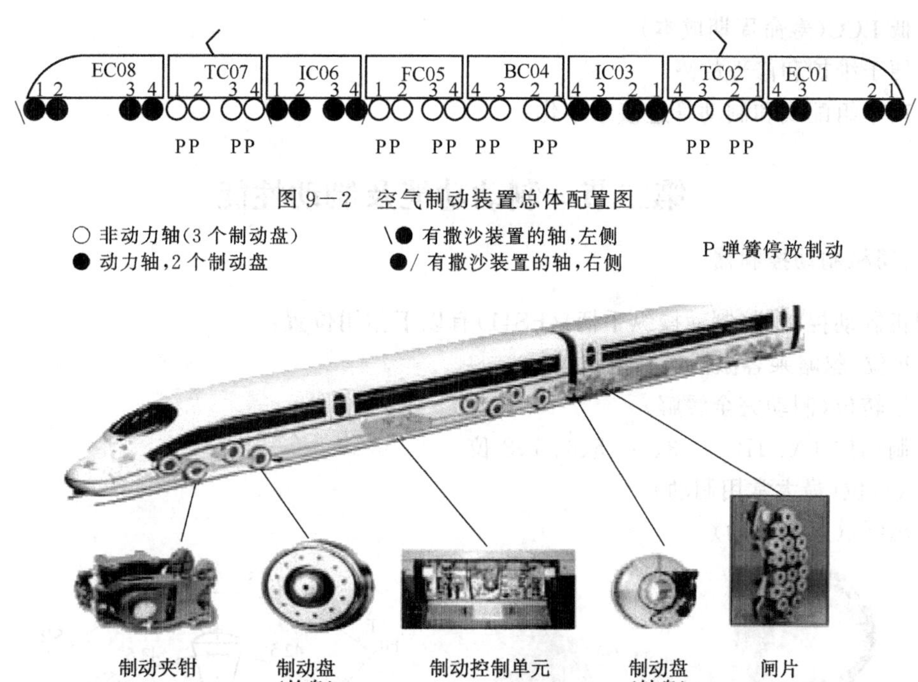

图 9－2　空气制动装置总体配置图

图 9－3　空气制动系统关键设备

络的中央控制装置(CCU)的控制下完成空电复合作用。

CRH3 型动车组的供风系统可分为主供风系统和辅助供风系统。

CRH3 动车组的主供风系统配备 2 台电动空压机组(A01),分别位于中间车 IC03/IC06 的地板下方,每台空压机组都包括一个 SL22 型螺杆式空气压缩机,每台供风流量不低于 1 300 L/min。主压缩机带有双塔空气干燥器和带防冻设备的冷凝水收集器。

辅助供风系统配备 2 台辅助空气压缩机(U01),在主供风系统总风缸压力不足和受电弓降弓的情况下为受电弓升弓装置供风;辅助空气压缩机装在 TC07 和 TC02 车上。

主供风系统的空气压缩机不能使用蓄电池驱动,因此,总风缸中现有压缩空气首先用于升弓操作。如果总风缸空气压力不足,则升弓所需的压缩空气由辅助压缩机(U01) 及其自附的风缸(U02) 提供。

主供风系统的总风缸分散布置在每辆车中。总风缸压缩空气最高压力 10 000 kPa 。

为适应恶劣的铁路运用条件,CRH3 型动车组的压缩空气供给和空气制动系统的设计具有如下特点:

- 安全性高
- 可靠性高
- 可用性好

• 低 LCC(寿命周期成本)
• 便于维护和修理故障
• 动车组配线和制动管连接最小化

第二节　制动功能及制动性能

一、司机制动控制器

司机制动控制器(制动操纵手柄)(FS41)有以下作用位置:
• F 位(忽略乘客激活的紧急制动)
• 运转位(制动完全缓解)
• 制动位 1A、1B、2、3、4、5、6、7、8 位
• VB 位(最大常用制动)
• SB 位(紧急制动)

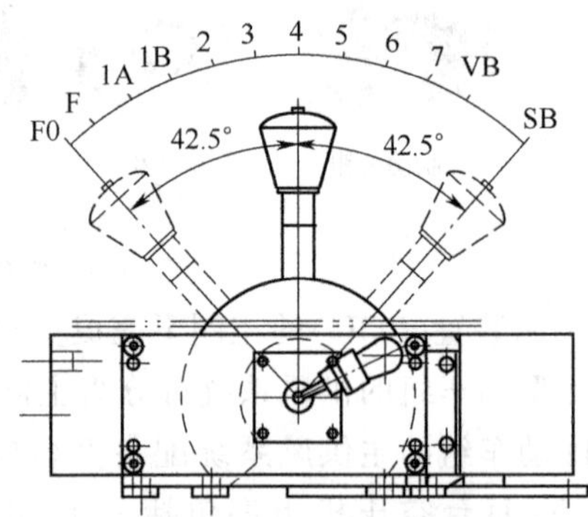

图 9—4　司机制动操纵手柄

备用制动采用专设的司机制动控制器(控制阀 ZB11-6)操纵,参见图 9—5。

图 9—5　备用制动手柄
(制动控制阀 ZB11-6)

二、制动功能

CRH3 型动车组装有两个独立的制动系统:①电制动(ED 制动);②电空制动(EP 制动)。

电制动由 M 车的牵引控制单元(TCU)实现;电空制动由各车(含 M 车、T 车)的制动控制单元(BCU)实现。从总体上来说,动车组采用空电复合制动控制模式,电制动优先。制动系统具有与车载列车运行速度控制系统的接口。

CRH3 型动车组制动系统是采用微处理器对所有制动设备

进行控制、操纵和诊断等全面制动管理的制动系统，这些设备与制动程序和列车控制系统的通信有关，保证列车具有更高的安全性、可靠性和可用性。同时还可以提供可选的动力制动控制。

制动系统能实现下列基本功能：紧急制动、常用制动、停放制动、备用制动、防滑控制。

为了实现救援和回送时的常用制动和紧急制动，适应 600 kPa 制动管定压的要求，CRH3 型动车组采用了间接作用方式的备用制动系统（带一次缓解分配阀的自动空气制动机），完全独立于具有微处理器的电子控制单元进行控制的主常用制动控制回路，制动系统基于“故障导向安全”的原则设计，具有以下功能。

1. 电制动

CRH3 型动车组使用的电制动以再生制动为主。制动时，控制系统将三相异步电动机转换为发电机工作，将列车运动的动能转变为电能，反馈回接触网。动车使用电制动、拖车使用空气制动。当电制动力不足时，即超出使用电制动力的速度范围时，动车和拖车全部使用空气制动系统。

电制动可单独使用或与空气制动一起使用。与空气制动一起使用时，将优先运用电制动，以减轻拖车的空气制动负荷，从而减少盘形制动部件的磨耗。

CRH3 型动车组的再生制动可在速度范围 10～350 km/h 工作。

2. 空气制动

CRH3 型动车组使用的空气制动系统采用空气盘形制动作为基础制动装置，制动控制部分包括电气指令微机控制直通式电空制动系统和自动式空气制动系统。

直通式电空制动系统采用微机控制，制动系统可按制动模式曲线（根据手柄位置或列车自动控制系统设定）控制列车减速或停车。安装在各车上采用微机控制的制动电子控制装置负责执行本车的制动控制功能，包括接收和解码制动指令信号（从司机台上的制动手柄发出），以及其他用于列车制动控制的重要信息。如果直通电空制动系统出现故障，系统应故障导向安全，必要时实施紧急制动停车，如直通制动系统不能正常工作，通过手动转换后，启动自动空气制动系统。

动车组上的自动式空气制动系统为备用制动系统，其制动指令由制动管传递。备用空气制动系统可由采用自动式空气制动系统的既有线机车操纵控制动车组的制动与缓解，满足动车组在救援和回送时的制动要求。自动式空气制动系统处于热备份状态。各种制动功能如下。

（1）常用制动

① 首先在动力转向架上施加动力制动，如果动力制动不足，再在拖车轴上施加空气制动。

② 当动力制动不能使用时，用空气制动代替。

③ 在速度（根据动力制动特性）小于 10 km/h 的时候，采用纯空气制动。

（2）紧急制动

通过以下任意方法均可以触发紧急制动：

① 由司机在司机室启动紧急制动按钮。

② 司机将制动手柄扳至“紧急制动”位使紧急制动阀失电、制动管(BP)快速彻底的排风。

③ 由列车保护系统或自动报警设备启动(SIFA)。

④ 列车运行时任何原因启动了停放制动，停放制动监视回路将触发紧急制动、紧急制动实施直至停车。

⑤ 转向架的稳定行驶监视或轴承温度监视被触发，转向架监视回路触发紧急制动且发生最大的常用制动已运用失败。

⑥ 乘客触发紧急制动装置并向司机发出报警信号，司机将最终决定是否施加紧急制动(例如：可选择适当的位置停车)，当旅客激活紧急制动开关后，可以触发最大常用制动。在必要情况下(如在隧道中)，司机也可以旁路旅客实施的紧急制动请求。

⑦ 安全自动装置(ASD)用以保证司机对列车的有效控制。大约以 30 s 的时间间隔发出声光报警，司机必须通过 ASD 的复位控制装置及时解除警告信号，否则会引起紧急制动回路中断而实施紧急制动 。

(3)停放制动

动车组的拖车每轴配备有一个从总风缸供风的带有储能弹簧的停放制动缸，并配有手动缓解装置，使动车组即使在制动缸漏风时仍具有足够大的停放制动力保证列车安全地停放在30‰坡道上。

(4)停车制动

动车组在低速运行时(在 $v \leqslant 5$ km/h)，动力转向架上施加空气制动来接替电制动，使整个列车实现一个均衡的减速制动效果。

(5)备用制动

如果电空制动控制装置发生故障或处于救援模式，动车组可启动备用制动继续运行。此时制动将通过制动管(定压 600 kPa)中的压力进行控制。备用制动系统具有紧急制动功能，能够保证紧急制动距离。

3. 防滑功能

气动防滑装置采用高性能防滑阀，以确保达到最高的轮轨黏着力，并在电子控制装置、供风、车轮速度传感器等层面上配有采用冗余配置的微处理器。防滑系统执行以下两个功能：①防滑；②车轮滑行控制，由两套冗余的防滑系统之一进行监视。

第三节　制动控制原理及特性

CRH3 型动车组采用微机控制的空电复合制动，在完成空气制动与电制动的分配关系后，即进行每车的直通电空制动控制。备用制动装置采用自动式(间接作用、带空气分配阀)空气

制动，集成安装在制动控制装置内，除制动管和分配阀外，供风和中继阀部分与直通式电空制动控制阀结合在一起。制动包括以下几部分：控制元件和产生制动力的部件组成，制动力由空气制动和电制动产生。电制动和空气制动的作用由制动控制单元(BCU)、牵引控制单元(TCU)和列车中央控制系统(CCU)调节。供风系统包括两套主风源和两套辅助风源。

一、概　述

空气制动控制和电子制动控制完全集成，构成了制动控制系统。

在一个牵引单元(4个车)内的数据交换由车辆数据总线MVB(多功能车辆总线)来完成，牵引单元的通信有列车总线WTB支持。参见图9—6。

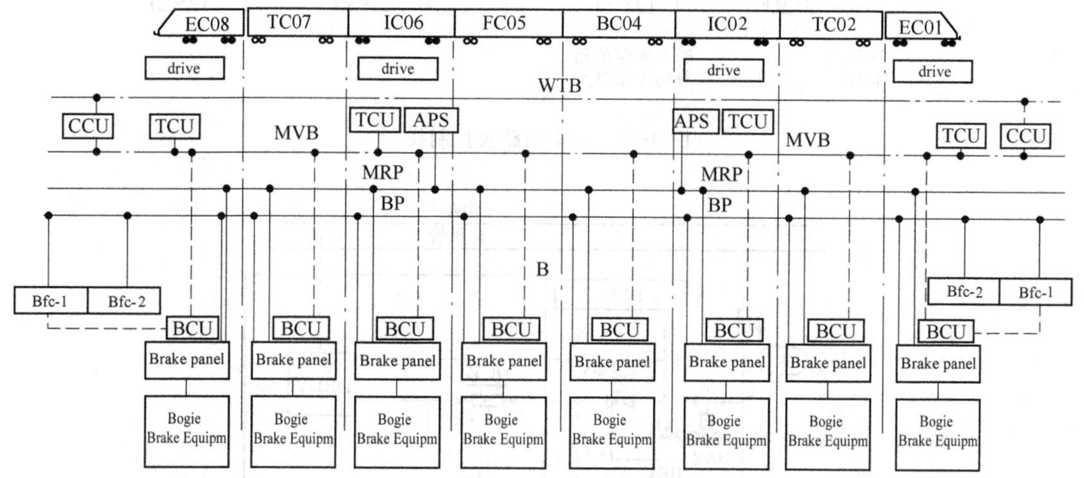

图9—6　制动控制系统示意图

drive—动车；CCU—中央控制单元；TCU—牵引控制单元；BCU—制动控制单元；APS—供风系统；WTB—列车总线；MVB—多车总线；MRP—总风管；BP—制动管；Brake panel—制动控制板；Bogie Brake Equipm—基础制动装置

动车组设有安全制动控制回路，其控制线与安全回路的构成原理示于图9—7。

二、制动控制原理及特性

CRH3型动车组各车的空气制动部分采用电气指令微机控制的直通式电空制动，并配以自动式空气制动作为备用制动。直通式电空制动和自动式空气制动在制动控制单元中的中继阀之前结合。各种制动组合电路图见图9—8及图9—9。

1. 紧急制动控制

(1)紧急制动触发

通过以下任意方法均可以启动紧急制动：

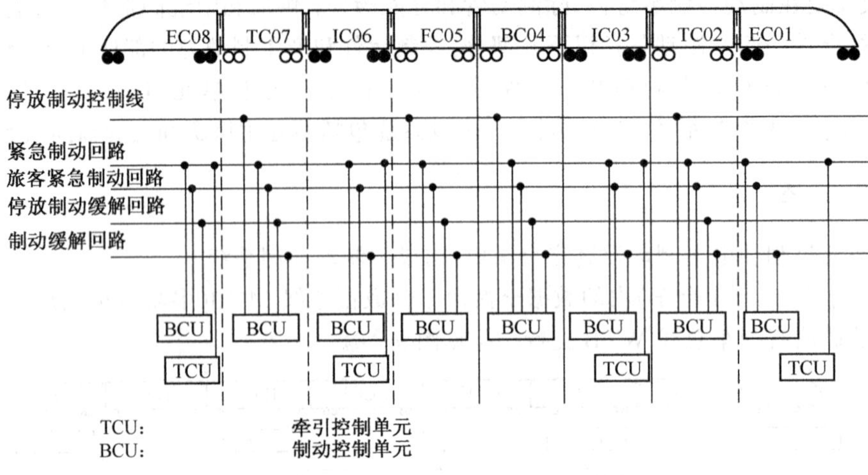

图 9—7 安全回路及控制线

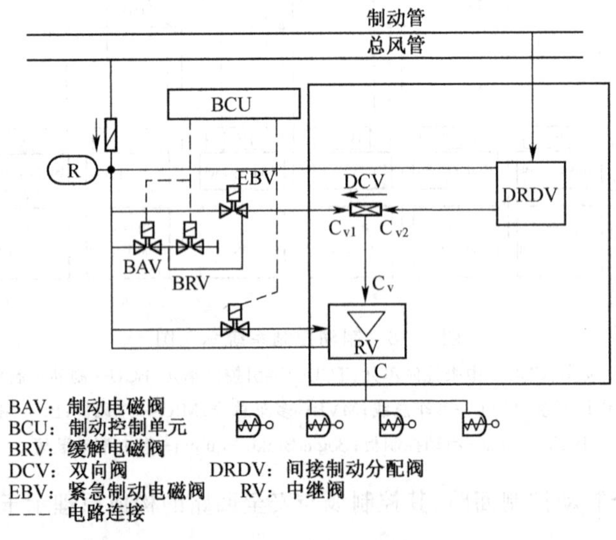

图 9—8 直通式电空制动和自动式空气制动的组合

• 司机按压司机室控制台上的紧急制动手钮

• 司机制动控制器置"紧急制动"位

• 由列车运行自动控制系统或自动报警设备启动(SIFA)

• 列车运行中突然启动停放制动,停放制动监视回路触发紧急制动;紧急制动实施直至停车

• 当转向架的稳定行驶监视或轴承温度监视被触发,转向架监视回路触发紧急制动(包括

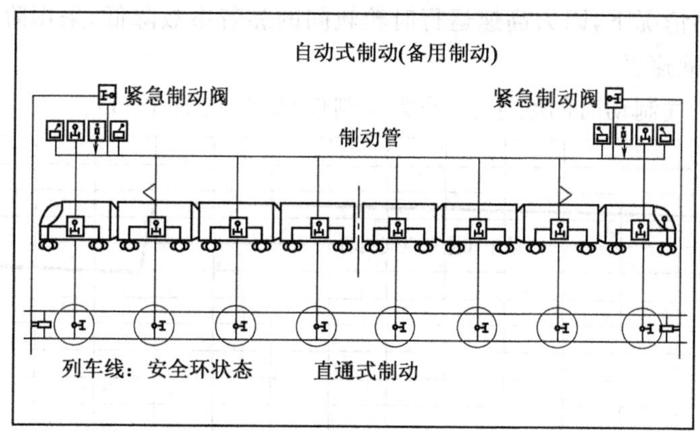

图 9—9 直通式电空制动、自动式空气制动与紧急制动的组合

最大常用制动失效时)

(2)紧急制动信号分配(图 9—10)

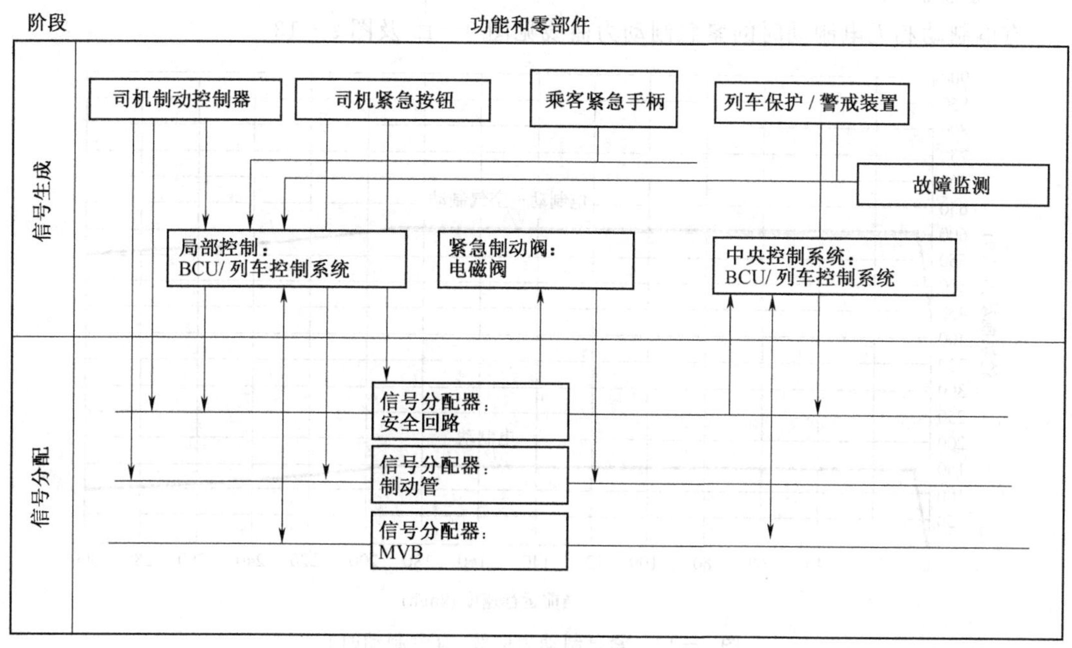

图 9—10 紧急制动触发信号

(3)紧急制动力的响应

• 制动响应时间(从发出空气紧急制动指令到制动缸压力达到 90%的时间)为 1.5 s

• 在紧急制动情况下，因为高速运行时轮轨间的黏着系数降低，采用阶梯式的制动

(4)紧急制动减速度

在全部采用空气制动时的减速度(作为控制信息)参见图 9－11。

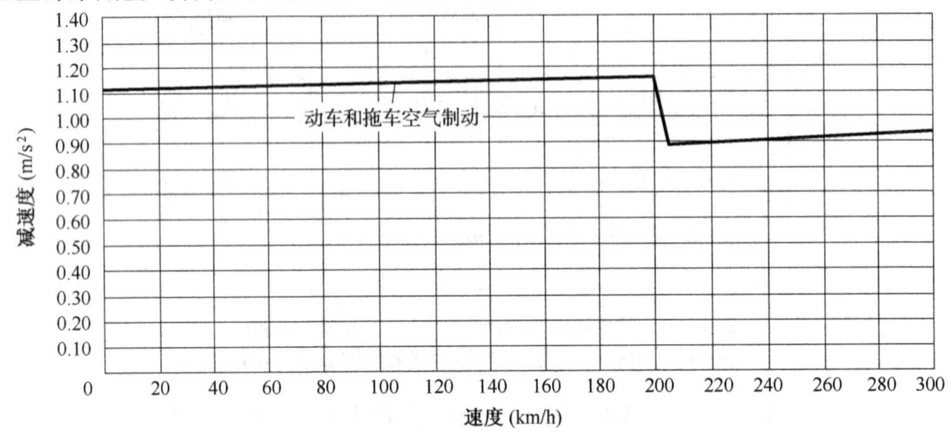

图 9－11 紧急制动减速度曲线(含列车基本运行阻力的作用)

(5)紧急制动力

有电制动和无电制动时的紧急制动力曲线见图 9－12 及图 9－13。

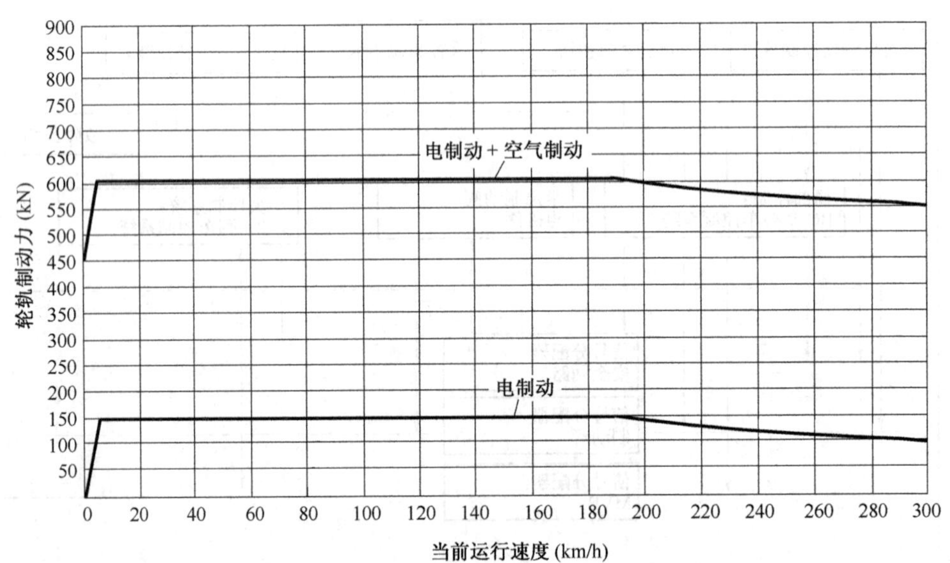

图 9－12 紧急制动力曲线(有电制动时)

(6)紧急制动黏着系数需求

紧急制动黏着系数曲线见图 9－14。

(7)紧急制动距离

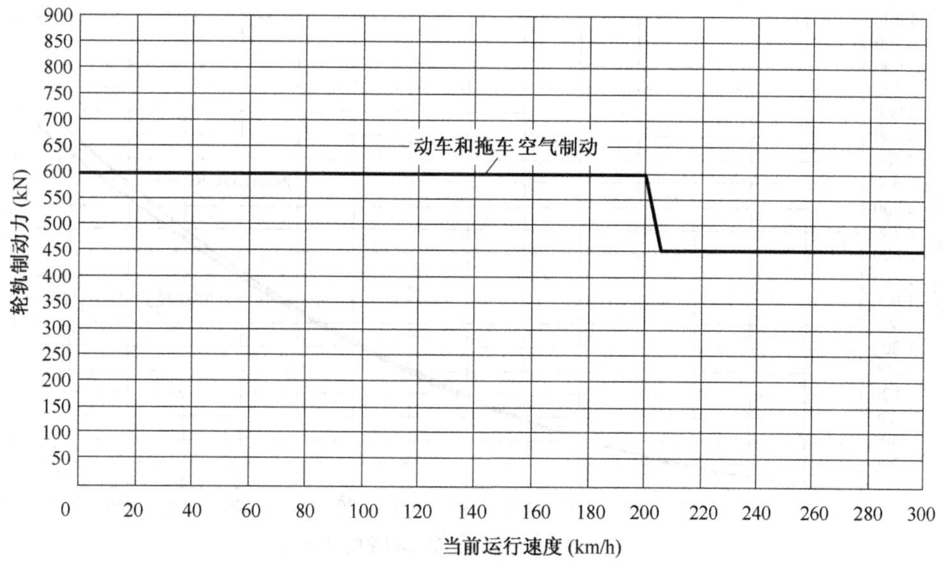

图 9－13 紧急制动力曲线(无电制动时)

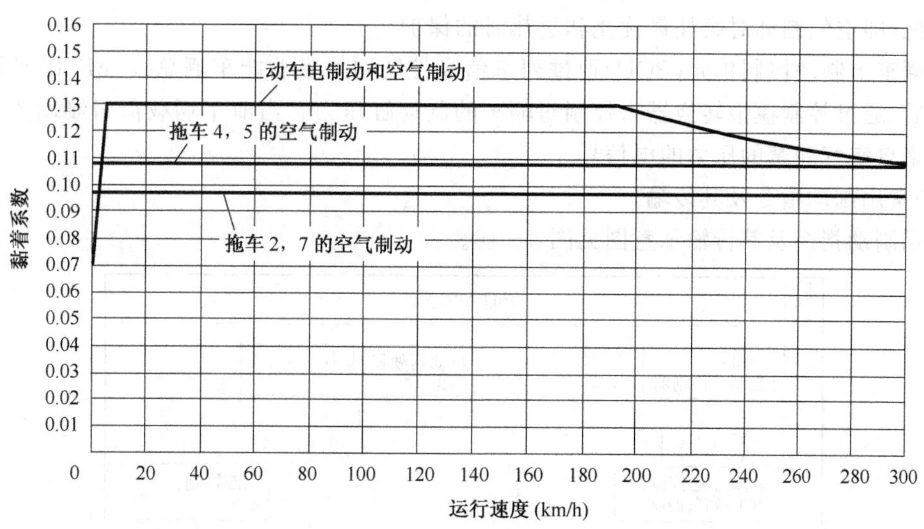

图 9－14 紧急制动黏着系数

紧急制动距离与制动初速曲线见图 9－15。

2. 常用制动控制

制动控制器所需的制动力设定值信号和从列车运行保护系统来的设定值通过列车信息控制网络计算机传输,并在制动管理范围内在可用的再生制动和电空制动之间分配。制动管理系统保证了在制动时不会超黏着系数而导致制动力过大,也保证了动车组空气制动与制动负

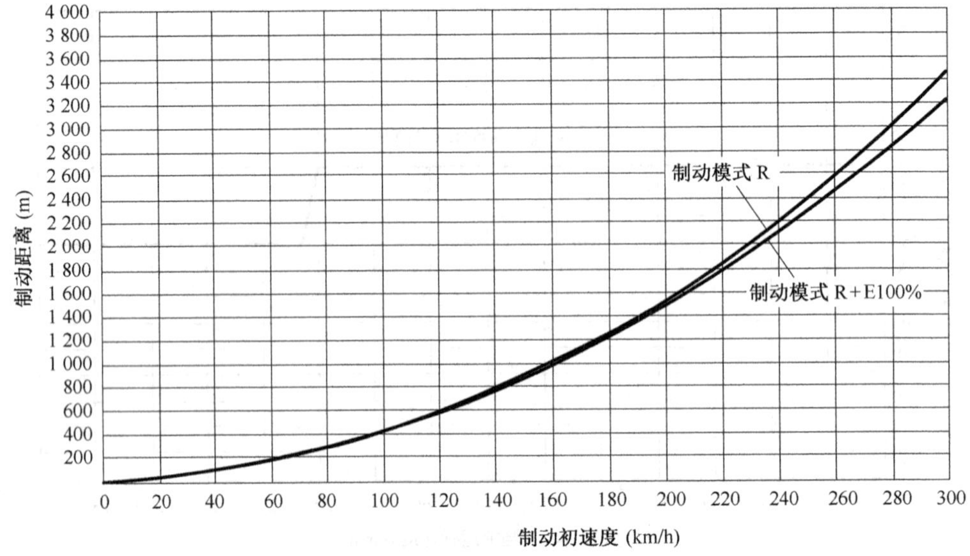

图 9—15　紧急制动距离与制动初速关系曲线

荷的匹配(即空气制动时磨耗最优化和过热时的保护)。

每辆车上制动控制单元(BCU)通过列车信息控制网络多功能车辆总线“MVB”读取制动设定值后,通过控制模拟转换器来控制每辆车的制动缸压力。当前车辆载荷对制动力补偿控制需要来自空气弹簧的压力的电信号。

(1)常用制动指令及其传输

常用制动指令及其传输示意图见图 9—16。

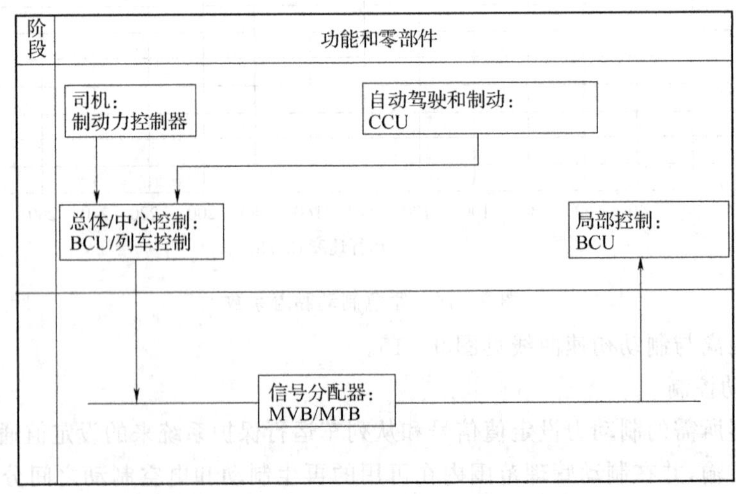

图 9—16　常用制动指令及其传输

(2)常用制动响应

常用制动响应特性为：

① 制动响应时间大约为 1.5 s。

② 在最大常用制动的条件下，平均减速度为 0.8～1.0 m/s²。

③ 常用制动力小于紧急制动力。

(3)常用制动减速度

图 9－17 为常用制动级位(1 到 8 级)对应的预置减速特性曲线，该曲线含列车基本运行阻力(标记为 Fw)的减速作用。

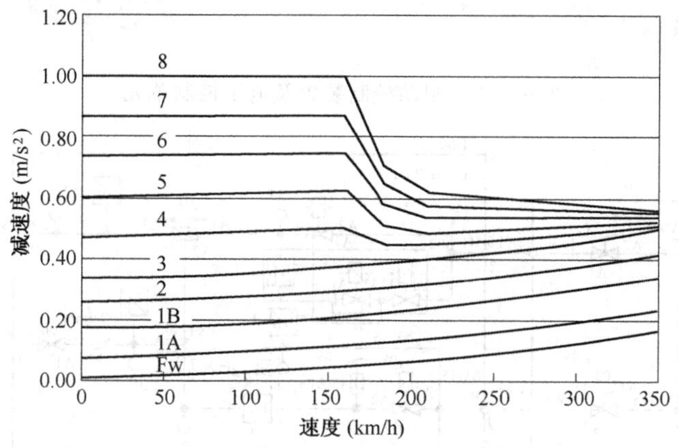

图 9－17　常用制动减速度曲线

第四节　制动控制设备

一、制动控制风路原理

1. 制动控制装置

CRH3 型动车组的制动控制装置及电子控制单元参见图 9－18，常用和紧急制动的局部控制风路参见图 9－19，直通电空制动系统的整车风路图参见图 9－20(动车)、图 9－21(拖车)所示(图 9－20 与图 9－21 见书末插页)。

每车制动设备包括：制动控制单元(B02)、风缸模块(B23)、防滑阀(G01)、基础制动装置(1R-4R)、制动指示牌(Z22)等。

制动控制单元 BCU(对应设备 B02)内包括：制动控制器(制动计算机)(B01、B10)、制动控制阀板(B60)、分配阀板(B55)、撒砂控制板(F06)、切除塞门安装板(B06)。

动车组各车的制动控制功能由制动控制单元(BCU-B02)内的电子制动控制微处理器(B02-B01/10)执行。微处理器用于接收和解码制动指令信号以及其他控制信号以控制电空

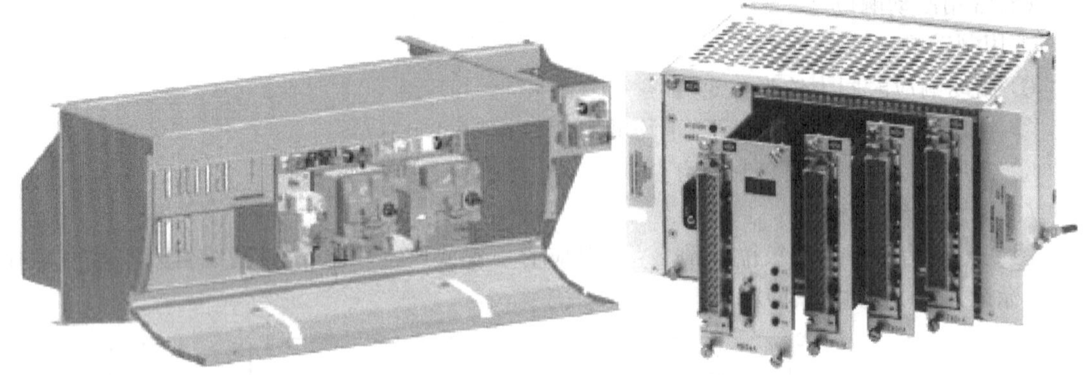

图 9—18　制动控制装置及电子控制单元

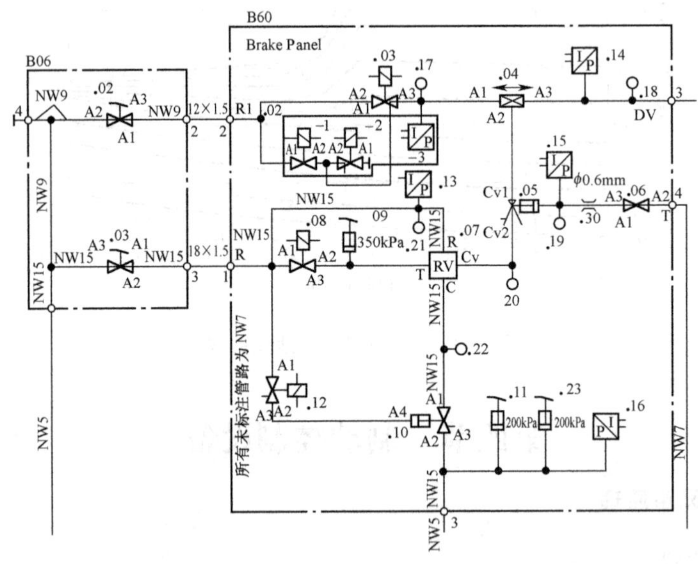

图 9—19　常用制动紧急制动控制风路

制动系统，微处理器控制逻辑包括故障诊断和故障显示以便于维护和运行。该车的制动控制技术具有高精度、线性和可重复性的特点。

2. 常用制动紧急制动压力控制

空气制动系统运行的压缩空气从总风缸管（MRP-A14）给出。MRP 的压力由压力开关（D15）监控。该压力开关与牵引联锁电路相连，在总风缸管的压力不够时可防止车辆移动。

压缩空气经过一个止回阀（B4）接至容量为 125 L 的制动风缸（B5）。这些制动设备（B04、B05）都位于风缸的框架（B23）中。在 MRP 压力不足时，止回阀确保制动风缸内有空气制动工作所需的足够的空气压力。

制动控制BCU/EP-BGE单元(B60)是便于拆卸的。通往此单元的供风可通过带排风孔的截断塞门(B06-02、B06-03)隔离，其中截断塞门(B06-02)切除直通电空制动，截断塞门(B06-03)切除自动空气制动(相当于总关门车塞门)。截断塞门(B06)电气信号由BCU读取，也可由列车信息控制网络(TCMS)来读取。

电空转换阀(EP阀)(B60.02)将来自电子制动控制设备(B01)的空气制动命令电信号转换成相应的预控制压力。传输到电空转换阀的空气制动信号为制动/缓解信号，在考虑冲动限制并根据总制动需求指令在制动控制器(计算机)控制下实现与动力制动完全混合，即所谓的复合制动。

系统采用开关型组合式EP阀，配有充风(制动)电磁阀(B60.02-1)、放风(缓解)电磁阀(B60.02-2)、压力传感器(B60.02-3)，并在制动控制器(B01)共同作用下完成制动控制。

压力传感器(B60.02-3)的信号显示控制单元中的实际预控制压力值。如果来自压力传感器的信号与指令压力不符合，电子控制单元(B01)将控制充风阀或者放风阀使压力达到正确值。

控制压力空气流向紧急电磁阀(B60.03)。在一般常用制动时，该电磁阀得电允许控制压力空气通过，即从电空转换阀(B60.02)经紧急电磁阀(B60.03)、空重阀(B60.05)到达中继阀(B60.07)。空重阀用于在制动缸压力控制电路出现故障时，保护转向架基础制动装置。

常用制动时，载荷的修正(补偿)由从电子制动控制单元(B01)到电空转换阀(B60.02)的制动指令信号来执行。

紧急制动时，电子紧急制动控制回路打开，制动管的压力通过警惕装置(N04)排掉，随即制动缸压力也将通过制动管控制的分配阀(B55.02)施加紧急制动。

当电子紧急制动控制回路打开时，紧急电磁阀(B60.03)失电(故障导向安全原则)，从风缸(B5)来的压缩空气流经双向阀(B60.04)和中继阀(B60.07)，施加与载荷相应的紧急制动。空重阀(B60.05)根据载重情况限制中继阀的设定压力。

在紧急制动同时，如果系统正常可用，电子制动控制单元(B01)将同时控制电空转换阀(B60.03)来产生紧急制动压力。

电磁阀(B60.12)气控阀(B60.10)用于电制动与空气制动的联锁。在ED制动(电制动)不可用的情况下(如:通过打开相关联锁阀(B60.12)，空气制动将动作，并选择适当的制动缸压力补充相关车辆上的电制动力。

车辆可通过位于制动缸管路上带有电节点的截断塞门(B15)，来隔离制动控制单元并缓解有空气制动作用的制动缸。截断塞门将向列车信息管理系统(TCMS)提供信号。

压力开关(B60.11、B60.23)向列车信息管理系统TCMS缓解和制动提供信息。他们安装在箱体中(B02)中制动控制板(B60)上。

头车设有备用空气制动控制组件(C01)、备用司机制动控制器(C02)、主控制器(C23)、风笛、雨刮器、轮缘润滑等控制风路。

驾驶室安装有一个双针压力表(C06)来指示 MRP 压力值和 BP 压力值。驾驶室中另一个压力表(03)显示头车的均衡风缸压力。所有的仪表都带有照明装置(供电电压直流 24 V)。

各车的 N01/1、N01/2(头车增加的 N01/3)为乘客紧急制动装置拉环。

拖车的两侧停放制动缸设有手动缓解拉手(D08、D09)。

3. 中继阀

中继阀的结构原理参见图 9－22。

制动缸的压力如下：

$$C=C_{V}\frac{A_{h}-A_{b}}{A_{h}}$$

式中 C——中继阀输出压力,kPa；

C_{V}——预控制压力,kPa；

A_{h}——活塞 h 的面积,mm^2；

A_{b}——活塞 b 的面积,mm^2。

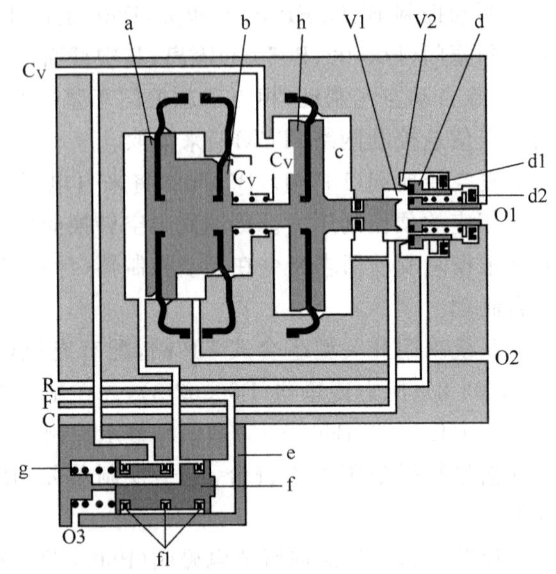

图 9－22　中继阀结构原理示意图

a—膜板；b—膜板 g—压缩弹簧；h—膜板；F—控制压力；o—排风口；c—阀板；C—制动缸压力；(to R 风缸压力．接制动风缸)；d. KNORR K 型密封圈 C_V—预控制压力；V—阀板；e—开关；f—活塞；f1—KNORR K 型密封圈

二、电气原理

常用制动是电空直通制动,在手柄处于常用制动位时启动。制动手柄提供 8 个常用制动位和一个紧急制动位,该制动手柄连接了若干个电气开关。制动手柄位置对应的级位信息自动处理,由内部 ESRA-Bus 传输到头车主 BCU 和尾车冗余 BCU 中。所有的 BCU 和 WSP 单元通过制动总线连接起来。制动总线是冗余的,用于车辆之间的连接。对于双向驱动其主要功能是冗余的,只有主 BCU 和尾车的 BCU 才能连接到 TCMS 系统的 MVB 中。常用制动时不用制动管,但制动手柄 FB11(在头车中)要始终保持缓解位置。可参见图 9－23、图 9－24。

安装在每个车辆上制动控制电子微处理器执行本车制动控制功能,接收和读取制动命令信号(来自司机台上的制动手柄)以及其他关于制动控制的列车重要信息。在直通制动故障的情况下,系统必须实施紧急制动;此时,通过手动转换可启动备用空气制动系统。

司机台上配备有牵引控制手柄、制动控制手柄、调速控制手柄。

MBCU(主制动控制单元)接收从司机台上的控制手柄和信号设备(LKJ2000 和 ATP 设备)发出制动要求,它通过一个专门制动总线把制动力要求传递给动车组的其他 BCU。BCU 之间的通信线路遍布整个编组,包括两个列车组(16 辆车)连挂的情况下。MBCU 把制动力命

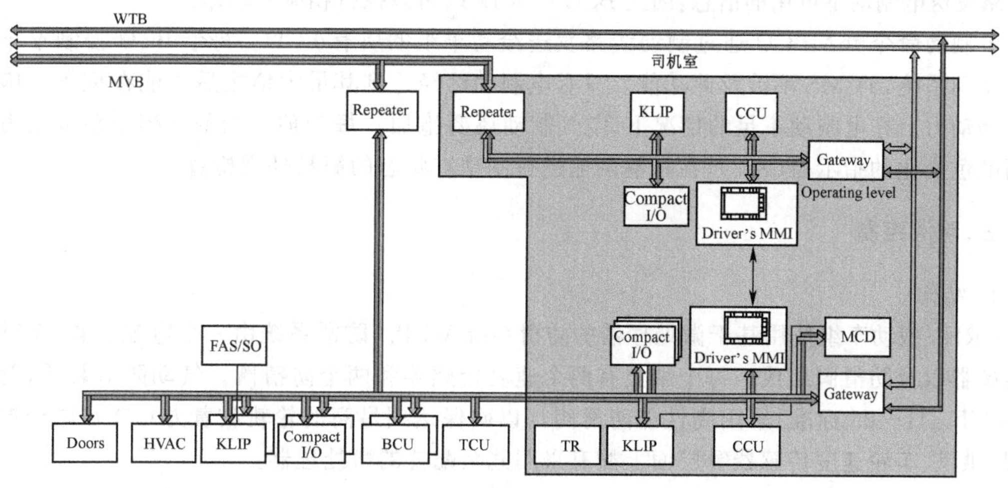

图 9—23　制动控制指令及列车网络结构原理图(EC01 车)

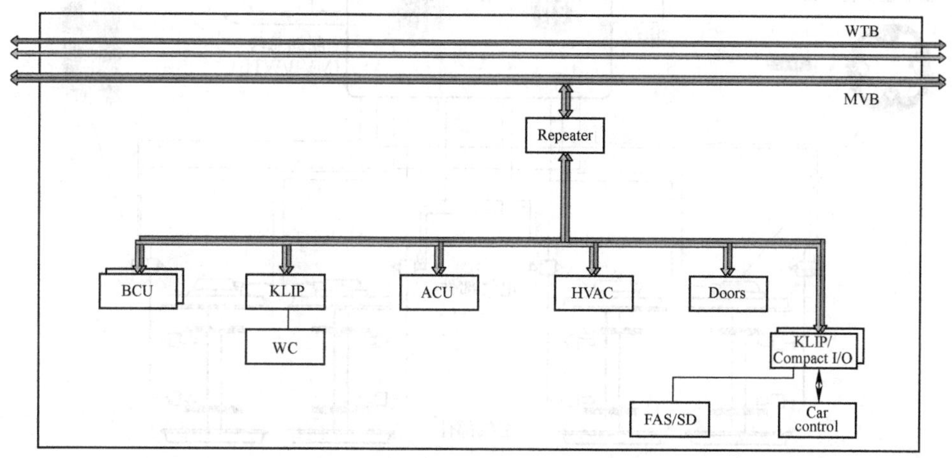

图 9—24　制动控制指令及列车网络结构原理图(TC02)

令传输到列车控制和监控系统(TCMS),TCMS 将从 MBCU 和牵引/制动手柄的位置来获取两种制动命令要求,并根据电制动力控制列车组的 TCU(牵引控制单元)。每个动车配备一个牵引控制单元(TCU),它与 TCMS MVB 总线接口连接。

电制动命令通过列车控制网络(MVB 和 WTB)由 TCMS 发送到 TCU。每个 TCU 执行要求的电制动力,并且当给动轴施加电制动时,给动轴的互锁电磁阀通电。一旦该互锁阀被 TCU 激活,由该 TCU 控制的两个动轴上的空气制动被切除。如果一个或更多 TCU 不能执行电制动时,TCU 通过列车控制网络(MVB 和 WTB)来通知 TCMS,并缓解互锁电磁阀。TCMS 通过列车控制网络发送电制动不可用的信息，因此 BCU 或 MBCU 可以执行相应的动作。

电制动命令由 MBCU 通过制动线路发送给动车组的所有 BCU。每个 BCU 控制本车的空气制动系统，TCMS 不涉及此功能。只有电制动已经达到其最大值之后才能在拖车上施加空气制动力。在电制动不足的情况下，空气制动还要施加。每个轴上配备有随制动缸压力大小而颜色变化的指示器(Z22)，在车辆两侧进行制动缸状态的简易外观检查。

三、防滑控制

1. 结构

CRH3 型动车组使用基于微处理器的防滑系统 WSP。防滑系统由一个电控装置、车轴速度传感器以及防滑阀组成。每个轴上有两个速度传感器和两个防滑阀。气动防滑装置(符合 FicheUIC541－05 标准)采用高性能防滑阀，(以确保达到最高的轮轨黏着力)，并在电子控制装置、供风、车轮速度传感器等层面上配有采用冗余配置的微处理器。

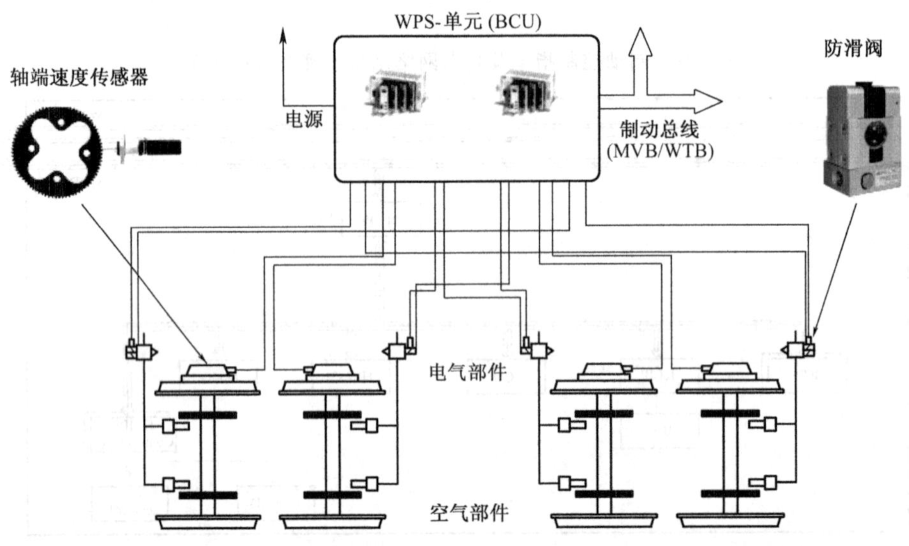

图 9－25 防滑系统示意图

2. 防滑阀与制动缸的风路连接关系(图 9－26)

3. 防滑功能

列车的每条轮对由防滑系统监测。每个轮对的旋转速度通过脉冲传送装置进行测量和评估。如果滑动发生，各车的制动控制单元(BCU)将激活每条轮对的防滑器排风阀以缓解制动。

4. 速度传感器(图 9－27)

5. 防滑阀(图 9－28)

6. 工作原理

防滑系统执行以下两个功能：①防滑；②车轮滑行控制，由两套冗余的防滑系统之一进行监视。

为了避免车轮被抱死，防滑系统检测每个车轴的转速并对制动气缸的压力进行控制，以便使车轮和轨道之间的黏着力达到最佳。轴箱中安装了带有齿轮的速度传感器。防滑阀GV12-1B安装在车体下方，位于靠近各转向架的保护区域，电子控制器安装在电气控制柜中。轴速可以通过无接触、无磨损的速度传感器检测。使用轴速信息，微处理器可以计算参考速度和导出“排风(脉冲)”、“压力保持”、“充风(脉冲)”等控制命令。由于每个车轴的防滑装置的响应标准是车轮和列车之间的差速、轴加速度和轴速历史记录，因此，包括车轮滑动和加速度的变化。这样，可以进行全面的防滑过程控制，安全地防止车轮抱死、降至最低黏着，使车轮永远保持在期望的最佳车轮滑动范围内。为了在防滑响应开始时，使车轮迅速达到期望的车轮滑动范围，从而增加车轮/轨道之间的黏着力，以微处理器为基础的防滑系统WPS具有启动相位功能。

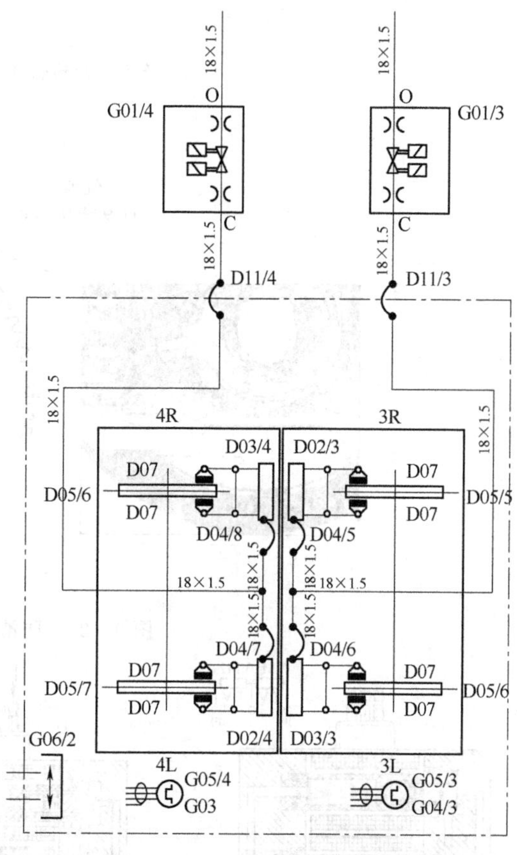

图 9—26 防滑阀与制动缸连接风路图

7. 特点

(1)具有综合自检测功能，可识别故障(区别是否永久性或暂时性)并存储到可更换的故障存储装置；根据需要可提供数字显示。

(2)可通过集成的串行接口(IBIS和20 mA电流环)连接到中央诊断计算机；通过附加电路板和附加软件，可将防空转功能扩展到防滑系统。

这意味着通过使用防滑系统就可以实现防空转功能，可以检测速度、提供车辆的运行状况以及防滑系统的状况。此外，防空转电路板还可以处理牵引控制系统的输入信号，并通过模拟信号对后者施加作用。

(3)提供了特殊的逻辑防空转功能，形成参考速度和通过牵引控制影响轴速度而使车轮保持在最佳车轮滑动范围内。并且在防滑系统的普通诊断分析系统中同样可进行特殊的防空转功能监控和显示。

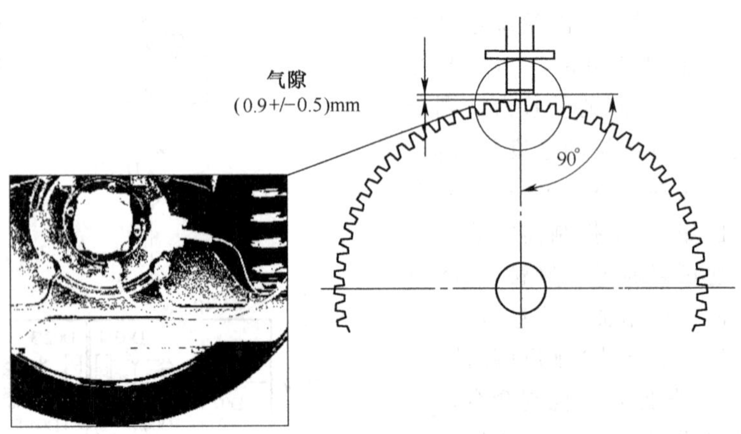

图 9－27　防滑系统转速传感器

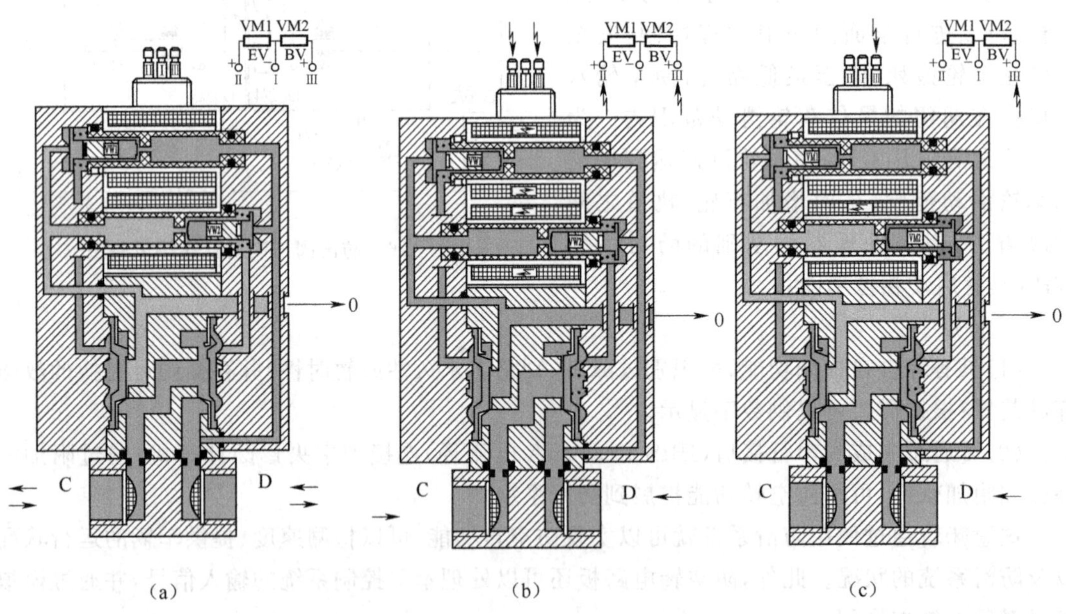

图 9－28　防滑阀工作原理示意图

(a)正常位；(b)截断—排风位；(c)保持位

8. 防滑灵敏度调整

常用制动时，防滑灵敏度的调整是通过把牵引控制单元中的防滑调节器调节至低于空气制动的滑动门限值来实现的。

紧急制动时，动力轴采用了比常用制动期间略高的滑动门限值。

四、故障诊断及信息

制动系统由 TCMS 监控。将连续监控主要设施和/或信号的状态，为诊断系统提供与功能特征不一致的信息和/或隔离信息。诊断信息主要分三类：

(1)报警：与动车组的安全的事件相关的这些信号。此时报警将由 TCMS 和硬线同时发送。

(2)状态：可能会影响列车运行的相关信息(如，一个转向架的隔离；一个压缩机故障)。在这种情况下报警将由 TCMS 来发送。

(3)维修：不影响制动系统和动车组的正常运行的相关信号(如，维护警告)。在这种情况下报警将由 TCMS 来发送。

第五节　备用制动

一、备用制动控制阀

备用制动控制阀在备用制动投入以后，可以通过它充排风控制制动管压力变化，发出制动指令，在各车分配阀的配合下，通过中继阀对制动缸充风制动，见图 9－29。

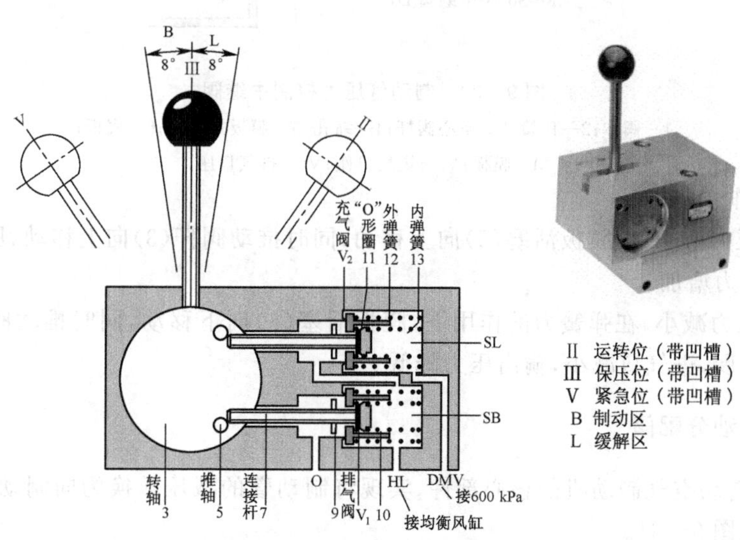

图 9－29　备用制动控制阀

备用制动控制阀有 3 个通路，其中 O 口通大气，是排风口；DMV 口通总风(定压 600 kPa)；HL 口通均衡风缸及中继阀。由图 9—29 中可以看出，该阀没有压力反馈，无自动定压功能。

二、制动管压力控制中继阀

中继阀用于按照均衡风缸压力变化控制制动管的压力，除顶部排风口外还有 3 个通路，其中 Cv 口均衡风缸，是控制口；R 口通总风管；C 口通制动管，是输出口。图 9—30 示为总风向制动管充风的缓解状态。

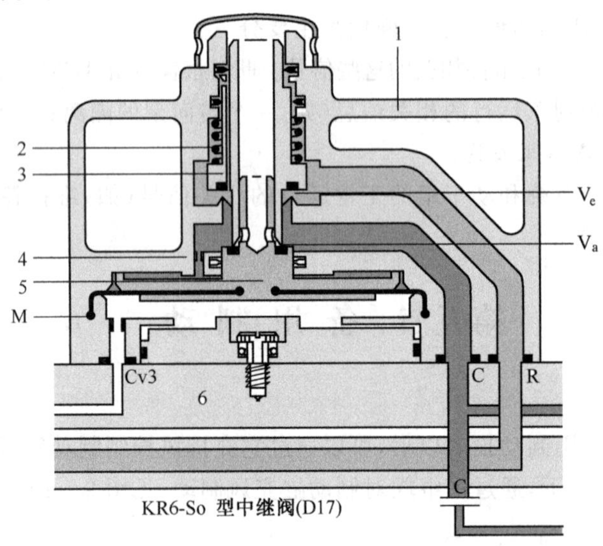

图 9—30　制动管压力控制中继阀

1—阀体；2—压簧；3—空心阀杆；4—缩孔；5—膜板式活塞；6—底板；
M—膜板；V_e—进气口座；V_a—排气口座

中继阀动作原理如下：

当Cv3的压力增加时，膜板活塞(5)向上移动，同时推动阀杆(3)向上移动，压缩弹簧，进气口增大，输出压力增加。

当Cv3的压力减小，在弹簧力的作用下，膜板活塞(5)向下移动，同时推动阀杆(3)向下移动，压缩弹簧伸展，进气口减小，输出压力降低。

三、自动制动分配阀

分配阀是自动空气制动机的核心部件，实现将制动管的减压转换为向制动缸的充风的间接控制作用，见图 9—31。

由图中可以看出，该分配阀有 4 个通路，其中 O 口通大气，是排风口；L 口通制动管，是控制口；R 口通副风缸；C 口经中继阀通制动缸，是输出口。

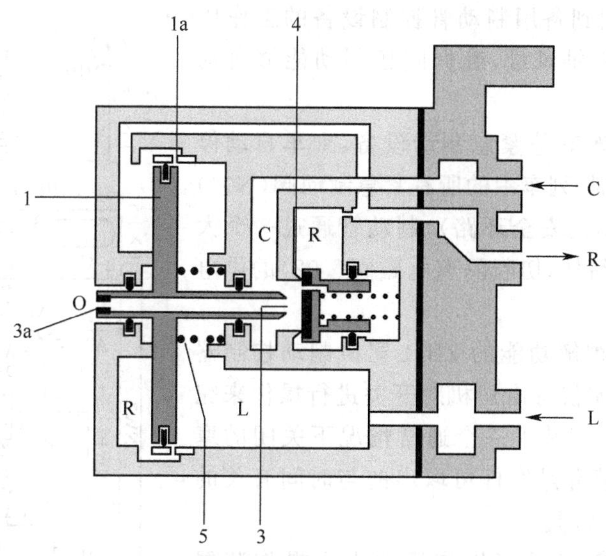

图 9－31　分配阀

1—活塞；1a—充气沟；3—排气口；3a—缩孔；4—进气阀座；5—压簧；
C—制动缸压力空气；L—制动管压力空气；O—大气；R—副风缸

四、制动管压力控制

制动管压力控制板(C01)风路参见图 9－32，在电空直通制动出现故障的情况下(救援模式)，可以通过驾驶员的 ZB11(C02)制动阀对制动管(BP)压力进行控制。制动管还可以通过一台救援机车或一列正常的动车组进行控制。

ZB11 司机制动控制器是一个备用制动手柄，用于带有直通 EP 制动的车辆的应急控制，在直通 EP 制动无法使用时可以启用。利用 ZB11 司机制动控制器，制动管中的压力可以在启动后进行控制，这样，列车的间接制动同样可用做救援模式下的常用制动(限速运行)。分配阀设于 600 kPa 定压。

正常运行情况下，列车的制动操作由牵引/制动手柄(D1)完成，它提供电信号，通过分立的导线和/或总线系统传递每一节车，用于操纵直通电空制动。此时，制动管中的压力在常用制动时保持在高于规定的缓解压力之上，仅在列车自动停车或紧急制动的情况下才会排空。因此，在制动管上还连接有一个安全警惕阀(N04)。

正常运行情况下，ZB11 司机制动控制器可以完成下列基本功能：

• 通过一个位于司机控制台上的“关闭”开关进行隔离；

• 当操纵制动手柄而又发生列车自动停车或紧急制动，隔离电磁阀(.02)和紧急制动器阀(N04)就会动作。同时，压缩空气从减压阀(.04)、止回阀(.03)和节流阀(.31)进入到制动管中。

减压阀(.04)控制到备用制动管控制设备的工作压力。节流阀(.31)限制供风量,确保间接制动能够自动动作。

当制动手柄或列车其他紧急制动设备、列车自动停车设备触发紧急制动时,列车中的所有紧急制动阀(N04)将断电(列车的 EM 制动安全环路),制动管通过一个大的排气口进行排气。另外,切断隔离电磁阀(.02)的供电来防止压力保持。

具有基本制动和缓解功能的 ZB11 司机制动控制器对间接制动的紧急控制仅可由司机对开关进行操作来完成。为此,在控制台上安装了一个通常情况下关闭的塞门(.08/C14)和一个带有操作杆可取出的与时间有关的气动操作装置 ZB11(C02)。

打开截断塞门(C14)并将操作杆插入到操作装置(C02)中,这样就可以操纵司机制动控制器。总风缸管路通过减压阀(.04)向操作装置(C02)提供压缩空气,操作装置通过打开的塞门(.08/C14)连接到制动管上。另外,操作装置(C02)还具有一个排风管“O”。打开塞门(.08/C14),隔离电磁阀(.02)也将断电。

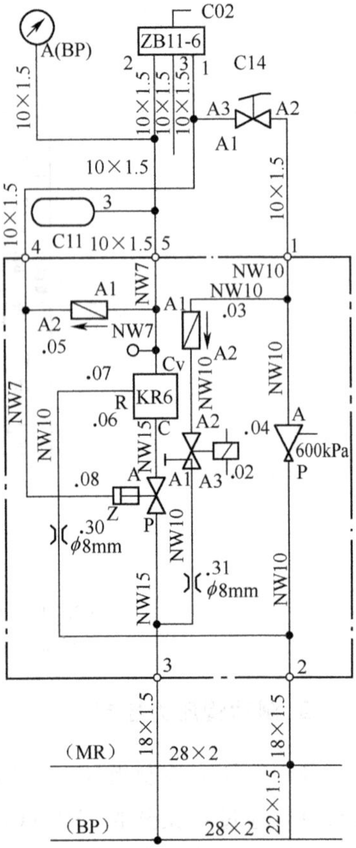

ZB11 司机制动控制器的操作是时间式,即对制动管减压的多少取决于手柄在制动位停留时间的长短,通过在操作装置(C02)上推拉杆来完成其操作。它可以根据可用安装空间的大小进行安装,使得司机可以左右操作,制动可以顺着或逆着运行的方向。可以从安装图中了解更多的细节。

图 9—32　制动管压力控制板(C01)风路

操作设备(C02)具有下列位置:全缓解位、缓解位、中立位、制动位、全制动位(带电接点)。

完全缓解、中间或完全制动的位置都有刻度。从缓解及制动位置未标刻度的位置放开操作杆后,杆将返回到中间位置。操作装置(C02)处于完全缓解位置时,制动管中的压力保持在减压阀(.04)所设置的控制工作压力上。在操作装置(C02)的制动位时,制动管中的压力按照其操作时间的长度进行递减。当操作杆处于缓解位置时,制动管中的压力增加。在全制动位置时,制动管中的压力排空。当操作装置(C02)处于中间位置时,除了制动管泄露所造成的影响外,制动管中的压力无变化。

五、分配阀的压力控制

分配阀压力输出参见图 9—33,制动管的压力空气(变化)进入分配阀控制板(B55)的 1

口，压力传感器(B55.04/.05)及截断塞门(B55.03)的电接点将压力信息送 TCMS 及控制电路，分配阀(B55.02)根据制动管压力转换控制输出压力，经分配阀控制板的 2 口输出，连接到空气制动控制板(B60)的 3 口，经换向阀(B60.04)输出到中继阀(B60.07)，经中继阀流量放大输出到基础制动缸。

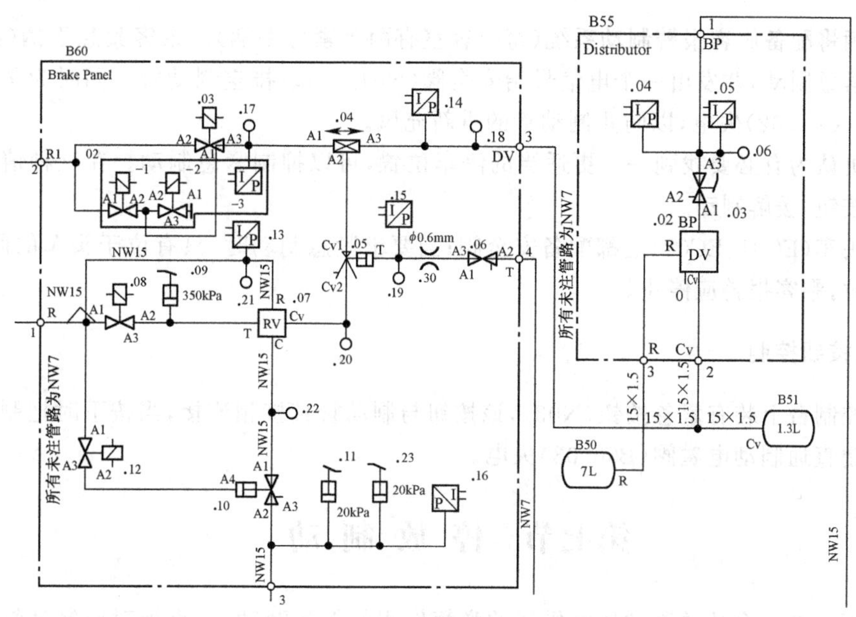

图 9—33　分配阀压力输出

第六节　安 全 制 动

一、电空制动安全环路

在动车组上设置安全环路目的是在发生紧急情况时通过断开安全环路，发出紧急制动指令，同时控制直通空气制动紧急电磁阀(B60.03)和作为热备份的紧急制动电磁阀(N04)排空制动管；此时所有车辆施加最大空气制动力)。

安全环路断开条件如下：

• 制动手柄置于紧急制动位；

• 按下司机控制台上的紧急按钮(N03)；

• 安全设备(列控、监控、司机安全装置发出信号)动作；

• 安全环路在异常条件下断开(如列车分离)；

• 总风管或制动管路压力不足。

当打开动车组的安全环路时，制动管路由在每个头车上的紧急阀（N04）排空。此外阀（C01.02）得电，以防止制动管路的重新充风。在紧急制动时，打开的安全环路抑制电制动，只有纯空气制动。

二、旅客报警控制

所有车辆将配备旅客报警制动系统（每个客室有两个紧急手柄）。乘客紧急手柄（N01/1/2）直接启动紧急制动，并发出一个电信号给安全阀（N04/05）以排空制动管。同时为司机发出声音信号，阀（C01.02）失电，以防止制动管的重新充风。

如果司机认为有必要找到一个更适当的停车位置，可以抑制紧急制动。在这种情况下司机通过按下按钮，缓解制动。

在两个头车（EC01、EC08）上都配备安全阀；当要求紧急制动时，只有位于头车的阀打开。当手柄复位时，乘客报警应停止。

三、紧急按钮控制

在司机控制台上装有紧急按钮（N03），该按钮与制动管直接相连接，当按下时把制动管排空；同时，控制直通制动电磁阀（B60.03）失电。

第七节　停放制动

动车组配备有一个从总制动风缸供风的弹簧作用的停放制动，在靠近对应制动缸和在同侧的转向架上配有机械缓解手柄，可以满足动车组在最大坡度为30‰的坡道上安全停放、不溜车。停放制动通过一个按钮控制，停放制动在空车情况下的抗溜车安全系数约为1.2。

一、停放制动设备布置

停放制动通过位于拖车基础制动装置的弹簧储能式停放制动缸实现。每轮对的3个轴装盘形制动单元中，有一个带停放制动缸，这样，整列动车组的4节动车共有16个停放制动缸。

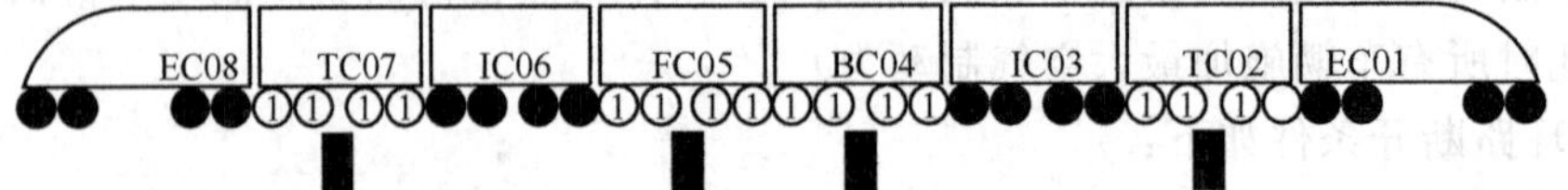

■—停放制动的局部电和空气控制单元；

①—一个轮对的3个轴装制动盘中有一个停放制动单元缸；

●—装有2个轮装制动盘，无停放制动单元缸

图9—34　停放制动缸分布图

图 9－34 给出了列车停放制动的分布。

二、停放制动控制原理

1. 停放制动控制信号

停放制动由司机通过司机室控制台上的停放制动按钮控制施加，信号经 TCMS 并由相应控制电路传输至停放制动控制线，经各车制动控制单元（BCU）控制停放制动控制板（B02. H01）中的脉冲电磁阀（H01. 03）施加或缓解。

信号传输流程参见图 9－35 。

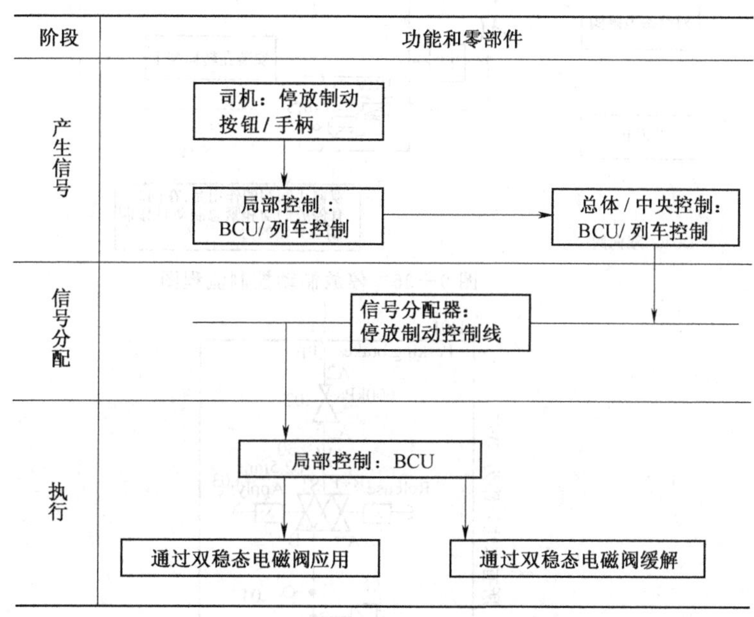

图 9－35　停放制动信号流程图

2. 停放制动控制

停放制动控制控制流程参见图 9－36。停放制动控制板风路图见图 9－37。

施加停放制动，采用排风释放弹簧力。

缓解停放制动，采用压缩空气来抵消机械弹簧力。

采用停放制动时，来自总风管的压力空气到达停放制动控制板（B02. H01）。该单元位于制动控制单元箱体（B02）内。该控制板是一个空气和电空信号结合装置。为了保证有效的维护和故障处理，各个阀被集中到一个底板上，包括：减压阀（H01. 02）、双稳态脉冲电磁阀

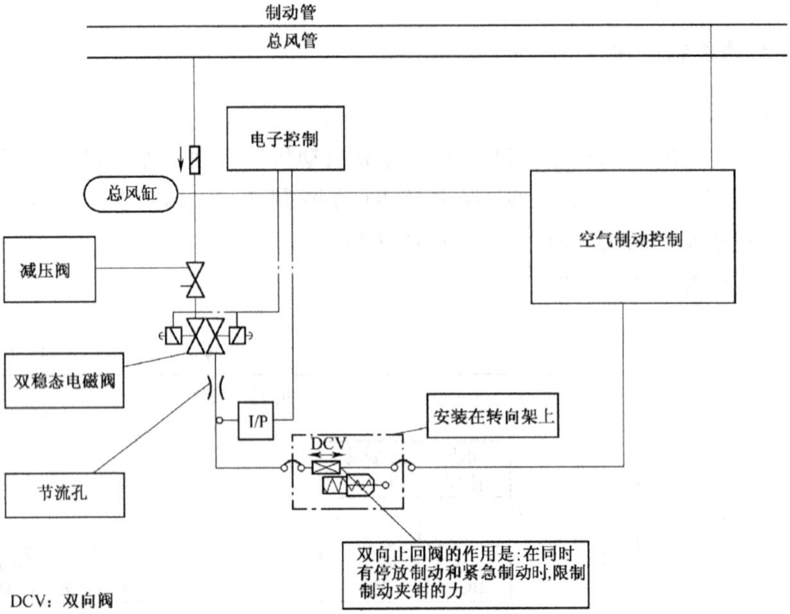

图 9－36　停放制动控制流程图

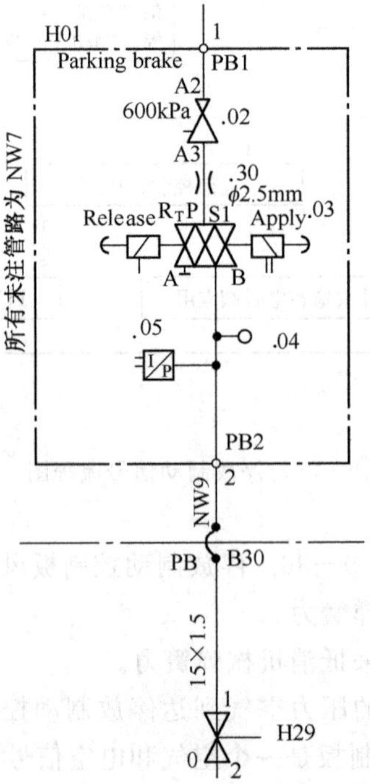

图 9－37　停放制动控制板风路图

(H01.03)、节流堵(H01.30)、双向止回阀(在 CRH3 型车上移至停放制动缸缸体侧)、截断塞门(H29)、测试接头(测风口 H01.04)、压力传感器(H01.05)。

来自总风管中的压力空气通过管接头到达停放制动控制板(B02.H01)的 1 口,经减压阀(H01.02)输出 600 kPa 压力至双稳态脉冲电磁阀(H01.03),该脉冲电磁阀配有两个电磁线圈,并配有手动按钮,以备在电源故障的情况下进行人工操作。该阀控制到双向止回阀的充风或排风,以控制停放制动缸储能弹簧的压缩或释放。

施加或缓解弹簧停放制动时,通过一个短暂的脉冲来操纵各自的电磁阀来进行控制(由驾驶员或列车控制装置进行控制),参见图 9－38。

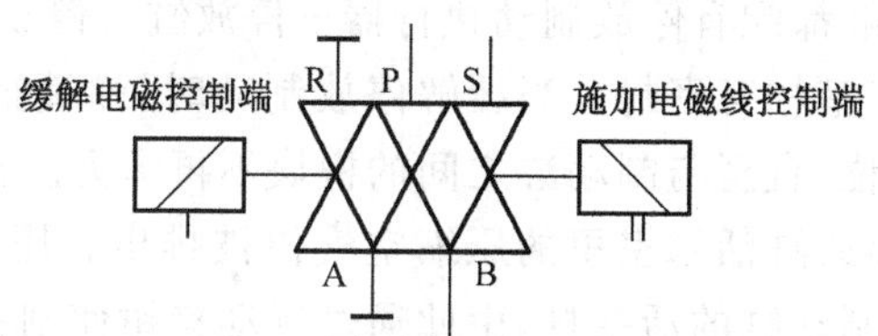

图 9－38 双稳态脉冲电磁阀原理图

S—排风口;B—接双向止回阀;P—接调压阀;R、A—未用(接螺堵)

压力传感器(H01.05)的信号可防止动车组在停放制动施加的情况下发生移动,直到停放制动缓解为止。

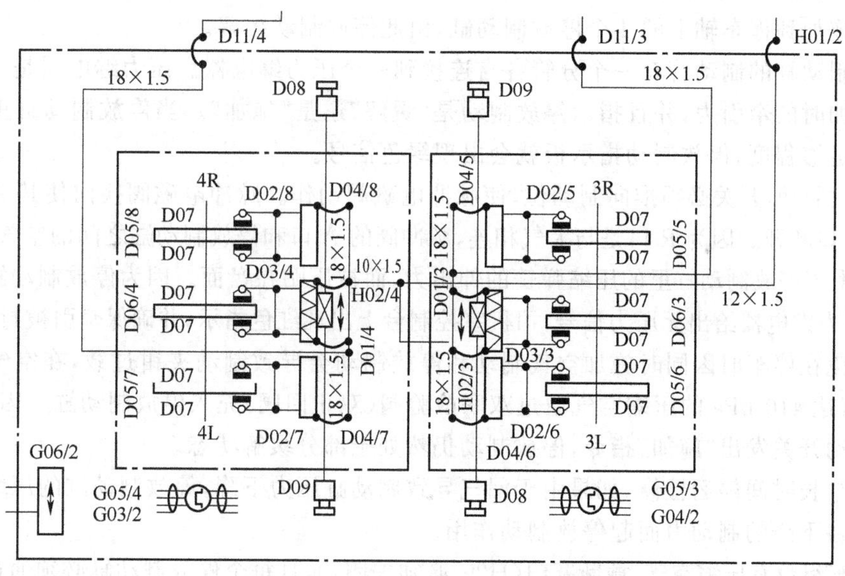

图 9－39 停放制动缸风路连接图

D08、D09—停放制动指示牌;G03、G04、G05—速度传感器

双向止回阀位于停车制动缸一侧(参见图 9－39),可防止空气制动缸的空气制动力与停车制动缸产生的弹簧力产生重叠,从而避免夹钳单元过载。

停放制动控制可以通过带有电触点的截断塞门(H29)进行隔离,触点信号传送至列车控制系统。

停放制动指示器安装于车辆的两侧,显示列车的制动和缓解状态。

三、防制动力叠加措施

1. 停放缸

每一从动轴的制动气缸都配有停放制动执行器－停放缸。停放制动部分有独立的空气通路,其活塞室与制动缸空气室相互密封。当缓解停放制动时,弹簧缸被充压缩空气,克服弹力压缩其活塞和活塞杆至后位,直至与制动缸之间的楔块不再承力。在这一位置时,停放制动力便被储存起来。制动时,停放缸活塞室里的压缩空气便被排出。压缩弹簧的弹力便可通过活塞和一个楔块自由作用于制动缸的活塞杆,由此通过制动夹钳使闸瓦贴上制动盘。

在司机室设有一个电开关,用来启动停放制动。此开关有两个位置,即:制动缓解、制动施加。

要缓解停放制动,则将开关拨到相应的缓解位置。这样,就有电脉冲通向电磁脉冲阀释放电磁。电磁脉冲阀变换位置,以保持电磁脉冲阀 (储存功能)连接件的长久连结,直到开关重新启动,移向施加位。通过这种连接,总风通过减压阀、电磁脉冲阀、双联校验阀、和截断塞门的 2 端口被施加到拖车轴上的 4 个停放制动缸,由此停放制动缓解。

从停放制动缸的制动管有一个分管各自连接到一个压力继电器。压力继电器是为了切断停放制动施加时的牵引力,并且指示停放制动是“缓解”还是“施加”。当停放制动缸里的压缩空气升高到足够程度,停放制动指示板就会出现绿色信号。

施加停放制动,开关必须推向制动位,使脉冲电磁阀动作。脉冲电磁阀换向使其 A 口和 R 口连通,而 P 口断开。因为 R 口是与大气相连,脉冲阀的 A 口和停放制动缸之间的空气被释放,而制动闸片由于停放制动缸里的压缩弹簧的伸出力,而被压贴在盘面。因为停放制动缸内的空气被排尽,压力继电器给出无压力信号,司机室控制台上出现红色指示,并确保牵引被封锁。

为了避免在停车时因同时施加空气制动和停放制动会导致制动夹钳过载,在空气制动施加时,最大值达 410 kPa 的压缩空气通过双联检验阀(双止回阀)充入停放制动缸。因此,即使通过停放制动开关发出“施加”指令,停放制动仍然处于部分缓解状态。

若动车组长时间停运检修,如果由于漏气导致制动缸压力下降,停放制动缸的压缩弹簧就逐渐伸出代替下降的制动力而起停放制动作用。

如果动车组没有压缩空气,截断塞门(H29)必须关闭,而且每个停放制动缸必须通过机械紧急缓解装置进行缓解。动车组牵引失灵后,停放制动必须通过打开截断塞门使停放制动缸充风。

2. 控制系统的安全保护

(1)联锁装置。即采用停放制动时,禁止牵引,动车组走行过程中,禁止启动停放制动。

(2)保持式手动缓解装置。该装置可通过弹簧作用式制动的供风自动复位。

(3)集中式启动/关闭电空控制。可通过安装在司机室中的按钮进行操纵,并以稳定方式进行启动。

四、手动缓解

停放制动的状态显示在司机控制台上,司机可通过按钮启动或缓解停放制动,并通过压力开关进行检测。机械缓解装置的手柄安装在相应停放制动缸上。停放制动的制动、缓解状态可通过以下方式加以指示:(1)司机室控制台指示灯;(2)每个停放制动缸外侧配有一个指示器。红色表示:司机室启动施加了停放制动,或转动截断塞门气动隔离停放制动。绿色表示:司机室气动缓解了停放制动。

为便于停放制动的紧急缓解,在拖车转向架基础制动装置的两侧提供了金属拉绳。通过每车的紧急缓解装置和独立、易控的空气截断塞门能够中断故障停放制动。

第八节 基础制动装置

一、基础制动组成

基础制动装置在转向架上的安装情况如图 9—40 所示(拖车转向架)、图 9—41 所示(动车转向架)。

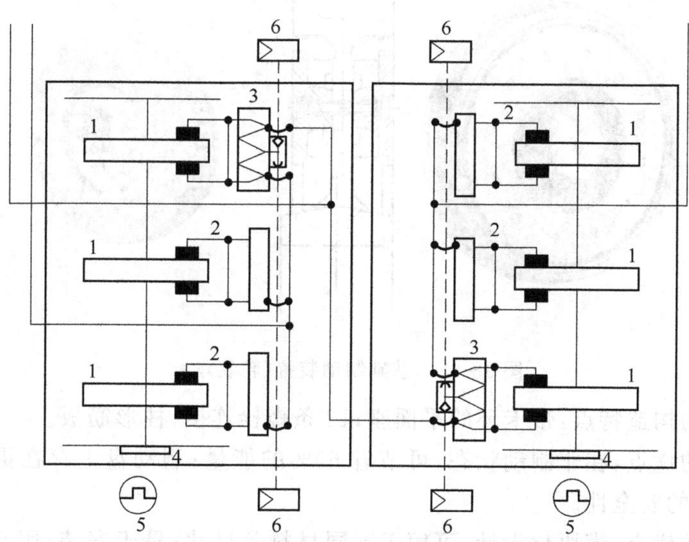

图 9—40 T车基础制动装置风路连接示意图

1—制动盘;2—夹钳单元;3—停放制动装置;4—轴端速度传感器;5—速度信号;6—停放制动指示牌

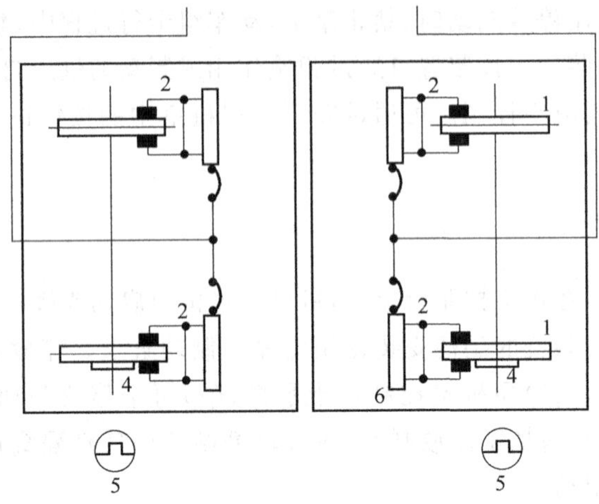

图 9－41　M 车基础制动装置风路连接示意图

二、制 动 盘

CRH3 型动车组的所有车轴都配备带有简化通风结构的盘形制动装置，每个拖车轴安装 3 套，动车轴安装 2 套。制动盘为钢制，采用轴装形式；直径为 640 mm，厚度为 80 mm。

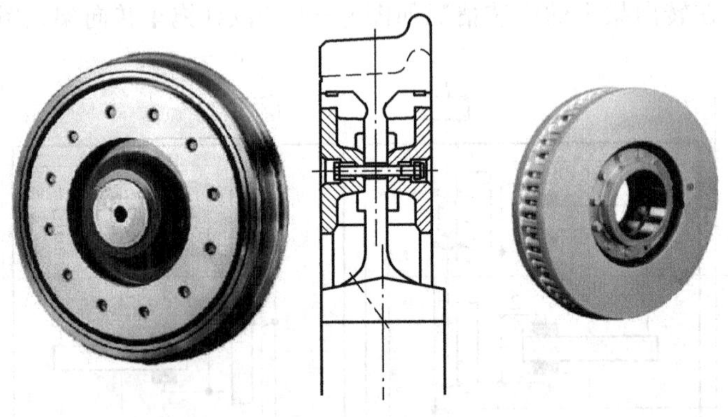

图 9－42　基础制动装置(轮装盘)

轴装制动盘的构造特点：带卡环的平面座；12 条螺栓连接；柱形筋板。

轴装制动盘的优点：在非制动状态，可节省 60％的能量；制动盘上存在更少的过热点；制动盘破裂时，更高的安全性。

轮装制动盘的优点：模块化设计，可用于不同材料及尺寸；易于安装；用 6 条定位销对中；规律的热量分布；良好的平面平行度；重量轻；在圆周方向无波浪现象；盘易拆分；高的动态强度。

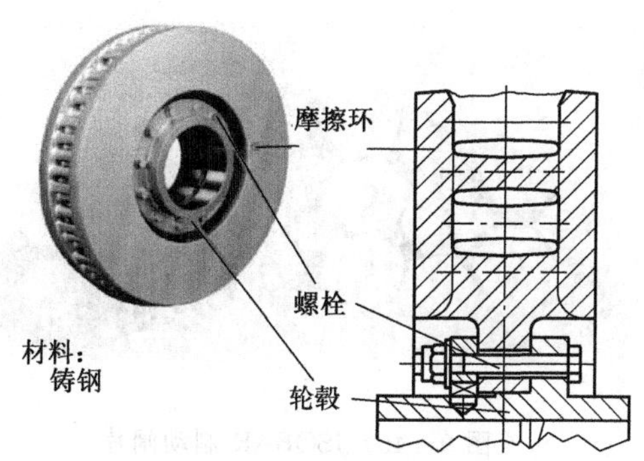

图 9－43 基础制动装置(轴装盘)

三、夹钳单元

CRH3 型动车组的基础制动装置采用钳盘式结构，内置闸调器。夹钳系统安装在一个专门固定在构架上的制动梁上，通过关节轴承与构架相连。有的带有集成的弹簧停放制动装置。闸片为采用烧结摩擦镀层的粉末冶金材料，最大允许温度 600 ℃，最大磨耗量 30 mm，安装在连杆系统支座上。

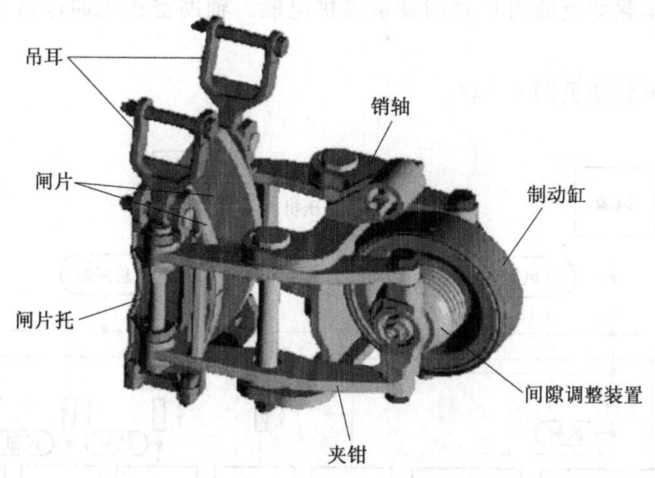

图 9－44 夹钳单元

可按 IEC 61133－9.5 标准进行静态传动效率、停放制动和保持制动试验，以确定制动系统的操作和施加在闸片上的作用力。动车组分别置于整备重量和最大额定载荷条件下，试验时采用测力闸片，换下原有的制动闸片。

按 IEC 61133－6.5 标准进行线路制动性能试验，以通过不同制动系统的线路试验，检查动车组制动系统的动态性能。以新闸片作型式试验；在试验前应确定闸片良好地贴靠在制动

图 9－45　ISOBAR-制动闸片

盘上，并经适当磨合。每次试验前，制动闸片和制动盘表面温度应不大于 100 ℃。

第九节　供风系统及空气系统主要部件

一、供风系统组成

CRH3 型动车组装备两个供风系统。每个供风系统的供风量至少在1 300 L/min。另外，在受电弓车装有两个辅助空压机。

主空压机通过车载变流器由接触网设备提供电能。辅助空压机通过独立于接触网的蓄电池驱动。

供风系统组成示意图见图 9－46。

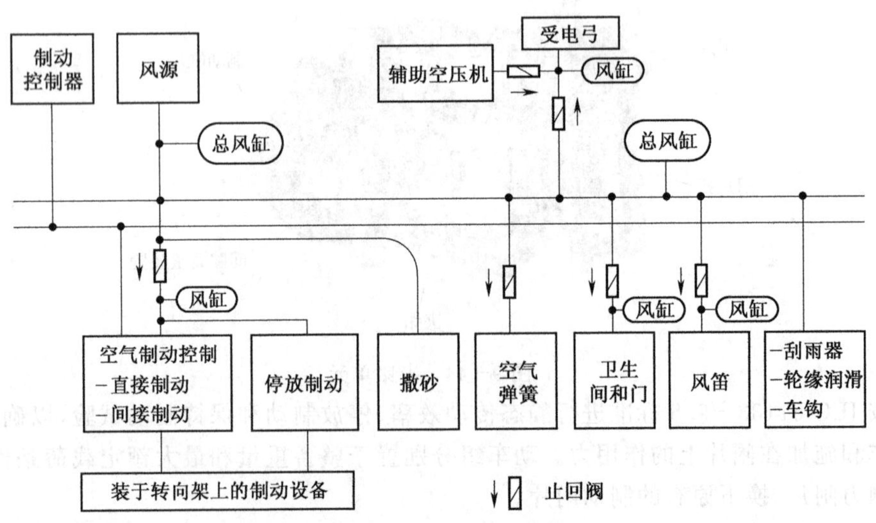

图 9－46　供风系统组成示意图

二、主空气压缩机

1. 主空压机

主空压机采用螺杆式空气压缩机，与一个双塔式空气干燥器和一个具有防冻功能的冷凝水收集箱相连。SL20-5 螺杆式空气压缩机外形见图 9－47，其组成及功能示意图见图 9－48。

图 9－47　SL20-5 螺杆式空气压缩机

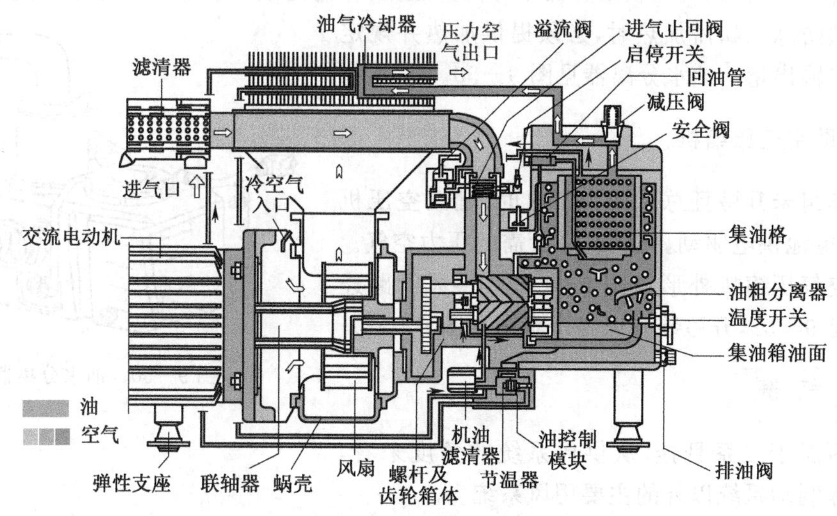

图 9－48　螺杆式空气压缩机组成及功能示意图

2. 空气干燥器

采用双塔式空气干燥器。在运行时，在第二个塔中再生干燥介质时，第一个塔一直为车辆供风。通过一个内部控制器实现双塔转换控制和对干燥剂进行必要的加热的控制。LTZ015.0 双塔式空气干燥器外形见图 9－49。

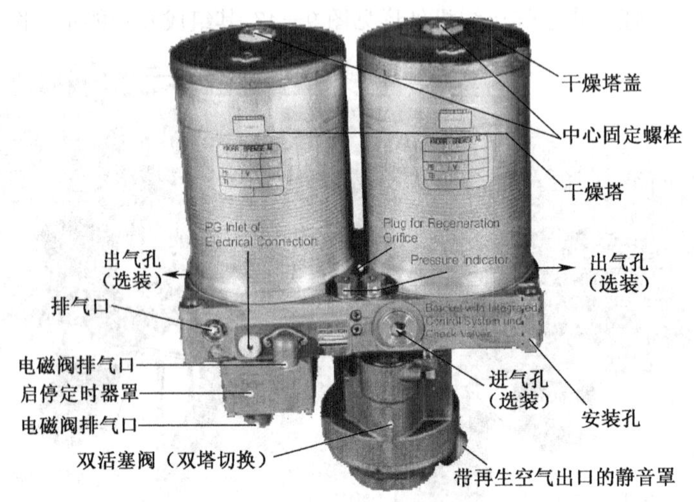

图 9－49　LTZ015.0 双塔式空气干燥器

3. 油水分离器

冷凝物，如油、水等，在收集容器中分离并收集，作为定期维修的一部分必须能清空。冷凝物储存必须防冻。如需加热时，必须提供加热并规定所要求的热输出量。油水分离器见图 9－50。

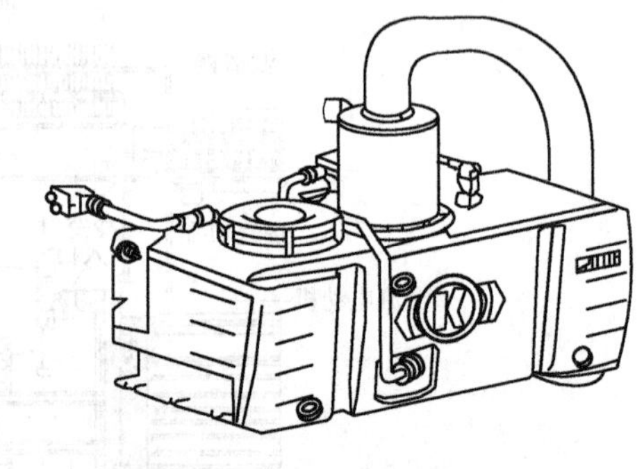

图 9－50　油水分离器

三、辅助空气压缩机

在动车组未升弓且总风压力不足时，辅助空压机启动，由蓄电池供电驱动，提供升弓所需的压力空气。

辅助空气压缩机外形见图 9－51，其供风管路连接示意图见 9－52，升弓装置风路示意图见图 9－53。

四、空 气 簧

空气簧属于二系悬挂，从供风系统的角度来看，空气簧是除制动系统以外的主要用风系统。

空气簧供风系统包括空气簧、风缸、高度调整阀、压差阀以及用于空气簧压力信号的平均阀。

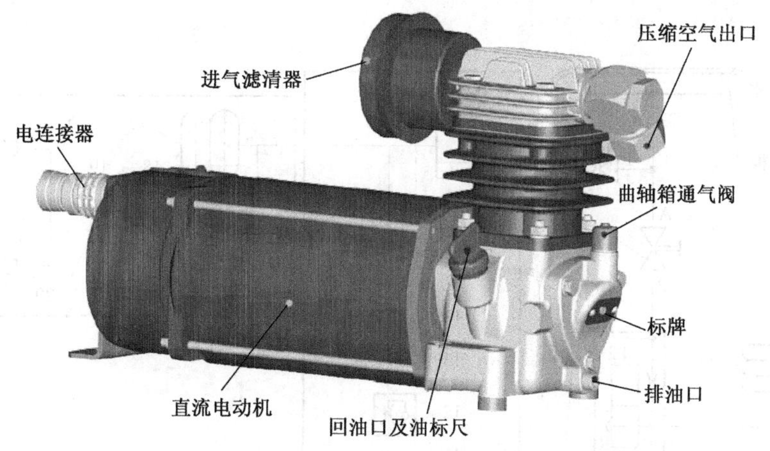

图 9—51　LP115 辅助空气压缩机

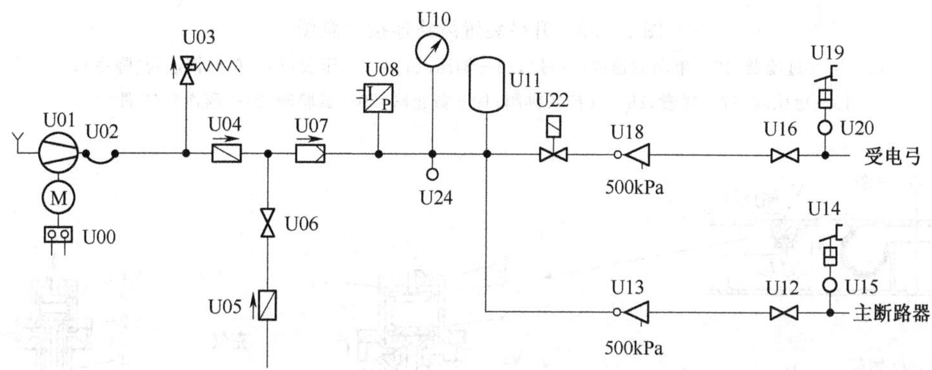

图 9—52　辅助空压机供风管路连接示意图

空气簧及高度调整阀原理图见图 9—54。平均阀工作原理见图 9—55。

五、撒砂装置

1. 撒砂系统的功能及构成

由于动车组运行的环境不同，在恶劣条件下，可通过撒砂系统有效改善轮轨接触面的工作环境，改善黏着系数，提高动车组运行品质。

系统可分为如下三个部分：信号的产生、信号的传输、执行部分。

2. 撒砂信号的产生及传输（图 9—56）

3. 撒砂系统控制风路（图 9—57）

4. 撒砂系统在编组的分布（图 9—58）

5. 撒砂装置（图 9—59）

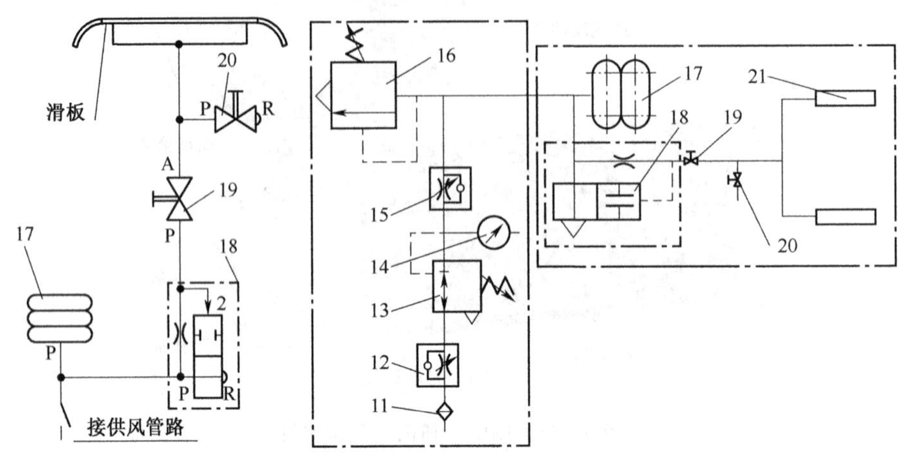

图 9—53 升弓装置风路连接示意图

11—空气过滤器；12—单向调速阀(升弓)；13—调压阀；14—气压表；15—单向调速阀(降弓)；16—稳压阀；17—气囊；18—气控快排阀；19—截止阀；20—试验阀；21—碳滑板(2 件)

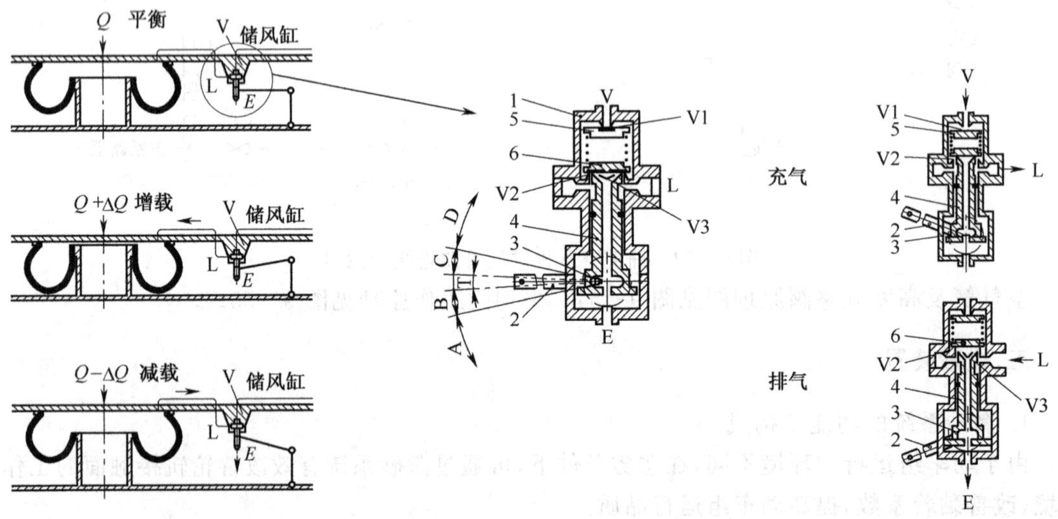

图 9—54 空气簧及高度调整阀原理图

1—阀体；2—调整杆；3—拨杆；4—活塞；5—阀板；6—阀板；
E—排气口；L—接空气簧；V—接辅助风缸；V1—止回阀；V2—进气阀；V3—排气阀；
A—不节流排气；B—节流排气；C—节流充气；D—不节流充气；T—自由行程

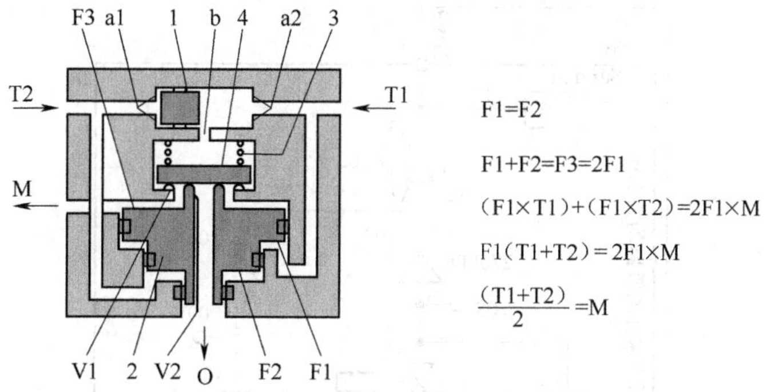

图 9－55　MDV1 平均阀工作原理示意图

1—活塞；2—阶梯活塞；3—压簧；4—阀板；T1—单侧压力；T2—单侧压力；M—中间(平均)压力；F1—环形面；F2—环表面；a1—端挡；a2—端挡；b—缩孔；v1—送风阀口；v2—排气阀口

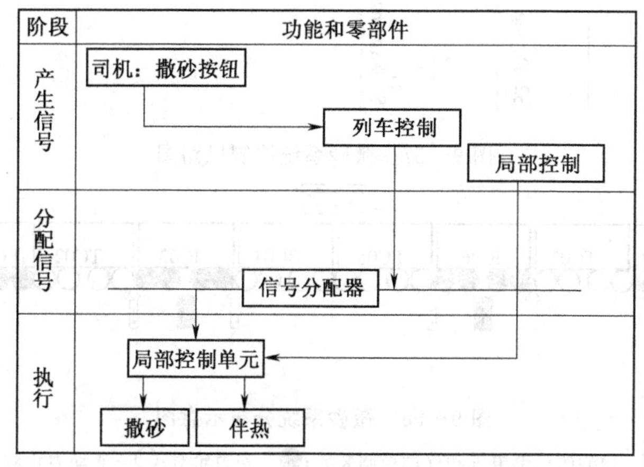

图 9－56　撒砂信号及其传输示意图

6. 撒砂装置供风风路(图 9－60)

7. 撒砂装置压力控制(图 9－61)

六、风　　笛

风笛由总风缸直接供风。风笛的控制是通过司机控制台上的电按钮或踏板里的脚踏气动阀进行的。两种控制功能都通过电磁阀由电磁控制或完全气动控制。控制台柜里的截断塞门可以将风笛系统的空气关闭。头车风笛控制风路见图 9－62。

七、雨　　刷

雨刷系统位于动车组两端的司机室。雨刷系统是由电子控制的气动雨刷并具有清洗装置。雨

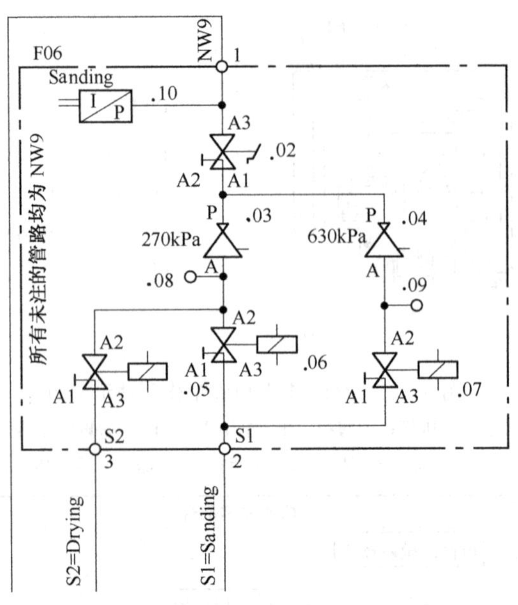

图 9－57　撒砂系统控制风路图

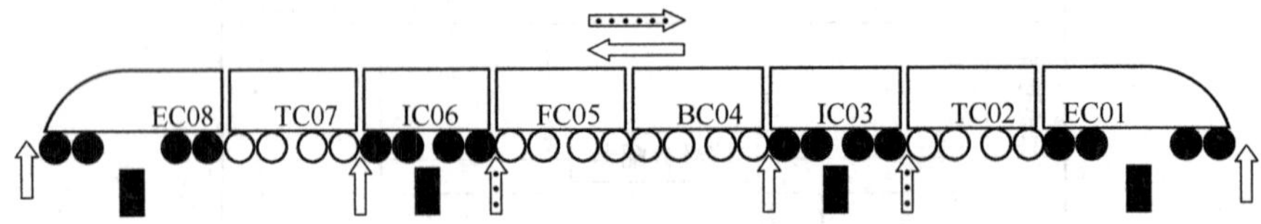

图 9－58　撒砂系统分布示意图

▌—撒砂的局部电气和气动控制装置；●—动力轮对；○—非动力轮对；

⇧—(列车)行驶方向右侧的撒砂定量和砂子干燥系统；⇧—(列车)行驶方向左侧的撒砂定量和砂子干燥系统

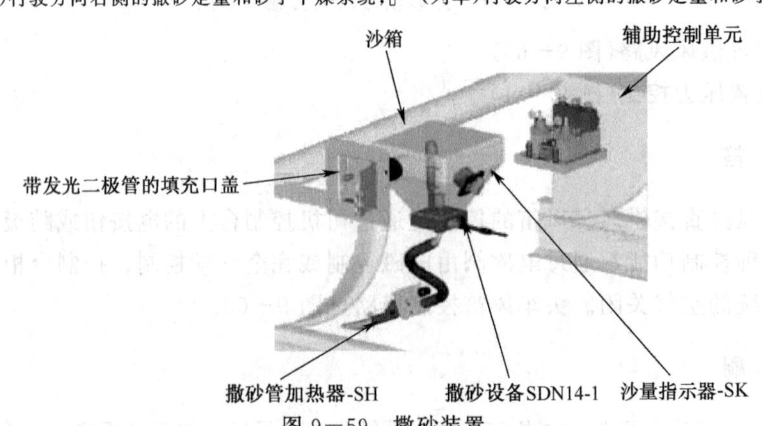

图 9－59　撒砂装置

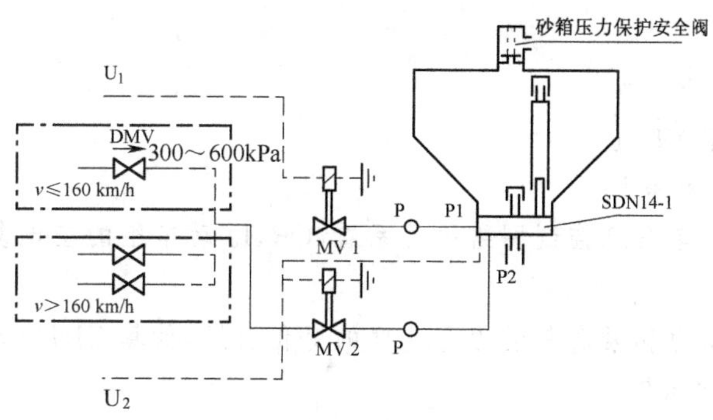

图 9－60 撒砂装置供风风路图

P1—撒砂供风；P2—干风供风；U_{12}—电磁阀控制线；MV—电磁阀；DMV—减压阀；P—侧风口

刷驱动装置安装在前挡风玻璃下方。电子气动装置单元将电子控制装置发出的信号转换为雨刷驱动装置的气动功能。维修时在装置单元中预接一个截止阀。头车风刷控制风路见图 9－63。

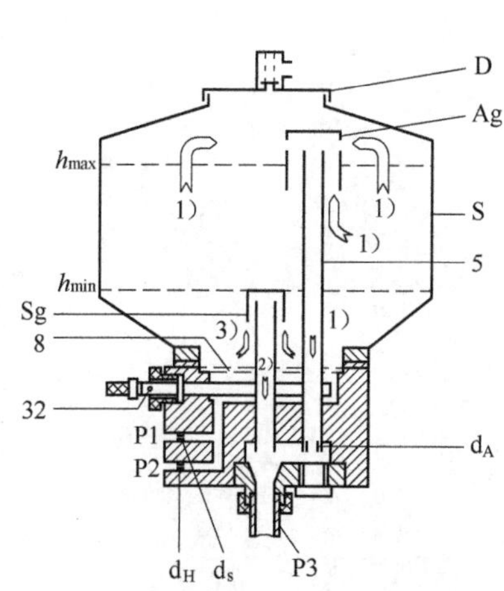

图 9－61 撒砂装置压力控制示意图

5—进气管；8—烧结粉末冶金板；32—加热管；Ag—出风帽；Sg—撒砂帽；D—砂箱罩；S—砂箱；P1—撒砂供风接口；P2—干风供风接口；P3—砂管；d_S—撒砂缩孔；d_H—干风缩孔；d_A—出风缩孔；h—充砂面；1)—出风气流；2)撒砂气流；3)—输送气流

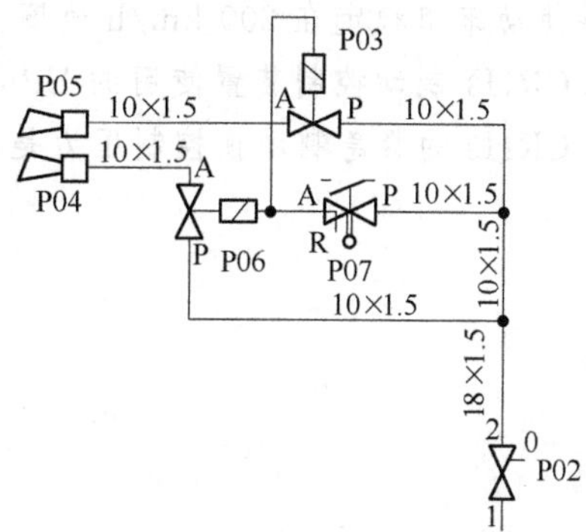

图 9－62 头车风笛控制风路图

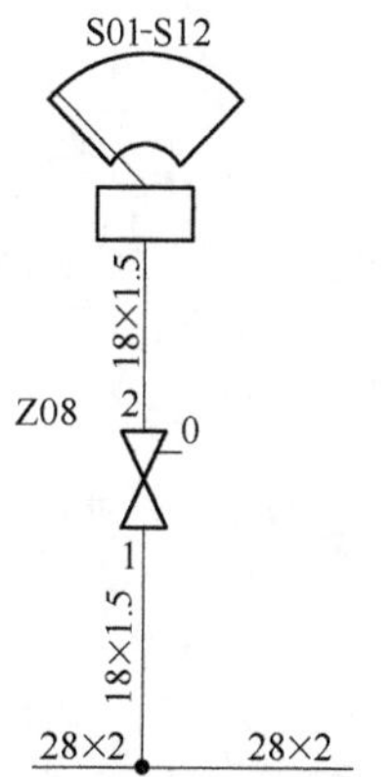

图 9－63 头车雨刷控制风路图

复习思考题

1. 从制动系统与列车信息控制网络的关系看，CRH3 动车组的空电复合制动控制是以什么为单位进行的？

2. 从最大常用制动力和紧急制动力与速度的变化曲线，估算 CRH3 动车组的制动黏着需求(高速、低速范围)是多大？

3. CRH3 动车组制动力计算、控制中怎样考虑基本阻力的？

4. CRH3 动车组停放制动的施加在控制层面和基础制动层面是完全同步的吗？

5. CRH3 动车组停放制动力需要多大？全列有几个停放缸实现停放制动力？

6. 从电制动力随速度的变化曲线看，CRH3 动车组能够在多大坡度的下坡道上靠电制动力能够使动车组稳定在 200 km/h 速度上？

7. CRH3 制动控制装置使用的 EP 阀属于哪种类型？

8. CRH3 的紧急制动预控制压力是由哪些因素决定的？怎样调整控制的？

第十章 CRH5型动车组制动系统

第一节 制动系统组成

CRH5型动车组采用电气指令微机控制的空电复合制动系统，由制动指令及其传输、制动控制、基础制动、供风四大部分(参见图10－1)。系统采用再生制动优先的控制策略。空气制动部分为电气指令微机控制直通式电空制动。备用制动采用自动式空气制动机。

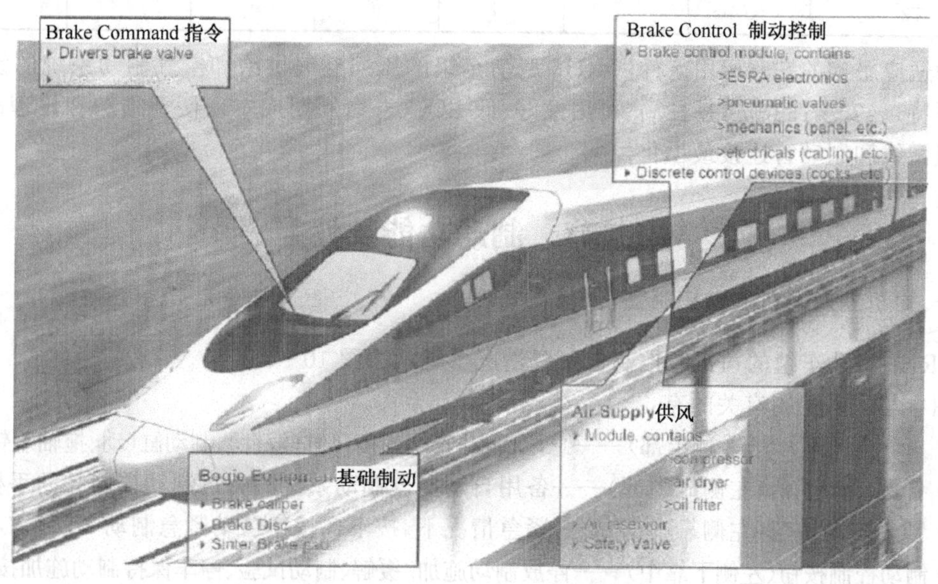

图10－1 空气制动装置总体配置图

动车组空气制动的相关部分包括压力空气供给系统、辅助空气压缩机、直通式空气制动系统、自动空气制动系统和基础制动装置等部分。

制动系统的配置如图10－2所示。

CRH5型动车组的主压力空气供给系统配备2套压力空气供给装置，分别装在TP和TPB车上。还配备2台辅助空气压缩机，在总风缸无风和受电弓降弓的情况下为受电弓供风；辅助空气压缩机也装在TP和TPB车上(参见表10－1)。

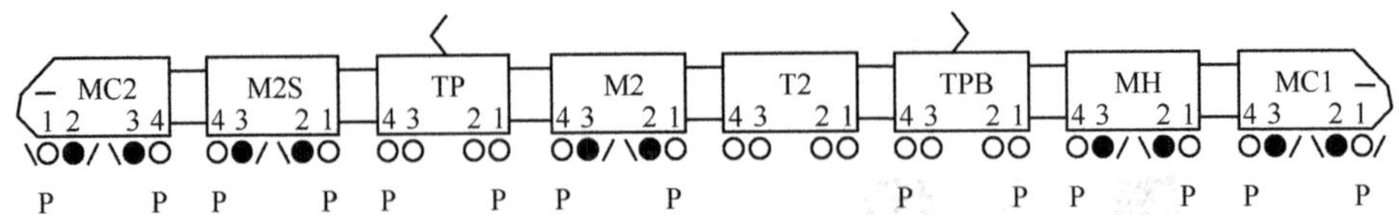

图 10－2　空气制动装置总体配置图

○—拖(车)轴(3 个制动盘)；●—动轴(2 个制动盘)；P—弹簧停放制动；

\●—左侧带撒沙装置的动轴；●/—右侧带撒沙装置的动轴

表 10－1　CRH5 型动车组制动设备分布情况

各车厢	EP 制动模块和基础制动	停放制动	司机室制动设备	风源系统	升弓系统	撒沙设备	风笛设备
MC1 与 MC2	√	√	√			√	√
M2S 与 M2、MH	√	√				√	
TP 与 TPB	√	√		√	√		
T2	√						

为适应恶劣的铁路运用条件，CRH5 型动车组的压缩空气供给和空气制动系统的设计具有如下特点：安全性高、可靠性高、可用性好、低 LCC(寿命周期成本)、便于维护和修理故障 、动车组配线和制动管连接最小化。

第二节　制动功能及性能

一、司机室及司机制动控制器

CRH5 型动车组的司机室控制台布置情况参见示意图 10－3。

图中与制动控制有关的有：

- 三块空气压力表(左侧上部)——总风、制动管及均衡风缸(双针)、制动缸(动、拖轴双针)
- 备用制动手柄(左侧靠中部)——备用自动空气制动系统的司机制动控制阀的手柄
- 紧急制动按钮(左侧靠中部)——紧急情况下，按下此按钮启动紧急制动
- 制动控制按钮(左侧下靠中)——停放制动施加/缓解、制动试验、停车保持制动施加按钮
- 牵引制动控制器(右侧台面)——牵引、中立、电制动、空气制动、紧急制动操纵位
- 速度控制手柄(右侧台面)——依靠牵引、制动、惰性综合恒速控制
- 安全警惕阀(控制台下方)
- 旅客紧急制动切除装置(控制台台面中部)

动车组采用司机制动控制器与牵引控制器合一的主控制手柄，通过司机的操纵发出牵引和制动指令。其中牵引、制动的主要功能位参见图 10－4。手柄的总操纵范围 0～100°，中立位手柄垂直于台面，向前推为牵引控制区，向后拉为制动区，制动区依次为电气制动、空气制动

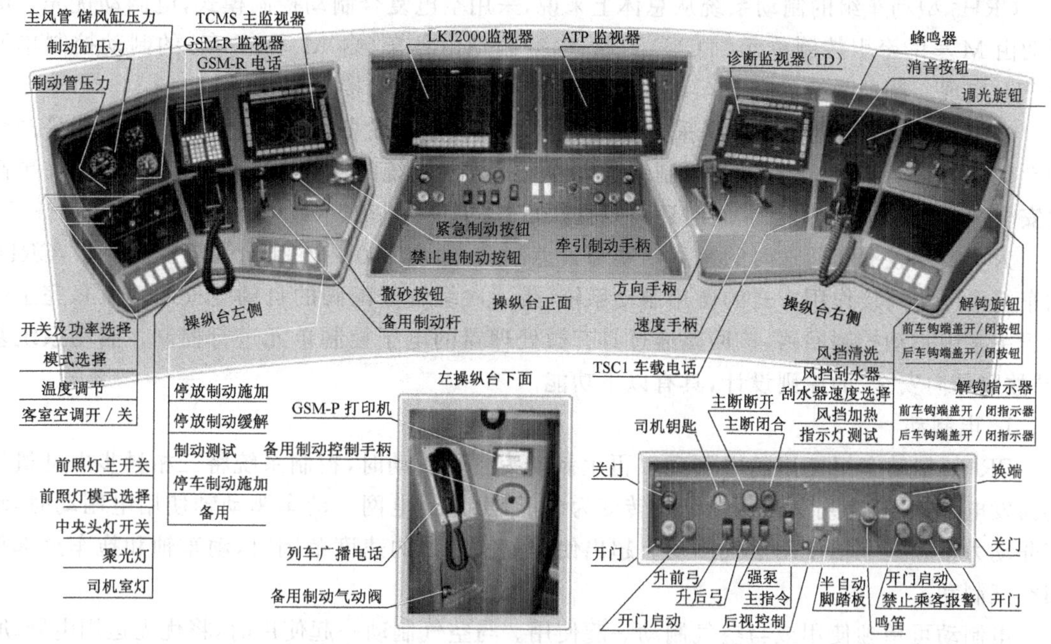

图 10－3　司机室控制台布置情况示意图

区、紧急制动位。

制动指令经由列车信息控制网络(TCMS)传输，由各车的制动控制装置复合控制，即在各动车由牵引控制单元实现对牵引电机的再生制动控制、在各车(动车、拖车)制动控制装置控制空气压力并输出到转向架基础制动装置实现空气制动力。

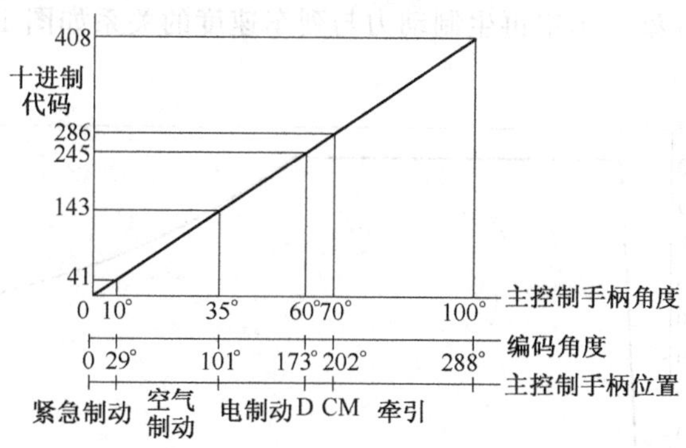

图 10－4　司机主控制手柄位示意图

二、制动功能

制动功能有：紧急制动、旅客紧急制动、常用制动、保持制动、备用制动、停放制动。

CRH5 型动车组的制动系统从总体上来说，采用空电复合制动控制模式，电制动优先。电制动由 M 车的牵引控制单元(TCU)实现；电空制动由各车(含 M 车、T 车)的制动控制单元(BCU)实现。制动系统具有与车载列车运行速度控制系统的接口。

CRH5 型动车组制动系统是采用微处理器对所有制动设备进行控制、操纵和诊断等全面制动管理的制动系统，这些设备与制动程序和列车控制系统的通信有关，保证整列车具有更高的安全性、可靠性和可用性。同时还可以提供可选的动力制动控制。

为了实现救援和回送时的常用制动和紧急制动、适应 600 kPa 制动管定压的要求，CRH5 动车组采用了间接作用方式的备用制动系统(带一次缓解分配阀的自动空气制动机)，完全独立于主常用制动控制回路，该回路通过具有微处理器的电子控制单元进行控制。制动系统基于“故障导向安全”的原则设计，具有以下功能。

1. 电制动

CRH5 型动车组使用的电制动以再生制动为主。制动时，控制系统将三相异步电动机转换为发电机工作，将列车运动的动能转变为电能，反馈回电网。动车驱动轴使用电制动时，动车非动力轴和拖车轴使用空气制动。超出使用电制动力的速度范围时，动车轴和拖车全部使用空气制动。

电制动可单独使用或与空气制动一起使用。与空气制动一起使用时，将优先运用电制动，减轻拖车的空气制动负荷，从而减少其空气盘形制动装置制动部件的磨耗。电制动和气动制动之间的制动力分配是按预定控制策略进行的。

CRH5 型动车组的再生制动可在速度范围 10～ 200 km/h 工作。初始制动必须大于 35 km/h，电制动才投入；当制动速度减速到 15 km/h 时电制动开始减弱，减到 10 km/h 时，电制动力减为 0。

常用制动时，CRH5 型动车组再生制动力与列车速度的关系如图 10－5 所示。

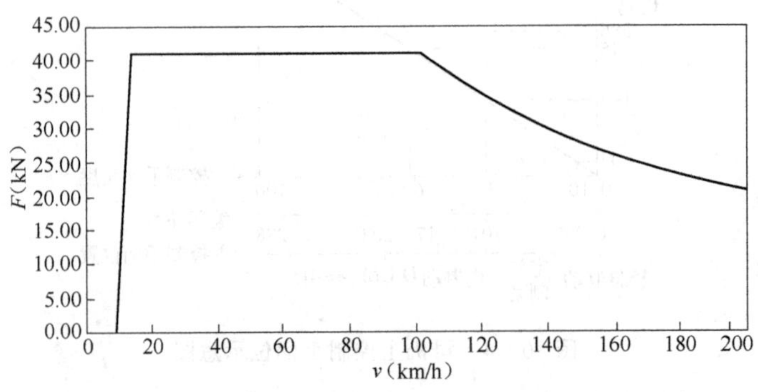

图 10－5　再生制动力－速度曲线

对于低位制动指令，仅施加电制动，直到最大电制动力。如果某动车电制动故障，TCU 控制该车动轴空电联锁阀失电，且 BCU 检测到该信号后，控制直通制动在该动车的四根轴上施加空气制动力以补偿损失的电制动力。TCU 电制动是否可用的信息传递到 TCMS。空气制动仅根据电制动特性曲线补偿制动力。

对于高位制动指令，空气制动力线性增加直到在拖轴上施加最大制动力。如果某动车电制动故障，空电联锁阀失电，所有动轴施加空气制动力。损失的电制动力的补偿受到最大常用制动压力的限制。电制动的黏着系数需求约 0.13。空气制动的黏着系数需求约0.085。

2. 空气制动

CRH5 型动车组使用的空气制动系统采用空气盘形制动作为基础制动装置，制动控制部分包括电气指令微机控制直通式电空制动系统和自动式空气制动系统。

直通式空气制动系统采用电子控制，制动系统可按制动模式曲线(根据手柄位置或列车自动控制系统设定)控制列车减速或停车。安装在各车上采用微机控制的制动电子控制装置负责执行本车的制动控制功能，包括接收和解码制动指令信号(从司机台上的制动手柄发出)，以及其他用于列车制动控制的重要信息。如果直通电空制动系统出现故障，系统应故障导向安全，必要时实施紧急制动停车，如直通制动系统不能正常工作，通过手动转换后，启动自动空气制动系统。

动车组上的自动式空气制动系统为备用制动系统，其制动指令由制动管传递。备用空气制动系统可由采用自动式空气制动系统的既有线机车操纵控制动车组的制动与缓解，满足动车组在救援和回送时的制动要求。自动式空气制动系统处于热备份状态。各种制动功能如下：

(1)常用制动

首先在动力转向架的动轴上施加动力制动，如果动力制动不足，再在拖车轴上施加空气制动。

当动力转向架的动轴上的动力制动不能使用时，用动轴上的空气制动力代替，拖车上施加空气制动。在速度小于 10 km/h(根据动力制动特性)的时候，采用纯空气制动。

(2)紧急制动

通过以下任意方法均可以触发紧急制动(所有转向架的制动力达到最大、实现最大空气制动减速度)：

1)由司机在司机室启动紧急制动按钮；

2)由司机将主控制器手柄扳至紧急制动位置使紧急制动阀失电、制动管(BP)快速彻底的排风；

3)乘客触发紧急制动装置并且向司机发出报警信号，司机将最终决定是否施加紧急制动(例如：可选择适当的位置停车)；

4)由列车保护系统或自动报警设备启动；

5)列车运行时任何原因启动了停放制动，停放制动监视回路将触发紧急制动、紧急制动实施直至停车；

6)制动管压力过低；

7)备用制动手柄处于紧急制动位。

(3)停放制动

动车组除 T2 车以外的拖车和动车的端轴(1、4 位)每轴配备有一个从总风缸供风的带有储能弹簧的停放制动缸，并配有手动缓解装置，使动车组即使在制动缸漏风时仍具有足够大的停放制动力保证列车安全地停放在 30‰坡道上。

(4)停车制动

在低速时(在 $v \leqslant 5$ km/h)，动力转向架上施加空气制动，使整个列车实现一个均衡的减速制动效果。

(5)保持制动

该制动功能允许 EMU 在斜坡上启动。按下此按钮，制动系统施加的气动制动力足以使列车停止在设计的最大坡度上(30‰)。司机移动牵引杆启动 EMU，一段时间(约 1 s)后停车制动自动缓解，以便 EMU 能在坡上启动，而不发生退行。

(6)备用制动

如果电空制动控制装置发生故障或处于救援模式，动车组可启动备用制动继续运行。此时制动将通过制动管(定压 600 kPa)中的压力进行控制。备用制动系统具有紧急制动功能，能够保证紧急制动距离。

3. 防滑系统的功能

气动防滑装置采用高性能防滑阀，以确保达到最高的轮轨黏着力，并在电子控制装置、供风、车轮速度传感器等层面上配有采用冗余配置的微处理器。防滑系统执行以下两个功能：防滑；车轮滑行控制，由两套冗余的防滑系统之一进行监视。

三、制动性能

CRH5 型动车组制动性能及部分参数如下。

(1)电制动的工作范围：在 200 km/h 到 10 km/h 的速度范围内工作。

(2)在最大电制动的情况下，轮周制动力和功率：轮周处的最大制动力为 205 kN，轮周处的最大制动功率为 5 785 kW。

(3)紧急制动性能：①初速度为 200 km/h 时：平均减速度 = 0.79 m/s^2，制动距离 ≤2 000 m。②初速度为 160 km/h 时：平均减速度 = 0.79 m/s^2，制动距离≤1 400 m。

(4)空气制动时的最大黏着系数=0.085。

(5)弹簧式停车制动装置能够使一列正常负载的列车停在 30‰坡度上。

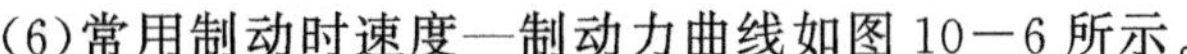

(6)常用制动时速度—制动力曲线如图 10—6 所示。

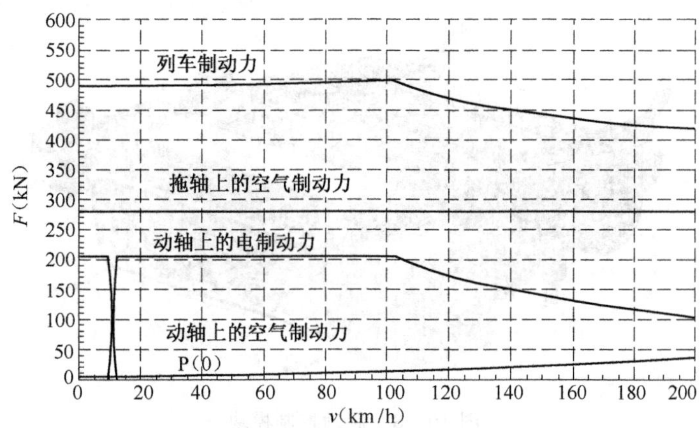

图 10—6　常用制动速度—制动力曲线

(7) 紧急制动时速度—制动力曲线如图 10—7 所示。

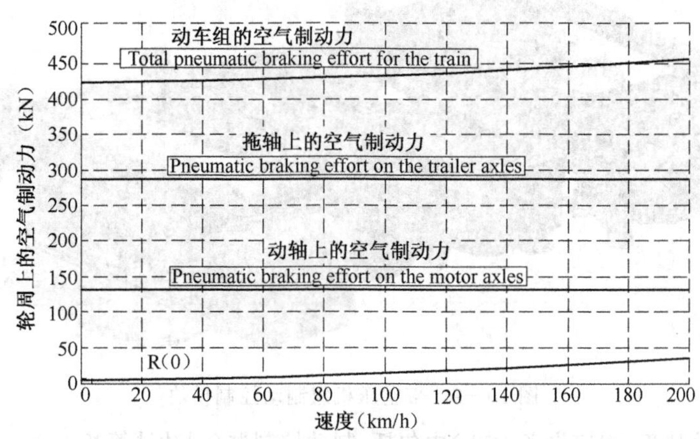

图 10—7　紧急制动速度—制动力曲线

第三节　制动控制设备及控制原理

一、制动控制设备

CRH5 型动车组的制动控制装置(模块)参见图 10—8、图 10—9。其中制动控制模块 B08 面板示意图见图 10—10。

每车制动设备包括:制动控制单元(B08)、防滑阀(G01)、基础制动装置(1R—4R)、制动指示牌(Z22)等。

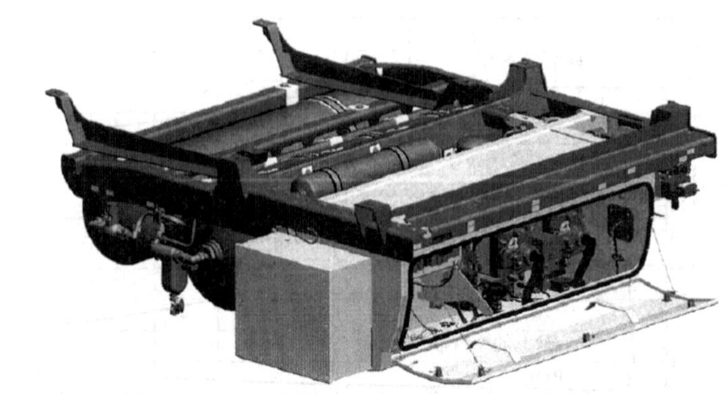

图 10－8　制动控制模块

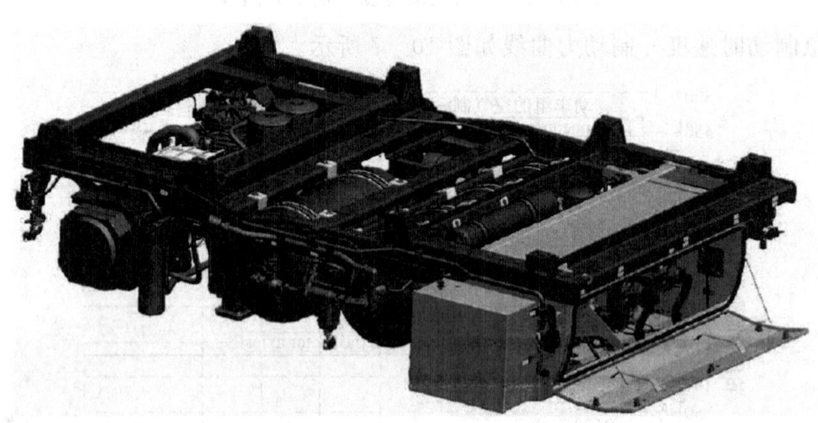

图 10－9　带空压机组制动控制模块

制动控制单元 BCU(对应设备 B08)内包括:制动控制器(制动计算机)(B01、B10)、制动控制阀板(B60)、停放制动控制板(H01)、分配阀板(B55)、撒砂控制板(F06)、切除塞门安装板(B22)。

二、制动控制风路及原理

1. 制动控制流程(图 10－11)

直通式电空制动和自动式空气制动的组合见图 10－12。

2. 控制风路原理

每车制动功能由两套制动控制微处理器(B01、B10)进行冗余控制(图 10－13),具有高精度、线性和可重复性的特点。微处理器用于接收和分析制动指令信号以及其他列车信号以控制电空制动系统,微处理器控制逻辑包括故障诊断和故障显示以便于维护和运行。

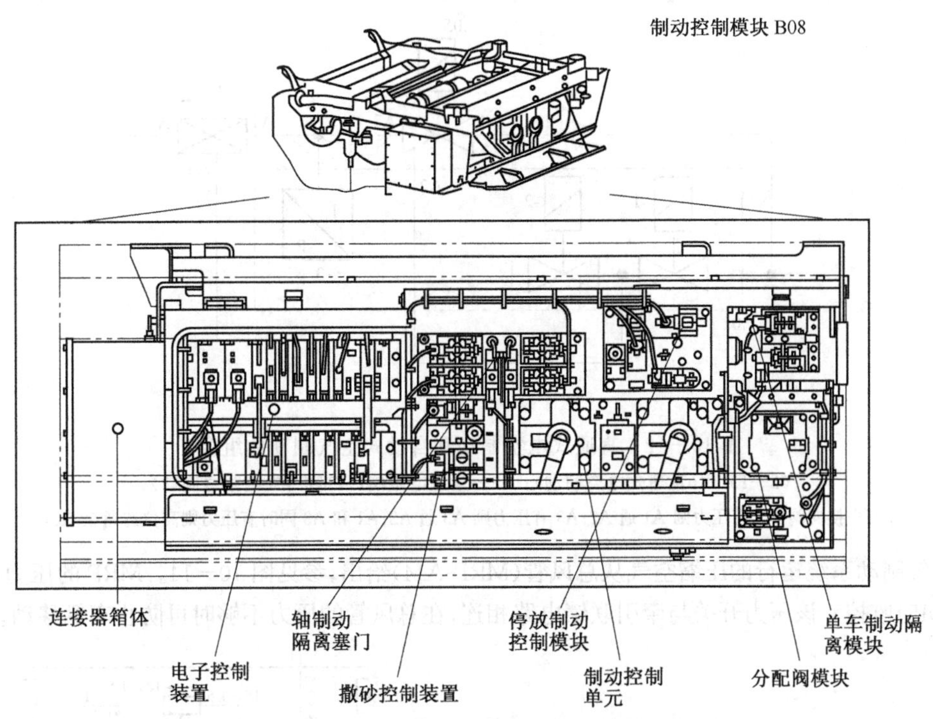

图 10－10　制动控制模块(B08)面板布置示意图

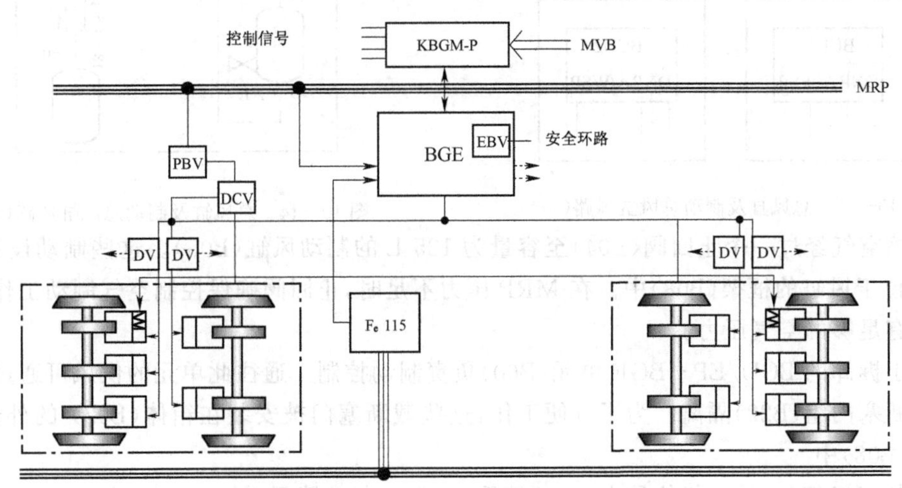

图 10－11　制动控制流程示意图

PBV—停放制动电磁阀;DCV—双向阀;DV—防滑阀;EBV—紧急制动电磁阀;
BGE—制动控制装置;KBGM—P—电子控制单元;Fe115—分配阀

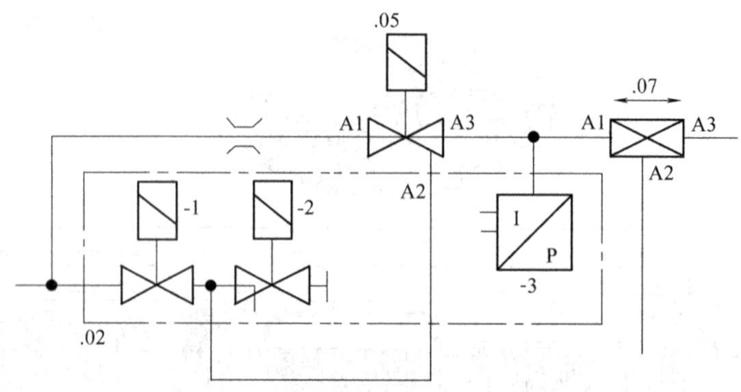

图 10－12　直通式电空制动和自动式空气制动的组合

.02—EP 阀(直通式电空制动);.05—紧急电磁阀(常带电,失电紧急制动);

.07—换向阀(A1 有压力则 A1 通 A2;A3 有压力则 A3 通 A2;A1 和 A3 同时有压力则高位选通至 A2)

空气制动系统运行的压缩空气从总风管(MRP-A14)给出,参见图 10－14。MRP 的压力由压力开关(D15)监控。该压力开关与牵引联锁电路相连,在总风管的压力不够时可防止车辆移动。

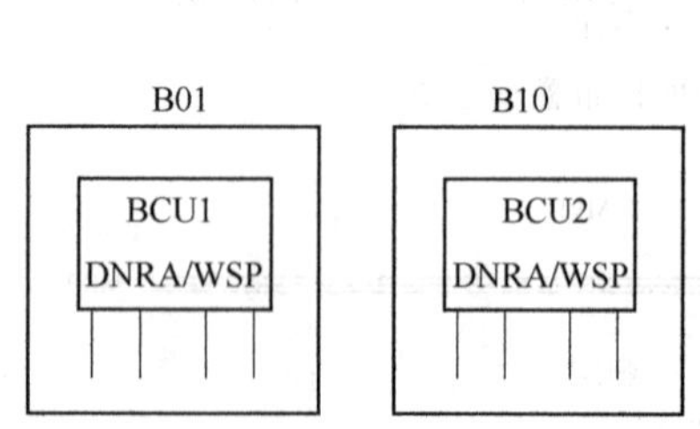

图 10－13　总风缸及制动总风缸风路(一)

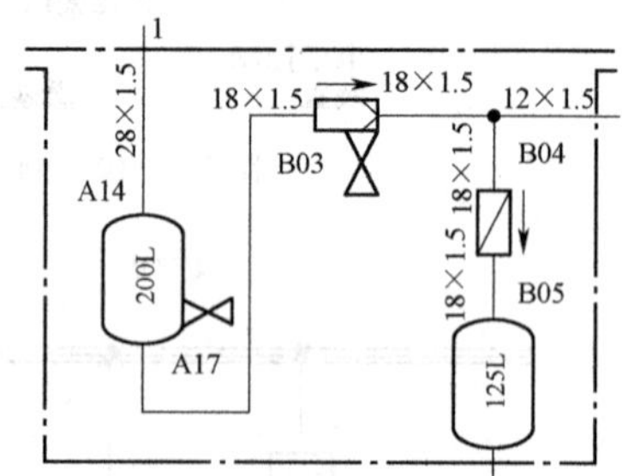

图 10－14　总风缸及制动总风缸风路(二)

压缩空气经过一个止回阀(B04)至容量为 125 L 的制动风缸(B05)。这些制动设备(B04、B05)都位于风缸的框架(B08)中。在 MRP 压力不足时,止回阀确保控制空气制动工作的制动风缸内有足够的空气压力。

便于拆卸的 BCU/EP－BGE 单元(B60)负责制动控制。通往此单元的供风可通过带排风孔的截断塞门组(B22)隔离。为了方便工作,这些截断塞门被安装在箱体(B02) 的外部,但仍在框架(B08)中。

截断塞门(B06)的电气信号由 BCU 读取,也可由制动管理系统(TMS)来读取。

(1)常用紧急制动控制风路

电空转换阀(B60.02)将来自电子制动控制设备(B01,B10)的空气制动命令电信号转换成相应的预控制压力。到电空转换阀的信号为制动/缓解信号,空气制动信号是在考虑冲动限制

和相应的总制动命令的要求下与动力制动完全混合。

常用紧急制动控制阀集中在 B60 控制板，控制风路见图 10－15。CRH5 型动车组整车直通电空制动系统参见图 10－16、17、18、19(见书后插页)。

电空转换阀配有充风电磁阀和放风电磁阀。

压力传感器(B60.02－3)的信号显示控制单元中的实际压力值。如果来自压力传感器的信号与指令压力不匹配，电子控制单元(B1)将控制充风阀或者放风阀使压力达到正确值。

控制压力空气流向紧急电磁阀(B60.05)。在一般常用制动时，该电磁阀得电允许控制压力空气通过空重阀(B60.06)从电空转换阀(B60.02)到达中继阀(B60.04，B60.19)(直通制动电路)。这两个中继阀允许在动力轴和拖轴上有不同的压力。空重阀用于在制动缸压力控制电路出现故障时，保护转向架设备。

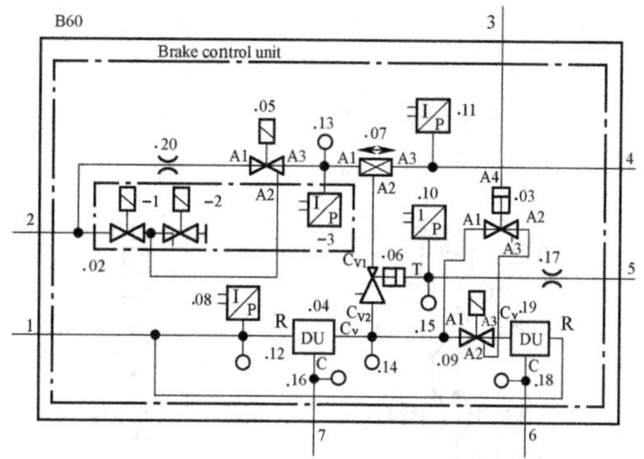

图 10－15　常用及紧急制动控制风路

常用制动时，负载的修正由从电子制动控制单元(B01)到电空转换阀(B60.02)的制动命令信号来执行。

紧急制动时，电子紧急制动控制回路打开，制动管的压力通过警惕装置(N02)排掉，随即制动缸压力也将通过制动管控制的分配阀(B55)施加紧急制动。

当电子紧急制动控制回路打开之后或同时，紧急电磁阀(B60.05)失电(故障导向安全原则)，从风缸(B05)来的压缩空气流经双向阀(B60.07)和中继阀(B60.04，B60.19)，施加与载荷相应的紧急制动。在紧急制动和联锁阀(B60.09)故障情况下，旁通活塞阀(B60.03)保证动力轴制动缸用风。根据载重情况，空重阀(B60.06)限制着中继阀的设定压力。

在紧急制动同时，电子制动控制单元(B01)将同时控制电空转换阀(B60.02)来产生紧急制动压力。

在 ED 制动(来自车辆制造者的信号)不可用的情况下(如：通过打开相关联锁阀(B60.09)，空气制动将动作，并选择适当的制动缸压力补充相关车辆上的电制动力。

车辆可通过位于制动缸管路上带有电接点的截断塞门(B20.02～.05)，来隔离制动控制单元并缓解有空气制动作用的制动缸。截断塞门将向制动管理系统(TMS)提供信号。

压力开关 (B20.08～.09)向制动管理系统 TMS 缓解和制动提供信息。制动设备(B20)安装在箱体中(B02)。

司机室安装有一个双针压力表(D06)来指示均衡风缸压力值和 BP 压力值。司机室中另一个双针压力表(B11)显示动车和拖车的制动缸压力。所有的仪表都带有照明装置(供电电压直流24 V)。

为了便于观察，制动压力指示器(B12)安装于车辆的两侧，指示器显示绿色信号时表示缓解，显示红色信号时表示制动。停放制动有单独的指示器(H21)。

制动缓解显示牌见图 10－20。

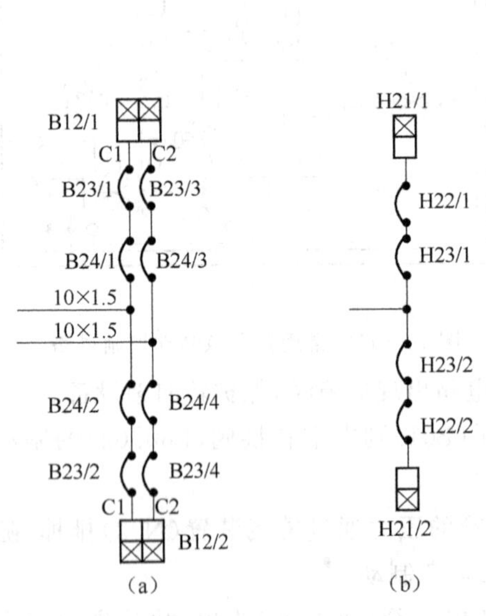

图 10－20　制动缓解显示牌

(a)制动缸；(b)停放制动缸

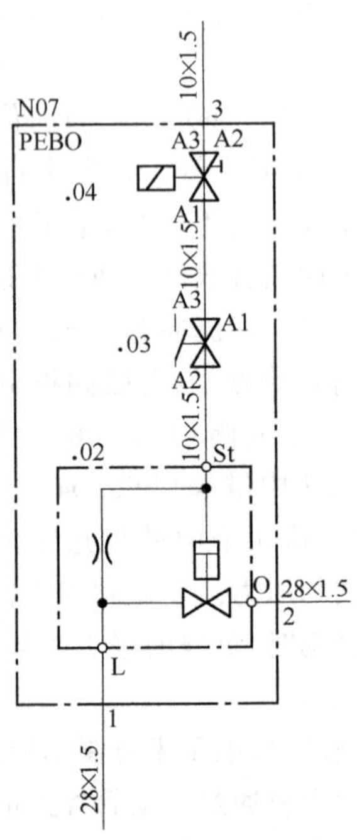

图 10－21　乘客紧急制动控制

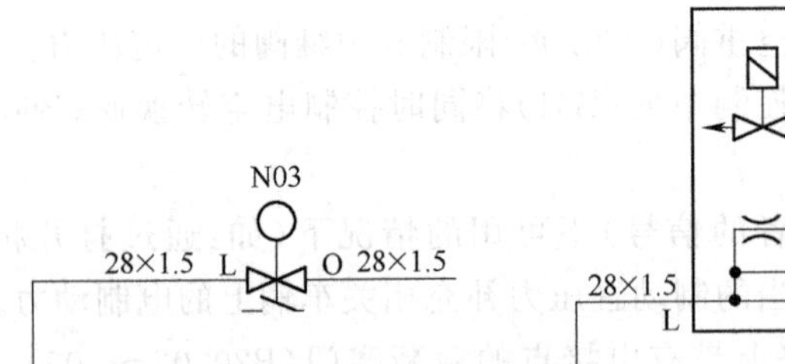

图 10－22　紧急制动按钮(左)和、安全警惕阀(右)风路

(2)空气制动与电制动的联锁关系

动车动力轴的再生制动无效时，由联锁电磁阀(B60.09)失电打开控制风路进入动轴制动控制中继阀。

(3)乘客紧急制动控制(图 10－21)

(4)紧急制动按钮控制、安全警惕阀(图 10－22)

(5)中继阀结构原理(图 10－23)

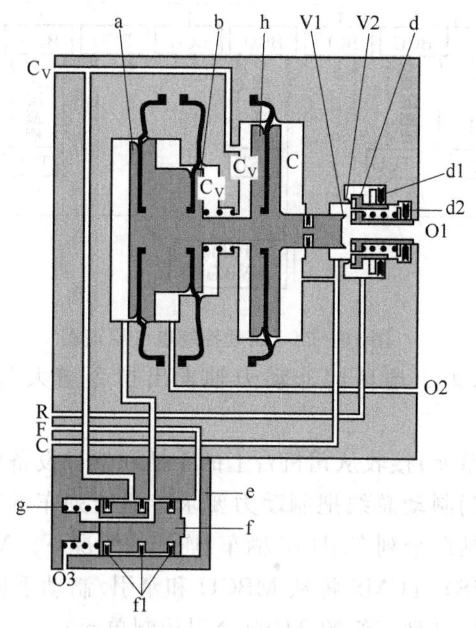

图 10－23　中继阀结构原理图

a、b、h—模板活塞；d1、d2、f1—KNORR"K"型密封环；e—限压阀；F—空气簧压力；R—通总风；C—通制动缸；C_v—预控制压力；01、02、03—通大气；f—活塞；g—弹簧；V1、V2—供排气阀口

三、制动控制电气原理

常用制动是电空直通制动，在手柄处于常用制动位时启动。制动手柄提供数个常用制动位和一个紧急制动位，该制动手柄连接了一个电气开关。制动手柄位置的值自动处理，由内部ESRA－Bus传输到主BCU和尾车冗余BCU中。所有的BCU和WSP单元通过制动总线连接起来。制动总线是冗余的，用于车辆之间的连接。对于双向驱动其主要功能是冗余的，只有主BCU和尾车的BCU才能连接到TCMS系统的MVB中。常用制动时不用制动管，但制动手柄FB11(在头车中启动)要始终保持缓解位置，有关内容可参考图 10－24。

图 10－24 中，安装在每个车辆上制动控制电子微处理器执行本车制动控制功能，接收和读取制动命令信号(来自司机台上的制动手柄)以及其他关于制动控制的列车重要信息。在直通制动故障的情况下，系统必须实施紧急制动；停车后，通过手动转换可启动备用空气制动系统。

司机台上配备的主手柄可用于牵引(向前推动手柄)和制动(向后推动手柄)。制动分为两个扇区：第一扇向动力轴发出电制动指令，电制动力与手柄的位置成比例，在第一

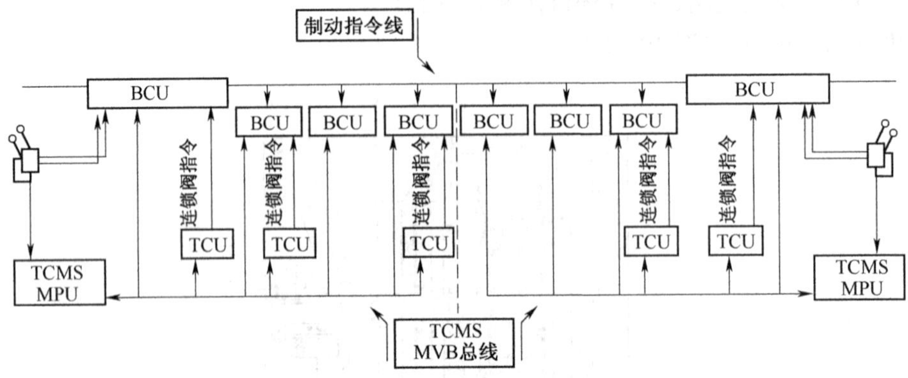

图 10－24 制动控制电气原理图

扇区的末端达到最大值；第二扇区向非动力轴发出指令增大制动力，达到非动力轴上的最大常用制动力。

MBCU(主制动控制单元)接收从司机台上的手柄和信号设备(LKJ2000 和 ATP 设备)发出制动要求，通过一个专门制动总线把制动力要求传递给列车的其他 BCU。BCU 之间的通信线路遍布整个编组，包括两个列车组(16 辆车)连挂的情况下。MBCU 把制动指令传输到列车控制和监控系统(TCMS)，TCMS 将从 MBCU 和牵引/制动手柄的位置来获取两种制动指令要求，并根据电制动力控制列车组的 TCU(牵引控制单元)。

每个动车配备一个牵引控制单元(TCU)，它与 TCMS MVB 总线接口连接。

电制动指令通过列车控制网络(MVB 和 WTB)由 TCMS 发送到 TCU。每个 TCU 执行要求的电制动力，并且当给动轴施加电制动时，给动轴的互锁电磁阀通电。一旦该互锁阀被 TCU 激活，由该 TCU 控制的两个动轴上的空气制动被切除。如果一个或更多 TCU 不能执行电制动时，TCU 通过列车控制网络(MVB 和 WTB)来通知 TCMS，并缓解动轴互锁电磁阀。TCMS 通过列车控制网络发送电制动不可用的信息，因此 BCU 或 MBCU 可以执行相应的动作(称为降级模式，包括如下两种情况：直通制动控制手柄在第一扇区，但是车辆上没有电制动，互锁电磁阀打开，并且在该车的所有 4 个轴上 BCU 启动，施加空气制动力，尽可能产生与以前电制动相同的制动力；直通制动手柄在第二扇区，但是没有电制动，互锁电磁阀打开，并且立即给动轴施加空气制动力，尽可能产生与以前电制动相同的制动力)。此外，每个 BCU 通过直接读取位于制动管路中的动轴互锁阀的状态信息来了解本车电制动故障。

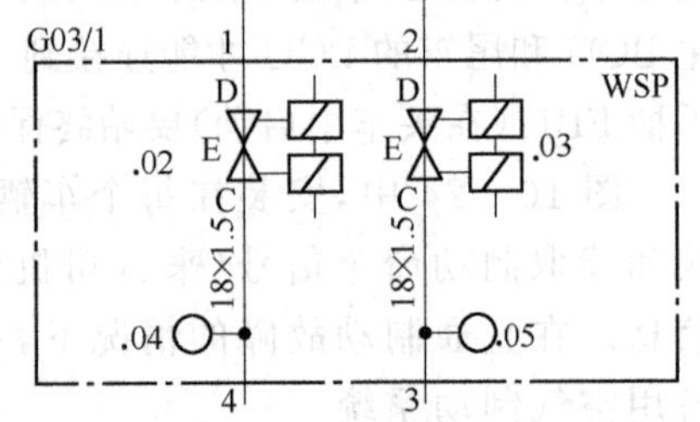

图 10－25 防滑阀控制风路原理图

电空制动命令由 MBCU 通过制动线路发送给列车组的所有 BCU。每个 BCU 控制本车的空气制动系

统，TCMS不涉及此功能。只有电空制动已经在动轴上达到其最大值之后才能在拖车轴上施加空气制动力。在电制动不足的情况下，空气制动还要在第一扇区施加（降级模式）。每个轴上配备有随制动缸压力而变化颜色的指示器(27)，便于在车辆两侧进行制动缸状态的简易外观检查。

四、防滑控制

1. 结构

CRH5型动车组使用基于微处理器的防滑和防转系统MGS。防滑系统由一个电控装置、车轴速度传感器以及防滑阀组成。每个轴上有两个速度传感器和两个防滑阀。气动防滑装置（符合FicheUIC541－05标准）采用高性能防滑装置，（以确保达到最高的轮轨黏着力），并在电子控制装置、供风、车轮速度传感器等层面上配有采用冗余配置的微处理器。

冗余装置包括两个电控装置，其中一个包含在BCU（制动控制装置）中。这两个装置互相通信，这样在正常运行时，一个是主装置、执行WSP功能，而另外一个则执行DNRA功能。如果主装置出现故障，另外一个就开始执行WSP和DNRA功能。

2. 工作原理

为了避免车轮抱死，防滑系统检测每个车轴的移动并对制动气缸的压力进行控制，以便使车轮和轨道之间的黏着力达到最佳。轴箱中安装了带有齿轮的速度传感器。防滑阀GV12－1B被安装在车体下方，位于靠近各转向架的保护区域，电子控制器安装在电气控制柜中。轴速可以通过速度传感器检测，无直接接触、无磨损。使用轴速信息，微处理器可以计算参考速

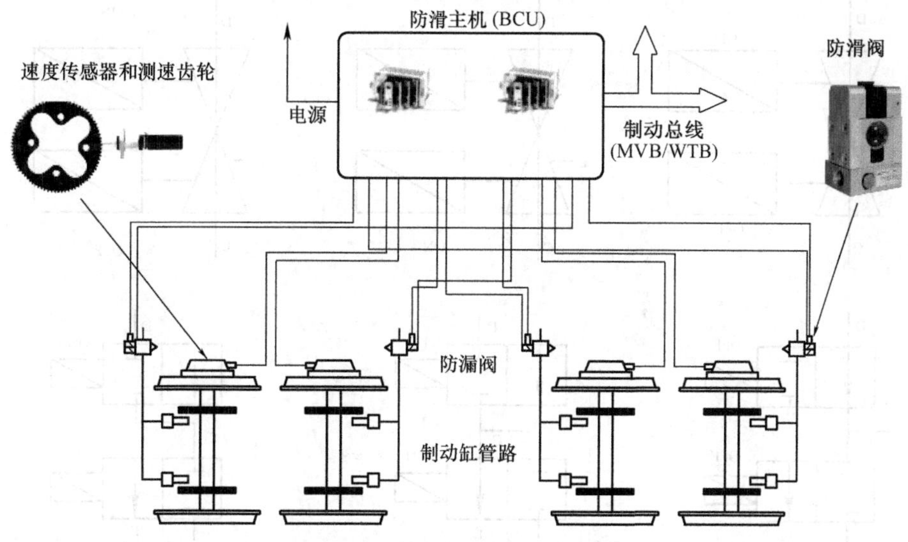

图10－26 防滑阀控制系统原理图

度和导出“降压(脉冲)”、“压力保持”、“增压(脉冲)”等控制命令。由于每个车轴的防滑装置的响应标准是车轮和列车之间的差速,轴加速度和轴速历史记录,因此,包括车轮滑动和加速度的变化。这样,可以获得全面的防滑过程,安全地防止车轮锁定,降至极低的黏着值,使车轮永远保持在期望的最佳车轮滑动范围内。为了在防滑响应开始时,使车轮迅速达到期望的车轮滑动范围,从而增加车轮/轨道之间的黏着力,以微处理器为基础的防滑系统 MGS 具有启动相位功能。

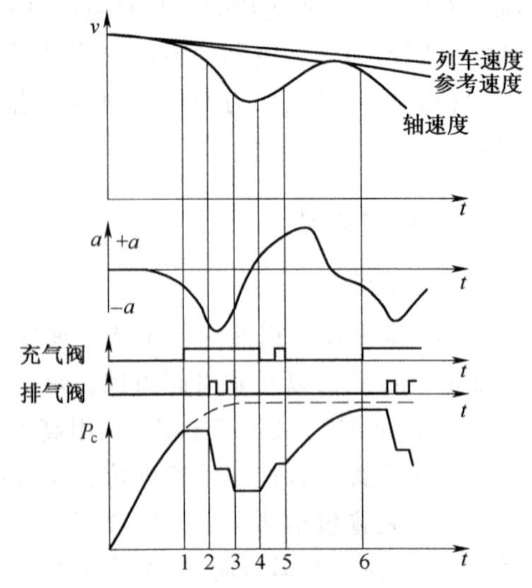

图 10—27　防滑控制原理图

防滑控制原理、防滑阀原理分别参见图 10—26、图 10—27、图 10—28,防滑阀的结构参见图 9—28。

3. 特点

(1)具有综合自检测功能,可识别故障(区别是否永久性或暂时性)到可更换的故障存储装置(与电压无关);如果需要可提供数字显示。

(2)可通过集成的串行接口(IBIS 和 20 mA 电流环)连接到中央诊断计算机;通过附加电路板和附加软件,可将防转功能增加到防滑系统。这意味着通过使用防滑系统

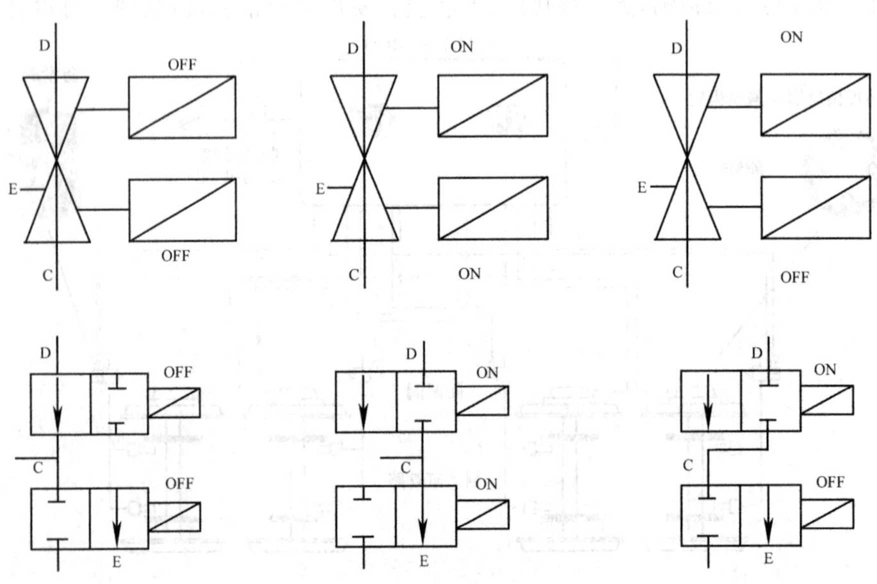

图 10—28　防滑阀原理图

就可以实现防转功能，可以检测速度、提供车辆的运行状况以及防滑系统的状况。此外，防转电路板还可以处理推进控制系统的输入信号，并通过模拟信号对后者施加作用。

(3)提供了特殊的逻辑防转功能，形成参考速度和通过推进控制影响轴速度而使车轮保持在最佳车轮滑动范围内。并且在防滑系统的普通诊断分析系统中同样可进行特殊的防转功能监控和显示。

(4)每辆车均设有两个控制单元用于 WSP/DNRA 控制。每轴安装两个速度传感器，信号被两个独立的 BCU 读取。每个防滑阀的制动缸充风和排风均受两个线圈控制，因而可以受两个独立的 BCU 控制。

(5)每个 BCU 可以控制所有轴的 WSP 功能；通常情况两个 BCU 分别控制一个转向架的防滑系统，当一个 BCU 显示故障时，则另一个 BCU 可以完全或部分接管该 BCU 控制的转向架的防滑作用。

五、故障诊断及信息

制动系统由 TCMS 监控。将连续监控主要设施和/或信号的状态，为诊断系统提供与功能特征不一致的信息和/或隔离信息。诊断信息主要分三类：①报警：与列车组的安全的事件相关的这些信号。此时报警将由 TCMS 和硬线同时发送。②状态：可能会影响列车运行的相关信息(如，一个转向架的隔离；一个压缩机故障)。在这种情况下报警将由 TCMS 来发送。③维修：不影响制动系统和列车组的正常运行的相关信号(如维护警告)。在这种情况下报警将由 TCMS 来发送。

第四节　备用制动

一、备用制动控制阀

备用制动控制阀在备用制动投入以后，可以通过它充排风控制制动管压力变化，发出制动指令，在各车分配阀的配合下，通过中继阀对制动缸充风制动。备用制动控制阀外形见图10－29。

备用制动控制阀有 3 个通路参见第九章图 9－29。

二、制动管压力控制中继阀

制动管压力控制中继阀见图 10－30。

中继阀用于按照均衡风缸压力变化控制制动管的压力，除顶部排风口外还有 3 个通路，其中 Cv 口均衡风缸，是控制口；R 口通总风管；C 口通制动管，是输出口。图示为总风向制动管充风的缓解状态。

图 10－29　备用制动控制阀

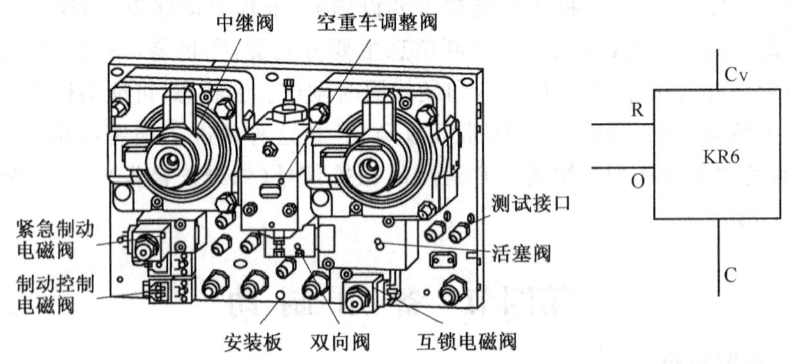

图 10－30　制动管压力控制中继阀

三、分 配 阀

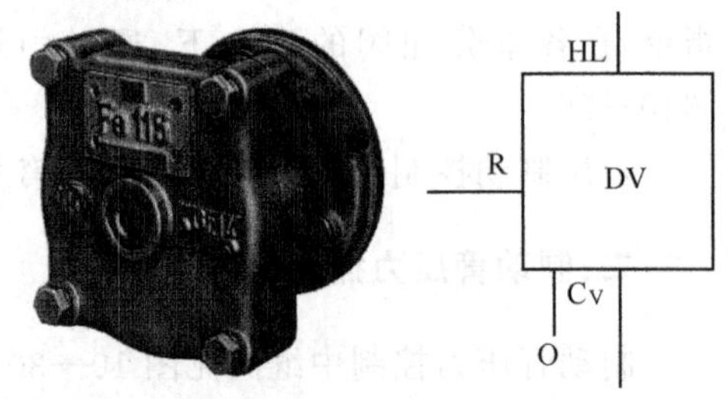

图 10－31　分配阀

分配阀(图 10－31)是自动空气制动机的核心部件,实现将制动管的减压转换为向制动缸的充风的间接控制作用。

由图中可以看出,该分配阀有 4 个通路,其中 O 口通大气,是排风口;HL 口通制动管,是控制口;R 口通副风缸;Cv 口经中继阀通制动缸,是输出口。

四、制动管压力控制

在电空直通制动(取决于时间)出现故障的情况下(救援模式),可以通过司机的 ZB11(D02)制动阀对制动管(BP)压力进行控制。制动管还可以通过一台救援机车或一列已修复的动车组进行控制。

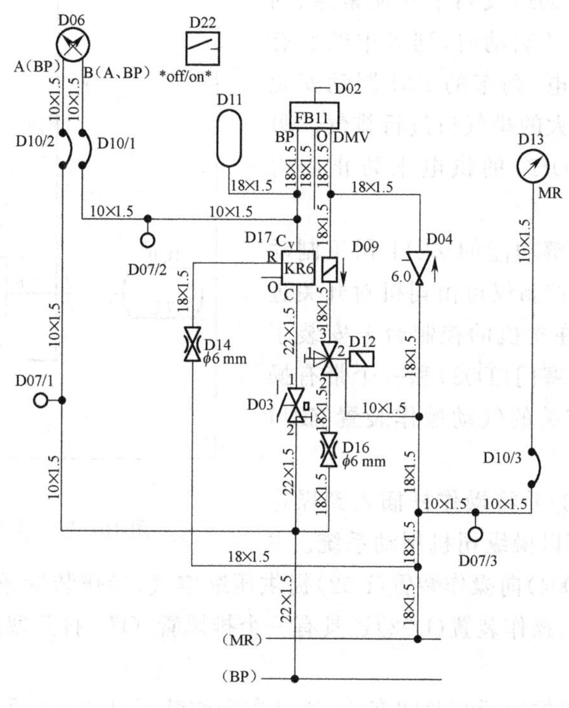

图 10—32 分配阀

ZB11 司机制动系统是一个制动操作的机构,用于带有直通 EP 制动的车辆的紧急控制,在直通 EP 制动无法使用时可以启用。利用 ZB11 司机制动系统,制动管中的压力可以在启动后进行控制,这样,列车的间接制动同样可用做救援操作的常用制动(减速按照使用说明进行)。分配阀设于 600 kPa 的名义额定压力。

正常运行情况下,列车的制动操作由牵引/制动手柄(D01)完成,它提供电信号,通过分立的导线和/或总线系统传递每一节车,用于操纵直通电空制动。此时,制动管中的压力在常用制动时保持在高于规定的缓解压力之上,仅在列车自动停车或紧急制动的情况下才会降低。因此,在制动管上还连接有一个安全警惕阀(N02)。正常运行情况下,ZB11 司机制动系统可以完成下列基本功能:是通过一个位于司机控制台上的"关闭"开关(D22,非 KB 所提供部件)进行隔离;当操纵牵引/制动手柄(D01)而又没要求进行列车自动停车或紧急制动,隔离电磁阀(D12)和紧急制动器阀(N02)就会动作。同时,压缩空气从减压阀(D04)、止回阀(D09)和节流阀门(D16)进入到制动管中。

减压阀(D04)控制到备用制动管控制设备的工作压力。节流阀(D16)限制供风量,确保间接制动能够自动动作。

当牵引/制动手柄(D01)或列车其他紧急、列车自动停车设备触发紧急制动时,列车中的所有紧急制动阀(N02)将断电(列车的 EM 制动安全环路),制动管通过一个大的排气口进行排气。另外,切断隔离电磁阀(D12)的供电来防止压力保持。

具有基本制动和缓解功能的 ZB11 司机制动系统对间接制动的紧急控制仅可由司机对开关进行操作来完成。为此,在司机的控制台上安装了一个通常情况下关闭的塞门(D03)和一个带有操作杆可取出的与时间有关的气动操作装置 ZB11(D02)。

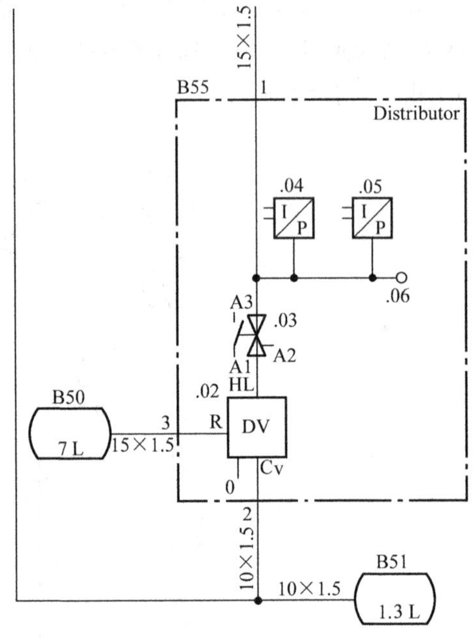

图 10—33　分配阀压力输出

打开截断塞门(D03)并将操作杆插入到操作装置(D02)中,这样就可以操纵司机制动系统。主风缸管路通过减压阀(D04)向操作装置(D02)提供压缩空气,操作装置通过打开的塞门(D03)连接到制动管上。另外,操作装置(D02)还具有一个排风管“O”。打开塞门(D03),隔离电磁阀(D12)也将断电。

ZB11 司机制动系统的运行与时间有关,通过在操作装置(D02)上垂向推拉杆来完成其操作。它可以根据可用安装空间的大小进行安装,使得司机可以左右操作,制动可以顺着或逆着运行的方向。可以从安装图中了解更多的细节。

操作设备(D02)具有下列位置:全缓解位、缓解位、中立位、制动位、全制动位(带电切换)。

完全缓解、中间或完全制动的位置都有刻度。从缓解及制动位置未标刻度的位置放开操作杆后,杆将返回到中间位置。操作装置(D02)处于完全缓解位置时,制动管中的压力保持在减压阀(D04)所设置的控制工作压力上。在操作装置(D02)的制动位时,制动管中的压力按照其操作时间的长度进行递减。当操作杆处于缓解位置时,制动管中的压力增加。在全制动位置时,制动管中的压力排空。当操作装置(D02)处于中间位置时,除了制动管泄露所造成的影响外,制动管中的压力无变化。

五、分配阀的压力控制

分配阀压力控制参见图 10－33，制动管的压力空气（变化）进入分配阀控制板（B55）的 1 口，压力传感器（B55.04/.05）及截断塞门（B55.03）的电接点将压力信息送 TCMS 及控制电路，分配阀（B55.02）根据制动管压力转换控制输出压力，经分配阀控制板的 2 口输出，连接到空气制动控制板（B60）的 3 口，经换向阀（B60.04）输出到中继阀（B60.07），经中继阀流量放大输出到基础制动缸。

第五节　安 全 制 动

一、电空制动安全环控制

在列车上提供安全环路目的是在发生如下描述情况之一时发出紧急制动命令（同时施加给由电磁阀 B60.05 控制的直通制动和由电磁阀 N02 控制（排空制动管）的备用制动；此时，安全环路打开，所有车辆施加最大空气制动力）：制动手柄置于紧急制动位；按下司机台紧急按钮；安全设备（信号发射系统）动作；安全环路在异常条件下断开（如列车分离）；制动管路压力不足。

当打开列车的安全环路时，制动管路由在每个端车上的紧急阀（N02）排空。此外阀（D12）开启，以防止制动管路重新充风。在紧急制动时，打开的安全环路抑制电制动。

二、旅客报警控制

所有车辆将配备旅客报警制动系统（每个客室有两个制动手柄）。乘客紧急手柄（N01/1、N01/2）直接启动紧急制动，并发出一个电信号给安全阀（N07）以排空制动管。同时为司机发出声音信号，阀（D100512）失电，以防止制动管重新充风。

如果司机认为有必要找到一个更适当的停车位置，可以抑制紧急制动。在这种情况下司机通过按下按钮，缓解制动。

在两个端车 MC1 和 MC2 上都配备安全阀；当要求紧急制动时，只有位于头车的阀打开。当手柄复位时，乘客报警应停止。

三、紧急按钮控制

在司机台上装有紧急按钮（N03），该按钮与制动管直接相连接，当按下时把制动管排空；同时，对直通制动电磁阀（B60.05）产生一个电气指令。

四、与 ATP 控制的接口

列车向 ATP 装置的输入见表 10－2，其向列车的输出见表 10－3。

表 10－2　列车向 ATP 装置的输入

功　能	信　息	接口要求	要　求	信息来源
紧急制动(对安全至关重要)	EB 反馈	当触发紧急制动，一个干式触点闭合(2 条线)	＋24 V 时，能通过电流 60 mA	EMU 制动单元
常用制动	SB 级电制动反馈	当触发常用制动，一个干式触点闭合(2 条线)	＋24 V 时，能通过电流 60 mA	EMU 制动单元
	SB 级空气制动反馈	当触发常用制动，一个干式触点闭合(2 条线)	＋24V 时，能通过电流 60 mA	EMU 制动单元
手柄处于制动位	制动	当置制动位，两个干式触点闭合(4 条线)	＋24 V时，能通过电流 24 mA	EMU 操作台
LKJ 紧急制动	LKJ 紧急制动	当紧急制动触发时，两个干式触点(4 条线)中：第一个闭合，第二个闭合	＋24 V时，每个触点能通过电流 60 mA	LKJ
LKJ 常用制动	LKJ 高级位的常用制动	当紧急制动触发时，两个干式触点(4 条线)中：第一个闭合，第二个闭合	＋24V时，每个触点能通过电流 60 mA	LKJ

表 10－3　ATP 装置向列车的输出

功　能	信　息	接　口	指令模式	备　注
紧急制动(对安全至关重要)	EB1 指令	1 路 110V 直流	被动	也用于 LKJ 的紧急制动
	EB2 指令	1 路 110 V 直流	被动	
常用制动	ATP 低挡位常用制动	当触发低挡位常用制动时，1 个干式触点(2 条线)闭合	主动	LKJ 和 ATP 机柜使用相同的输出，所以两个干式触点使用的电源也是相同的。
	LKJ 低挡位常用制动	当触发低挡位常用制动时，1 个干式触点(2 条线)闭合	主动	
	ATP 中挡位的常用制动	当触发中挡位常用制动时，1 个干式触点(2 条线)闭合	主动	LKJ 和 ATP 机柜使用相同的输出，所以两个干式触点使用的电源也是相同的。
	LKJ 中挡位的常用制动	当触发中挡位常用制动时，1 个干式触点(2 条线)闭合	主动	
	高挡位的常用制动	1 路 110 V 直流输出	被动	LKJ 高挡位常用制动也用。

第六节　停 放 制 动

一、停放制动功能及设备构成

1. 停放制动的功能

动车组配备有一个从总制动风缸供风的弹簧作用的停放制动，在靠近对应制动缸和在同侧的转向架上配有机械缓解手柄，可以满足在 30‰坡道上安全停放。

2. 停放制动装置组成

采用停放制动时，来自总风管中的气压通过止回阀、风缸到达停放制动控制单元。该单元是一个空气和电空信号结合装置，位于控制模块箱体内。为了保证有效的维护和故障处理，他们被集中到一个板子上。

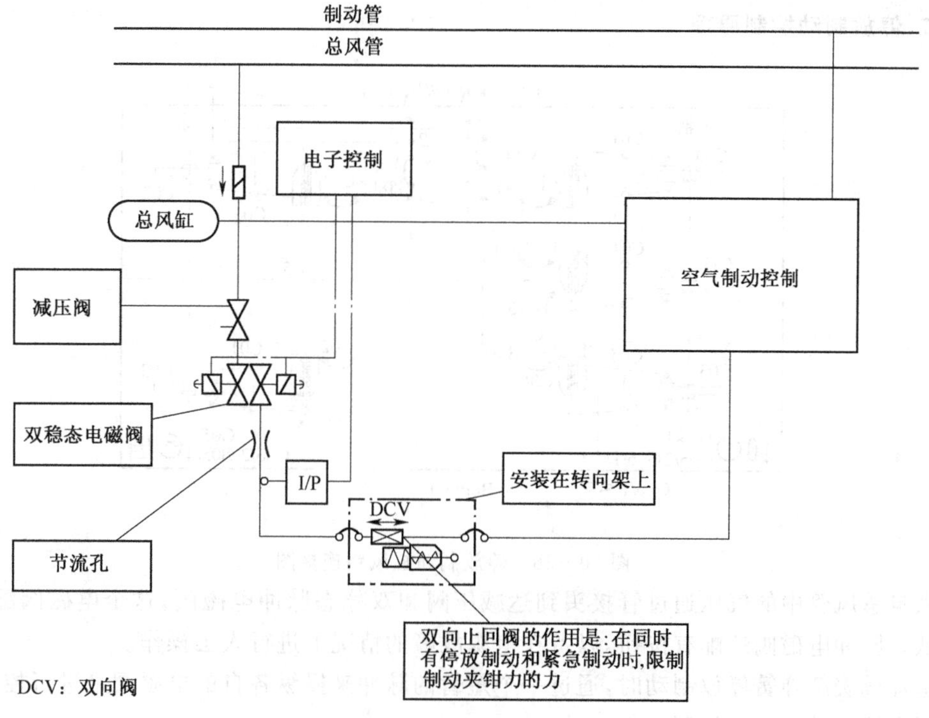

图 10－34　停放制动设备组成及控制流程图

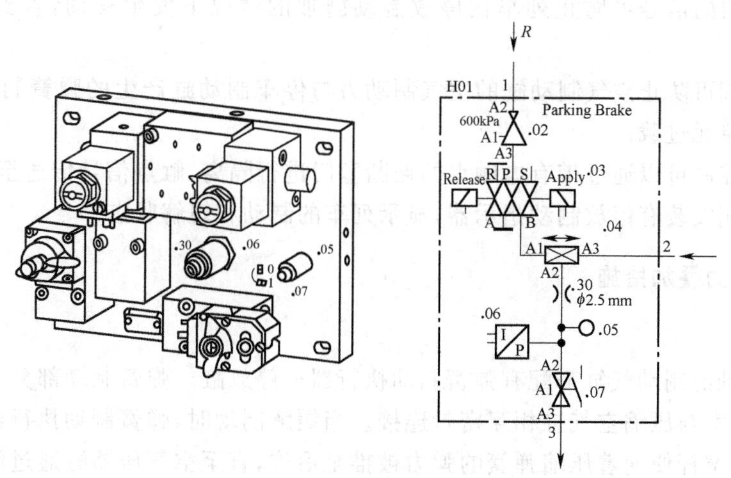

图 10－35　停放制动控制板风路图

对照图 10－34 及对应的风路图 10－35，该单元包括：减压阀(H01.02)、双稳态脉冲电磁阀(H01.03)、节流堵(H01.30)、截断塞门(H01.07)、测试接头(H01.05)、压力传感器(H01.06)、双向止回阀(H01.04)。

二、停放制动控制原理

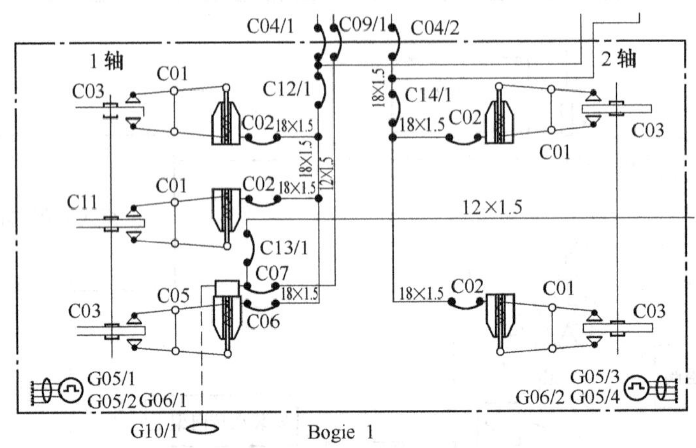

图 10－36　停放制动缸风路连接图

来自总风管中的气压通过管接头到达减压阀和双稳态脉冲电磁阀，这个电磁阀配有两个电磁铁。脉冲电磁阀还配有按钮，以备在电源故障的情况下进行人工操作。

施加或缓解弹簧停放制动时，通过一个短暂的脉冲来操纵各自的电磁阀来进行控制（由司机或列车控制装置进行控制）。

压力传感器的信号可防止列车在停放制动施加的情况下发生移动，直到弹簧制动缓解为止。

双向止回阀可防止空气制动缸的空气制动力与停车制动缸产生的弹簧制动力产生迭加，从而避免夹钳单元过载。

停放制动控制可以通过带有电触点的截断塞门进行隔离，触点信号传送至列车控制系统。

车辆的两侧安装有停放制动指示器，显示列车的制动和缓解状态。

三、防制动力叠加措施

1. 停放缸

每一从动轴的制动气缸都配有弹簧制动执行器－停放缸。弹簧制动部分有自己的空气连结机制，其活塞室与压缩空气缸相互密封连接。当缓解制动时，弹簧制动执行器被充加压缩空气，其活塞和活塞杆便逆着压缩弹簧的弹力被推至后位，直至空气压缩缸通过配置的高压楔的作用不再承力。在这一位置时，制动力便被储存起来。制动时，弹簧制动执行器活塞室里的压缩空气便被排出。压缩弹簧的弹力便可通过活塞和一个高压楔自由作用于空气制动缸的活塞杆，由此通过制动卡钳使制动闸片贴上制动盘。

在司机室设有一个电开关，用来启动停放制动。此开关有两个位置，即：制动缓解、制动施加。

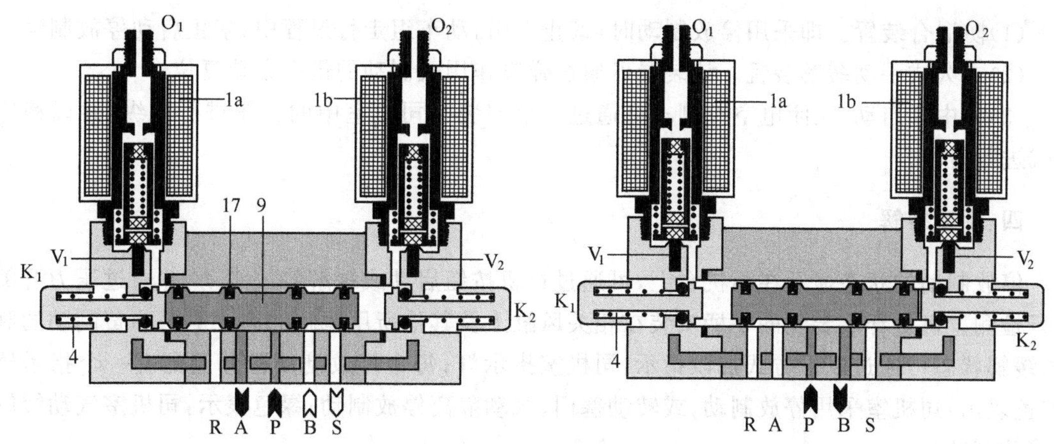

图 10－37 双稳态脉冲电磁阀原理图(左:施加位;右:缓解位)

S—排风口;B—接双向止回阀;P—接调压阀;R、A—未用(接螺堵)

要缓解弹簧制动,则将开关拨到相应的位置。这样,就有电脉冲通向电磁脉冲阀释放电磁。电磁脉冲阀变换位置,以保持电磁脉冲阀（储存功能)连接件的长久连结,直到开关重新启动,移向制动方向。通过这种连接,来自主储气罐的空气通过电磁脉冲阀、双联校验阀、关断塞门的两端口被施加到每个车厢的从动轴上的两个弹簧制动执行器,由此停放制动缓解。

从弹簧制动执行器的制动管有一个分管各自连接到一个压力传感器。压力调节器是为了切断弹簧制动操作时的牵引力,并且指示弹簧制动是“缓解”还是“施加”。当弹簧制动缸里的压力积累到足够程度,弹簧制动指示板就会出现绿色信号。

实施弹簧制动,开关必须推向制动位,使制动电磁脉冲阀磁化。制动电磁脉冲阀换向使其 A 和 R 件互相连接,而 P 件断开。因为 R 件是与大气相连,脉冲阀的 A 件和弹簧制动执行器之间的空气被释放,而制动闸片由于弹簧制动执行器里的压缩弹簧伸张,而被压向盘面。因为弹簧制动执行器制动管内的空气被排尽,压力调节器也就不存在压力。司机操作台上出现红色指示。而且可确保牵引力为零。

为了避免在停车时列车同时激活气动制动和弹簧制动(这将会导致制动卡钳过载),当气动制动从制动气缸一个分管沿压力转换器下行施行制动的时候,最大值达 410 kPa 的压缩空气通过双联检验阀被充入弹簧制动执行器。因此,即使通过开关作出“制动”指令,弹簧制动仍然部分位于缓解位置。

若列车长时间停运检修,如果由于漏气导致制动气缸压力下降,弹簧制动部分缸室的压缩弹簧就逐渐代替失去的制动力而起作用。

如果没有压缩空气接入列车,截断塞门必须关闭,而且每个弹簧制动执行器必须通过机械紧急缓解装置进行缓解。列车牵引失灵后,弹簧制动必须通过打开截断塞门的方法使弹簧制动充压。

2. 对控制系统的保护

(1)防混合装置。即采用停放制动时,禁止牵引,动车组走行过程中,禁止启动停放制动。

(2)永久式手动缓解装置。该装置可通过弹簧作用式制动的供风自动复位。

(3)集中式启动/关闭电空控制。可通过一个安装在司机室中的按钮进行操纵,并以稳定方式进行启动。

四、手动缓解

停放制动的状态显示在司机台上,可通过司机按钮启动或缓解停放制动,并通过压力开关进行检测。机械释放装置的手柄安装在相关风缸上及其他所用风缸的同一侧。弹簧制动的制动、缓解状态可通过以下方式加以指示:司机室指示灯;每个停放制动机外侧配有一个指示器(红色表示:司机室采用停放制动,或转动塞门、气动隔离停放制动;绿色表示:司机室气动缓解了停放制动)。

第七节　基础制动装置

一、基础制动组成

基础制动装置在转向架上的安装情况如图 10－38 所示(动车转向架)。

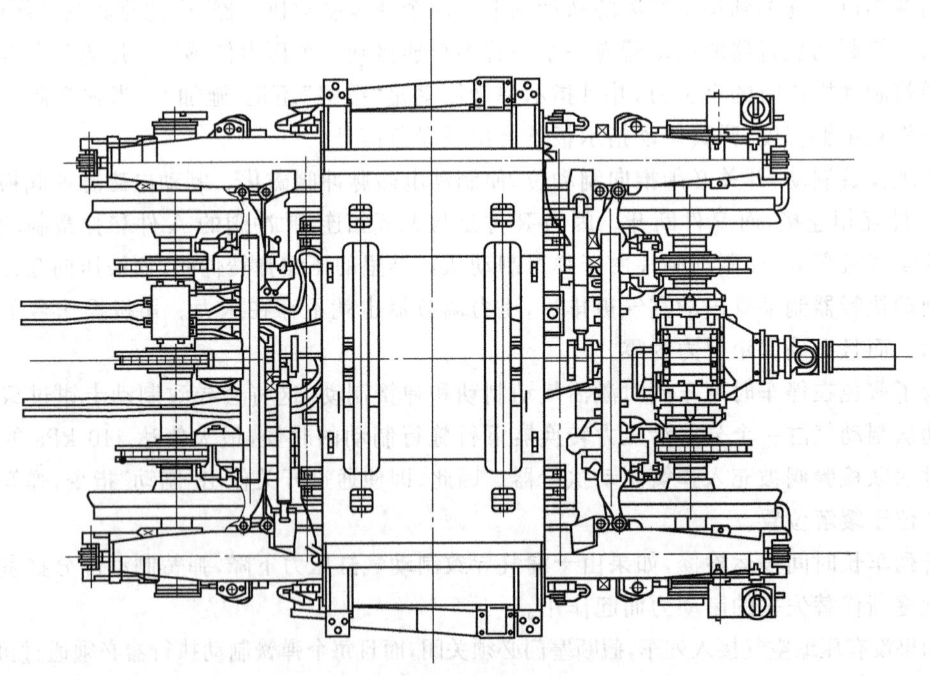

图 10－38　基础制动装置

二、制 动 盘

CRH5型动车组的所有车轴都配备带有简化通风结构的盘形制动装置，每个拖车轴安装3套，动车轴安装2套。制动盘为钢制，采用轴装形式；直径为640 mm，厚度为80 mm。

三、夹钳单元

CRH5型动车组的基础制动装置采用钳盘式结构，内置闸调器。夹钳系统安装在一个特别安装在构架上的制动梁上，通过关节轴承与构架相连。有的带有集成的弹簧停放制动装置(参见10—40)。闸片为采用烧结摩擦镀层的粉末冶金材料，最大允许温度600 ℃，最大磨耗量30 mm，安装在连杆系统支座上。

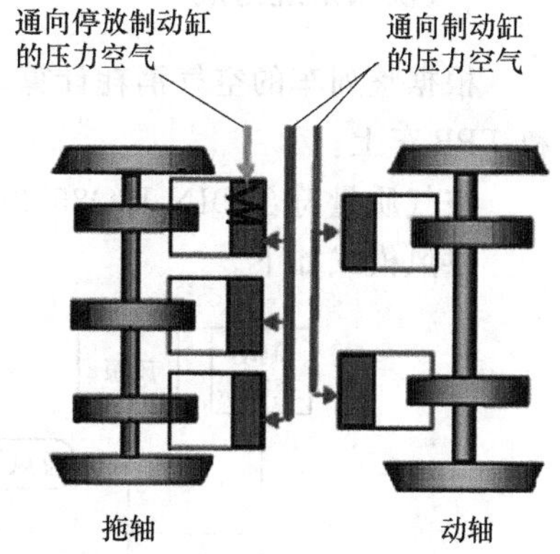

图10—39 盘形制动夹钳单元

可按IEC61133—5.5标准进行静态传动效率、停放制动和保持制动试验，以确定制动系统的操作和施加在闸片上的作用力。动车组分别置于整备重量和最大额定载荷条件下，试验时采用测力闸片，换下原有的制动闸片。

按IEC61133—6.5标准进行线路制动性能试验，以通过不同制动系统的线路试验，检查动车组制动系统的动态性能。以新闸片作形式试验；在试验前应确定闸片良好地贴靠在制动盘上，并经适当磨合。每次试验前，制动闸片和制动盘表面温度应不大于100℃。

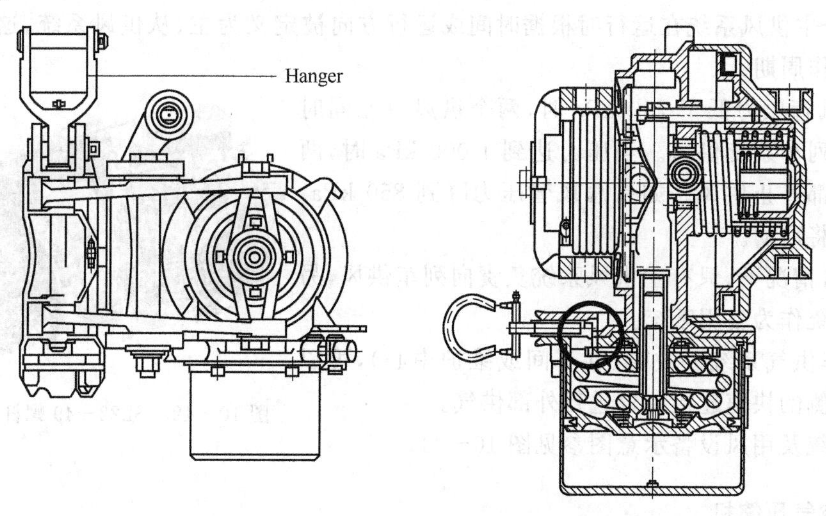

图10—40 盘形制动夹钳单元(带停放制动)

第八节　供风系统及辅助用风

一、供风系统组成

根据整列车的空气消耗计算，8 辆车的列车编组配置两个主空气压缩机，分别安装在 TP 和 TPB 车上。

空气质量符合 DIN ISO8573－1 的要求。

供风模式如下。

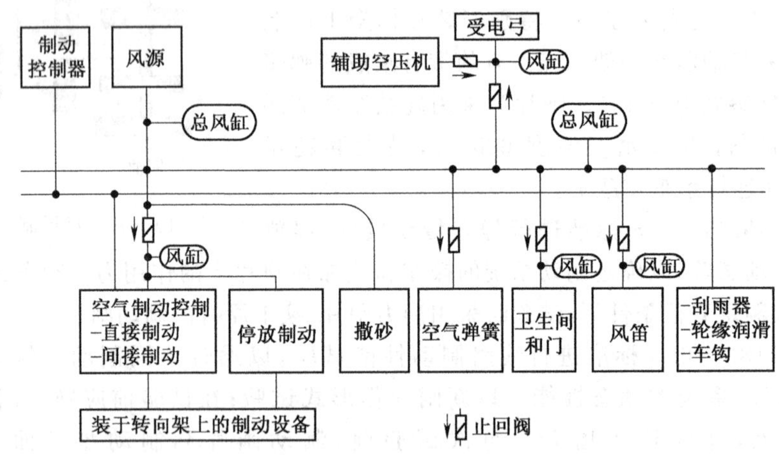

图 10－41　供风系统及用风设备

(1)两个主供风系统在运行时根据时间或运行方向被定义为主、从供风系统，这样可以确保相同的工作周期；

(2)总风管压力低于 750 kPa 时，两个供风单元同时运行给整个列车系统供风。当压力达到 1 000 kPa 时，两个供风系统都停止供风。如果总风管压力降到 850 kPa，主供风系统将启动。

(3)通常情况下，只有主供风系统负责向列车供风，另一台供风系统作为备用系统。

(4)列车供气系统失效时(在车间或维护中心)，可以通过车辆两侧的快速连接装置进行外部供气。

图 10－42　SL22－49 螺杆式压缩机

供风系统及用风设备示意图参见图 10－41。

二、主空气压缩机

1. 主空压机(图 10－42)

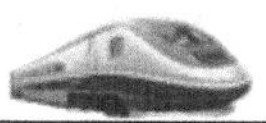

2. 空气干燥器(图 10－43)

3. 油水分离器(图 10－44、图 10－45)

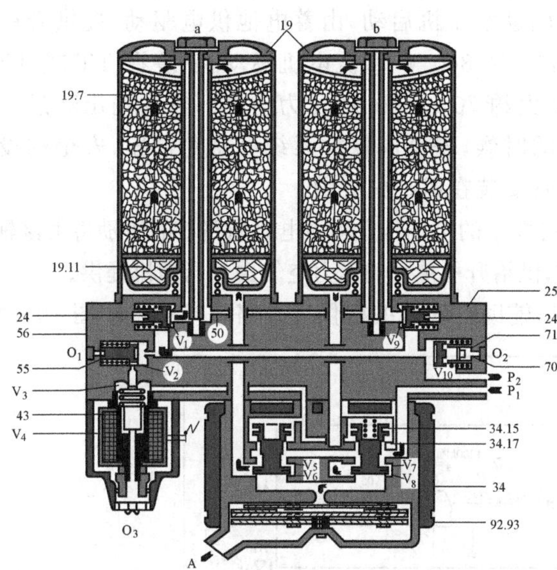

19—风缸(储器缸);19.7—干燥剂;
19.11—油分离器杯(带拉希格圈);
24—单向阀阀锥;25—挂座;
34—双活塞阀;
34.15—KNORR K 形环;
34.17—KNORR K 形环;
43—电磁阀磁铁;50—再生阻气门;
55—预控制阀活塞;
56—KNORR K 形环;
70—KNORR K 形环;
71—单向阀阀头;
92.93—绝缘子(在 LTZ015..H 上);
A—排水口;O—排气口;
P_1—压缩机的空气入口;
P_2—主风缸的空气出口;
V—阀座

图 10－43　LTZ 015.1H 型双塔式空气干燥装置

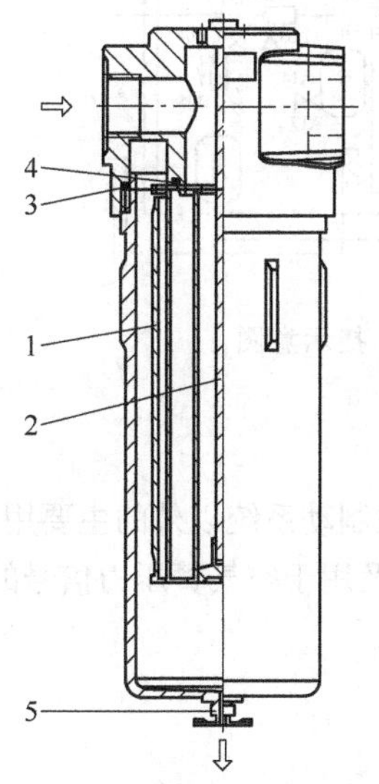

图 10－44　油水分离器内部结构

1—滤芯;2—螺杆;3—O 形圈;
4—O 形圈;5—手动排油

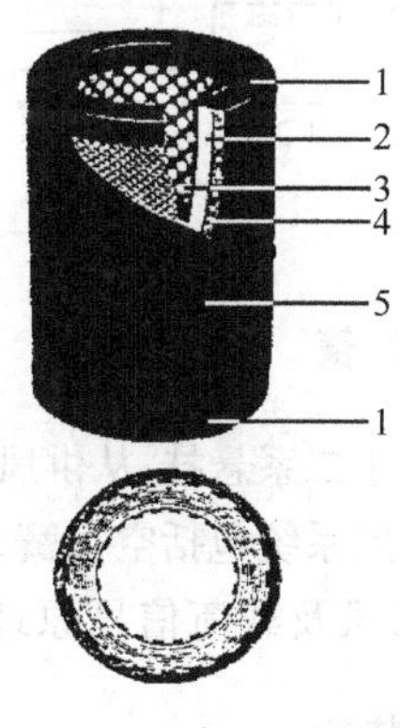

图 10－45　油水分离器外形

1—塑料/铝制端盖;2—硼硅酸盐玻璃纤维层;
3—钢制内护套;4—钢制外护套;5—PVC 泡沫层

三、辅助空气压缩机

在动车组未升弓且总风压力不足时，辅助空压机启动，由蓄电池供电驱动，提供升弓所需的压力空气。单缸的辅助空气压缩机由 110 V、860 W 直流电机驱动，安装在 TT 或 TTC 车上。该空气压缩机提供压力为 800 kPa 的大约 70 L/min 的压力空气。它的输出通过一根柔性管连接至升弓单元。在下游管路堵塞的时候，安全阀保护系统可避免过压，安全阀设定为 900 kPa。该辅助电动压缩机装置和柔性管安装在风缸框架内。

在 MRP 管路没有充风的情况下，受电弓要求的空气压力和主电路断路器的激励将由该辅助电动压缩机装置提供，当主风缸管正常工作时，供给升弓单元的压力空气由主压缩机提供。

辅助空气压缩机外形可参见图 9－51，辅助空气压缩机供风管路连接示意于图 10－46。

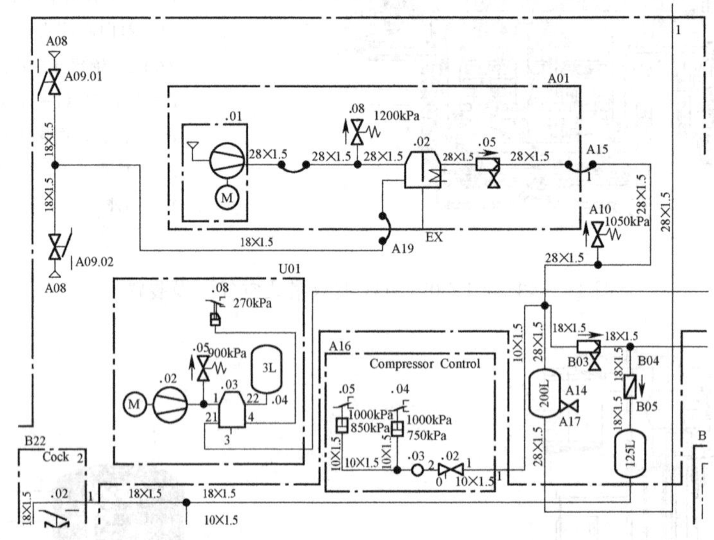

图 10－46　辅助空气压缩机供风管路连接示意图

四、空 气 簧

空气簧属于二系悬挂，从供风系统的角度来看，空气簧是除制动系统以外的主要用风系统。空气簧供风系统包括空气簧、风缸、高度调整阀、压差阀以及用于空气簧压力信号的平均阀。空气簧供风及载荷信号原理图见图 10－47。

五、撒砂装置

由于动车组运行的环境不同，在恶劣条件下，可通过撒砂系统有效改善轮轨接触面的工作环境，改善黏着系数，提高动车组运行品质。撒砂系统控制风路图见图 10－48。撒砂装置内部的气流通路参见图 9－61。

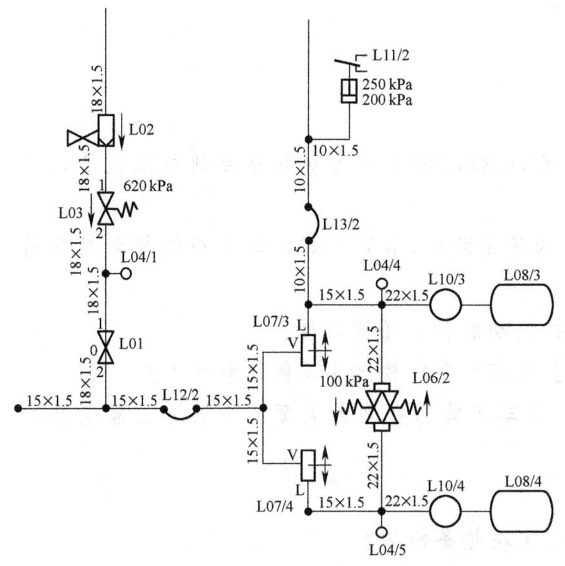

图 10—47　空气簧供风及载荷信号原理图

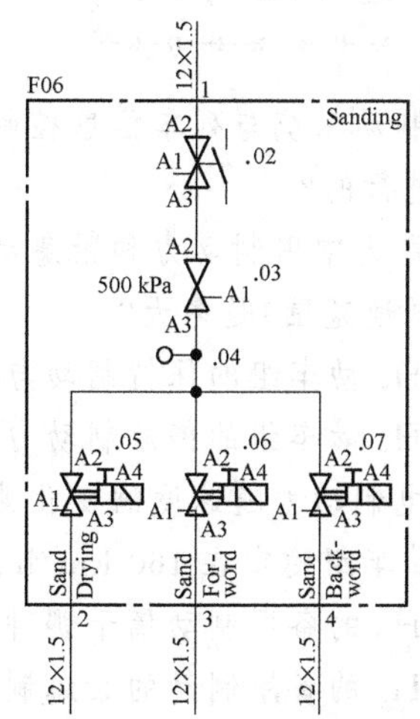

图 10—48　撒砂系统控制风路图

六、风　　笛

风笛由总风管直接供风。风笛的控制是通过司机控制台上的电按钮或踏板里的脚踏气动阀进行的。两种控制功能都通过电磁阀由电磁控制或完全气动控制。控制台柜里的截断塞门可以将风笛系统的空气关闭。风笛供风风路图见图 10—49。

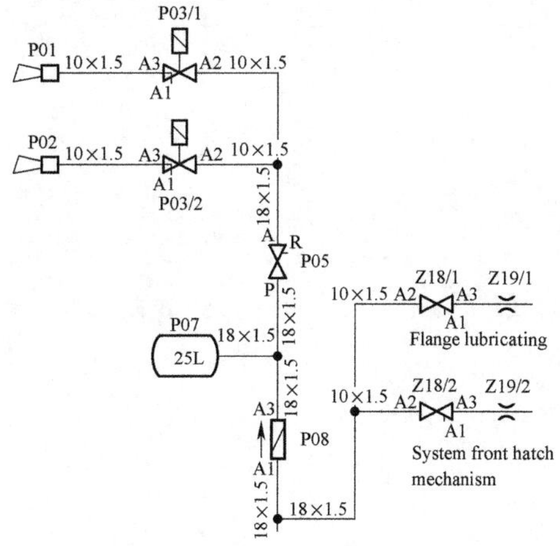

图 10—49　风笛的供风

复习思考题

1. 从制动系统与列车信息控制网络的关系看，CRH5 动车组的空电复合制动控制是以什么为单位进行的？

2. 从最大常用制动力和紧急制动力与速度的变化曲线，估算 CRH5 动车组的制动黏着需求(高速、低速范围)是多大？

3. CRH5 动车组的保持制动与 CRH1 的保持制动有什么不同之处？

4. CRH5 动车组的停放制动力需要多大？全列有几个停放缸实现停放制动力？

5. 从电制动力随速度的变化曲线看，CRH5 动车组能够在多大坡度的下坡道上靠电制动力能够使动车组稳定在 160 km/h 速度上？

6. CRH5 的备用制动属于哪种类型？

7. CRH5 的备用制动的紧急制动功能是怎样实现热备份的？

8. CRH5 的制动管有哪几个紧急制动排风口？

9. CRH5 的主空气压缩机有什么特点？

第十一章 制动系统的计算分析与研究

前面各章介绍了制动系统的原理、制动产品的构成及其功能，而动车组的性能要靠数值来说明。本章主要介绍制动系统的计算分析及制动专题研究。

第一节　制动系统性能及参数

一、描述制动系统性能的参数

除了安全性、操纵性能以外，我们常常关心制动系统或整车的以下性能参数：瞬时减速度、平均减速度、不同初速的制动距离、制动缸压力上升时间、制动指令传输延迟、制动力及制动率、再生制动的利用率、不同条件下的制动限速。

二、制动系统性能计算命题

由上可知，制动系统的计算分析围绕以下几个方面。

1. 整车制动性能的计算

这属于制动的基本计算问题，包括：不同制动级位下制动力、减速度曲线的计算，制动减速过程计算（速度、时分、距离的关系），制动三大基本命题计算（制动能力、制动距离、制动限速），再生制动率及能耗计算，再生制动力与补足空气制动力的计算，制动产品空气消耗率计算。

2. 制动专题研究计算分析

这部分属于对制动产品进行相关研究时的分析计算，包括：制动系统各部件（主要是缸、阀）的性能参数分析，制动控制器（制动计算机）的控制规律反算，防滑控制性能分析，恒速（稳速）控制性能分析。

对于动车组来说，除了停放制动属于静止过程，其他制动功能都伴随着列车运动而发生的，因此，以上有关制动问题的数值计算本质上都与时间过程有关。最典型的如制动减速过程数值计算，速度—距离—时间（简称 V－S－T 问题）代表了过程，是实时过程的一个侧面、一种再现，属于数值仿真，假如配上动画表现，就成为运动仿真，某种意义上是列车虚拟运行的基础。

三、制动系统性能计算方法

对于制动性能参数，最基本、最简单的方法是数值计算，在早期传统的手工计算、图解法等基础上，利用计算机编程可以方便地计算大量的性能参数、过程数据。

1. 手工计算

对于非常简单的计算项目，可以随时随地进行手工计算，以便尽快掌握我们所关心的性能参数。需要强调的是，简单计算是建立在有效的方法归纳、提炼的基础上的，快速算法更是如此，从手工计算原理、过程入手可以寻求简化方法、提高效率，并且贴近现场、实用化。

除了电子计算器外，利用个别通用软件可以进行一些稍复杂的计算，比如 Microsoft office Excel 软件。

2. 计算机编程计算

几乎任何一种高级编程语言都可以进行高效率的数值计算，常用的有 VC＋＋、VB、MATLAB 等，其中 MATLAB 在数值计算、曲线绘制等方面较为方便。

3. 利用现有成熟专用程序计算

有些牵引计算专用程序不但能够较好地解决制动减速过程的计算，还能够对制动率、制动限速、再生制动电流等进行计算及统计分析。

第二节　制动系统的数值分析方法

一、整车制动性能的数值分析

整车制动性能主要指制动减速度、平均减速度、制动距离、制动力、停放制动力、制动限速、制动级位等计算或反算(推算)。

1. 瞬时减速度与瞬时制动力的计算

瞬时减速度由下式计算：

$$\beta=\frac{B-m\cdot g\cdot w\times10^{-3}}{m\cdot(1+\gamma)} \tag{11-1}$$

式中　β——当前时间点的减速度，m/s^2；

B——当前时间点的制动力，kN；

m——动车组运用状态的总质量，t；

g——重力加速度，9.81 m/s^2；

w——动车组当前位置的单位阻力，N/kN；

γ——动车组的回转质量系数，取 0.08。

动车组的单位阻力：

$$w=w_0+w_j \tag{11-2}$$

式中　w_0——动车组当前速度下的单位基本阻力，N/kN；

w_j——动车组当前位置的单位加算阻力，N/kN。

动车组的单位基本阻力：

$$w_0=a+b\cdot v+cv^2$$

CRH 动车组的单位基本阻力公式如下：

$$\text{CRH1}:w_0(v)=5.2+0.025\,2\cdot v+0.000\,677\cdot v^2(\text{N/t})$$

$$\text{CRH2}:w_0(v)=8.63+0.072\,95\cdot v+0.001\,12\cdot v^2(\text{N/t})$$

$$\text{CRH3}:w_0(v)=7.75+0.062\,367\cdot v+0.001\,13\cdot v^2(\text{N/t})$$

$$\text{CRH5}:w_0(v)=6.796+0.062\cdot v+0.001\,43\cdot v^2(\text{N/t})$$

动车组的单位加算阻力由下式计算

$$w_j=i_j=i+\frac{600}{R}\cdot\frac{L_r}{L_c}+0.000\,13\cdot L_s \tag{11-3}$$

式中　i_j——单位加算阻力的等效坡度千分数,‰；

i——动车组当前所处坡道坡度千分数,‰；

R——动车组当前所处曲线的半径,m；

L_r——动车组当前所处的曲线部分的长度(弧长),m；

L_c——动车组编组全长,m；

L_s——动车组当前所处隧道的长度,m。

由上述可知,只要知道制动力随时间或速度的变化关系曲线,就可以计算出瞬时减速度随时间或速度的变化关系曲线。

注意,制动力 B 可以从制动特性曲线上获得,比如通常会给出再生制动力与速度的关系曲线;对空气制动力,有时先知道制动力与速度的关系曲线,有时先知道的是动车组制动减速度与速度的关系曲线,这就相当于直接已知制动瞬时减速度,并且进一步由式(11－1)可知道欲实现预定减速度 β 而必须施加的制动力：

$$B=m\cdot(1+\gamma)\cdot\beta-m\cdot g\cdot w_j\times10^{-3} \tag{11-4}$$

式中各项含义同前述。

2. 平均减速度的计算

由初速 v_0 制动到停车的平均减速度的计算按下式：

$$\beta_a=\frac{1}{3.6}\frac{v_0}{T} \tag{11-5}$$

式中　β_a——由 v_0 到停车过程中的平均减速度,m/s^2；

v_0——制动初速度,km/h；

T——由 v_0 到停车所需时间,s；

由初速 v_1 制动减速到 v_2,所需时间 ΔT 内的平均减速度的计算按下式：

$$\beta_a=\frac{1}{3.6}\frac{(v_1-v_2)}{\Delta T} \tag{11-6}$$

显然要计算平均减速度就必须知道减速所用的时间,这可以通过计算或实测得到。也可以从制动力、阻力的曲线图上用面积法算出，或用梯形法、矩形法近似算出。

3. 停放制动力的需求计算

动车组停放于30‰坡道上不溜车所需的停放制动可由下式估算：

$$B_p=m\cdot g\cdot(i-w_q)\times10^{-3} \tag{11-7}$$

式中 B_p——停放制动力，kN；

g——重力加速度，9.81 m/s²；

i——动车组停放时所处坡道坡度千分数，‰；

w_q——动车组的单位起动阻力，一般取 4 N/kN。

需要说明的是：

(1)按上式进行停放制动力的需求计算时，可不计动车组的单位起动阻力，以增加溜坡安全余量。

(2)在计算结果的基础上，应留有余地，这一关系可用溜坡安全余量系数表示：

$$溜坡安全余量系数=\frac{实际施加的停放制动力}{理论所需的停放制动力}$$

溜坡安全余量系数应不低于1.1～1.15，即实际能够实现的停放制动力应比计算结果大10%～15%；设计停放制动缸及其储能弹簧时，可以用最后的计算结果结合基础制动盘的几何尺寸、闸片摩擦系数进行。

(3)坡道停放防溜实际上是阻止车轮转动，即盘和闸片之间的摩擦力应满足要求。但30‰坡道上停放时还应考虑轮轨之间是否会发生滑动。

总质量为 m 的动车组位于坡度为 i 的坡道上，其重力引起的沿坡面的下滑力为

$$F_i=m\cdot g\cdot i\times10^{-3}\quad(\text{kN})$$

其重力引起的垂直于坡面的正压力为

$$F_N=m\cdot g\cdot\cos\theta\approx m\cdot g\quad(\text{kN})$$

因为坡角 θ 很小，$\cos\theta\approx1$。

因此，动车组位于坡度为 i 的坡道上轮轨间的滑动摩擦力为

$$F_h=\mu_h\cdot m\cdot g\quad(\text{kN})$$

式中 μ_h——轮轨接触的滑动摩擦系数，可取0.25。

显然这个安全余量很大。

(4)实际的停放制动力是按照基础制动闸片、制动盘之间的摩擦系数算出的，而该摩擦系数是滑动摩擦系数，只要在摩擦系数变化范围取较小值，就可以留出一定的安全余量。

4. 盘形制动装置制动力实算

(1)制动力计算公式

$$B=\sum K\cdot\varphi_k\quad(\text{kN}) \tag{11-8}$$

式中 φ_k——闸片的摩擦系数；

K——制动闸片压力，kN。

(2)闸片摩擦系数

国产提速列车用高摩合成闸片的摩擦系数随列车速度变化关系为

$$\varphi_k = 0.358\frac{v+150}{2v+150}$$

在实际计算中若查不到实际闸片摩擦系数时可借用上式估算。计算中有时进行采用平均摩擦系数估算，可由基本公式积分算出。

(3)闸片压力计算公式

$$K = \frac{\pi}{4}\cdot d_z^2\cdot p_z\cdot \gamma_z\cdot \eta_z\cdot \frac{r_z}{R_k}\times 10^6 \quad (\text{kN}) \tag{11-9}$$

式中　d_z——制动缸工作直径，mm；

p_z——制动缸工作压力，kPa；

γ_z——制动夹钳的制动倍率；

η_z——基础制动传动效率；

r_z——制动盘平均摩擦半径，mm；

R_k——车轮滚动圆半径，mm。

(4)基础制动基本参数

①CRH2 拖车轴盘结构参数

拖车轴盘：　外径 670 mm、厚度 97 mm、径向工作宽度 135 mm(材料：锻钢)

空—油变换倍率：　18.37/效率 0.94

制动盘有效半径：　297.6 mm

闸片油缸直径：　32 mm(2 个)

闸片油缸作用面积：　8.04×2 个＝16.08 cm^2

闸片面积：　350 cm^2×2 块＝700 cm^2，材料：铜质粉末冶金

平均摩擦系数：　0.25(原型车数据)

制动性能参数：

制动力：　4 096 kN

制动力矩：　1 760 Nm

闸片压力：　12 858 N

BC 压力：　524 kPa

轮周制动力：　6 429 N

②CRH2 拖车轮盘结构参数

制动盘：　外径 720 mm、厚度 133 mm、径向工作宽度 135 mm(材料：锻钢)

空—油变换倍率：　18.37/效率 0.94

制动有效半径：　297.6 mm

闸片油缸直径：　32 mm(2 个)

闸片油缸作用面积：　8.04×2 个＝16.08 cm^2

闸片面积：　350 cm^2×2 块＝700 cm^2(材料：铜质粉末冶金)

平均摩擦系数：　0.25(原型车数据)

制动性能：

制动力：　4 449 kN

制动力矩：　1 913 Nm

闸片压力：　12 858 N

BC 压力：　524 kPa

轮周制动力：　6 429 N

③动车轮盘

动车轮盘：　外径 720 mm、厚度 133 mm、径向工作宽度 127.5 mm(材料：锻钢)

空—油变换倍率：　18.37/效率 0.94

制动有效半径：　297.6 mm

闸片油缸直径：　45 mm(2 个)

闸片油缸作用面积：　15.9 ×2 个＝31.8 cm^2

闸片面积：　350 cm^2×2 块＝700 cm^2，材料：铜质粉末冶金

平均摩擦系数：　0.2～0.25(原型车数据)

制动性能：

制动力：　9 114 kN

制动力矩：　3 920 Nm

闸片压力：　32 693 N

BC 压力：　669 kPa

轮周制动力：　13 077 N

二、*v-S-T* 问题的基本算法——分析计算法

这里所说的 *v-S-T* 问题，是指制动减速过程中，速度、距离、时间之间的关系。

制动工况下的纵向力有阻力、制动力，都是列车速度的函数。列车处于变速运动，为计算方便，采用分段累计计算，即把计算的速度范围划分成较小的速度间隔 Δv(根据计算工具的不同可以选择如 1 km/h、5 km/h、10 km/h 等不同间隔)，根据此间隔内的平均受力，就可以计算出 Δt、ΔS。

在 v、S、T 分别采用 km/h、m、s 为单位时，三者的计算关系

$$\Delta t=\frac{30.58(v_2-v_1)}{c_p}\quad (s) \tag{11-10}$$

$$\Delta S=\frac{4.25(v_2^2-v_1^2)}{c_p}\quad(m)\tag{11-11}$$

式中　v_1、v_2——速度间隔端点的速度，km/h；

c_p——速度间隔内平均速度 v_p 对应的单位纵向合力，N/kN；

以上是根据列车纵向运动方程导出的

$$\frac{dv}{dt}=\frac{127}{3\,600(1+\gamma)}\cdot c$$

式中　γ——回转动能折算质量与列车质量之比，即回转质量系数；

c——制动单位纵向合力，N/kN。

对于动车组的一般编组形式，为便于计算，统一取回转质量系数 $\gamma=0.08$。

为了合力曲线绘制的方便，常使用单位合力，即合力(N)与列车重力(kN)之比，用小写的 c 表示：

$$c=-\frac{B\cdot 1\,000}{m\cdot g}-i_j\quad(N/kN)\tag{11-12}$$

式中　m——动车组计算重量，t；

i_j——列车所处线路的加算坡度千分数，‰。

采用上述方法进行 v-S-T 问题计算时，可以采用计算机编程计算、EXCEL 电子表格计算、手工列表计算等(参见表 11—1)。

表 11—1　平直道 200 km/h 初速制动减速过程计算列表

v_p(km/h)	195	185	175	…
B(kN)				
c_p(N/kN)				
Δt(s)				
$T=\sum\Delta t$				
ΔS(m)				
$S=\sum\Delta S$				

注意，以上计算的制动距离是从制动力已经产生并作用于列车时开始计算的，实际的制动过程，不论制动停车还是调速制动，制动距离都是指从司机制动手柄置制动位的瞬间算起，到某个速度对应的时刻或停车瞬间列车所走过的总距离。

在实际制动计算中，如要求精确，可以从司机制动手柄置制动位的瞬间起，到制动力开始上升的时刻止，其间认为列车处于按制动初速等速惰行；从制动力开始上升的瞬间起，到制动力上升到规定值的时刻止，其间按照实际变化的制动力计算，但这种算法只适合仿真计算，即按时间给定制动力，而在一般计算中，制动力的确定是按照制动力随速度的变化规律给出的，因此无法提前得到制动力上升过程中速度的变化。

简单计算中，可以把司机制动手柄置制动位的瞬间起，到制动力上升到规定值的时刻止，其间都视为列车按制动初速等速惰行的空走时间，计算制动空走距离；把制动力上升到规定值的时刻起，到制动终了时刻止，视为列车按实际制动力减速的有效制动时间，计算有效制动距离。这样虽然在空走时间内已经有部分制动力（处于制动力上升过程），但计算总制动距离略长于实际线路上的总制动距离，偏于安全。

因此，按照前面的列表计算应为有效制动距离，总的制动距离还应加上制动空走距离。

$$S=S_k+S_e=\frac{v_0}{3.6}\cdot t_k+\sum\Delta S \tag{11-13}$$

式中 S_k——制动空走距离，m；

S_e——有效制动距离，m；

v_0——制动初速，km/h；

t_k——制动空走时间，s。

对动车组直通电空制动系统，制动空走时间 t_k 包括：制动指令传输延迟时间、制动计算机计算分配制动力的计算周期时间、空气制动阀（EP 阀、中继阀、制动缸）等响应时间、闸片与盘面间隙运动时间、制动缸压力上升到规定值的时间。

根据目前动车组制动系统的性能，制动指令传输延迟时间约 50 ms 以内，其他时间总计在施加最大制动缸压力且不考虑制动冲击率限制的情况下，约为（1.5～1.7) s；考虑制动冲击率限制的情况下，约为（2.0～2.3) s；ATP 系统启动的制动含有延迟时间，总空走时间可按 3 s 计算。

三、*v-S-T* 问题的简化算法——等减速度法

由于动车组制动按减速度控制，忽略基本阻力的影响（或认为制动控制器的制动力计算已包含基本阻力），各速度分段范围内制动所需的有效减速时间（s）可以按公式（11－10）计算

$$\Delta t=\frac{(v_2-v_1)}{3.6\times(\beta_2+\beta_1)/2} \tag{11-14}$$

式中 v_1、v_2——速度间隔端点的速度，km/h；

β_1、β_2——速度间隔内的平均减速度，m/s^2。

有效减速距离（m）可以按公式（11－11）计算

$$\Delta S_e=\frac{(v_1+v_2)}{2\times 3.6}\times\Delta t_e \tag{11-15}$$

四、制动基本命题（*v-S-B*）的分析计算

这里所说的 *v-S-B* 问题，是指宏观描述制动过程时，制动初速、制动力、制动总距离之间的关系，多用于紧急制动。

对于紧急制动包括三个基本命题：

（1）已知制动初速、制动力，求制动距离——*vBS* 命题。

(2)已知制动初速、制动距离、求所需制动力——vSB 命题。

(3)已知制动力、制动距离，求制动初速——BSv 命题。

先讨论前两个问题。

1. 已知制动初速、制动力，求制动距离(vBS 问题)

显然采用前面讲到的制动过程瞬时 v-S-T 的分段累计法，通过求解累计距离并加上空走距离即可。这也是三个命题解算方法的基础。

2. 已知制动初速、制动距离、求所需制动力(vSB 问题)

一般制动力都是按照固定的曲线给出，即制动力与速度的变化曲线，对应每个制动级位都可以有已知的或间接计算出的制动力曲线。

先假设实施某个制动级位，即认为此时制动力是已知的，只需计算在已知的制动初速下，能否满足已知的制动距离，计算结果有三种可能：

(1)计算出的制动距离满足规定的制动距离，那么假设的制动力(级位)合适。

(2)计算出的制动距离超过规定的制动距离，那么假设的制动力(级位)过小。

(3)计算出的制动距离短于规定的制动距离过多，那么假设的制动力(级位)过大。

这样就把求制动力命题转化为求制动距离命题。

3. 已知制动力、制动距离，求制动初速(BSv 问题)

同理，先假设实施某个制动初速，即认为此时制动初速是已知的，只需计算在假设的制动初速下施加已知的制动级位，计算能否满足规定的制动距离，计算结果同样有三种可能：

(1)计算出的制动距离满足规定的制动距离，那么假设的制动初速合适。

(2)计算出的制动距离超过规定的制动距离，那么假设的制动力初速过高。

(3)计算出的制动距离短于规定的制动距离过多，那么假设的制动初速过低。

这样就把求制动初速命题也转化为求制动距离命题。

所谓满足规定的制动距离，是指不能超过允许的制动距离，同时要求不能短于规定的制动距离过多。比如，按《技规》规定，200 km/h 初速的制动距离应该不超过 2 000 m，如果计算结果是 1 500 m，可以认为过短，考虑高速行车的安全性，制动距离的余量可以放宽到 100 m 左右。

五、关于制动距离计算中的黏着系数的讨论

前面制动距离计算都是根据已知的制动力曲线进行，但动车组在实际运行中因为各种原因会导致黏着下降，这往往会启动防滑控制，其结果是制动力不足、制动距离延长。运用中的黏着系数影响因素多且复杂，计算中往往只能考虑轨面的干、湿两种状态的区别。即便如此，也必须知道干、湿两种状态下的制动黏着系数。限于针对 200 km/h 动车组的制动线路试验较少、数据依据不足，我们可以参考 CRH_2 型动车组使用的黏着关系曲线(原始数据)。

【例 11－1】 在 CRH_2 型动车组快速制动计算中，把制动减速度按干轨面(DRY)和湿轨面(WET)分别采用相应的减速度曲线计算，而且对湿轨面，还要把减速度沿车辆在编组中的

位置分配，靠列车前部的车辆黏着下降较多，采用较低的减速度，也即制动力有所减小。

CRH2 型动车组快速制动时减速度的设定见表 11－2。黏着关系参见图 11－1。

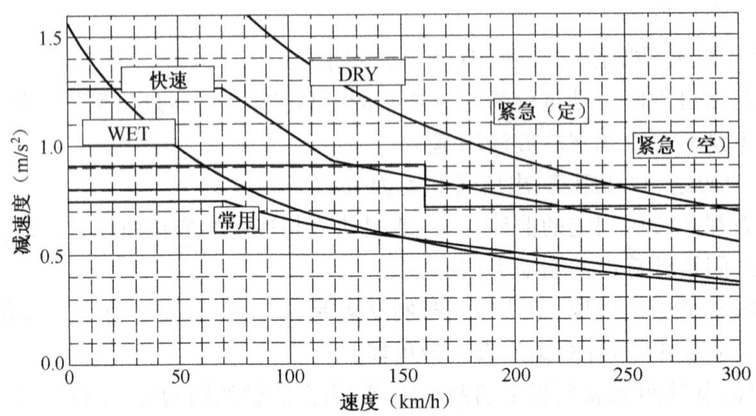

图 11－1　制动黏着与制动减速度关系曲线

由于动车组制动按减速度控制，各速度范围制动所需的有效减速时间可以按公式(11－11)计算，结果见表 11－3。

各速度分段内的有效制动距离按公式(11－12)计算，结果见表 11－4。

表 11－2　快速制动时减速度设定值

速度 v(km/h)		0	70	118	160	200	轨面状态
减速度 β(m/s²)	编组	1.122	1.122	0.931	0.842	0.758	干
	第一辆车	0.789 7	0.789 7	0.603 0	0.499 6	0.429 5	湿
	第二辆车	1.122	1.122	0.904 4	0.749 4	0.644 2	
	第三辆以后	1.122	1.122	0.964 7	0.799 3	0.687 2	
	编组	1.080 5	1.080 5	0.912 0	0.755 6	0.649 6	

表 11－3　各速度分段制动所需的有效减速时间

速度范围 v_1-v_2(km/h)	0～70	70～118	118～160	160～200	路面状态
减速时间 Δt_e(s)	17.33	12.99	13.17	13.89	干
	17.995 8	13.383 5	13.992 2	15.814 3	湿

表 11－4　各速度分段内有效制动距离

速度范围 $v_1\sim v_2$(km/h)	0～70	70～118	118～160	160～200	路面状态
有效制动距离 ΔS_e(m)	168.5	339.2	508.5	694.5	干
	174.96	349.45	540.25	790.72	湿

空走时间按 $t_k=2.3(s)$ 计算，制动初速度为 200 km/h 下的空走距离：

$$S_k=\frac{v_0}{3.6}\cdot t_k=\frac{200}{3.6}\times 2.3=127.8\quad (m)$$

列车总制动距离按式(11－13)计算列于表 11－5。因此，不论干轨面、湿轨面，制动距离均小于 2 000 m，满足《技规》的规定。

表 11－5　列车总制动距离计算结果

轨面状态	计算值
干	1 838.5
湿	1 983.2

六、制动限速问题的分析计算

《技规》规定制动初速为 200 km/h 的动车组在任何情况下的制动距离不能超过2 000 m，而制动系统的制动能力是按照平直道上最高速度运行时的制动距离不超过规定值设计的，因此从运用的角度，动车组在下坡道上只能靠降低运行速度才能保证满足同样制动距离的要求。

传统设计，无隧道平直道，普通列车以最高速度运行的紧急制动距离 800 m；平道、上坡道列车速度只能在等于或低于最大运行速度，不存在制动限速；下坡道列车减速力变小、制动距离加长，为保证 800 m 停车，必须限制下坡道的入坡速度低于制动限速，必然低于最大运行速度。

对一定坡道，列车的制动力、闸片摩擦系数、单位基本阻力都是速度的函数，因此，针对平直道上随速度变化的单位合力曲线，可以方便地确定任意坡度的下坡道上的制动限速。

制动限速问题可以按照前面的 BSv 问题来解算。需要注意制动限速的不同含义：

(1)紧急制动限速与常用制动限速受限因素不同；

(2)紧急制动受紧急制动距离限制，必须满足《牵规》；

(3)常用制动受该制动力级位(挡位)下控制车速不增加的限制(一旦常用制动力(挡位)变＝常用制动限速值变)；

(4)采用最大常用制动力必须能够控制车速不增加，否则就要使用紧急制动；

(5)紧急制动限速与常用制动限速的限速值可能不同，小的那个是真正的制动限速。

1. 常用制动限速

只考虑在动车组运行于某个下坡道上，施加某个级位的常用制动能够抑制住车速的增长而允许的最高运行速度。显然每个制动级位、每个下坡道都对应一个常用制动限速值。可以用图 11－2 来解释常用制动限速原理。

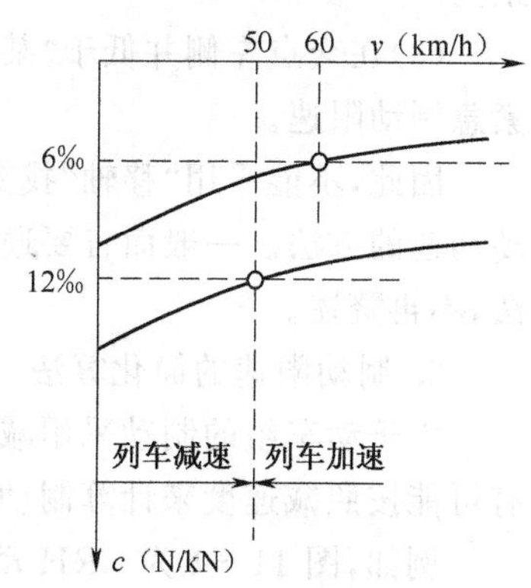

图 11－2　常用制动限速

图中纵坐标是列车合力(阻力＋制动力)的单位力，与运行方向相反，曲线代表了两种不同制动级位的常用制动对应的平直道上的单位合力。从单位力的角度，列车所处坡道的千分数也正是列车减速力减小的数值，因此图中 6‰、12‰所对应纵坐标高度(即横线)与合力曲线的交点对应的速度即为常用制

动限速 50 km/h、60 km/h。

这种方法相当于使用了“移轴”原理，即下坡下移速度坐标轴。按照移轴后的新坐标对应的交点有多层含义：

(1)常用制动单位合力曲线与速度轴的交点是增速、减速的分界点。

(2)交点左侧合力为负，施行常用制动，列车减速。

(3)交点右侧合力为正，施行常用制动后，列车不能减速，仍然增速。

(4)常用制动“均衡”速度实质上是因制动而受限制的最高运行速度。

(5)坡度一定，取决于列车制动级位；制动级位一定，取决于坡度。

因此，常用制动限速，“受限制”的本质是能否控制住车速。

显然，常用制动限速中有实际意义的是较高级位的常用制动，尤其是最大常用制动(常用全制动)限速，它是必需采用紧急制动(不一定是紧急停车，而是借助紧急制动才能控制车速)的分界点。

2. 紧急制动限速

用图 11－3 来解释紧急制动限速原理。注意对于紧急制动限速，“受限制”的本质不再是能否控制住车速，而是通过施加紧急制动能否在规定距离内把列车制动停车。因为紧急制动是快速的减速过程，就是说紧急制动不但要能够减速，而且减速还要快，因此，紧急制动限速值必然低于图中交点而位于其左侧。具体说，交点含义有所不同：

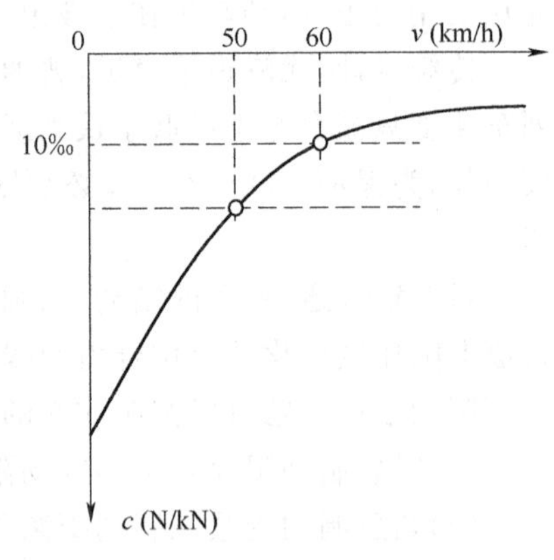

图 11－3　紧急制动限速

(1)紧急制动单位合力曲线与速度轴的交点对应的速度不是紧急制动限速。

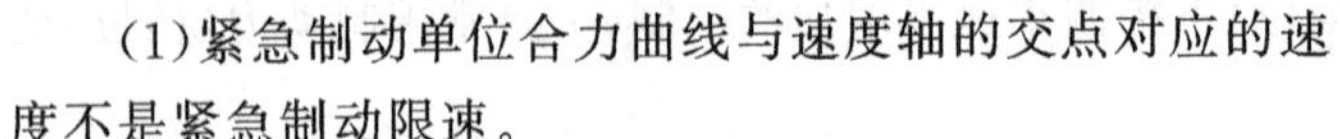

(2)在交点左侧对应的速度下施行紧急制动，只能保证减速，不一定能够满足紧急制动距离。

(3)在交点左侧并低于“某个速度”施行紧急制动，才能满足紧急制动距离要求，该速度即紧急制动限速。

因此，不能采用“移轴”找交点的办法确定紧急制动限速，而要采用制动基本三命题中求制动初速的方法。一般而言要通过编程计算，采用数值计算方法确定，这即是求制动限速的试凑法，不再赘述。

3. 制动限速的简化算法

由于动车组的制动采用减速度控制模式，在列车减速制动过程中，减速度是确定的，这就有可能按照减速度来计算制动距离，并据此分析计算出紧急制动限速。

例如，图 11－4 为 CRH 动车组的制动减速度曲线。可以看出，在 CRH_2 型动车组在速度 0～70 km/h 范围内，制动按照等减速度控制；CRH_1 型和 CRH_5 型动车组的紧急制动也是按

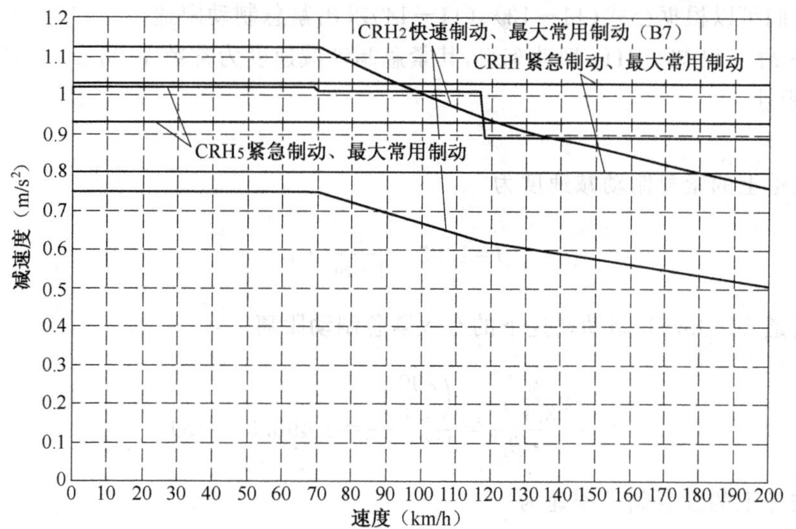

图 11－4　CRH 各型调查组制动减速度曲线

照等减速度控制的。

假设在平直道上的有效减速停车过程的减速度(或平均减速度)为 β_0，则在制动初速 v_0 下的有效制动距离为

$$S=\frac{\left(\frac{v_0}{3.6}\right)^2}{2\cdot\beta_0} \tag{11-16}$$

在坡度为 i_j 的下坡道上，减速度减小为

$$\Delta\beta=\frac{mg\cdot i_j\times10^{-3}}{1.08m}=\frac{g}{1\,080}\cdot i_j\quad(\mathrm{m/s^2})$$

此时的实际有效减速度为

$$\beta=\beta_0-\frac{g}{1\,080}\cdot i_j\quad(\mathrm{m/s^2})$$

要保证 200 km/h 以内的任意制动初速下的紧急制动距离，有

$$\left(\frac{v_0}{3.6}\right)^2=2\cdot\beta\cdot S$$

则 $$v_0^2=2\times3.6^2\cdot S\cdot\beta=2\times3.6^2\cdot S\cdot\left(\beta_0-\frac{g}{1\,080}\cdot i_j\right)$$

因此，可求紧急制动限速

$$v_0=3.6\times\sqrt{2\cdot S\cdot\beta}=3.6\times\sqrt{2\cdot S\cdot\left(\beta_0-\frac{g}{1\,080}\cdot i_j\right)} \tag{11-17}$$

至此,我们可以根据公式(11－13)、(11－14)求出紧急制动限速。

【例 11－2】 已知 CRH1 型动车组,其紧急制动减速度为常数 1.03 m/s^2,求 10‰下坡道的紧急制动限速。

【解】

(1)下坡道上的紧急制动减速度为

$$\beta=1.03-\frac{g}{1\ 080}\cdot i_j$$

(2)平直道 200 km/h 制动初速下的有效紧急制动距离

$$S=\frac{\left(\frac{v_0}{3.6}\right)^2}{2\cdot\beta_0}=\frac{\left(\frac{200}{3.6}\right)^2}{2\times1.03}=1\ 498.3\quad(\mathrm{m})$$

(3)下坡道上的紧急制动限速为

$$v_0=3.6\times\sqrt{2\cdot S\cdot\beta}=3.6\times\sqrt{2\times1\ 498.3\times\left(1.03-\frac{g}{1\ 080}\cdot i_j\right)}$$

即 $$v_0=3.6\times\sqrt{2\times1\ 498.3\times\left(1.03-\frac{g}{1\ 080}\cdot i_j\right)}=\sqrt{40\ 001-352.76\times i_j}$$

因此,在 10‰的下坡道上紧急制动限速为 191 km/h。

(4)总制动距离估算

下坡道上的空走距离本为加速过程,但因空走时间只是一个假设,实际这段时间内有制动力(处在上升过程),所以,空走距离可以按平直道近似估算。

紧急制动空走时间按 2 s 估算,空走距离为

$$S_k=\frac{v_0}{3.6}\cdot t_k=\frac{200}{3.6}\times2=111\quad(\mathrm{m})$$

因此,总紧急制动的制动距离约为 1 600 m。

第三节 各车型的制动性能计算实例

一、CRH 动车组制动性能

由 CRH1 型原始数据可知,平直道紧急制动时的减速度为 1.03 m/s^2,为对比,同时给出了上坡道的制动减速度曲线,见图 11－5。CRH2 型动车组制动性能参见图 11－6。CRH3 型动车组平直道紧急制动减速度曲线见图 11－7。CRH5 型动车组平直道紧急制动减速度曲线见图 11－8。

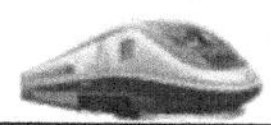

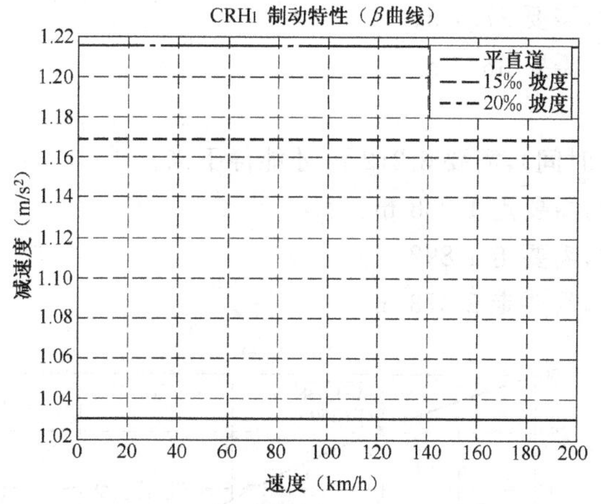

图 11－5　CRH1 平直道紧急制动的减速度

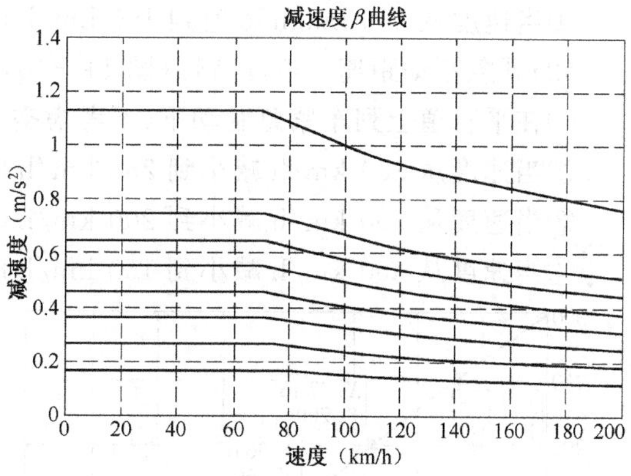

图 11－6　CRH2 平直道各制动级位的减速度曲线

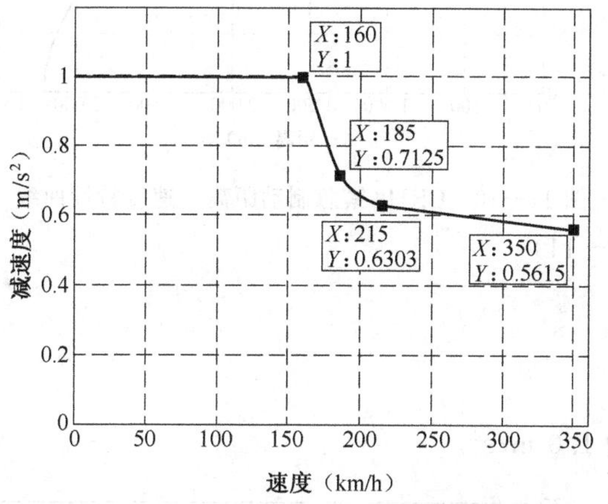

图 11－7　CRH3 平直道快速制动的减速度

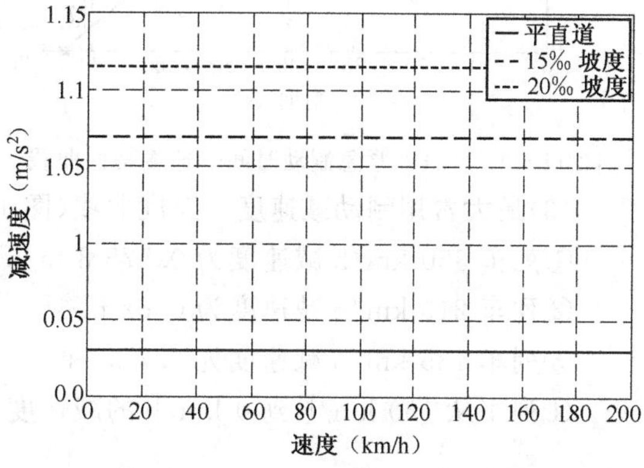

图 11－8　CRH5 平直道紧急制动及最大常用制动的减速度曲线

二、CRH 动车组制动性能计算部分数据

下面举出 CRH 动车组从 200 km/h 到停车过程中各速度以及对应的时刻以及行车距离的部分参数及曲线，以供学习理解制动有关计算时作参考。

1. CRH3 型动车组制动特性

(1)紧急制动时间—速度特性(图 11－9)

①在平直道上列车紧急制动，需要 74.2 s 才能停下来。

②当速度从 300 km/h 减速到 250 km/h 时，需要 13.6 s。

③当速度从 300 km/h 减速到 200 km/h 时，需要 27.1 s。

④当速度从 300 km/h 减速到 160 km/h 时，需要 36.7 s。

(2)紧急制动距离—速度特性(图 11—10)

①在平直道上列车紧急制动下(不考虑空走时间)，需要 3 212 m 才能停下来。

②当速度从 300 km/h 减小到 250 km/h 时，需要走 1 038 m。

③当速度从 300 km/h 减小到 200 km/h 时，需要走 1 892 m。

④当速度从 300 km/h 减小到 160 km/h 时，需要走 2 373 m。

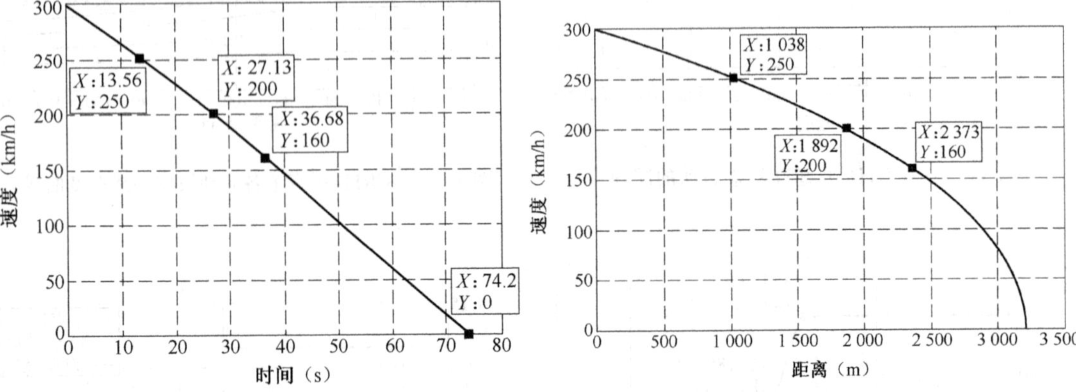

图 11—9 CRH3 紧急制动时间—速度特性曲线　　图 11—10 CRH3 紧急制动距离—速度特性曲线

(3)最大常用制动减速度—速度曲线(图 11—11)

①列车 350 km/h 减速度为 0.575 8 m/s^2。

②列车 210 km/h 减速度为 0.62 m/s^2。

③列车 185 km/h 减速度为 0.7 m/s^2。

④列车从 160 km/h 到 0 km/h 的减速度为 1.0 m/s^2。

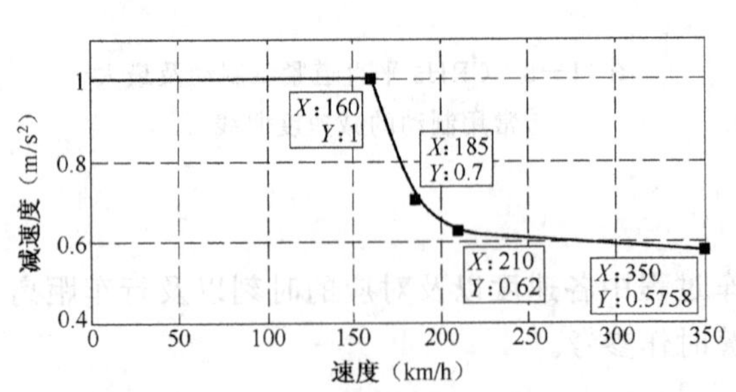

图 11—11 CRH3 最大常用制动减速度—速度曲线

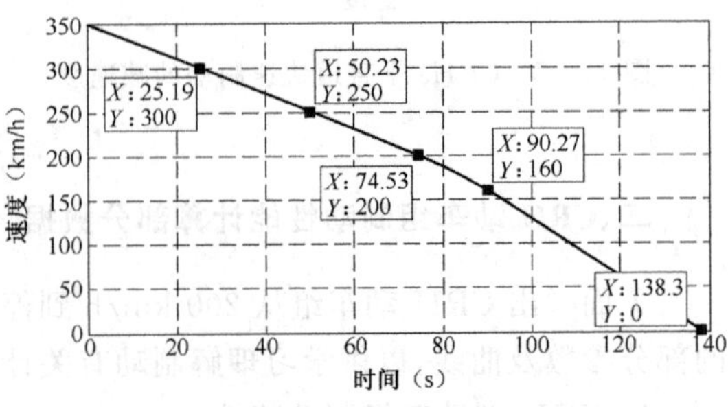

图 11—12 CRH3 最大常用制动速度—时间曲线

(4)最大常用制动速度—时间特性(图 11—12)

①当速度从 350 km/h 减速到 300 km/h,需要 25.2 s。

②当速度从 350 km/h 减速到 250 km/h,需要 50.3 s。

③当速度从 350 km/h 减速到 200 km/h,需要 74.5 s。

④当速度从 350 km/h 减速到 160 km/h,需要 90.3 s。

⑤当速度从 350 km/h 减速到 0 km/h,需要 138.3 s,即约 2 min 19 s。

(5)最大常用制动速度—距离特性(图 11—13)

①当速度从 350 km/h 减速到 300 km/h,需要行驶 2 280 m。

②当速度从 350 km/h 减速到 250 km/h,需要行驶 4 201 m。

③当速度从 350 km/h 减速到 200 km/h,需要行驶 5 730 m。

④当速度从 350 km/h 减速到 160 km/h,需要行驶 6 528 m。

⑤当速度从 350 km/h 减速到 0 km/h,需要行驶 7 608 m。

2. CRH5型动车组的紧急制动的速度—时间曲线(图 11—14)

CRH5型动车组时速从 200 km/h 紧急制动时间—速度特性见图 11—14。

①平直道时速从 200 km/h 减速到 0 km/h,约 58 s;

②15‰上坡道时速从 200 km/h 减速到 0 km/h,约 50 s;

③20‰上坡道时速从 200 km/h 减速到 0 km/h,约 48 s。

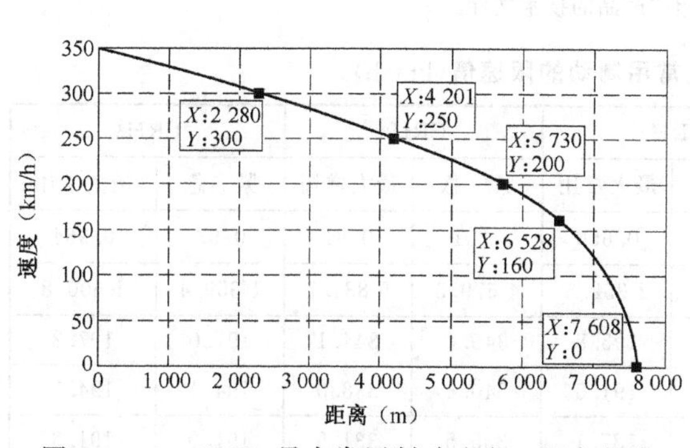

图 11—13　CRH3 最大常用制动速度—距离曲线

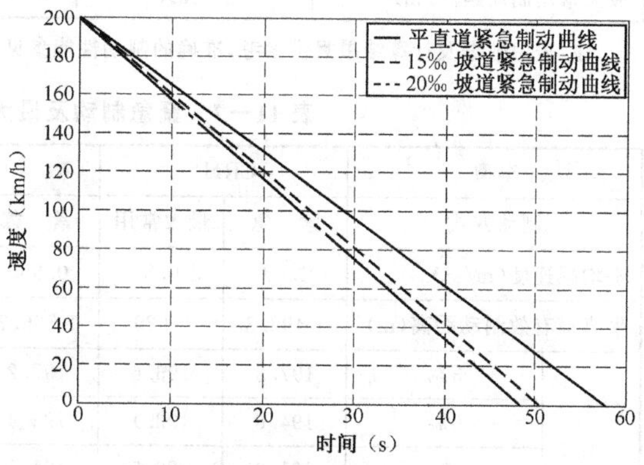

图 11—14　CRH5 紧急制动时时间—速度曲线

三、各车型的制动性能对比

1. 各型动车组紧急制动及最大常用制动的性能

各型动车组紧急制动及最大常用制动的性能简略地概括在表 11—6 中。

2. 各型动车组紧急制动及最大常用制动的限速值

各型动车组紧急制动及最大常用制动的限速值列于表 11—7。

表 11－6　各动车组紧急制动及最大常用制动性能简略

车　　型	CRH1	CRH2	CRH3	CRH5
制动初速(km/h)	200	200	350	200
紧急制动减速度(m/s²)	1.03	1.122(0～69 km/h) 0.931(118 km/h) 0.758(200 km/h)	1.1(0～200 km/h) 0.89(200～350 km/h)	0.93
最大常用制动减速度(m/s²)	0.8	0.747(0～69 km/h) 0.619(118 km/h) 0.505(200 km/h)	1.0(0～162 km/h) 0.713(185 km/h) 0.630(215 km/h) 0.562(350 km/h)	1.02(0～69 km/h) 1.01(70～117 km/h) 0.89(118～200 km/h)
紧急制动平均减速度(m/s²)	1.03 (0～200 km/h)	0.985 (0～200 km/h)	1.01 (0～350 km/h)	0.93 (0～200 km/h)
最大常用制动平均减速度(m/s²)	0.8 (0～200 km/h)	0.656 (0～200 km/h)	0.81 (0～350 km/h)	0.964 (0～200 km/h)
制动力上升(90%)时间(s)	1.5	1.5	1.5	1.5
空走时间(s)	取 2.3	2.3	取 2.3	取 2.3
空走距离(m)	127.8	127.8	191.7	127.8
紧急有效制动距离(m)	1 498.3	1 566.7	4 679.3	1 659.4
最大常用制动有效制动距离(m)	1 929	2 352.5	5 834.7	1 600.8
紧急制动距离(m)	1 626.1	1 694.5	4 871	1 787.2
最大常用制动距离(m)	2 056.8	2 480.3	6 026.4	1 728.6

注：表中数据及计算结果只供参考，准确的制动性能参见相应产品的技术文件。

表 11－7　紧急制动及最大常用制动的限速值(km/h)

<table>
<tr><td colspan="2">车型</td><td colspan="2">CRH1</td><td colspan="2">CRH2</td><td colspan="2">CRH3</td><td colspan="2">CRH5</td></tr>
<tr><td colspan="2">制动方式</td><td>紧　急</td><td>最大常用</td><td>紧　急</td><td>最大常用</td><td>紧　急</td><td>最大常用</td><td>紧　急</td><td>最大常用</td></tr>
<tr><td colspan="2">平均减速度(m/s²)</td><td>1.03</td><td>0.8</td><td>0.985</td><td>0.656</td><td>1.01</td><td>0.81</td><td>0.93</td><td>0.964</td></tr>
<tr><td colspan="2">平直道有效制动距离(m)</td><td>1 498.3</td><td>1 929</td><td>1 566.7</td><td>2 352.5</td><td>4 679.3</td><td>5 834.7</td><td>1 659.4</td><td>1 600.8</td></tr>
<tr><td rowspan="9">坡道坡度</td><td>3‰</td><td>197.3</td><td>196.6</td><td>197.2</td><td>195.8</td><td>345.2</td><td>344.1</td><td>197.0</td><td>197.2</td></tr>
<tr><td>6‰</td><td>194.6</td><td>193.1</td><td>194.4</td><td>191.5</td><td>340.4</td><td>338.0</td><td>194.1</td><td>194.3</td></tr>
<tr><td>9‰</td><td>191.9</td><td>189.5</td><td>191.5</td><td>187.1</td><td>335.5</td><td>331.9</td><td>191.0</td><td>191.3</td></tr>
<tr><td>12‰</td><td>189.1</td><td>185.9</td><td>188.6</td><td>182.6</td><td>330.6</td><td>325.6</td><td>187.9</td><td>188.4</td></tr>
<tr><td>16‰</td><td>185.4</td><td>180.9</td><td>184.7</td><td>176.5</td><td>323.8</td><td>317.0</td><td>183.7</td><td>184.3</td></tr>
<tr><td>18‰</td><td>183.4</td><td>178.4</td><td>182.6</td><td>173.3</td><td>320.4</td><td>312.7</td><td>181.6</td><td>182.3</td></tr>
<tr><td>20‰</td><td>181.5</td><td>175.8</td><td>180.6</td><td>170.1</td><td>317.0</td><td>308.3</td><td>179.4</td><td>180.2</td></tr>
<tr><td>25‰</td><td>176.6</td><td>169.3</td><td>175.4</td><td>161.7</td><td>308.2</td><td>296.9</td><td>173.9</td><td>174.9</td></tr>
<tr><td>30‰</td><td>171.5</td><td>162.4</td><td>170.1</td><td>152.9</td><td>299.1</td><td>285.1</td><td>168.2</td><td>169.4</td></tr>
</table>

注：表中数据及计算结果只供参考。

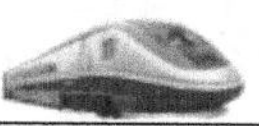

第四节　动车组制动系统的研究

一、动车组制动关键技术及其研究专题

1. 与制动产品国产化相关的技术及其研究专题

(1)电气指令信号的形成及其传输。电气指令信号的形成基本上采用凸轮(轴)盘与微动触点形成开关电平，关键在于控制电平(也即控制电源的取值高低与传输可靠性的关系)、信号处理及编码方式(冗余设计)、传输故障的诊断技术等。

(2)制动接口。与ATC列控系统及国产列车监控装置(LKJ2000等系列产品)的制动信号的接口，采用软件通信方式数字接入、继电器接口电路硬件接入方式。这方面更多地体现在接口的标准化、行业分工的合理化方面；回送救援制动控制及指令转换方式。

(3)备用制动的指令形成与制动指令在传输故障时的备用传输线的合理划分及相互关系的确定。

(4)制动指令传输方式受列车信息控制网络类型的影响。

(5)制动控制计算机进行通信、制动控制、设备管理、状态信息及故障诊断信息等控制及管理功能的范围界定、划分；制动控制流程及控制软件；速度及轮径补偿计算方法。

(6)不同复合制动控制策略的研究、对比分析、选择确定。

(7)空电复合制动的通信方式对实时性、可靠性的影响。

(8)空电制动相互转换的控制规律及特性曲线。

(9)电空转换阀(EP阀)的选型(开关型、模拟型)及其控制方法。

(10)EP阀的结构、性能、可靠性。

(11)紧急制动阀与常用制动控制阀的合成方式。

(12)防滑信号采集、控制算法、防滑阀类型及驱动控制。

(13)停放制动控制阀(双稳脉冲电磁阀、双止回阀)的结构、性能、可靠性。

(14)保持制动、防溜控制。

(15)安全制动控制电路设计与整车系统可靠性的关系。

(16)司机制动控制器的操纵方式与人机工程学。

(17)制动设备的故障模式划分、诊断方法。

(18)应急故障处理优化措施。

2. 与制动产品运用检修相关的技术研究专题

(1)制动系统运用状态及诊断数据转储设备、地面分析设备。

(2)故障应急离线分析的专家系统及平台软件(基于无线移动通信和网络的、由人/无人值守)。

(3)制动系统故障快速查询、分析软件。

(4)制动系统仿真工具开发(面向运用检修培训)。

3. 与制动新技术相关的研究专题

(1)磁轨制动技术。

(2)轨道涡流制动技术。

(3)电磁复合制动技术(磁轨制动、涡流制动、线性电机再生制动)。

(4)储能制动技术。

(5)空气翼板制动技术。

(6)纯液压制动技术。

二、制动问题的研究方法

1. 数值分析

就像整车制动性能的计算一样,通过数值分析,靠计算数据可以从整体的外部表现找出内在的控制规律。

例如,分析制动力、复合制动分配关系、再生制动力、防滑控制规律等,都可以先从外部特性计算入手,在明确了系统控制规律及控制特性的基础上,才能分析出控制量、控制流程。因此,数值分析是基础。

2. 仿真分析

针对列车运行过程的数值分析计算本质上也是一种仿真——数值仿真,但这里说的是普通意义上的通过数学建模(基于运动微分方程的数学建模或采用专用软件的三维实体建模)来解算运动参数的仿真分析法。

基于运动微分方程的数学建模,常用 MATLAB+SIMULINK 仿真软件包,也可采用其他便于列写和解算微分方程组的编程工具。这种方法适用于基于运动力学原理能够方便列写出微分方程的情况,如列车的整体运动、单节车辆运动的求解时。

对于不便列写出微分方程的情况,则可以用具有实体分析功能的专业软件(如 ADAMS)进行三维实体建模和求解。

3. 试验研究

对制动系统的整体性能和各控制器件、控制阀等,都可以采用试验手段掌握其稳态工作特性、动态特性。试验是最直接的手段。对动车组制动的整体性能可以采用线路试验、整车滚动定置试验、制动部件台架试验等有力手段获得产品的第一手特性数据。

4. 逆向分析

通过整体性能特性数据、研究对象的输入输出关系(点的数量、分布、变化范围、时间特性等)分析其中的逻辑关系、控制流程等,主要用于对控制系统的研究。

三、制动控制阀的仿真研究

在对 EP 阀、中继阀进行受力分析的基础上,可以利用动力学仿真软件 ADAMS 对阀的响

应特性进行定量分析。如EP阀ADAMS模型见图11－15。

在模型上加力和运动的约束关系，其受力的关系已在前面进行了分析，其中电磁力和弹簧力均假设为线性的，进行动态仿真后可以观察由于摩擦力引起的柱塞运动曲线的变化，如图11－16和图11－17所示。

图中实线为没有摩擦力时是柱塞的位移时间曲线，虚线为加上摩擦力后的图线，可见摩擦力会导致运动的滞后。

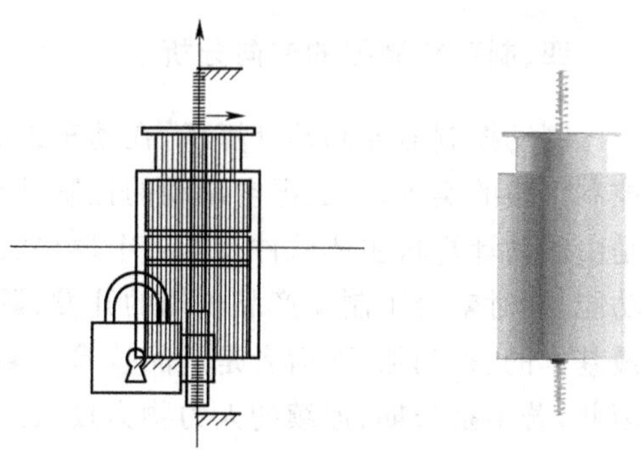

图11－15　EP阀ADAMS模型

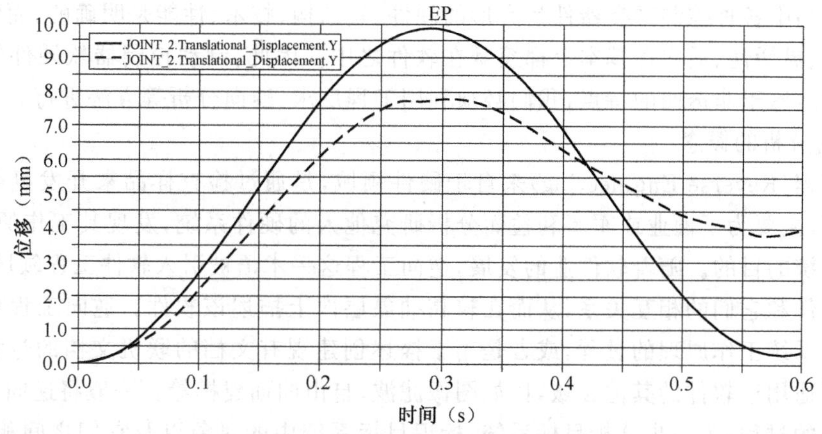

图11－16　活塞杆位移时间曲线

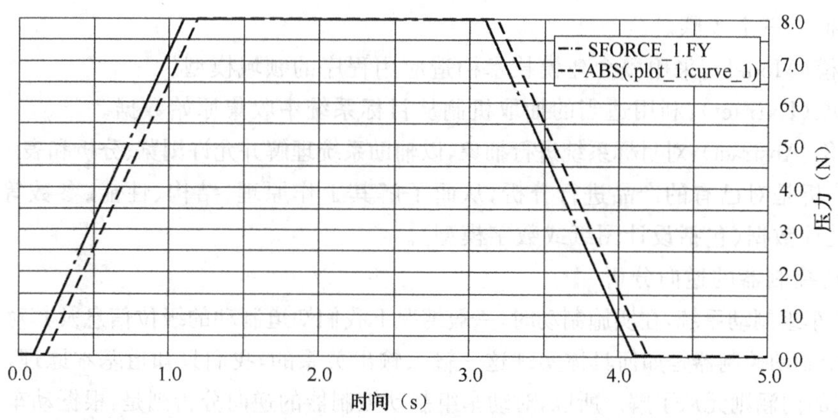

图11－17　BC压力（右左虚线）与AC1压力（左虚线）的时间曲线

四、制动控制器的逆向分析

制动控制器即制动计算机，在动车组的制动控制中是核心器件。从整体性能看，复合制动控制策略的实现、直通电空制动的控制、防滑计算及控制、故障诊断及信息管理等重要功能都是由制动计算机主体软件及其各个模块实现的。制动控制器集成了所有的必需的控制及管理功能，同时融合了制动产品长期的开发、调试、运用及维修过程中所获得的经验，前者是设计者最基本的、是门槛，而后者是产品技术长期发展的积淀，是不断丰富、改进、提高、完善的关键。因此，若不是长期、连续的人力物力投入及技术跟踪研究，哪怕是简单的技术也难以发展，更谈不上具有很强竞争力的知名产品了。从这一点来说研究、学习先进技术，即是消化吸收的第一步，也是最关键的一步。

制动产品中各种控制阀类器件是有形的硬件，其结构、技术、性能是明确的，而整体控制能力的复杂性、灵活性、适应性基本上都蕴藏在软件之中。因此，制动控制器软硬件的分析研究是重要环节。鉴于非透明的特点，我们必须利用工程反求、逆向分析等方法进行。

1. 逆向分析的概念

逆向工程(Reverse Engineering)来自于硬件领域，是通过检查样品来开发复杂硬件系统规约的过程，主要为了商业或军事利益而分析研究他人的硬件系统，发现其工作原理，以达到复制硬件系统的目的。随着软件业的发展，逆向工程这一术语被引入软件工程领域，被定义为分析软件构件和它们的相互关系，从而在较高抽象层次上描述该软件。逆向工程可以用于描述揭示已有系统工作原理的过程，或者是用于描述创建现有文档的联机文档的过程等。当然逆向工程还适用于软件的其他领域，比如图像滤波、自由曲面建模等。一般将逆向工程定义包含两个步骤的过程：第一步分析目标系统，标识目标系统中的对象以及它们之间相互关系，第二步创建不同形式或更高抽象层次的系统表示。Scott R. Tilley 将两个步骤进一步精化为建模、抽取和抽象三个步骤。

(1)建模(Model)：采用概念建模技术构造应用程序的领域模型。

(2)抽取(Extract)：利用适当的抽取机制从目标系统中收集原始数据。

(3)抽象(Abstract)：对目标系统进行抽象，以辅助系统理解并允许浏览、分析和表示抽象结果。

逆向分析是对已有的产品进行分析，从而了解其工作原理、结构、性能、参数等，并最终推出产品的设计数据(包括设计图纸或数字模型)。

2. 制动控制器的逆向分析

对于动车组制动系统，在实施制动时，一般情况下我们知道制动的级位信息及其对应的制动减速度，但对于制动控制器是如何具体实现这一输入输出关系的，我们只知道基本原理，对其细节尤其是经验性的内涵则无从了解。所以，对动车组制动控制器的逆向分析则是：根据动车组已知的制动减速度和基础制动装置等的相关数据，对制动系统进行全面的数值计算，另外，对防滑控制、直通式电空制动等控制环节进行分析，在此基础上，分析出制动控制器的具体控制过程。

制动控制器中的具体工作过程对我们而言是一个黑匣子，但我们只要而且也只能够分析制动控制器的输入和输出，分析其脉络，这样它就变成了“灰匣子”，如图11－18。

图11－18　制动控器输入输出示意图

通过检测、分析，我们可以得到动车组实行制动时的各种效果、状态及具体的数值，但是我们不知道制动控制器的具体工作过程，所以，现在我们要做的就是通过这个系统的输入和输出，来找出这个系统的工作过程和工作方式。也就是所谓的逆向分析。

3. CRH2 制动控制器的控制特性部分估算结果（图11－19～图11－21）

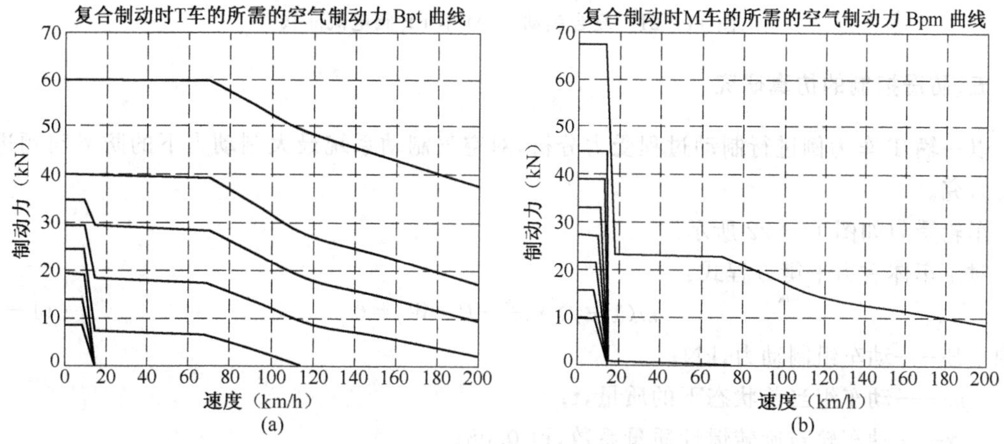

图11－19　复合制动T、M车所需的空气制动力

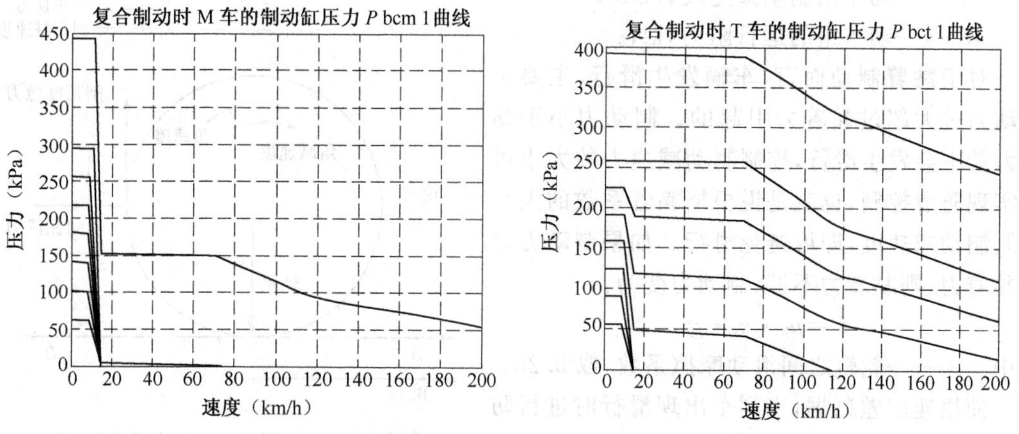

图11－20　复合制动T、M车的制动缸压力曲线

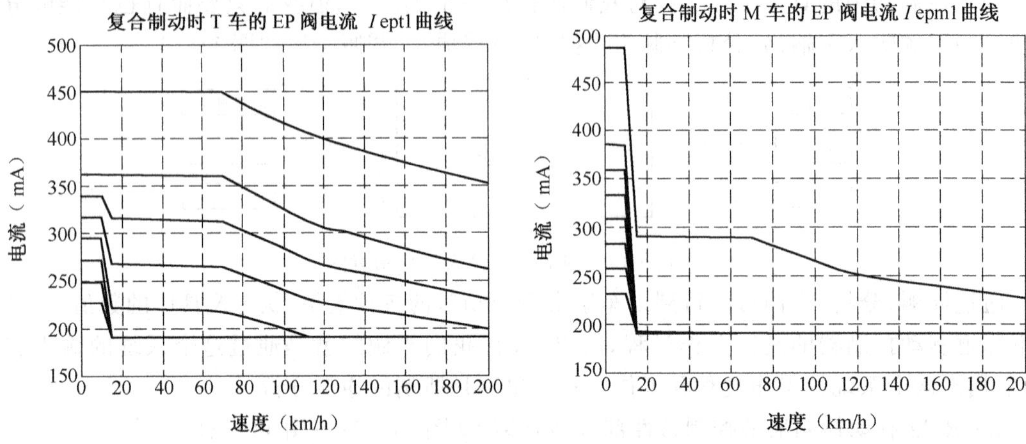

图 11－21 复合制动 T、M 车 EP 阀电流曲线

五、防滑控制的仿真研究

以一辆 T 车为例进行制动过程受力分析，对空气制动系统最大制动力下的防滑问题进行仿真研究。

车轮受力如图 11－22 所示。

对于车体有力平衡方程式：

$$m(1+\gamma)\cdot x''-B-W_0=0 \tag{11-18}$$

式中 B——动车组制动力，kN；

m——动车组当前状态下的质量，t；

γ——动车轮对旋转惯性质量系数，取 0.08；

x''——动车组制动减速度，m/s^2；

W_0——动车组的运行阻力，kN。

对于黏着制动而言，车辆发生滑行，主要是制动力过大超过黏着力引起的。制动力小于黏着力就不会发生滑行，控制制动减速力的大小可以实现防滑控制，也就是说根据黏着系数的大小控制制动减速度，即可避免滑行。如果制动力大于黏着力，则黏着力不够，制动力变为：

$$B=\mu_h\cdot m\cdot g$$

式中 μ_h——轮轨之间滑动摩擦系数，取 0.25。

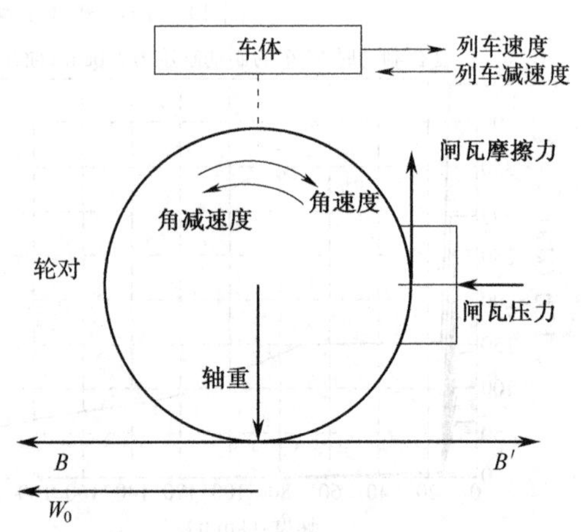

图 11－22 制动时车轮受力简图

使用速度差判据，当列车出现滑行时进行防滑控制，防滑阀开始阶段性的排风，保压的过程，

使制动缸压力下降。在仿真模型中采取阶段性放风过程，每 0.1 s 使制动缸压力下降 15%，保压 0.1 s 继续排风，制动缸压力下降曲线如图 11—24 所示。

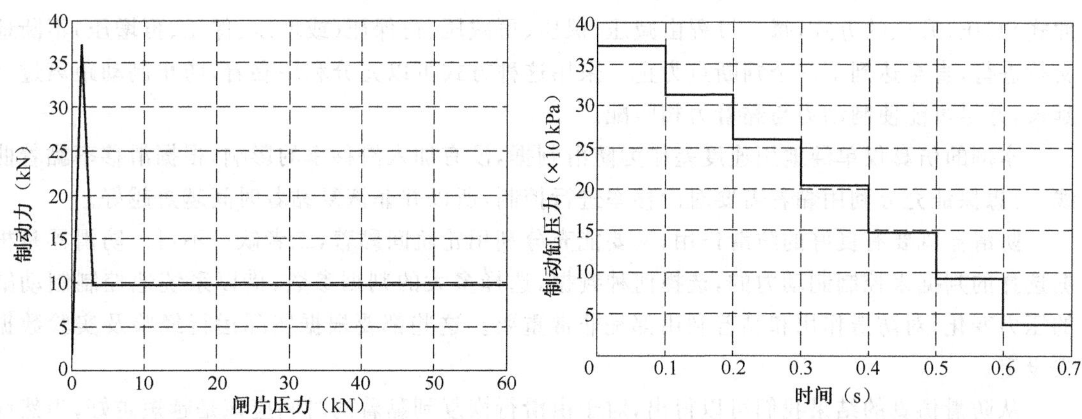

图 11—23　制动力 B 与闸片压力 K 的关系曲线　　图 11—24　防滑控制时制动压力下降曲线

该模型使用速度差作为滑行判据，使用选择开关设定当速度差大于 5 km/h 时，防滑阀放风，使制动力按图 11—23 所示曲线下降，进行防滑控制后，速度会逐渐恢复，通过另外一个开关选择模块判断，设定当速度差小于 1 km/h 时即认为是黏着已恢复，开始施加正常的制动力。

对曲线解释如下：图上两条曲线分别为正常制动时和滑行时轮对线速度的变化情况，可见在出现滑行时轮对速度迅速下降直至抱死，出现这种情况会造成严重后果，车轮相对钢轨滑行摩擦较长距离会使摩擦部位产生聚集大量的热，导致车轮踏面变软，被融化，发生“擦轮”事故，列车无法继续运行。另外还会导致制动距离的延长，影响行车安全，所以必须要进行滑行控制。当模型检测到滑行后及开始排风减压的过程，使速度逐渐上升，黏着逐渐恢复，见图 11—25。

而在 NABTESCO 的实际产品中，其防滑排风控制时按照如下所示方式进行：

即当系统检测到滑行时防滑阀排风 60 ms，保压 150 ms，再继续排风，分三次将制动缸空气排空，按照这种排风方式的仿真结果如图 11—26 所示。

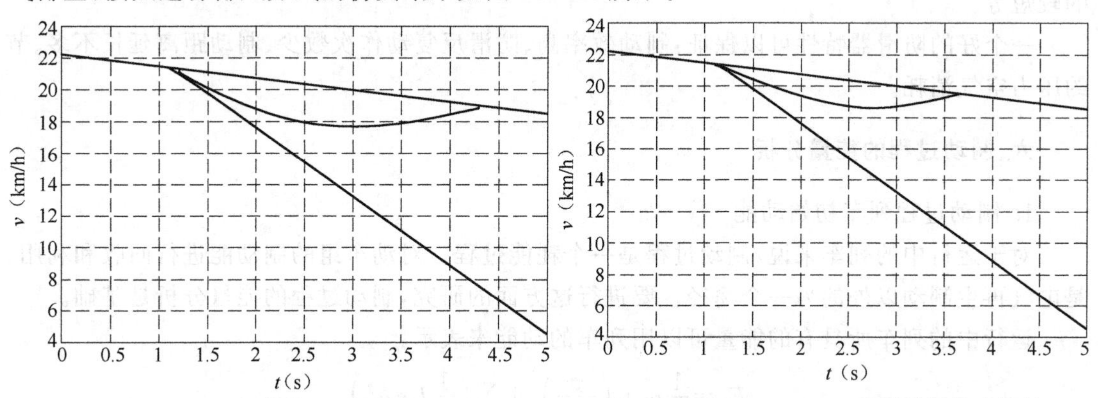

图 11—25　仿真结果示波器显示　　图 11—26　NABTESCO 防滑排风仿真结果

由以上两图可以看出，采用该种排风方式，黏着恢复所用时间会有所减少。两种排风方式相似，都是采用对制动缸压力减压、保压、升压过程的控制，许多防滑器采用了阶段式（也称脉冲式）减压、升压的方式，每一过程由减压、保压、再减压、再保压（或增压、保压、再增压）不断地交替进行，直至达到下一个判断点为止。采用这种方式可以充分利用黏着，防止制动距离过多延长，并尽可能使制动力与黏着力相匹配。

本例的仿真仅单纯地用速度差作为防滑判据，没有加入滑移率的影响，根据滑移率黏着曲线，要想保证充分利用黏着需要对滑移率进行控制，所以并非恢复黏着时间越短越好。

防滑器既要有良好的防滑作用，又要能充分利用轮轨间黏着，二者缺一不可。防滑器是根据选择的判据来控制制动力的，选择何种判据，选择多大的判据参数，借以系统地控制制动缸的压力变化，对防滑作用和黏着利用都是非常重要。这些都要根据实际运行经验及实验数据去设定。

从防滑仿真的结果我们可以得出，对于由滑行恢复到黏着的时间应该是越短越好，当然前提是要保证充分利用黏着以及列车运行安全与乘坐的舒适度。由此我们可以提出对防滑系统的基本要求。

(1)高灵敏度

在较高的速度范围内，由于黏着系数较低，本来就容易发生滑行，而其即使是在很短的时间内，因滑行距离较长，危害相当严重的，因此防滑器应该具有高的灵敏度。灵敏度受滑行标准，滑行检测速度和防滑装置的制动时间等诸多因素的影响。

(2)防滑特性良好

所谓防滑系统的防滑特性，就是当车轮发生滑行，防滑器检测之后，通过逻辑线路和机械装置，切断动力制动并使空气制动的制动缸快速缓解，而当车轮停止滑行并恢复再黏着后，制动缸又重新充气的整个过程的特性。它不但取决于检测系统、机械部件的灵敏性，而且主要决定于防滑控制采用的控制方法及算法。防滑特性好，将取得良好的防滑效果，使制动距离延长的较短等。

一个好的防滑器特性可以保证：制动效率高、防滑反复动作次数少、制动距离延长不多、节约压力空气消耗。

六、制动过程的能量分析

1. 制动过程列车初始动能

对于运行中的列车来说，制动过程是一个耗能过程。对动车组的制动能进行回收和利用，是电气再生制动以外的另一个途径。要进行这方面的研究，制动过程的能量分析是基础。

运行中的列车所具有的能量可以用列车的动能来表示：

$$E_k = \frac{1}{2}m \cdot \left(\frac{v}{3.6}\right)^2 + \sum\left(\frac{1}{2}I \cdot \omega^2\right)$$

式中　E_k——列车的动能，kJ；

m——列车的总质量，t；

v_0——制动初速，km/h；

I——轮对转动惯量，kg/m^2；

ω——轮对转动角速度，rad/s。

因 $\omega=\frac{v}{R_k}$，故

$$E_k=\frac{1}{2}m\cdot\left(\frac{v}{3.6}\right)^2+\frac{1}{2}\Sigma\left[I\cdot\left(\frac{v}{3.6R_k}\right)^2\right]=\frac{1}{2}m\cdot(1+\gamma)\cdot\left(\frac{v}{3.6}\right)^2$$

式中　$\gamma=\frac{1}{m}\Sigma\frac{I}{R_k^2}$——列车的回转质量系数，对动车组一般为0.08。

因此，以初速 v_0 开始的制动过程中，列车的初始能量为

$$E_{k0}=\frac{1}{2}m\cdot(1+\gamma)\cdot\left(\frac{v_0}{3.6}\right)^2\approx 28\times m\cdot v_0^2\quad(J)\tag{11-19}$$

这个能量来自制动之前列车在牵引加速过程获得的能量，包括上下坡道的重力势能变化并扣除了开始制动之前的全部阻力功后的能量。

在此后的制动至停车过程中，此能量要么被摩擦制动方式（如盘形制动）逐渐全部消耗掉，要么通过电气再生制动（或某种制动能回收储存装置）部分地回收或转换，扣除回收转换装置的效率损耗，其余部分依然被列车制动过程中的各种运行阻力消耗掉。

$$E_{k0}=E_h+(E_{hs}+E_w)\tag{11-20}$$

式中　E_{k0}——列车制动初始总的动能，kJ；

E_h——通过转换回收装置得到的动能，kJ；

E_{hs}——转换回收装置损耗的动能，kJ；

E_w——转换回收过程中运行阻力消耗掉的动能，kJ。

【例 11－3】 制动过程的能量关系计算：已知某动车组一辆车的参数见表11－8所示，求不同制动初速下的紧急制动停车过程中的能量关系。

表 11－8　车辆仿真参数

制动减速度	车重	阻力系数 a	阻力系数 b	阻力系数 c
1.1 m/s^2	40 t	1.97	0.001 5	0.000 156

【解】

(1)按表11－8的已知数据及式(11－14)，计算制动初速分别在40～200 km/h时开始制动的初始动能。

(2)计算基本阻力在整个制动过程中消耗的动能及占总初始动能的比例。

(3)计算两者差值，认为这是理论上可以回收的动能(即不及回收装置效率损失)。

计算结果列于表 11－9。相应曲线关系见图 11－27、28、29、30。

表 11－9　电动车组(一辆车)在不同初速紧急制动时的制动能量关系

制动初速 (km/h)	有效制动时间 (s)	有效制动距离 (m)	初始总动能 (kJ)	理论可回收的动能 (kJ)	基本阻力消耗的动能 (kJ)	基本阻力消耗比例 (%)
40	10	56	2 469	2 422	47	1.9
50	13	86	3 858	3 782	76	1.97
60	15	126	5 556	5 442	114	2.05
70	18	172	7 562	7 399	163	2.15
80	20	224	9 876	9 653	224	2.27
90	23	284	12 500	12 201	299	2.39
100	25	349	15 432	15 041	391	2.53
110	28	423	18 673	18 171	502	2.69
120	30	504	22 222	21 588	634	2.85
130	33	591	26 080	25 288	792	3.04
140	35	686	30 247	29 269	978	3.23
150	38	787	34 722	33 527	1 195	3.44
160	40	895	39 506	38 059	1 447	3.66
170	43	1 010	44 599	42 859	1 740	3.9
180	45	1 132	50 000	47 925	2 075	4.15
190	48	1 261	55 710	53 251	2 459	4.41
200	50	1 397	61 728	58 832	2 896	4.69

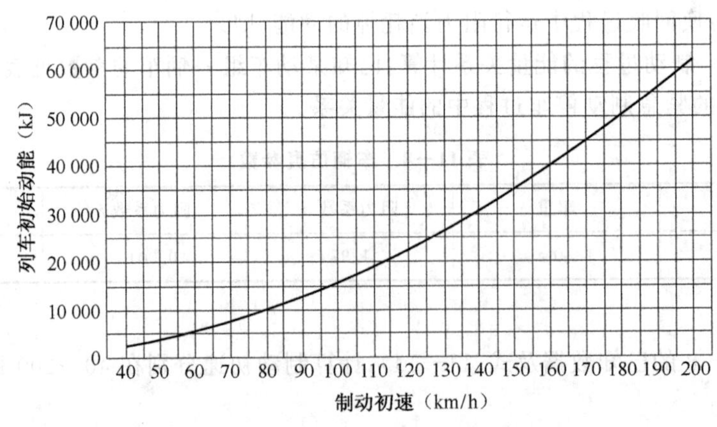

图 11－27　列车初始动能

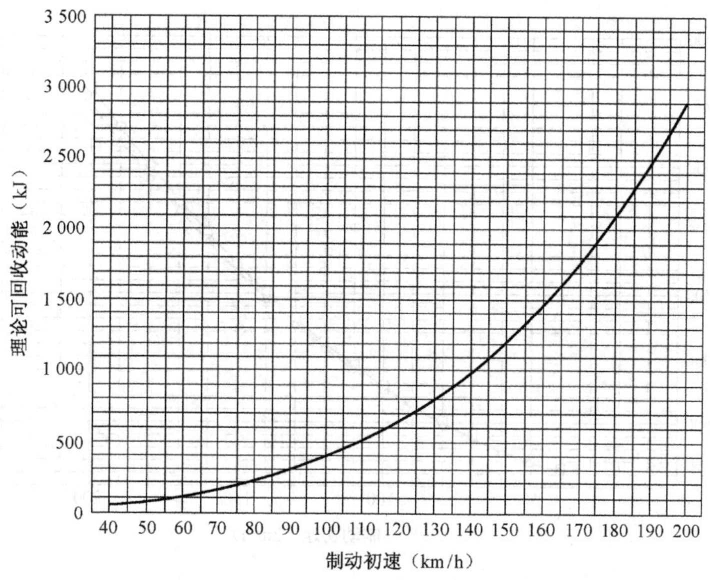

图 11－28　列车基本阻力消耗的动能

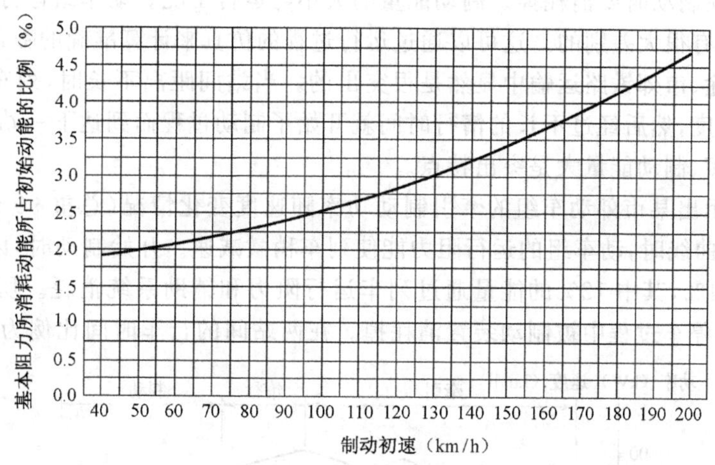

图 11－29　列车基本阻力消耗动能占初始动能的比例

由以上数据可以看出，列车初始动能中只有很少的一部分被列车运行基本阻力所消耗，绝大部分在制动过程中被基础制动装置消耗掉，以摩擦生热的方式转化为热能消散于周围空气中。如果采用再生制动或其他形式的动能回收、存储装置，那么这部分能量就可以得到再生利用。

2. 制动能的回收与存储

列车的能量是由动力传动装置在牵引加速过程传递给动车的，在惰行过程中消耗掉少部

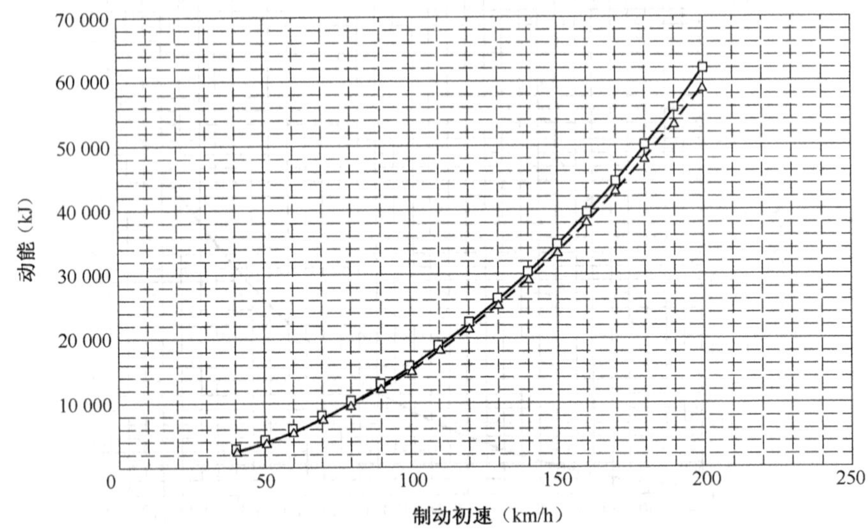

图 11－30 总动能(上)与可回收动能的对比关系

分,剩余大部分在制动时要消耗掉。制动能量的大小与运行工况。动车组运行的线路有关,不同的线路条件下有很大差别的。这可以通过运行过程的仿真来计算准确的数量关系。制动能量的损失,在短途、市郊铁路运输中显然是很突出的。当站间距离不长时,列车加速以后很快达到最大运行速度,然后经过不长的惰行时间就开始了制动过程而到达下一站。因此,运行速度高、惰行时间短、制动能量大是突出特点。

图 11－31 示出某市郊动车组的牵引制动功率随速度变化情况(总重 90 t、站间距离 6.9 km)典型的运行曲线时,动车组的运行阻力能使列车稍微减速。开始制动时,以列车初始动能为所用能量的 54%,其中 12%的能量通过列车运行阻力和辅助系统消耗。所剩余的 42%的能量在列车制动停车过程中被制动装置消耗掉。在两站间的行车时间比例为:加速时间约占

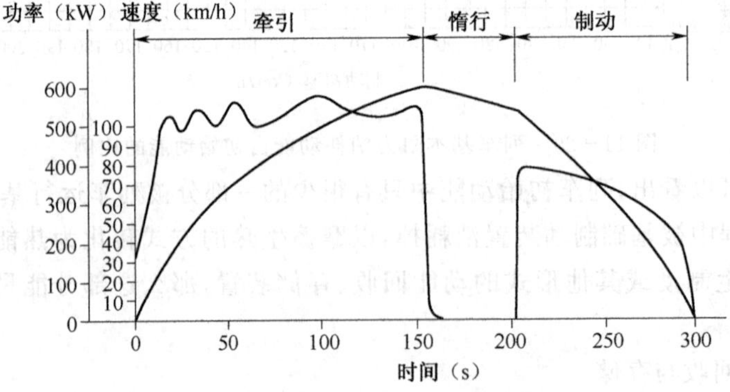

图 11－31 某市郊动车组牵引制动功率及速度随时间的变化情况

52%，惰行时间占17%，制动时间占31%。这种从加速到制动的行车过程，也大致符合不同站间距离的线路。当站间距离缩短时，可以达到的最大速度较小；当站间距离增加时，则在制动前还有一段较长的线路具有较高的运行速度。因此，由于连续不断地重复加速和制动，因而制动能量消耗就较大。这么大的制动能量的如果能够加以回收利用，将大大提高运输的经济性指标。

3. 制动能回收的仿真研究算例

本例对已超高容量的储能电容作为储能元件，对制动能进行回收存储。利用SIMULINK仿真软件包对直流电机、DC－DC变换器、储能电容等建立仿真模型，通过仿真，分析制动能回收的数值关系及控制特性，并以此说明其可行性。

图11－32表示实际的动能回收存储装置的各种损耗，包括电气制动电机及其传动装置自身损耗的能量、DC－DC变换器的损耗、储能电容内阻带来的损耗，实际的列车初始动能除了少部分消耗在运行阻力上，其余大部分在扣除以上消耗后及时回收存储的能量。

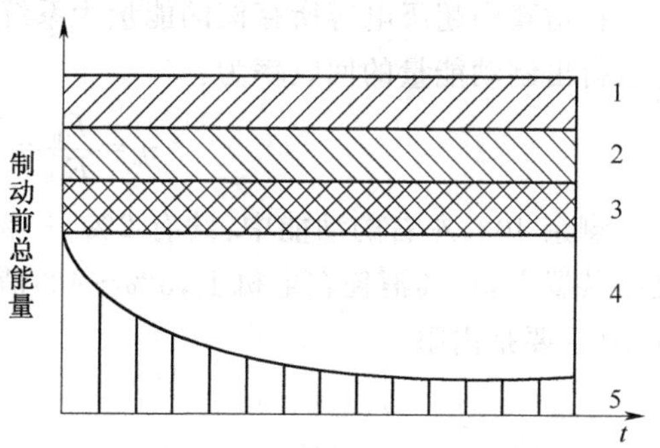

图11－32　总能量分配示意图

1—机－电能量转换装置自身损耗的能量；
2—回收装置变换(整流逆变)损耗的能量；
3—储存装置损耗的能量；4—回收储存到的能量；
5—运行阻力损耗的能量

仿真采用的车辆参数同上例，但图11－33、图11－34分别只给出了80 km/h初速紧急制动时，能量回收系统仿真部分结果(电机转速及单轴制动功率在制动过程中受控变化的情况)。

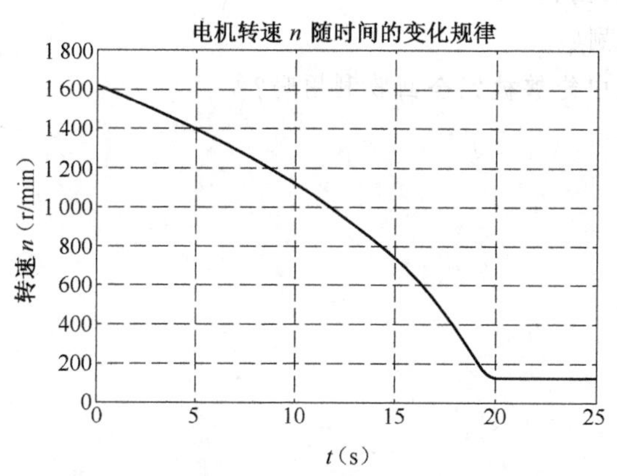

图11－33　电机转速随时间的变化规律

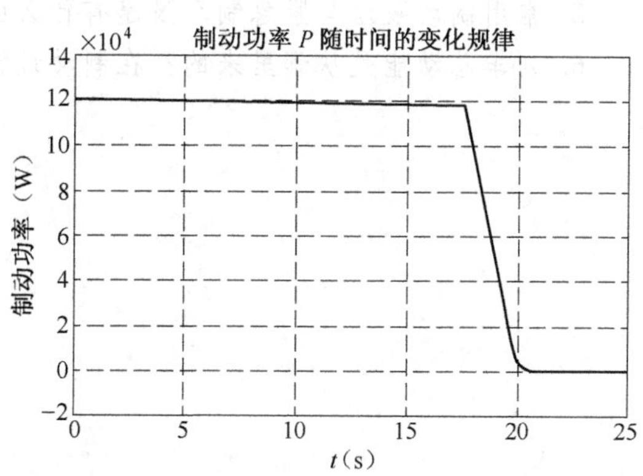

图11－34　单轴制动功率随时间的变化规律

在这个算例中，单轴制动转换装置对一个 300 F 的超高容量的储能电容矩阵充电存储，在制动结束时它的电压约为 98.2 V。根据电容的能量计算公式有：

$$E_C=\frac{1}{2}CU^2=\frac{1}{2}\times300\times98.2^2=1\ 446\quad(\text{kJ})$$

由表 11－9 可知，当车辆从 80 km/h 制动到零时，理论上可回收利用的动能为：

$$E_{hl}=9\ 653\quad(\text{kJ})$$

在仿真中超级电容所存储的能量为系统回收的一台牵引电机在制动过程中的能量。由此可以得出制动能量的回收率为：

$$\eta_h=\frac{E_h}{E_{hl}}=\frac{1\ 446\times4}{9\ 653}\approx60\%$$

剩余 40%左右的动能中：约有 2%～3%消耗在运行阻力上；15%～20%消耗在 DC－DC 变换装置上，10%消耗在电机上；3%～4%消耗在电机驱动装置上，5%左右消耗在储能电容矩阵中（主要是内阻）。

复习思考题

1. 描述动车组制动系统性能的参数有哪些？
2. 动车组制动控制计算机在计算制动力时是否把基本阻力考虑在内？附加阻力是否考虑？
3. 怎样由基础制动装置的参数计算制动力？
4. 动车组的制动空走时间、空走距离怎样取值、计算？
5. 常用制动限速与紧急制动限速有什么区别？
6. 列车总动能是从哪里来的？在制动过程中能够被完全回收利用吗？

第十二章 动车组制动系统运用

第一节 制动系统若干问题的讨论

一、关于纵向冲动

列车纵向冲动是一个列车运行与操纵方面的术语，其直接表现之一是车钩力的动态变化，其主要原因是各车之间纵向力的不均匀。

列车在运行中，由于各车牵引力、制动力的大小不均匀、时间上的不一致，甚至由于线路坡度、曲线、隧道等附加阻力因素的突然变化，导致各车之间纵向力的合力不均匀，在列车惯性、车钩缓冲器的弹性，尤其是车钩纵向间隙的作用下，引起两节车之间的相对运动速度大小和方向变化，导致车钩力发生变化，一会儿使车钩受压，一会儿使车钩受拉，引起乘坐舒适性下降，对于长大货物列车，严重时会引起断钩事故。

应当注意，纵向冲动是工程术语，与力随时间的变化率有关，而单纯的力随时间的变化率即为力学的冲击率。在列车运行中，纵向力的变化只是内因，是根源，而普通车钩存在的纵向间隙是外因，是放大力的方向变化、引起较强烈冲击的关键所在，这种工程应用领域的冲击现象已经不是力学冲击概念那么简单了，这就是我们列车运行及操纵中的纵向冲动。

由于动车组采用列车网络对牵引、制动系统进行控制，指令和控制的一致性比起传统操纵方式大大提高。但是，由于动车组是动力分散模式，牵引工况各车纵向力必然不均匀，制动也会因为采用节能控制策略以及空气制动阀的特性差异，引起制动力的不均匀。总之，牵引力或制动力的控制不同步不均匀等因素或多或少总是存在的；另外，由于线路平纵断面的变化、操纵条件的变化始终存在，因此，列车纵向力的变化难以避免，因而纵向冲动也是必然存在的。

但是，在动车组这种列车构成方式中，采用密接车钩成为动车组的主要特征之一，因而一般的纵向力的变化虽然存在，但因为无车钩间隙（或间隙极小），不会扩大成为较强的冲动。因此，动车组的纵向冲动与普通列车的纵向冲动相比而言是要轻一些。

动车组在纵向力变化过程中，由于车钩缓冲器的弹性，依然要引起两节车之间的相对压缩或拉伸，如果纵向力的变化较为剧烈，那么纵向冲动也会变得明显或较强。

二、引起纵向冲动的主要原因

1. 非全动车编组空电制动转换引起的纵向冲动

理想情况下，空电制动转换受微机控制，在减小再生制动力的同时增加空气制动力，或在减小空气制动力的同时增加再生制动力，控制两者的增减量一致，即协调变化，在全动车的情况下就不会产生明显的纵向冲动。在动力分散、动拖比 1～2 情况下，整个编组的纵向力虽然不变，但单元内部动、拖车之间因空气制动补充规律的不同，也会产生一定的纵向冲动。

2. 空电制动转换控制不精准引起的纵向冲动

即使在全动车编组情况下，如果空电制动转换控制不能保证在任何情况下都具有相同的上升下降特性，即控制不精准，也会引起纵向冲动。

比如，动车组在过电分相过程中，采用空电制动的相互转换，制动缸空气压力的上升具有自己的固有特性，而电制动的下降过程通常是由再生电流按照斜坡函数的下降规律而定的，如果在时间和速率上配合不好，会产生明显的纵向冲动。

又如，在列车进站制动对标停车过程中，通常在速度 10 km/h 左右再生制动即开始下降，空气制动开始补充，如果制动力的增、减量在时间和速率上配合不好，也会产生明显的纵向冲动，这与过电分相过程相似。

应当注意到，空电制动转换的控制很难兼顾各种速度范围和制动级位，比如，在低速范围，通常制动缸压力较大，其压力上升特性和低压力情况下的上升特性有所不同。因而，在调试过程中，高、低速范围空电制动转换性能很难兼顾，如果仅照顾到高速范围空电制动转换性能，那么低速范围空电制动转换性能可能稍差，反之亦然。

三、关于空重车载荷信号

对于动车组的制动系统，由于采用微机控制，能够方便地根据车厢重量调整制动力大小。空重车的信号取自空气簧的压力，一般有几种方式：

(1)取一个转向架一侧空气簧的压力。

(2)取一个转向架两侧空气簧的压力经过平均阀(中压阀)得到的平均压力。

(3)取前后两个转向架两侧空气簧的压力，由计算机平均。

(4)取前后两个转向架两侧空气簧的压力经过平均阀(中压阀)得到的平均压力，由计算机平均。

显然载荷信号精确程度也有所不同。不论取自哪个位置，都采用把空气簧的压力通过管路直接送到制动控制单元内，经空气压力传感器转换为电信号送给制动计算机的方式。

鉴于列车运行过程中，车体、构架、轮对都处于振动中，空气簧的压力也围绕平均载荷上下波动，为此在获取空重车信号时必须进行信号的预处理。很显然可以采用常规的前级滤波平滑处理、计算机内部软件滤波等方法。

在新干线高速动车组上，采用过一些特殊处理措施值得关注。

(1)用空气附加容积室对远距离送到制动控制单元内的空气簧的压力进行稳压处理，这可以与通常的整流滤波电路类比，参见如12－1。

采用图12－1(b)的方式可以在一定程度上简化电路信号处理或制动计算机对的空重车信号软件处理。

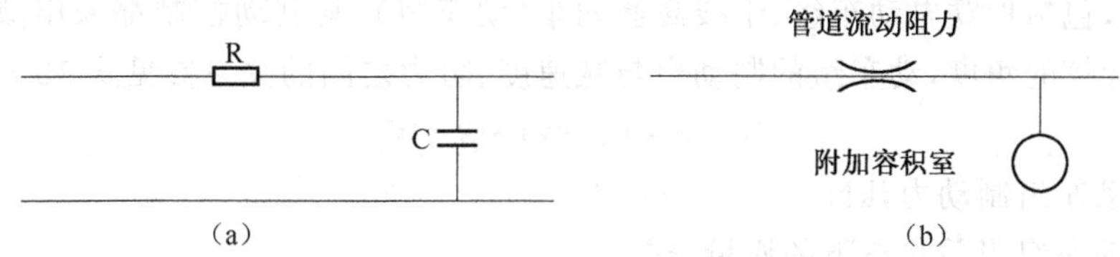

图12－1　空气簧压力信号的处理

(a) RC滤波电路；(b) 空气管路－容积室稳压

(2)在低速范围起用空重车称重功能，采集空气簧压力信号，在较高速度范围关闭空重车称重功能，车重载荷信号沿用低速范围获取的空重车信号。

所谓低速范围，一般指在每次发车、列车起动后10～15 km/h左右速度下，车体与转向架构架之间的垂向振动幅度较小，此时通常处于列车在站台起动至出站前的过程中，可以认为乘客基本稳定，以此时的载荷作为本区间运行直至下次起动之前的载荷信号，供制动计算机计算和分配制动力之用。这是一种简化的、折中方法。

(3)对于空重车载荷信号异常情况的处理在各个产品中基本是相同的。空气簧压力信号大小本应反映载荷大小，但在空气簧发生胶膜破裂漏风或空气簧压力传感器故障情况下，得到的压力信号过大或过小，与实际不符。由于制动计算机计算制动力并进行控制的周期很短，都在毫秒级，而每次计算除了制动级位、速度外，另一个必需的重要参数就是空气簧压力信号，所以每个计算控制周期内必须给出载荷信号，制动计算才能正常进行。很显然对空气簧布置状态监视的传感器并不能提高整体可靠性，而在制动计算机控制软件中对异常的空气簧压力信号进行直接自动判断处理是目前制动供货商普遍采用的方法。其中的一种修正方法可参见图12－2。

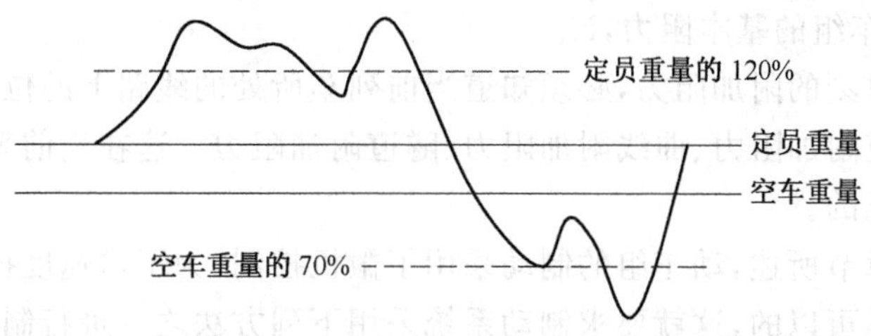

图12－2　空气簧压力信号的处理

当空气簧压力信号超过定员重量较多时，截取定员重量的120%作为载荷信号；当空气簧压力信号低于空车重量较多时，截取空车重量的70%作为载荷信号。这样制动力实际上并不准确，但能够在一定程度上避免制动力过大或过小，减少制动时车轮抱死或制动距离过多延长。

四、关于制动减速度

电动车组，包括地铁电动车组、干线高速列车（动车组），其制动控制都采用减速度控制模式，从制动力计算的角度，动车组的制动力与减速度、阻力之间的关系参见式12－1。

$$B=m\cdot(1+\gamma)\cdot\beta-W_j \tag{12-1}$$

式中 B——动车组制动力，kN；

m——动车组当前状态下的质量，t；

γ——动车组回转质量系数，取0.08；

β——动车组制动减速度，m/s^2；

W_j——动车组的加算阻力（基本阻力＋附加阻力），kN。

$$\beta=\frac{B+W_j}{m\cdot(1+\gamma)} \tag{12-2}$$

在制动工况的某一瞬时，制动计算机除了必须根据得到的制动级位信号、动车组速度信号查表计算出当前应有的制动减速度，还必须知道本车重量、惯性质量系数以及动车组运行阻力。

要保证动车组具有某个减速度，必需考虑到人为控制的制动力和自然存在的所有阻力，理论上列车运行阻力包括基本阻力和附加阻力，但目前制动控制方法只考虑到基本阻力，即平直无隧道的列车运行阻力，在不需要太精确的时候，还可以忽略列车基本阻力。

运行中计算动车组基本阻力是很方便的，只需知道当前速度和车辆重量，根据式12－3即可计算动车组基本阻力

$$W_0=m\cdot g(a+b\cdot v+c\cdot v^2) \tag{12-3}$$

式中 a、b、c——动车组单位基本阻力系数；

m——动车组某车当前状态下的质量，t；

g——重力加速度，9.81 m/s^2；

W_0——动车组的基本阻力，N。

要想知道当前时刻的附加阻力，必须知道当前列车所处的线路上的位置，根据线路平纵断面数据可以计算坡道附加阻力、曲线附加阻力、隧道附加阻力。这在当前采用计算机控制运行的动车组来说是不难的。

根据前面有关章节所述，动车组的制动采用了微机控制，为了像速度控制那样实现预定减速度的自动控制也是可以的，这就要求制动系统采用下列方法之一进行制动控制：

（1）必须采集列车位置信号，要能够自动获取列车当前时刻处于的坡段、隧道、曲线的信息，依次计算调整制动力，实现减速度随速度按预定的规律变化。

(2)只采用速度信号，根据速度变化(当前速度、历史信息)在线辨识出当前列车因位置不同而变化的运行总阻力(基本租、附加阻力)，并据此调整制动力。

(3)只采用速度信号，并直接以减速度为控制目标，采用完全闭环控制，达到列车运行完全按照预定减速度规律进行。

第一种方法，不论采用实时监测或线路数据存储，工程实现上都有一定难度或过于复杂。

第二种方法是在基本阻力的基础上，采用参数估计、预测控制等方法判断当前、下一时刻动车组的附加阻力，从而能够较准确地实现制动力的全程控制。

显然，按照第三种控制方法，假如制动计算机能够在任何情况下实现预定的减速度，这在某种意义上就是自动控制，列车制动过程几乎完全在自动控制下运行。

但目前的制动产品并没有这样做，从运用的角度很好理解，对于长交路运行的动车组来说，这样制动操纵的安全性得不到保障。因为长时间处于完全自动控制下，线路条件变化对列车运行的影响被隐含起来了，司机长期积累的对于列车惯性与线路条件的相互关系的感性认识也会丧失，那么一旦控制系统出现故障，需要人工进行制动操纵控制时，安全性受到影响。

因此，目前动车组制动控制中依然采用根据减速度、载荷、基本阻力计算制动力，控制周期都在毫秒级，更新制动力较快，虽然不是完全闭环的精确控制，但对于平直道，或对于相同条件，制动减速规律是相同的。这对于进站停车对标、固定地段的调速制动等关键操纵场合已经带来了方便。

以上所说的问题还可以举例来说明，采用第三种控制方法时，如果动车组在平直道以 200 km/h 初速实施快速制动(紧急制动)的停车距离为 1 800 m，那么在有一定坡度的上坡道和下坡道以同样的初速、同样的制动也能实现相同的停车距离，一方面这意味着制动控制技术的提高和自动化程度的提高，另一方面却是不切实际的。至少有两方面的原因：

(1)要想在区间限制坡道下坡高速运行时保证与平直道相同的制动距离，动车组的制动能力难以达到。

以 20‰下坡道为例，与平直道相比，根据式(12－4)

$$W_j = W_0 + i_j \qquad (12-4)$$

式中　W_0——动车组的基本阻力，N；

i_j——动车组所处的线路纵断面坡度千分数，‰。

每吨列车质量必须多施加约 200 N 的制动力，以 500 t 列车质量估算，列车总制动能力必须增大 100 kN。而目前动车组采用空气盘形制动的制动能力要保证平直道 2 000 m 的紧急制动距离已经接近黏着极限，也差不多是空气盘形制动的最大负荷了，再要增加就困难了。

与目前的运用原则相同，我们要靠下坡道的限速来保证紧急制动距离，即控制入坡速度。

(2)从安全角度看，全程自动控制的制动系统不符合故障—安全原则。假设制动系统正常，机车乘务员长期操纵这样的列车，会把多年建立的上下坡列车减速过程的条件反射(操纵经验、感受)全部丢掉，一旦系统故障切换成备用制动(或操纵其他机车)时就会存在一定的安全隐患。

从以上两点来看,采用减速度控制模式,给平直道的制动操纵带来较大方便,在上下坡道、进入曲线和隧道带来的附加阻力必须另外考虑,尤其是下坡道。

五、关于备用制动

如果我们要问,动车组为何能够以 200 km/h 那么高的速度运行？从列车制动的角度我们只能回答:因为动车组有一套有效的制动系统,保证运行安全。从高速动车组制动的角度看,这样的回答还不够,我们要强调:因为还有一套备用制动系统作为保障。

这有两层含义:或者有一套完整的第二制动系统作为备用;或者把第一套制动系统的某些部分加入备用措施。CRH5 型、CRH3 型动车组的备用制动系统采用与第一套制动系统不同的自动空气制动机;而 CRH2 型动车组的备用制动系统则采用从电气指令到 EP 阀驱动控制的辅助制动装置。显然备用都从制动指令开始,到中继阀之前。

现在的问题是,既然有了备用制动,那么一旦第一套制动系统故障,需要切换成备用制动系统,动车组能以多高速度运行？动车组不能再以 200 km/h 的速度运行了,因为用的是备用制动,换句话说因为再也没有第三套制动系统作保障了。这是动车组高速运行的安全原则所决定的。根据《技规》补充规定,启用备用制动后动车组要限速运行,一般限速 60 km/h以下。

讨论这个问题的意义在于,备用制动系统怎样设计？备用制动应该达到什么样的性能？既然启用备用制动后动车组要限速 60 km/h 以下,那么对备用制动系统的制动力的要求就相应降低了,因此,备用制动系统就可以在第一套制动系统的基础上进行相应的简化。

对于 NABTESCO 制动系统,由于采用了模拟型 EP 阀,只要能对 EP 阀进行电流驱动控制,就能实现预定的制动缸空气压力,相对来说,这是比较方便的。对于 KNORR 制动系统采用开关型 EP 阀,对压力的控制要么依靠制动计算机,要么采用精确的模拟量闭环控制。由于开关型 EP 阀采用 PWM 控制能够较好地解决压力波动及静态误差,因此往往采用计算机控制,这样,作为备用制动系统必须在计算机的控制下才能实现对空气压力的控制。

六、不同车型制动产品的差异

可以看出,同样的制动供货商,其制动核心技术的主体及其控制原理是相同的,如 EP 阀、中继阀,但因主机商(动车组供货商)在产品上提出具体要求不同而变化较大。

以 CRH1、2、5 型动车组为例,其制动产品都是基于 KNORR 的制动技术,但由于以下主要原因,制动系统的构成、特点、性能又有一定差异。

1. 编组及动拖比的不同

如 CRH1 的 5M3T 编组与 CRH5 的 5M3T 编组虽在动拖比基本特征上是相同的,都是由

2个2M1T单元和一个1M1T单元组成，但各自的M车是有较大区别的。

CRH5的M车的四根车轴只有2根是动轴(2、3轴)，而两根端轴(1、4轴)是拖轴(非动力轴、从轴)，由于采用再生制动优先、再生制动不足空气制动补充的空电制动复合控制策略，因此在同一节M车上空气制动作用是不同时的，动轴再生制动无效或紧急制动时，动轴才有空气制动，这是与CRH1、CRH3在制动控制上最大的不同。也因如此，CRH5的M车需要两个中继阀对动轴和拖轴分别控制。

CRH2型200 km/h动车组由于采用4M4T编组，且恰好形成4个1M1T排列，因此在制动控制上采用1M1T作为空电复合制动控制单元，进行再生制动和直通电空制动的协调分配及转换控制。

2. 采用不同类型的列车信息控制网络

动车组各车的各种设备由网络联成一个大的信息控制系统，而列车信息控制网络的类型不同，也给制动系统在制动指令形式、指令传输方式、空重车信号采集方式、电动空气压缩机的驱动控制、备用制动实现方式等方面带来一定区别。

七、学习新的制动系统要注意的问题

动车组不同于机车车辆，因其编组构成及运用方式的重大变化，对制动系统的构成、控制方法、性能等也带来重大变化，不同于传统空气制动机。

从学习新的制动系统或接触新的车型的角度上，要注意以下几点：

1. 动车组的构成特点

编组长度、动拖组合情况、设备布置情况、列车网络特点。

2. 动车组制动系统的特点

采用空电复合制动、电气指令微机控制的直通电空制动，这些基本特点是导致从总体到局部与传统机车车辆制动机不同的关键所在。

3. 列车网络

列车信息控制网络把各车的制动设备联系在一起，不同类型的列车信息控制网络具有不同的信息传递和控制特点。

4. 控制电路

制动功能一方面由于采用计算机控制而具有明显不同于传统制动机的全面、灵活、精确、可靠等性能提升，决定了制动控制系统的基本特征和总体性能；但另一方面，安全防护设备与安全控制电路也可以方便地改变有关制动功能。

5. 制动系统与其他设备的关联

制动系统与牵引、车门、空气簧等其他主要设备都通过网络或控制电路发生关联，这与传统制动设备在机车或车辆中相对独立的特点有所不同。制动系统在动车组中地位更突出、与其他系统的联系更广泛。

第二节 制动系统的操纵相关问题

从制动操纵上看动车组的制动系统，有很多特点需要注意。

一、关于空重车

动车组的制动系统采用了空重车载荷信号，制动力大小能够反映车辆载荷，因此，在平直道不需要区分载重不同（如空车、定员），这在某些特殊地段如进站停车过程中很有帮助，或者即使不是平直道，包括上下坡、进入离开曲线，只要每次出乘列车运行至同一路段，不管空重车，其相同（线路、操作）条件下的制动距离或减速性能是对应相同的。

二、关于减速度控制

动车组在制动力、阻力下的运动过程可以用最简单的力学关系来描述，即

$$F=m\cdot a$$

在制动概念里，力 F 包括制动力、运行阻力，a 是列车质量 m（平移运动惯性质量及轮对转动惯性质量）的减速度。

传统机车制动机通过制动管的减压及各车分配阀的转换，最终决定了制动缸的空气压力，只要制动不追加、不缓解，即处于保压状态，那么闸瓦压力不变，在假设闸瓦摩擦系数不变时，制动力不变，制动控制属于力的控制。

如果说此时制动力实际上随速度发生变化，也是因为闸片摩擦系数随速度变化所致，这个变化是发生在从高速到低速的整个减速过程的。而在制动操纵后的某瞬间，制动力的大小是否合适、下一步如何调整，完全需要根据车重、编组中制动设备不同、线路平纵断面等信息由司机决策，也就是说，司机不但要给出制动的等级划分（不同的减压量），还要跟踪减速过程、感受速度变化与线路条件及列车状况的关系作出调整（阶段追加、缓解）。

动车组的制动属于减速度控制。采用减速度控制模式时，在相同的线路条件下，不论车重如何都能够获得相同的减速效果，微机制动控制系统在空重车信号基础上，在每个制动控制周期（即根据所有参考信号计算并输出制动控制命令）都能够自动修正制动力的大小，以适应线路条件、司机制动操纵的不断变化，维持预定的减速度。这样司机在操纵过程中重要的是给出制动操纵等级（级位），而一个级位下的减速过程只与线路条件有关，司机关注信息只集中在线路条件，相同地段只需考虑级位之间的不同。

三、关于阶段缓解

具有阶段制动、阶段缓解功能，尤其是阶段缓解功能给制动操纵带来了很大方便。我们在传统制动机的操纵有所谓的“早减压、少减压”或“早轻快”等不同说法，其实这是非自然习惯。以牵

引加速为例，我们一般是先高级位、大功率，等到列车接近预定速度点再用适当减小或增加功率来找到平衡点，即均衡速度。同样，施行制动时，为了控制列车速度或停车位置，也应该先采用较大制动力，尽快见到减速效果，等到接近目标速度或距离时再适当调整制动力，即追加或阶段缓解。但这样的操纵方式在传统机车车辆制动机（DK-1 电空制动机或 JZ-7 电空制动机）因制动机自身或车辆制动阀不具备阶段缓解性能而受到限制，因为制动力施加过重需要减小时，由于制动机的一次缓解而失去制动力，要想追加制动只有等到制动管恢复定压后才行。

如果制动系统具有阶段缓解能力，那么操纵规律就更接近自然规律，可以减轻司机的紧张程度，有利于安全操纵。

有一点需要注意，国外很多车型（欧洲车型较多）的安全制动功能中设有"非法（不合理）移动限制"的功能（也称保持制动），其基本含义是，如果动车组在 5 km/h 速度以下且处于非牵引、非制动的惰行工况，即司机制动控制手柄在缓解位，或一体化的主控制器手柄在中立位，为防止意外发生，控制系统在逻辑上判断为不合理的移动。因为 5 km/h 的速度下，动车组要么在牵引加速过程中（手柄应该在牵引位），要么在制动减速过程中（手柄应该在制动位），如果此时手柄因阶段缓解不及时而不得不退到中立位，将引发保持制动，与操纵愿望矛盾并引起纵向冲动。如果设有保持制动抑制（中断或取消）功能，在停车对标时发生阶段缓解过晚导致手柄回零（位），则可借助该功能提前准备。

四、关于空电转换的复合控制

动车组采用空电复合制动控制，这种空电制动的相互转换是随时会发生、由制动控制软件决定不受人为控制的，比如：过电分相区、低速 10 km/h 左右的空电转换这些特殊情况，还有一般调速制动过程中追加或缓解制动时，再生制动力增加—减少—撤出等也都需要空气制动力的增加—减少—撤出来配合，这种转换在不同车型上是不同的，有的再生制动可以到 5 km/h，有的则可以到 2 km/h 左右，最新的电气制动技术可以做到制动停车，即电制动维持到 0 km/h。

五、关于恒速、稳速功能

动车组（包括地铁电动车组都设有恒速或定速模式），不论列车运行在上下坡或进出弯道隧道，通过恒速功能，能够使列车自动维持在一个给定的目标速度附近持续运行。显然这必须依靠牵引——惰行——制动的循环变化才能实现。

恒速功能通常由专门的控制电路来实现，也可以通过列车控制网络实现，在自动控制的概念里，需要一个速度调节器，靠速度反馈形成闭环控制。需要制动力的时候，也是依靠再生制动来控制的。在有些车型中只采用电制动，因为在稳速过程中，牵引力或制动力是经常要变化的，采用空气制动时对制动力的上升或下降过程平滑准确控制要求较高，容易引起列车冲动甚至连续振荡。

一列质量在 400 t 的动车组，在 20‰下坡道的下滑力约为 80 kN，要平衡这样大幅度的变化，对于牵引力或制动力来说都是可以满足的，但必须满足制动限速的要求。

第三节　连挂和回送作业对制动系统的要求

动车组的连挂、回送作业是动车组运用工作的一部分，其中涉及制动系统的操纵和设定，我们给出 CRH1 型和 CRH2 型动车组的在连挂、回送作业中的操纵问题，以此为例，加强对制动系统运用知识的理解。

一、CRH1 型动车组的连挂、回送

1. 连挂

当两列 8 车编组的 CRH1 型动车组进行连挂时，通过自动车钩，可以将两列车供风系统的总风管和空气制动管自动连接起来。

2. 回送

若 CRH1 型动车组需要救援回送，将通过救援回送面板、压力开关和对救援回送车辆内的制动管压力进行识别的传感器来施加制动。压力传感器与主车辆计算机 VCU 相连接，VCU 将制动管中的压力信息转化为被救援回送的 CRH1 型动车组相应的制动指令。救援回送过程中的蓄电池通过救援回送车辆的外部三相电源供电，或由供给辅助转换器的辅助发电系统（再生制动）供电。

若制动管内的压力降至紧急制动压力以下，则与压力开关相连的继电器打开安全回路启动紧急制动。

3. 有电有风时的操作

电压大于 97 V 以上、动车组司机室能够启动、风压在 600 kPa 以上。

（1）激活司机室，施加停放制动，按下前后端盖板打开按钮，打开前后盖板、伸出两端自动车钩。

（2）降下受电弓（如能升弓打风、充电可等救援机车连挂后才降下受电弓），在 IDU 高压界面上切除前后弓。

（3）打开 K1 柜将 DSD、ATP 打在切除位，打开 K2 柜将 LKJ 隔离开关打在隔离位。

（4）救援机车连挂后，将 K1 柜牵引开关打在“回送”位。

（5）通知救援机车司机将制动管压力调到 600 kPa。

（6）打开 IDU 制动界面，确认动车组缓解后通知救援机车司机制动试验，减压 170 kPa，确认制动力在 40 kN 以上。救援机车缓解后，确认动车组制动力缓解。

（7）缓解停放制动，与随车机师联系，经随车机师同意后，通知救援机车司机可以动车。

（8）发生紧急制动后通知随车机师检查过渡车钩正常后方可运行。

4. 有电无风时的操作

动车组司机室能够启动、风压低于 600 kPa。

(1)有电无风，前后盖板及自动车钩不能自动伸出，必须配合随车机师打开盖板、伸出车钩。

(2)激活司机室，施加停放制动，随车机师一边手动打风，司机按下对应的盖板打开按钮，打开盖板及伸出车钩。

(3)打开 IDU 高压界面上，切除前后受电弓。

(4)打开 K1 柜将 DSD、ATP 打在切除位，打开 K2 柜将 LKJ 隔离开关打在隔离位。

(5)救援机车连挂后，通知救援机车司机将制动管压力调到 600 kPa。

(6)打开 IDU 供风界面，确认总风压力充到 600 kPa，将 K1 柜牵引开关打在"回送"位。

(7)打开 IDU 制动界面，确认动车组缓解后通知救援机车司机制动试验，减压 170 kPa，确认制动力在 40 kN 以上。救援机车缓解后，确认动车组制动力缓解。

(8)缓解停放制动，与随车机师联系，经随车机师同意后，通知救援机车司机可以动车。

(9)发生紧急制动后通知随车机师检查过渡车钩正常后方可运行。

5. 无电动车组司机室启动不了时的操作

(1)配合随车机师，手动打开前/后端盖板，伸出自动车钩。

(2)由随车机师缓解全车空气制动及停放制动。

(3)操纵台主控钥匙断开，其他的按钮、开关、设备不用做任何操作。

(4)救援机车连挂后，不打开制动管塞门，不对动车组充风，不做制动试验。

(5)与随车机师联系，经随车机师同意后，通知救援机车司机可以动车，限速 10 km/h。

(6)发生紧急制动后通知随车机师，检查过渡车钩正常后方可运行。

二、CRH2 回送

1. 回送方式及对风源的要求

CRH2 的回送采用回送车与列车固定联接，而后由客运机车牵引回送。要求机车具有双管供风，供风压力 600 kPa。

由于动车组两头车采用密接车钩，其高度为 1 000 mm，而回送车车钩距轨面高度为 880 mm，为 15 号车钩，所以回送车与动车组通过过渡车钩连接，连接方式见图 12—3。

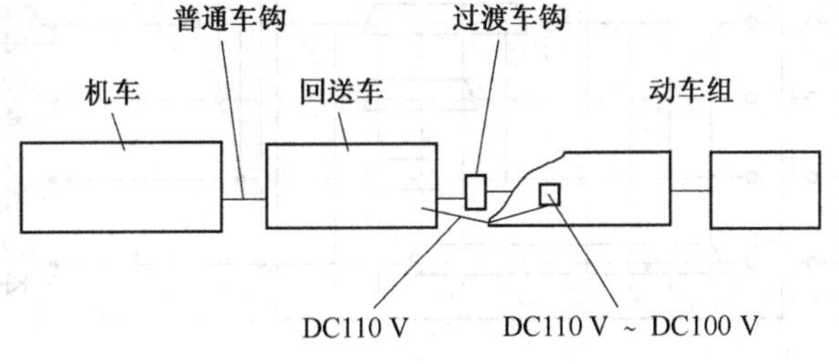

图 12—3　回送连挂方式简图

2. 回送运行时制动指令转换器的连接

当牵引机车发出制动指令时，制动指令转换器将列车管压力信号转换成常用制动用的电气指令，向动车组输出。动车组随着制动指令转换器发出的常用制动 1 挡～7 挡的指令进行制动。回送运行空气管路连接示意图如图 12－4，回送运行制动指令转换器与电气系统连接示意图如图 12－5。

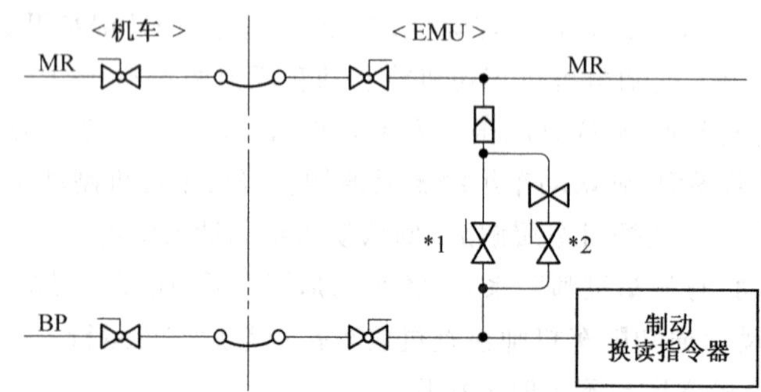

图 12－4　回送运行空气管路连接示意图

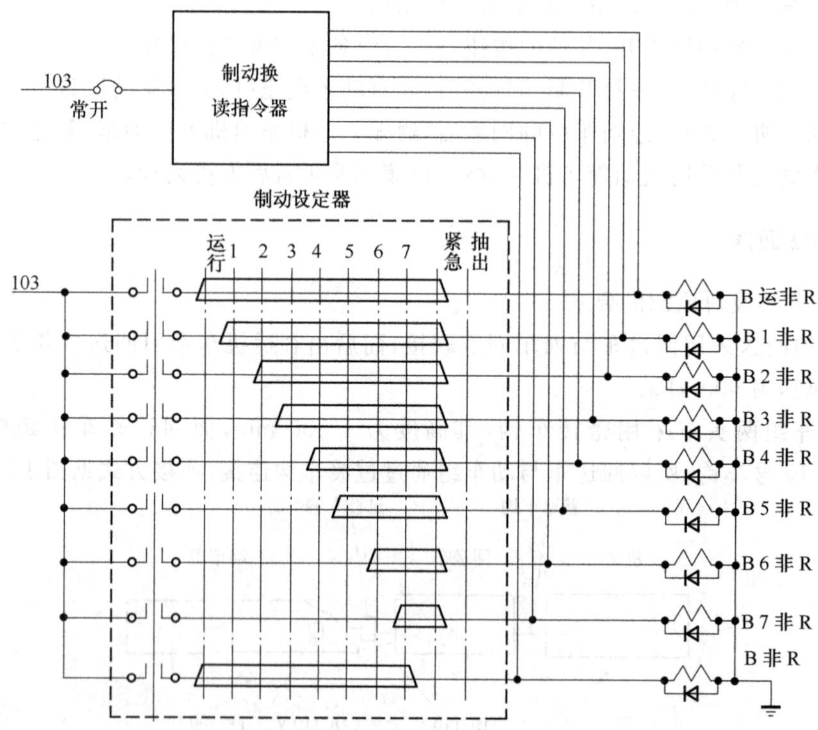

图 12－5　回送运行制动指令转换器与电气系统连接示意图

3. 1列(8辆编组)动车组回送程序

(1)动车组与回送车连挂时气路连接

动车组与回送车连挂前应确认并保证以下作业。

①动车组MR压力须在600 kPa以上(必要时起动空气压缩机)。

②空气弹簧需充气至正常高度。

③(在插入钥匙之前的状态下)BC压力须在290 kPa以上。

④(插入钥匙)操作制动手柄(运转位置)时,确认全车的BC压力为零。

⑤箱内的制动指令转换器的设定(BP压力为600 kPa,制动挡位为7 N)。

⑥制动手柄须保持在“7 N”的位置,接通制动指令转换电源BTRCN。确认设置在司机背后设备安装两端头车BP以及MR橡胶软管时,不与回送车连挂端头车的BP和MR管要捆扎牢固。

⑦为了保证回送充风迅速,BP橡胶软管和MR橡胶软管均需连接。通过拧入折角塞门的角度来调整软管连接器的朝向。

⑧钥匙必须是只插在靠近牵引机车的司机控制台上,此控制台的制动手柄必须保持在7 N位置上(如回送过程中机车需调头牵引,回送服务人员须负责拔取钥匙,插在靠近牵引机车的一端)。

⑨只接通靠近牵引机车一端的制动指令转换器的电源BTRCN。

⑩对两端头车拨动开关(DIP)分别按图12－6进行设定。

• BP压力范围的设定

通过SW1(1)进行设定(选择600 kPa):ON的情况下,作为600 kPa车辆进行控制;OFF的情况下,作为500 kPa车辆进行控制。

• 最高挡位的设定(设定7 N)

通过SW1(2)及SW1(3)进行设定。将SW1(2)及SW1(3)置于如上所示的最高挡位切换表的设定,可以将最高挡位设定为5 N～7 N的某一个。

• 是否进行故障检测的设定

通过SW1(4)进行设定(通常设定O N)。ON的情况下:要进行故障检测;OFF的情况下:不进行故障检测。

• 制动灵敏度的设定(设定40 kPa)

通过SW2(1)及SW2(2)进行设定。将SW2(1)及SW2(2)置于如上所示的制动灵敏度设定表的设定,可以将制动灵敏度设定为30 kPa、40 kPa、50 kPa、60 kPa的某一个。

• 滞后的设定(设定40 kPa)

通过SW2(3)及SW2(4)进行设定。通过将SW2(3)及SW2(4)置于如上所示的滞后设定表的设定,可以将滞后设定为30 kPa、40 kPa、50 kPa、60 kPa的某一个。

注意:BP压力范围的设定、最高挡位的设定、制动灵敏度的设定、滞后的设定只在电源开启时读入1次

（在电源处于 ON 的状态下，即使切换拨动开关（DIP），设定也不会改变）。要切换设定时，请先关闭 1 次电源，然后操作直插式（DIP）开关，最后接通电源。

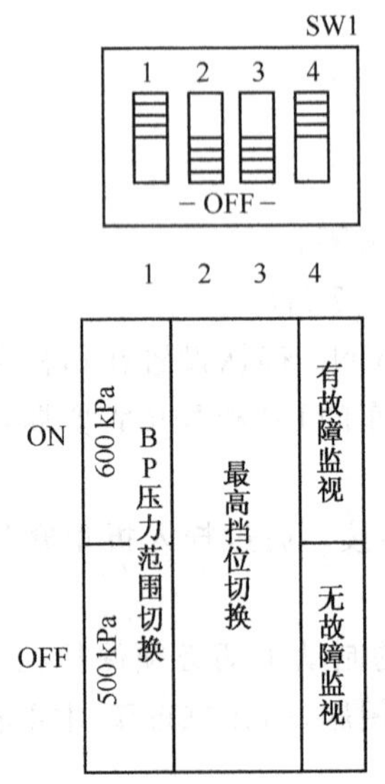

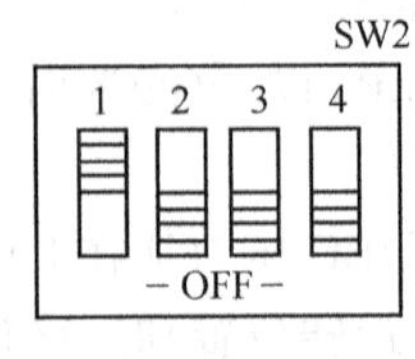

＊左图所示的开关设定表示出厂时的设定。

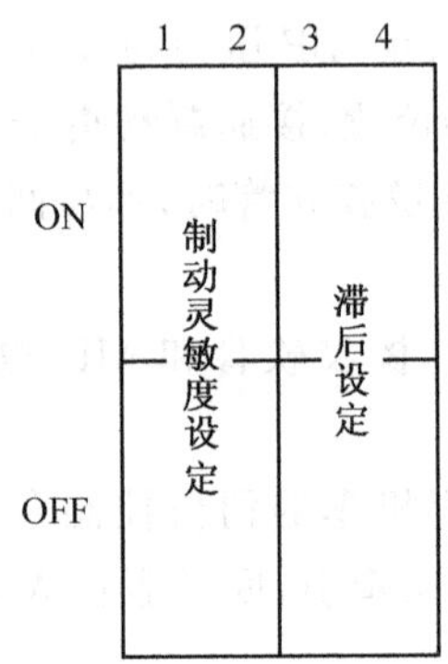

最高挡位切换表

最高挡位	SW1（2）	SW1（3）
7N	OFF	OFF
6N	OFF	ON
5N	ON	OFF

另外，SW1（2）、SW1（3）双方均ON时判断为7N。

制动灵敏度设定表

制动灵敏度	SW2（1）	SW2（2）
30 kPa	OFF	OFF
40 kPa	OFF	ON
50 kPa	ON	OFF
60 kPa	ON	ON

滞后设定表

滞后	SW2（3）	SW2（4）
30 kPa	OFF	OFF
40 kPa	OFF	ON
50 kPa	ON	OFF
60 kPa	ON	ON

图 12－6　设定表

⑪制动指令转换器的转换特性

通过 19 项的设定，制动指令转换器的特性如图 12－7 所示。对应 BP 压力值，以均等分配的挡位来输出制动电气指令。

BP 压力 0～600 kPa、最大挡位 7 N 的情况下

(2)动车组与回送车连挂时

分别将回送车的制动和总风橡胶软管与动车组的 BP 和 MR 橡胶软管对应连接。释放回送车和动车组的 BP 压力以及 MR 的折角塞门，关闭所有动车组头车 BP－MR 之间的塞门。

接着连接动车组与回送车间的 DC110 V 电源线并固定。启动回送车发电机组，确认发电机组工作正常，并确认回送车供电正常。

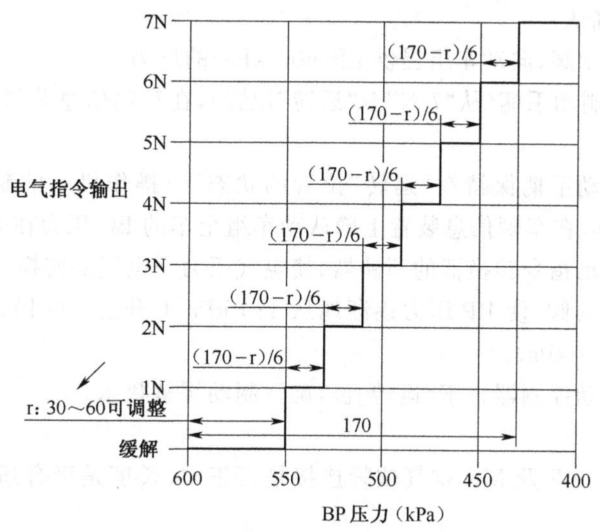

图 12－7　制动指令转换器原理图

注：缓解时为一级缓解"BP 压力"＝"制动时的 BP 压力"＋30～60(可调整)时缓解。

注意：如回送中只连接 BP 管，不连接 MR 管，在连接 BP 管后，只释放 BP 管折角塞门，并先打开 1 阀门，确认机车的 BP 压力达到 500 kPa 或者 600 kPa 时，关闭 1 阀门，打开 2 阀门(将动车组 BP→MR 转换为通过节流阀连接)。在动车组侧保留有足够的 MR 压力时，不需要进行打开"1 阀门"的操作，只需连接 BP 管，打开"2 阀门"即可。

动车组与回送车连挂示意图见图 12－8。

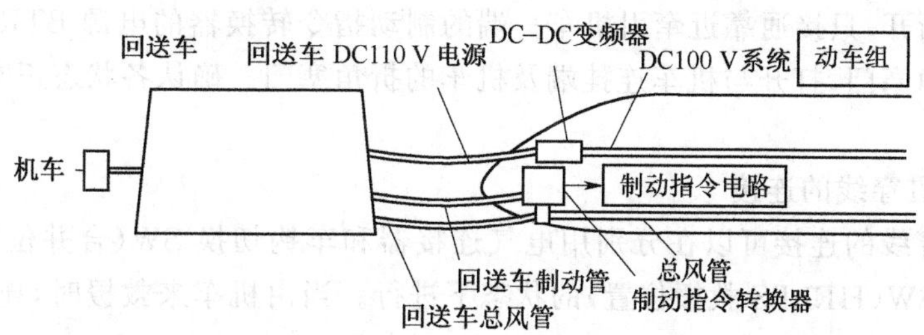

图 12－8　动车组与回送车连挂示意图

(3)牵引机车与动车组(加回送车)连挂时

牵引机车与动车组(加回送车)连挂时，首先以 5 km/h 以下的速度移动机车并与回送车连挂(或与动车组头车连挂)，连接机车与回送车的车钩(或连接机车与动车组头车上的过渡车钩)。接着连接机车与回送车间的 BP 和 MR 软管(或连接机车与动车组头车的 BP 和 MR 软管)。释放机车和回送车的 BP 以及 MR 的折角塞门或释放机车和动车组头车的 BP 以及 MR 的折角塞门。最后启动回送车发电机组，连挂完成。

(4)制动有效的确认

①操作机车的制动阀,向动车组提供 BP(600 kPa)的压力。

②操作 EMU 的制动手柄(从“7 N”至“运转”位置),在车辆信息装置上确认全车的 BC 压力为零。

③将动车组的制动手柄保持在“运转”位置的状态下、操作机车的制动阀,使 BP 压力从 600 kPa 减至 430 kPa,在车辆信息装置上确认动车组全车的 BC 压力在 290 kPa 以上。

④闭合动车组制动指令转换器的断路器,使空气压力→电气的转换功能有效。

⑤操作机车的制动阀,使 BP 压力逐渐地从 430 kPa 上升至 600 kPa,确认动车组全车的 BC 压力下降(最终为 0 kPa)。

⑥将机车司机制动控制器置于「运转」位,确认制动缓解状态。

(5)回送开始后

110 VDC 电源线、BP 及 MR 空气软管连接是否正常,长度是否合适,电源线是否有固定措施。

4. 动车组回送时的其他要求

(1)动车组回送速度不得大于 120 km/h。

(2)动车组在回送中尽可能不实施紧急制动,尽可能避免突然加速,尽可能避免冲击。不得已实施紧急制动的情况下,应确认动车组与回送车间过渡车钩的连接状态(或动车组与机车过渡钩的连接状态)。

(3)回送过程中如有更换机车并折角连挂运行时,随车人员必须确认机车连挂并将司机制动控制器钥匙换插在靠近牵引机车的动车组头车上,并切换到运转位,将原制动指令转换器的电源 BTRCN 断开,只接通靠近牵引机车一端的制动指令转换器的电源 BTRCN,关闭原与机车连挂端的折角塞门,打开与机车连挂端及机车的折角塞门。确认各状态正常,尤其是制动指令正常。

5. 救援时贯穿线的连接

救援时贯穿线的连接可以在分别用电气连接器和车钩切换 SW(合并位置),或用于救援的车钩和救援 SW(HELPS 救援位置)的状态下进行。当由机车来救援时,连接 MR 和 BP 管或者只连接 BP 管。

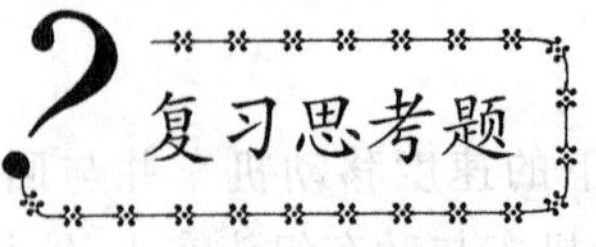

1. 冲动与冲击在列车纵向力范畴有什么异同?
2. 降低列车纵向冲动有哪些措施?

参 考 文 献

[1] 饶忠．列车制动[M]．北京：中国铁道出版社，1998.

[2] 中华人民共和国铁道部．列车牵引计算规程[S]．北京：中国铁道出版社，1999.

[3] 徐丽秀，刘汝让．德国高速列车的几种制动方式及特性[J]．国外铁道车辆，2000，37(2)：42-43.

[4] Dr Baur. 直线涡流制动机的进一步发展．张彦儒，译[J]．国外机车车辆工艺，1994，N6：29-30.

[5] 张曙光．CRH1 动车组[M]．北京：中国铁道出版社，2008.

[6] 张曙光．CRH2 动车组[M]．北京：中国铁道出版社，2008.

[7] 张曙光．CRH5 动车组[M]．北京：中国铁道出版社，2008.

[8] 王伯铭．动车组总体与转向架[M]．成都：西南交通大学出版社，2008.

[9] 李芾，安琪，王华．动车组概论[M]．成都：西南交通大学出版社，2008.

[10] 倪文波，王雪梅．高速列车网络与控制技术[M]．成都：西南交通大学出版社，2008.

[11] 内田清五．日本新干线列车制动系统．陈贺，李毅，杨弘，译[M]．北京：中国铁道出版社，2004.

[12] 郭颖，钱渊．逆向工程的应用研究和发展[J]．信息与电子工程，2004，2(2)：157-160.

[13] 马恋．基于关系数据库的程序逆向分析架构研究[D]．长沙：长沙理工大学计算机理论与软件学院，2007.

[14] 王淑红，肖旭亮，熊光煜．直流恒力电磁铁特性[J]．机械工程学报，2008，44(2)：244-247.

[15] Manfred Nick. 内燃动车组回收制动能量的复合动力传动装置[J]．国外内燃机车，2003，372(6)13-19.

[16] 周奉香，苑士华，李辉．公交车辆制动能量回收与再利用系统研究[J]．客车技术与研究，2003，25(6)：6-7.

[17] 智廉清，吴培元，林台平，等．近代铁道制动技术[M]．北京：中国铁道出版社，1983.

[18] 钱立新．世界高速铁路技术[M]，北京：中国铁道出版社，2003.

[19] 钱立新．350 km/h 高速动车组制动技术的最新进展[J]．电力机车与城轨车辆，2004，27(1)：1-3.

[20] 应之丁，夏寅荪，邵丙衡．高速列车线性涡流制动模拟试验台结构方案初探[J]．铁道车辆，1995，33(7)：27-32.

[21] 陈龙安，吴萌岭，姜靖国，等．高速电动车组制动用电气信号及其传送[J]．铁道车辆，1998，36(8)：21-23.

[22] 刘汝让．磁轨制动及其作用原理[J]．机车车辆工艺，2001(5)：1-4.

[23] 朱仙福，张秀荣．高速列车轨道涡流制动的制动力分析与计算[J]．上海铁道大学学报，1996，17(4)：1-8.

[24] 吴萌岭，姜靖国，应之丁，等．我国高速电动车组制动系统方案研究[J]．铁道车辆，1999，37(4)：12-16.

[25] 李培曙．高速车辆的防滑控制与滑行检测[J]．铁道车辆，1996，34(12)：12-15.

[26] 饶忠．列车牵引计算[M]．北京：中国铁道出版社，2009.

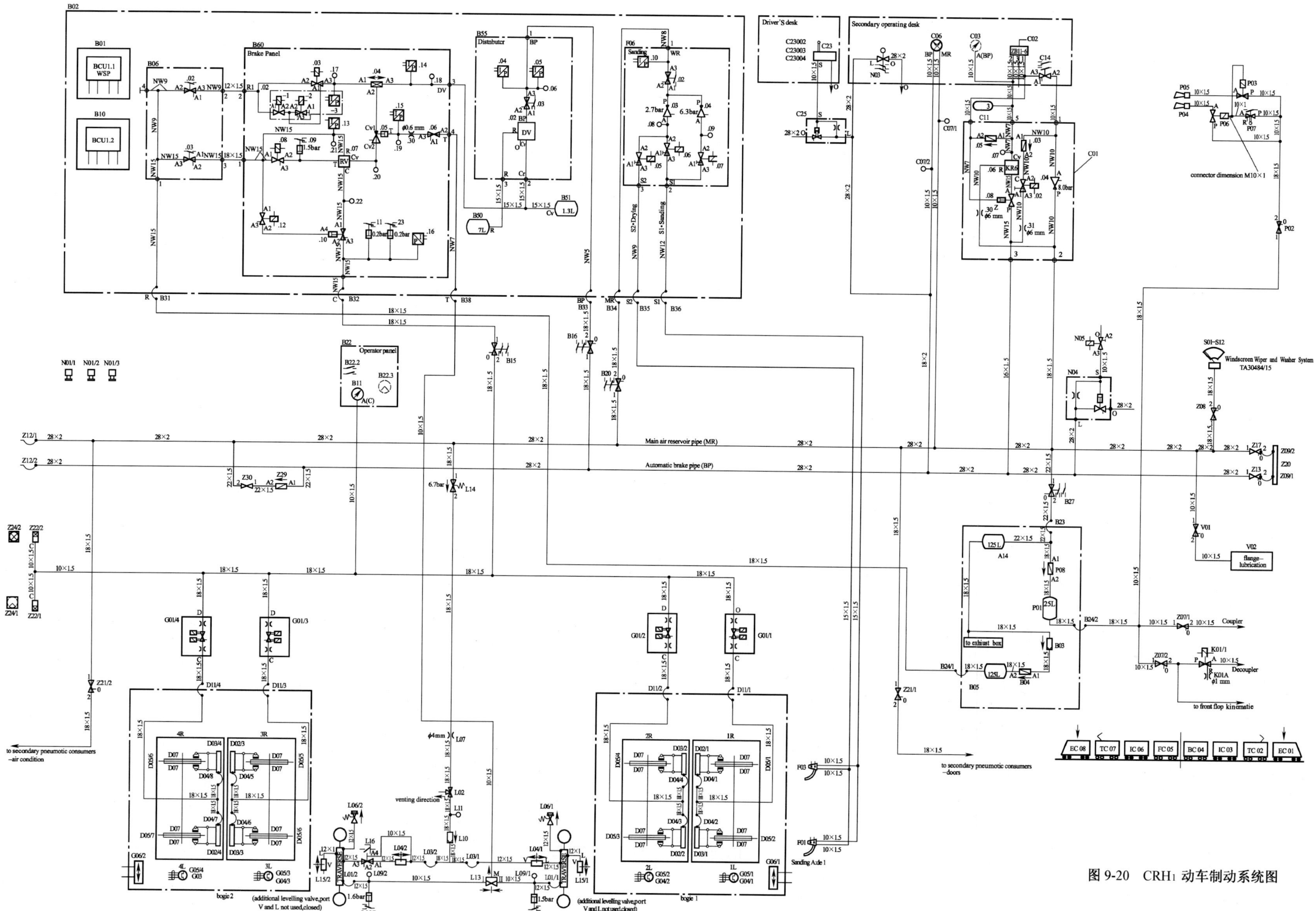

图 9-20 CRH1 动车制动系统图

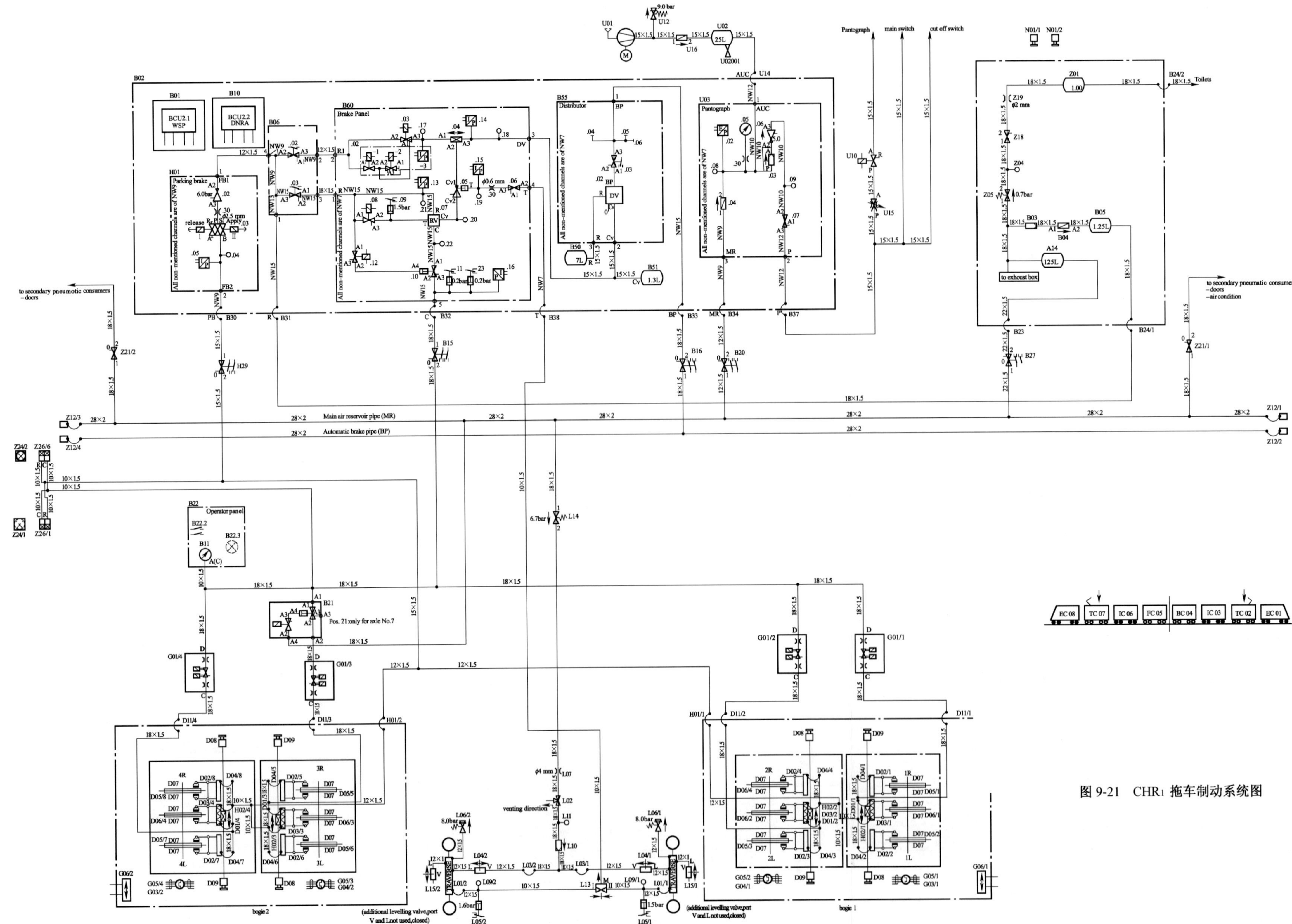

图 9-21　CHR1 拖车制动系统图

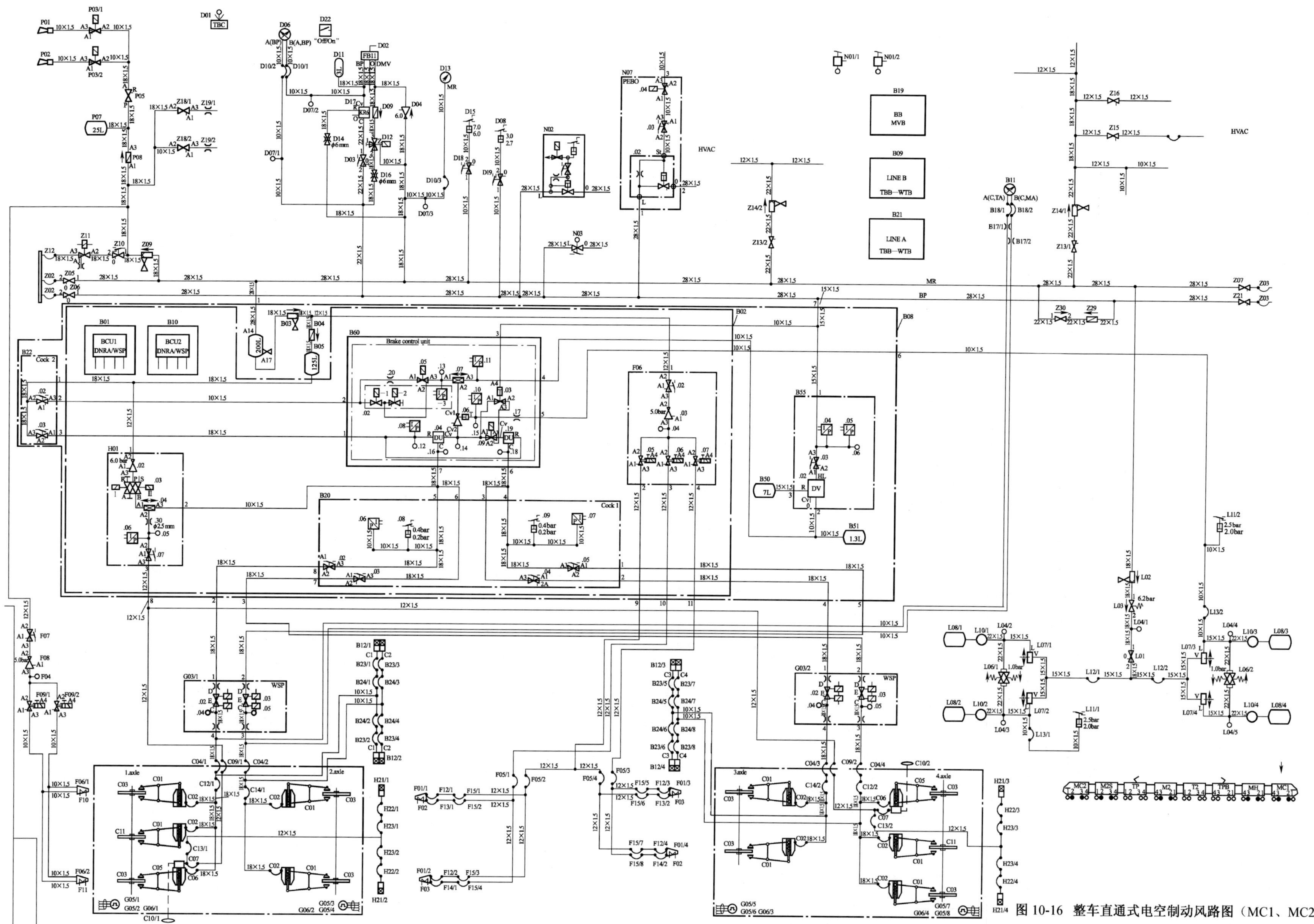

图 10-16　整车直通式电空制动风路图（MC1、MC2）

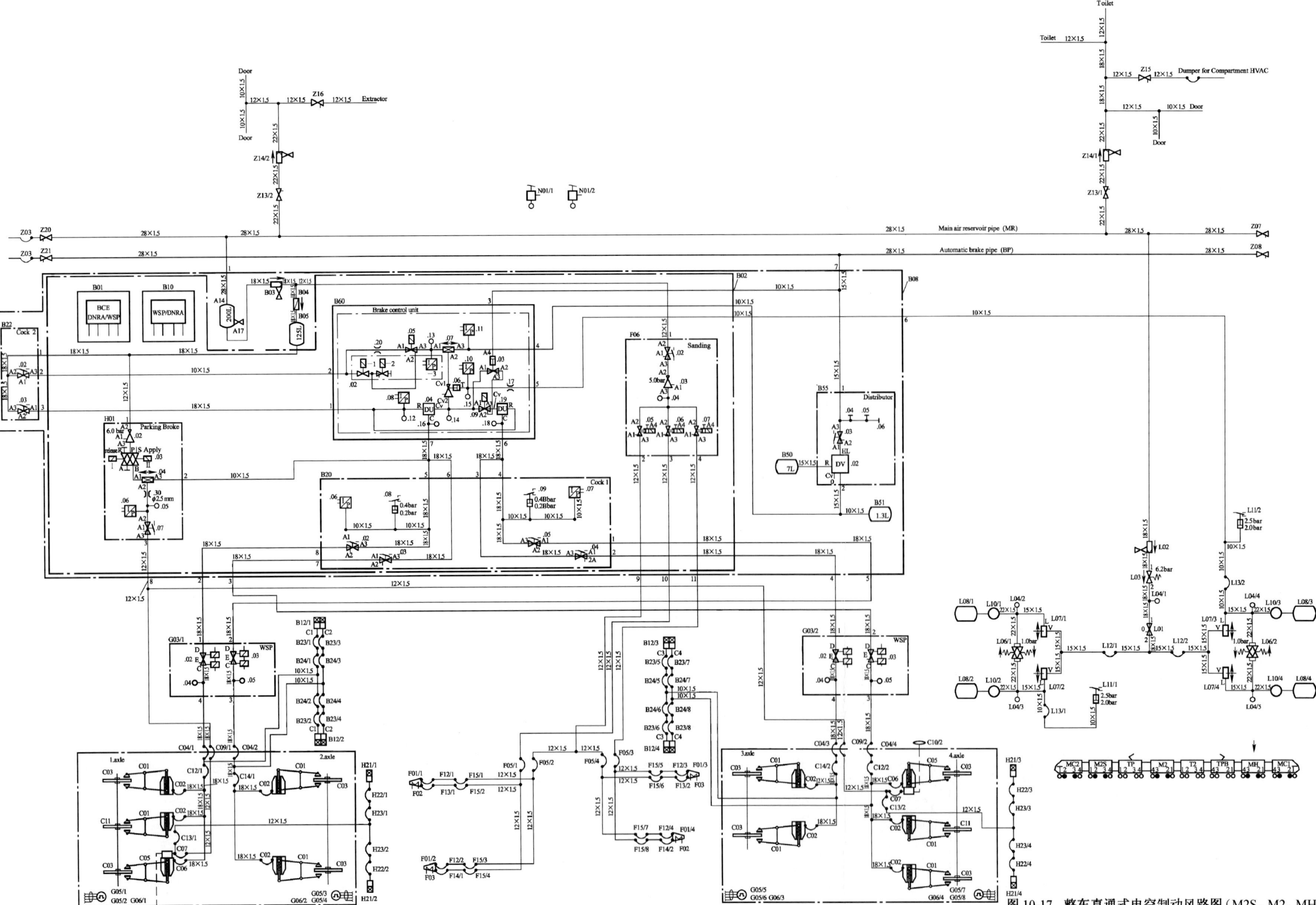

图 10-17 整车直通式电空制动风路图（M2S、M2、MH）

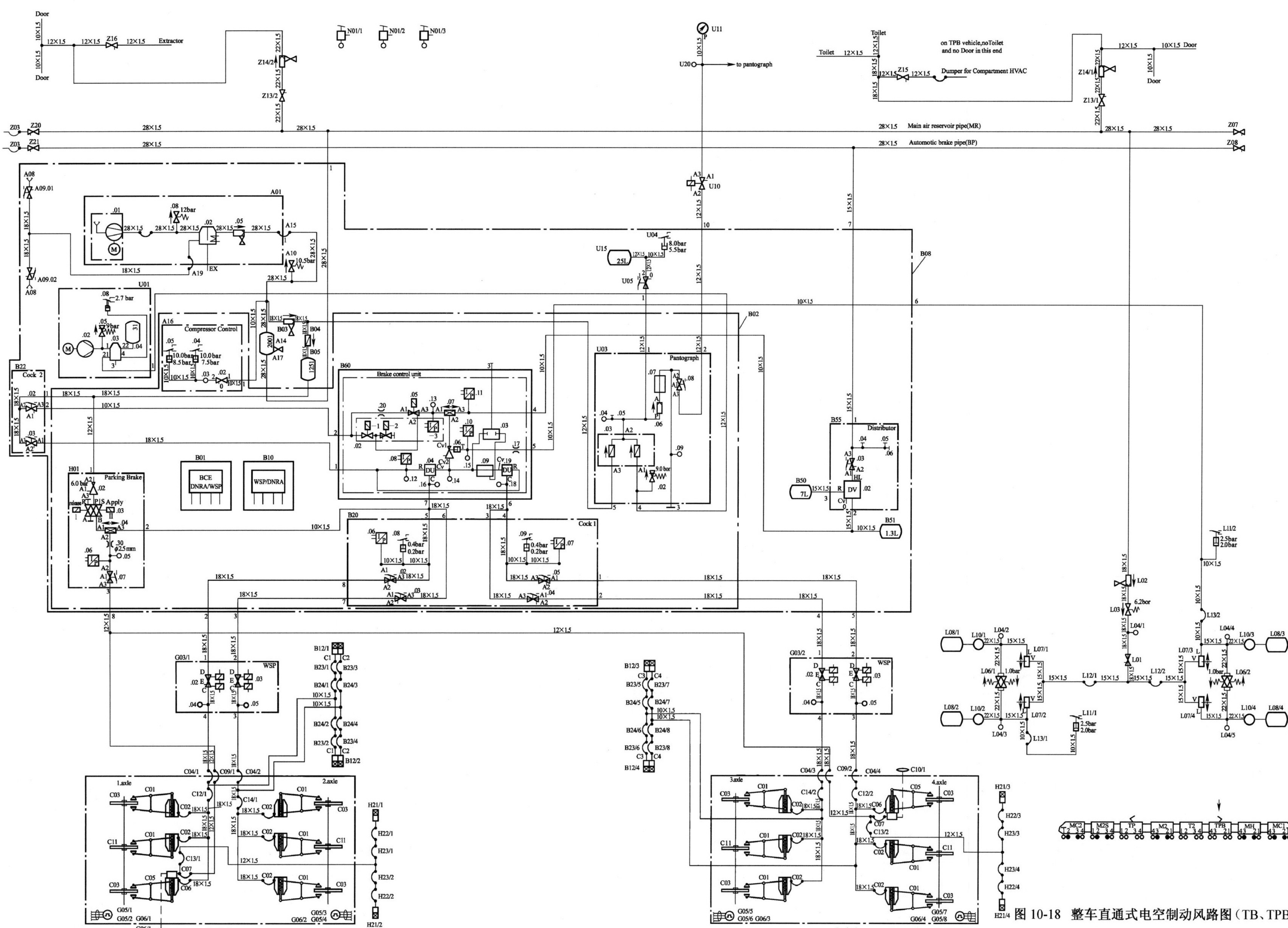

图 10-18　整车直通式电空制动风路图（TB、TPB）

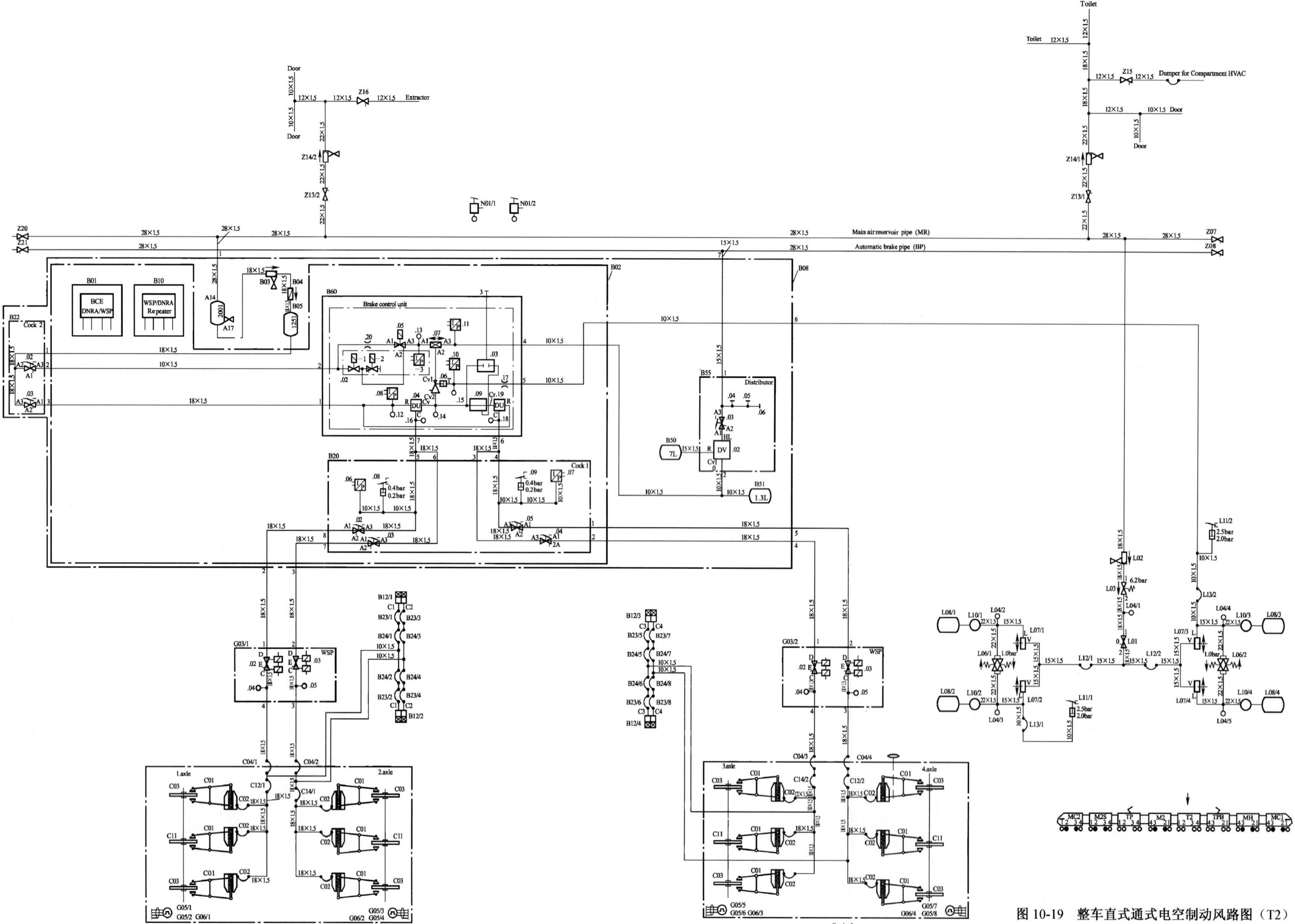

图 10-19　整车直式通式电空制动风路图（T2）

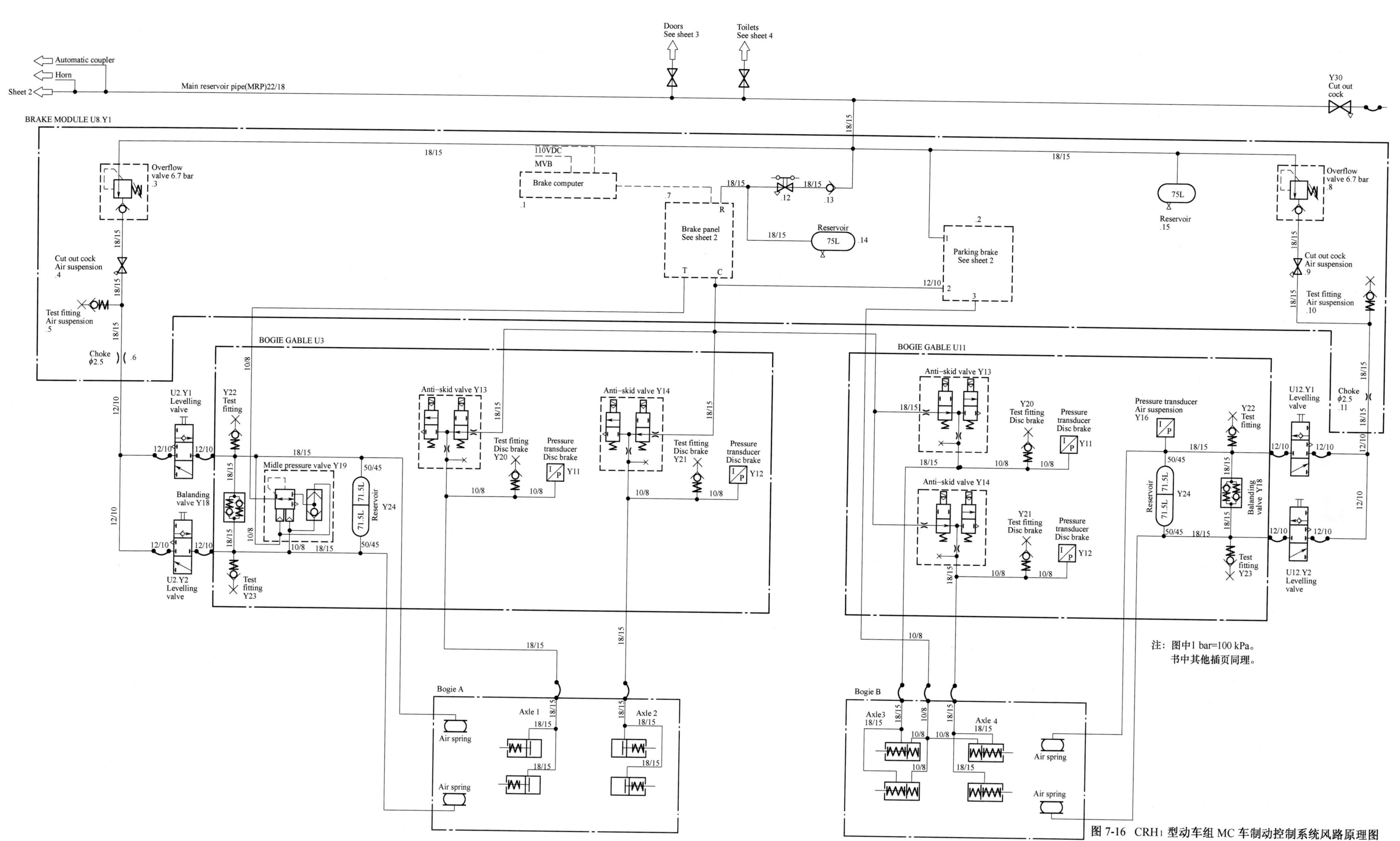

注：图中1 bar=100 kPa。
书中其他插页同理。

图 7-16 CRH1 型动车组 MC 车制动控制系统风路原理图

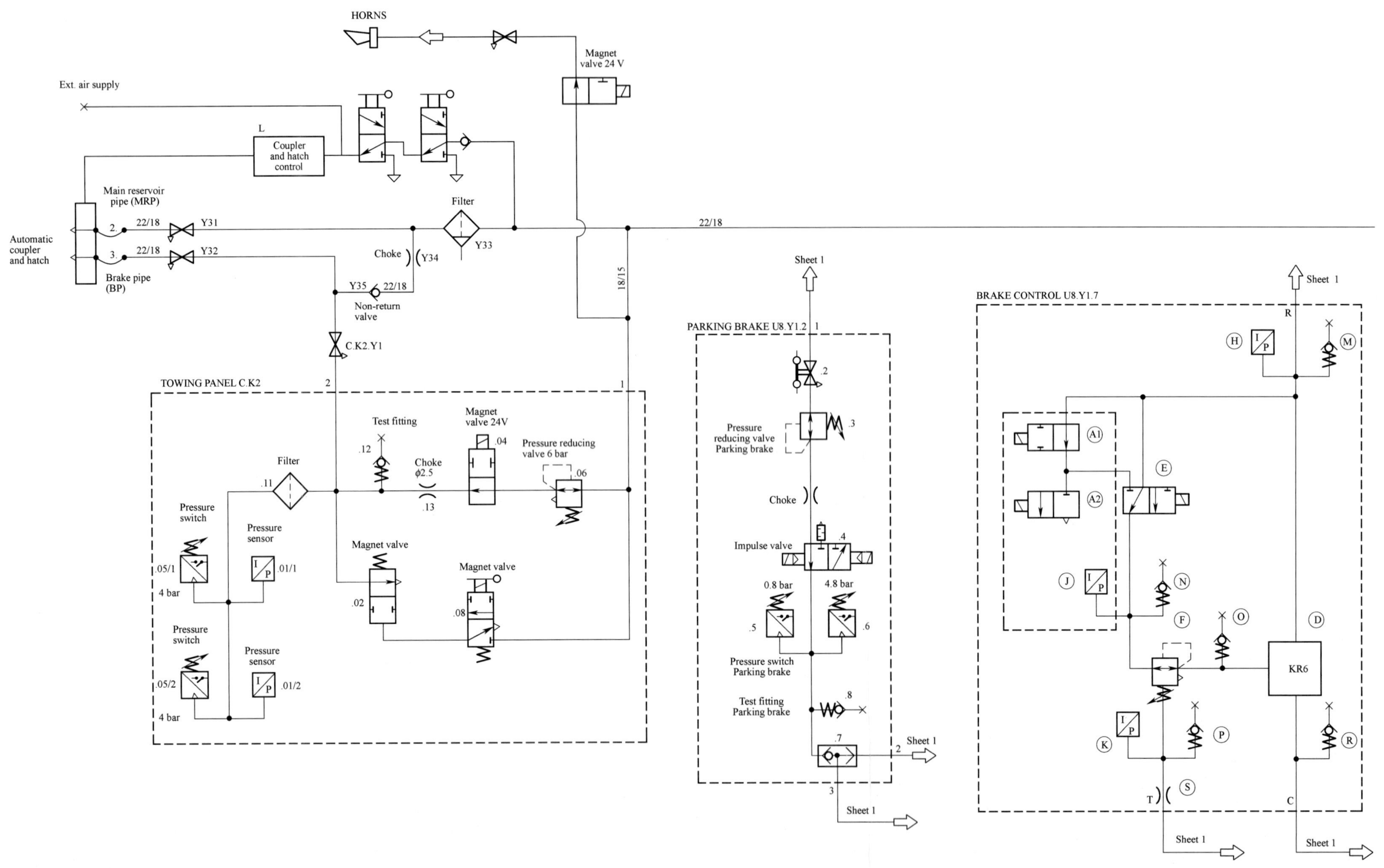

图 7-17 CHI1 型动车组 MC 车制动控制板（BP、PBP、TP）风路原理图